REVISTA
TRIMESTRAL DE
DIREITO PÚBLICO

25/1999

MALHEIROS EDITORES

Revista Trimestral de Direito Público

Órgão do

INSTITUTO GERALDO ATALIBA
IDEPE — INSTITUTO INTERNACIONAL
DE DIREITO PÚBLICO E EMPRESARIAL

INSTITUTO DE DIREITO ADMINISTRATIVO PAULISTA
IDAP

RTDP
Publicação trimestral de
MALHEIROS EDITORES LTDA.
Rua Paes de Araújo, 29, cj 171
CEP 04531-940 - São Paulo, SP - Brasil
Tel.: (011) 822-9205 - FAX.: (011) 829-2495

Assinaturas e comercialização:
CATAVENTO DISTRIBUIDORA DE LIVROS S.A.
Rua Conselheiro Ramalho, 928
CEP 01325-000 - São Paulo, SP - Brasil
Tel.: (011) 289-0811 - FAX (011) 251-3756

Diretor responsável: Álvaro Malheiros
Diretora: Suzana Fleury Malheiros

Supervisão Gráfica: Vânia Lúcia Amato
Editoração Eletrônica: Ciça's Studio

SUMÁRIO

DOUTRINA

REFORMA ADMINISTRATIVA — ESTABILIDADE — DIREITO ADQUIRIDO
— *Lucia Valle Figueiredo* 5

"RELATIVIDADE" DA COMPETÊNCIA DISCRICIONÁRIA
— *Celso Antônio Bandeira de Mello* 13

COBRANÇA DE TAXA REMUNERATÓRIA DO SERVIÇO DE COLETA DE LIXO
— *Adílson Abreu Dallari* 20

UMA VISÃO CRÍTICA DAS ORGANIZAÇÕES SOCIAIS
— *Sérgio de Andréa Ferreira* 33

A IRRELEVÂNCIA DA VONTADE DO AGENTE NA TEORIA DO ATO ADMINISTRATIVO
— *Sílvio Luís Ferreira da Rocha* 43

INCONSTITUCIONALIDADE DA PROGRESSIVIDADE NA CONTRIBUIÇÃO PREVIDENCIÁRIA DOS AGENTES PÚBLICOS
— *Paulo Modesto* 56

PARECERES

SOCIEDADE DE ECONOMIA MISTA TRANSFORMADA EM SOCIEDADE ANÔNIMA ORDINÁRIA — INCONSTITUCIONALIDADE
— *Fábio Konder Comparato* 61

CRITÉRIO OBJETIVO PARA EFEITO DE JULGAMENTO DAS PROPOSTAS
— *Eros Roberto Grau* 69

NATUREZA JURÍDICA E FUNÇÕES DAS AGÊNCIAS REGULADORAS DE SERVIÇOS PÚBLICOS. LIMITES DA FISCALIZAÇÃO A SER DESEMPENHADA PELO TRIBUNAL DE CONTAS DO ESTADO
— *Luís Roberto Barroso* 73

CONTRATO DE CONCESSÃO FORMULADO PELA AGÊNCIA NACIONAL DO PETROLÉO — COMENTÁRIOS E SUGESTÕES
— *Toshio Mukai* 82

QUALIFICAÇÃO DE PESSOAS JURÍDICAS DE DIREITO PRIVADO, SEM FINS LUCRATIVOS, COMO ORGANIZAÇÕES DA SOCIEDADE CIVIL DE CARÁTER PÚBLICO
— *Valmir Pontes Filho* 94

AUTARQUIAS COM PRETENSÃO DE COBRANÇA DE PREÇO EM RAZÃO DA UTILIZAÇÃO DE FAIXA DE DOMÍNIO DAS RODOVIAS
— *Marcelo Figueiredo* 98

DESCONSIDERAÇÃO DA PESSOA JURÍDICA EM MATÉRIA LICITATÓRIA
— *Anna Rita Tavares* 107

ESTUDOS E COMENTÁRIOS

REMUNERAÇÃO DOS SERVIDORES
— *Dinorá Adelaide Musetti Grotti* 122

A QUADRATURA DOS DIREITOS FUNDAMENTAIS NOS DIFERENTES CÍRCULOS JUDICIAIS DE EFICÁCIA: BRASIL-ALEMANHA
— *Georghio Alessandro Tomelin* 142

DO VÍCIO FORMAL DA EMENDA 20/98
— *Marcos Joaquim Gonçalves Alves* 153

A CONTRATAÇÃO DE PARTICULARES PARA SUPORTE DE ATIVIDADE REGULATÓRIA ESTATAL
— *Floriano de Azevedo Marques Neto* 163

HIPÓTESE DE INCIDÊNCIA CONSTITUCIONAL DO MANDADO DE SEGURANÇA
— *Antônio Souza Prudente* 181

CONSELHO MONETÁRIO NACIONAL, BANCO CENTRAL DO BRASIL E COMISSÃO DE VALORES MOBILIÁRIOS. CONSIDERAÇÕES ACERCA DE SUA NATUREZA JURÍDICA EM FACE DAS CHAMADAS "AGÊNCIAS ADMINISTRATIVAS"
— *Egon Bockmann Moreira* 185

CONFERÊNCIAS E DEBATES

A MEDIDA PROVISÓRIA: ONTEM, HOJE E AMANHÃ
— *Caio Tácito* 202

JURISPRUDÊNCIA 209

ERRATA: Por um erro no Sumário da *RTDP* 24 o nome do artigo de Douglas Yamashita constou como "Controle de Constitucionalidade de *Emendas* Provisórias à luz do Princípio da Proporcionalidade", quando o certo é "Controle da Constitucionalidade de *Medidas* Provisórias à luz do Princípio da Proporcionalidade. Considerações sobre o Estado Democrático de Direito no Brasil".

REFORMA ADMINISTRATIVA – ESTABILIDADE – DIREITO ADQUIRIDO

LUCIA VALLE FIGUEIREDO

Professora Titular de Direito Administrativo na PUC/SP
– Juíza aposentada do TRF da 3ª Região – Advogada em São Paulo

1. Estabilidade. 2. Direito adquirido. 3. Conclusões: 3.1 Quanto à estabilidade – 3.2 Quanto ao direito adquirido.

1. Estabilidade

Dizemos que a estabilidade consiste no direito de o funcionário efetivo, concursado, após o lapso temporal determinado na Constituição ou na lei específica, não poder ser exonerado ou demitido senão em virtude de falta grave cometida, apurada em processo administrativo com a garantia do devido processo legal, ou por sentença transitada em julgado, ou, ainda, em decorrência da extinção do cargo, quando deverá ficar em disponibilidade, e, agora, pós-EC 19, com proventos proporcionais.

A Constituição de 1988 previu a aquisição da estabilidade, para os admitidos por concurso público, após o prazo de dois anos em que se desenvolveria o estágio probatório.

Acerca da estabilidade, já averbamos anteriormente:

"A estabilidade somente pode ser adquirida pelos concursados e não se confunde com a efetividade. Esta – a efetividade – é inerente ao cargo. É dizer, o cargo postula ocupante que permaneça, que não tenha precariedade de permanência como têm, por exemplo, os ocupantes de cargos em comissão.

"A estabilidade, antes de ser garantia do funcionário, é garantia do desempenho independente da função pública. E, pontue-se: o fato de o funcionário ser estável não tira a possibilidade de afastá-lo, caso infrinja seus deveres. A legislação infraconstitucional traz nitidamente demarcada a possibilidade.

"Não é, assim, a estabilidade que pode gerar a desídia, o locupletamento etc. Na verdade, a omissão administrativa no tocante às punições (cuja aplicabilidade não constitui poder, mas dever do administrador) é que leva à mais variada gama de desmandos administrativos.

"É claro que a demissão deverá decorrer de procedimento administrativo disciplinar, com amplo contraditório, a fim de que se cumpra o 'devido processo legal', requisito constitucional. Garantia fundamental insculpida no art. 5º, LV, do Texto Básico. Ou, então, deverá decorrer de processo judicial.

"De outra parte, a exoneração de funcionário ainda não estável também deverá ser precedida de procedimento administrativo, em que se dê garantia de defesa. E, claro, a motivação do ato de exoneração faz-se indispensável.

"Não se pense, também, que a dispensa de empregados, regidos pela Consolidação das Leis do Trabalho (claro que não estamos a nos referir aos contratados por tempo determinado, *ex vi* do art. 37, IX, da Constituição), possa se dar sem qualquer motivação ou sem que lhes seja dada qualquer possibilidade de contraditar a dispensa.

"(...).

"O concurso é a regra geral para contratação de quaisquer servidores (em sentido lato), de empregados. A dispensa não se pode verificar desmotivadamente, se tiver havido concurso público. É preciso ter fundamento jurídico, pouco importa que os empregados possam não ser estáveis. Estáveis não são, mas, se prestam concurso público, têm o direito de não serem despedidos aleatoriamente, portanto, exceto quando haja razão suficiente."[1]

A EC 19 ampliou o prazo para *três anos*, obrigando avaliação de desempenho feita por comissão a preceder a estabilidade. Além disso, submeteu também os já estabilizados à avaliação periódica.[2]

Garantiu, entretanto, a EC 19, aos funcionários concursados que já estivessem, à época de sua promulgação em estágio probatório que adquirissem estabilidade no mesmo prazo anterior de dois anos, estabelecendo, assim, regra de transição entre um e outro regime.

Além disso, no art. 169 possibilitou à Administração, caso houvesse comprometimento orçamentário, além do estabelecido em lei complementar (atualmente, a Lei 96, de 31.5.1999, que substituiu a Lei Camata), a dispensa mesmo do empregado estável, porém estabelecendo certas condições.

Deveras, o art. 169 da CF, com a redação que lhe deu a EC 19, dispõe:

"Art. 169. A despesa com pessoal ativo e inativo da União, dos Estados, do Distrito Federal e dos Municípios não poderá exceder os limites estabelecidos em lei complementar.

"(...).

"§ 3º. Para cumprimento dos limites estabelecidos com base neste artigo, durante o prazo fixado na lei complementar referida no *caput*, a União, os Estados, o Distrito Federal e os Municípios adotarão as seguintes providências:

"I – redução em pelo menos 20% (vinte por cento) das despesas com cargos em comissão e funções de confiança;

"II – exoneração dos servidores não-estáveis.

"(...).

"§ 4º. Se as medidas adotadas com base no parágrafo anterior não forem suficientes para assegurar o cumprimento da determinação da lei complementar referida neste artigo, o servidor estável poderá perder o cargo, desde que ato normativo motivado de cada um dos Poderes especifique a atividade funcional, o órgão ou unidade administrativa objeto da redução de pessoal.

"§ 5º. O servidor que perder o cargo na forma do parágrafo anterior fará jus a indenização correspondente a um mês de remuneração por ano de serviço.

"§ 6º. O cargo objeto da redução prevista nos parágrafos anteriores será considerado extinto, vedada a criação de cargo, emprego ou função com atribuições iguais ou assemelhadas pelo prazo de 4 (quatro) anos.

"§ 7º. Lei federal disporá sobre as normas gerais a serem obedecidas na efetivação do disposto no § 4º."[3]

1. *Curso de Direito Administrativo*, 3ª ed., São Paulo, Malheiros Editores, 1998, pp. 528 e 529.

2. Há na Congresso o Projeto de Lei Complementar 248/98, que "disciplina a perda de cargo público por insuficiência de desempenho do servidor público estável e dá outras providências".

3. A Lei 9.801, de 16.6.1999, dispõe sobre as normas gerais para perda de cargo público por excesso de despesa e dá outras providências. Toda-

Verifica-se, portanto, que a estabilidade tem novo perfil, porque poderá ser, como é tão a gosto dos autores do projeto da Emenda, "flexibilizada".

Todavia, há necessidade, para que se possa dar validamente tal "flexibilização", do atendimento de alguns parâmetros, a seguir enumerados:

a) que as medidas adotadas para a compatibilização, como a redução em 20% dos cargos em comissão, a exoneração dos servidores não-estáveis, não tenha sido suficiente;

b) que *lei federal* disponha sobre as *normas gerais* a serem obedecidas diante de tais situações;

c) que haja *ato normativo* motivado, de cada um dos poderes, especificando a atividade funcional, o órgão ou unidade administrativa objeto da redução.

Portanto, podemos verificar que ficou substancialmente alterado o perfil da estabilidade por força da possibilidade de "flexibilização".

Algumas dificuldades advirão no tocante à necessidade de existência das normas gerais a serem veiculadas pela União (lei federal).

Normas gerais constituem um tópico de preocupação da doutrina que já se esvaiu ao tentar precisar seus limites.

Nós, em tentativa de traçar o perfil dificultoso dessas normas gerais, com apoio em autores de peso que versaram o tema muito antes,[4] chegamos à conclusão de que as normas gerais, para se fixarem dentro de seu campo possível de abrangência, não poderiam invadir seara específica dos Estados e Municípios.

Assim, chegamos à seguinte sistematização no que tange às normas gerais, e em especial as que resultam de competências administrativas:

a) devem as normas gerais disciplinar de forma homogênea para as pessoas políticas federativas nas matérias constitucionalmente permitidas, para garantia da segurança e certeza jurídicas;

b) não podem ter conteúdo particularizante que afete a autonomia dos entes federados, assim não podem dispor de maneira a ofender o conteúdo da Federação, tal seja, não podem se imiscuir em assuntos que devam ser tratados exclusivamente pelos Estados e Municípios;

c) devem estabelecer diretrizes sobre o cumprimento dos princípios constitucionais expressos e implícitos.

Posto isso, verificamos que as normas gerais têm como principais efeitos a legislação *homogênea geral*, *não-particularizante* para as pessoas políticas. Demais disso, o cumprimento, ainda, dos princípios constitucionais expressos e implícitos: o coarctamento da legislação dos entes federativos, no que deve ser preservado homogeneamente, para se possa obter segurança e certeza jurídicas.

Deveras, as normas gerais serão constitucionais se e na medida em que não invadam a autonomia dos entes federativos, com particularizações indevidas.

De outra parte, também é importante que se sublinhe ter procurado a Emenda coarctar a possibilidade de dispensa indiscriminada, colocando rígidas balizas e, ademais, obrigando à emanação de ato normativo, portanto, ato administrativo de caráter geral, e, além disso, motivado.

Quanto à motivação, o texto constitucional já a exigia, como reiteradamente tivemos a oportunidade de afirmar.

Colocamos a obrigatoriedade de motivação como absolutamente necessária em face dos arts. 93, X (necessidade de motivação nos atos administrativos do Poder Judiciário), e 5º, XXXV (possibilidade de amplo acesso à jurisdição, que ficaria inviabilizado sem a obrigatoriedade de mo-

via, é necessário examinar se a lei encontra-se dentro de seus limites constitucionais.

4. V. primoroso trabalho de Diogo de Figueiredo Moreira Neto, "Competência concorrente limitada – O problema nas normas gerais", "Separata" da *Revista de Informação Legislativa* 100, ano 25, outubro-dezembro de 1988.

tivação), e LV (devido processo legal), ambos da CF.

Portanto, a motivação, segundo sempre temos aduzido, é absolutamente necessária ao Estado Democrático de Direito.

Não houve, no pertinente à avaliação periódica de desempenho, grande novidade. Apesar de a Constituição, antes da Emenda 19/98, não dispor expressamente sobre a possibilidade de tal avaliação, a legislação infraconstitucional já implicitamente a admitia, na medida em que, mediante processo administrativo disciplinar, o servidor desidioso poderia perder o cargo.

Todavia, certamente, a obrigatoriedade da avaliação fará com que haja permanente controle sobre o cumprimento dos deveres do cargo.

A mudança maior, pois, diz respeito à avaliação de desempenho por comissão para esse fim constituída para possibilitar a aquisição da estabilidade.[5]

É bem verdade que a avaliação de desempenho estava ínsita à obrigatoriedade do estágio probatório. Deveras, não se poderia entender a existência obrigatória de estágio probatório se a avaliação não fosse necessária.

De outra parte, alterou a Emenda 19/98 o instituto da disponibilidade, que passa a ser com remuneração proporcional ao tempo de serviço.

Se silente a Constituição de 1988, na verdade a jurisprudência admitia o recebimento integral da remuneração quando houvesse disponibilidade.

Nós sempre assim pensamos, e chegamos a afirmar:

A disponibilidade, como vazada no texto constitucional, está prevista para a situação em que o cargo é declarado desnecessário. Ou, então, na hipótese do § 2º do art. 41 do mesmo texto, quando for invalidada, por sentença judicial, demissão de servidor estável. Vejamos a literalidade dos §§ 2º e 3º do art. 41:

"§ 2º. Invalidada por sentença judicial a demissão do servidor estável, será ele reintegrado, e o eventual ocupante da vaga reconduzido ao cargo de origem, sem direito a indenização, aproveitado em outro cargo ou posto em disponibilidade.

"§ 3º. Extinto o cargo ou declarada sua desnecessidade, o servidor estável ficará em disponibilidade remunerada, até seu adequado aproveitamento em outro cargo" (redação da Constituição de 1988 sem a Emenda).

Não obstante autores da maior envergadura, como Adílson Dallari e Maria Sylvia Zanella Di Pietro, sempre tenham entendido a disponibilidade como passível de possibilitar tão-somente proventos proporcionais, entendíamos que, ao contrário do que diziam, da interpretação sistemática da Constituição surgia exatamente intelecção em sentido oposto.

Deveras, a disponibilidade dos servidores é referida, como já pontuado, nos §§ 2º e 3º do art. 41, nas duas hipóteses seguintes:

1º) reintegração judicial de servidor público estável, que volta a cargo ocupado por outro servidor (provavelmente por concurso ou acesso);

2º) extinção do cargo ou declaração de sua desnecessidade.

Na primeira hipótese, três são as possibilidades para o ocupante do cargo (em que vai ocorrer a reintegração): a) ser reconduzido ao cargo de origem; ou b) ser aproveitado em outro cargo (naturalmente da mesma natureza e remuneração); c) ficar em disponibilidade.

Verifica-se, na primeira hipótese, que nenhuma falta poderia ser imputada ao servidor. Foi nomeado para o cargo por força de concurso (se o cargo for inicial) ou, então, por promoção (provimento derivado).

5. Evidentemente, faz-se necessário que se dê o direito de defesa ao funcionário e que a decisão, quer seja pela estabilidade, quer não seja (e, sobretudo nesta última hipótese), seja suficientemente motivada. De outra parte, sempre existiu a possibilidade de avaliação para a aquisição da estabilidade, mas não necessariamente por comissão.

Ora, se o cargo somente estava *aparentemente* vago, se seu cargo anterior estiver vago, voltará a ele e, *por expressa disposição constitucional*, não será indenizado.

Quanto ao aproveitamento em outro cargo, já vimos as limitações sistemáticas, tais como semelhança dos cargos, padrão de remuneração etc.

Não consideramos que haja *desligamento definitivo*, porém *provisório* (ou pode ser provisório, por força do § 3º), quando ocorre a disponibilidade. Em conseqüência, parecia-nos indubitável que deveria o servidor continuar recebendo a mesma quantia percebida na ativa (chame-se de vencimento, provento ou remuneração).

O § 3º do mesmo artigo trazia nítida a idéia da provisoriedade do desligamento, ao afirmar: "(...) ficará em disponibilidade remunerada, *até seu adequado aproveitamento em outro cargo*".

Todavia, a EC 19/98 foi explícita: o servidor, ao ser colocado em disponibilidade, deverá ficar percebendo proporcionalmente ao tempo de serviço.

2. *Direito adquirido*

A questão do direito adquirido prende-se inequivocamente ao princípio da irretroatividade da lei para alcançar situações já constituídas, porém que continuam a deflagrar efeitos, e ao conflito do Direito Intertemporal.

Diz José Afonso da Silva não ter a doutrina precisado muito o conceito de direito adquirido, ficando-se, ainda, com a opinião de Gabba, que destaca dois elementos caracterizadores: a) ter sido produzido por um fato idôneo; b) ter-se incorporado definitivamente ao patrimônio do titular.[6]

Aduz José Afonso da Silva[7] que não se trata de questão de retroatividade da lei, mas, sim, de limite de sua aplicação.

A Constituição de 1988, considerada, sem qualquer dúvida, como fruto do poder constituinte originário,[8] porque convocada pelos órgãos do poder constituinte anterior, a par de deixar consignados a *irretroatividade da lei*, o respeito ao *ato jurídico perfeito* e à *coisa julgada*, no inciso XXXVI do art. 5º, insculpiu a norma do art. 60, § 4º, estabelecendo limitação material ao poder de emenda.

No inciso IV do mencionado § 4º encontra-se limitação expressa no referente aos direitos e garantias individuais. Portanto, direitos e garantias individuais consagrados na Lei das Leis não poderão ser suprimidos pelo poder de reforma.

Examinemos, então, o art. 29 da EC 19, cujo texto é o seguinte: "Art. 29. Os subsídios, vencimentos, remuneração, proventos da aposentadoria e pensões e quaisquer outras espécies remuneratórias adequar-se-ão, a partir da promulgação desta Emenda, aos limites decorrentes da Constituição Federal, não se admitindo a percepção de excesso a qualquer título".

A Constituição de 1988, descendente, como assinalado, de poder constituinte originário, em virtude da regra consignada em seu art. 37, XI, no art. 17 do "Ato das Disposições Constitucionais Transitórias" (ADCT) expressamente dispôs: "Art. 17. Os vencimentos, a remuneração, as vantagens e os adicionais, bem como os proventos de aposentadoria que estejam sendo percebidos em desacordo com a Constituição serão imediatamente reduzidos aos limites dela decorrentes, não se admitindo, neste caso, invocação de direito adquirido ou percepção de excesso a qualquer título".

6. José Afonso da Silva, *Curso de Direito Constitucional Positivo*, atualizado até a EC 20/98, 16ª ed., São Paulo, Malheiros Editores, 1999.

7. Idem, ibidem, p. 435.

8. Veja-se o excelente trabalho de Luís Roberto Barroso, "A Constituição e o Conflito de Normas no Tempo. Direito Constitucional Intertemporal", in *Direito Constitucional*, Editora Consulex, 1998.

Quis, assim, a norma constitucional, apesar de ter introduzido nova ordem jurídica – sendo, portanto, hábil a afastar, desde logo, legislação infraconstitucional com ela incompatível –, deixar expresso que pretendia, *ainda que se configurassem determinadas situações salariais direito adquirido*, sua aplicabilidade imediata.

Conseqüentemente, caberia afirmar, a lume da Constituição de 1988, *a não-invocação do direito adquirido contra a Constituição*, portanto contra *nova ordem jurídica*, que não continha qualquer espécie de limitação material.

A respeito do mencionado inciso XI do art. 37, a interpretação da Suprema Corte, titulada pela própria Constituição a dizer o que é o direito, foi no sentido de que tal correlação de vencimentos excluía as vantagens individuais, distinguidas pela doutrina das vantagens da carreira.

Portanto, o "teto" fixado no inciso XI seria o limite da remuneração a ser paga aos servidores pelos três poderes da República, mas não apenas o do padrão do cargo, mas o dos vencimentos, que deveriam englobar as vantagens individuais.

No tocante aos vencimentos vê-se, pois, ter o dispositivo constitucional expressamente *declinado sua intenção de suprimir situações já adquiridas*. Cabia afirmar, como fez a Suprema Corte, a não-invocação de direito adquirido contra a Constituição – repita-se ainda uma vez mais – *diante do poder constituinte originário*. Mas não diante do poder derivado.

A Lei de Introdução ao Código Civil Brasileiro, de 4 de setembro de 1942, embora nascida sob a égide da Constituição de 1937 – a única Constituição brasileira que não consagrou expressamente, nos direitos e garantias individuais, o direito adquirido –, em seu art. 6º, assim dispôs:

"Art. 6º. A lei em vigor terá efeito imediato e geral, respeitados o ato jurídico perfeito, o direito adquirido e a coisa julgada.

"§1º. Reputa-se ato jurídico perfeito o já consumado segundo a lei vigente ao tempo em que se efetuou.

"§ 2º. Consideram-se adquiridos assim os direitos que o seu titular, ou alguém por ele, possa exercer, como aqueles cujo começo do exercício tenha termo prefixado, ou condição preestabelecida inalterável, a arbítrio de outrem.

"§ 3º. Chama-se coisa julgada ou caso julgado a decisão judicial de que já não caiba recurso."

Consoante a douta Maria Helena Diniz – com quem nos pomos de pleno acordo:

"A Lei de Introdução não é parte integrante do Código Civil, constituindo tão-somente uma lei anexa para tornar possível uma mais fácil aplicação das leis. Estende-se muito além do Código Civil, por abranger princípios determinativos de aplicabilidade das normas, questões de hermenêutica jurídica relativas ao Direito Privado e ao Direito Público, e por conter normas de Direito Internacional Privado. Sem qualquer discriminação.

"(...).

"Na verdade, é uma *lei de introdução às leis*, por conter princípios gerais sobre as normas.

"(...).

"Trata-se de uma norma preliminar à totalidade do ordenamento jurídico nacional"[9] (destaques da autora).

O inesquecível Clóvis Beviláqua, com sua sistematização sempre iluminada, observou, a respeito do direito adquirido, que, em síntese, constitui a consagração da regra da irretroatividade: "O direito adquirido de que aqui se trata é o incorporado ao patrimônio do indivíduo; e que o princípio da não-retroatividade é um princípio de proteção individual".

Em seguida estabelece as seguintes regras para obviar as dificuldades de resolução dos casos concretos:

"1. Os direitos realizados ou apenas dependentes de um prazo para que se pos-

9. Maria Helena Diniz, *Lei de Introdução ao Código Civil Brasileiro Interpretada*, São Paulo, Saraiva, 1994, p. 3.

sam exercer não podem ser prejudicados por uma lei que lhes altere as condições de existência.

"2. O direito subordinado a uma condição não-alterável a arbítrio de terceiros merece o mesmo respeito que o já efetuado.

"3. Os direitos adquiridos, que as leis devem respeitar, são vantagens individuais, ainda que ligados ao exercício de funções públicas. Assim, o empregado vitalício não pode ser privado de seus vencimentos por ter havido alteração, ou ainda extinção, do seu lugar.

"4. As leis relativas ao estado ou à capacidade pessoais, desde que se tornam obrigatórias, aplicam-se aos que se acham nas condições a que elas se referem"[10] (em nota de rodapé explica o autor que tais leis são de ordem pública, e, por essa razão, curvam-se ao princípio da persistência do direito existente).

Sob essa ótica examinaremos a questão da chamada "flexibilização" da estabilidade para aqueles que já são estáveis.

E, examinando-a sob esta ótica, devemos inexoravelmente concluir que a estabilidade dos que a adquiriram dentro dos cânones constitucionais, quer da Constituição de 1988, quer da anterior de 1967, ou até mesmo das normas das "Disposições Transitórias" de ambas as Constituições, não pode ser "flexibilizada".

As novas disposições constitucionais constituem-se em regime novo, apto a vigorar para as relações subjetivas surgidas pós-Emenda.

De outra parte, analisemos o que seja a coisa julgada. Distingue-se a coisa julgada material da meramente formal. Dá-se a coisa julgada material quando a lide é decidida no seu mérito e não cabe mais qualquer recurso.

10. *Theoria Geral do Direito Civil*, atualizada por Acchiles Beviláqua, Livraria Francisco Alves, 1953.

Diz o art. 467 do CC: "Denomina-se coisa julgada material a eficácia, que torna imutável a sentença, não mais sujeita a recurso ordinário ou extraordinário".

Consoante entendemos, se alguém estiver percebendo além do "teto", porém em virtude de sentença transitada em julgado, portanto, diante da coisa julgada, impossível será a execução do que pretende o inciso XI do art. 37, com a EC 19/98.

Isso porque a irretroatividade da lei para não-atingimento das situações já constituídas é princípio estruturante do Estado Democrático de Direito.

Além do mais, está insculpida no art. 5º, XXXVI, portanto faz parte do cerne fixo da Constituição. É princípio de suma importância para a segurança jurídica.

Se assim não fosse, a Emenda estaria a suprimir direito derivado da própria Constituição, surgido do poder Constituinte originário.

Cabe, pois, estabelecer algumas conclusões extraídas ao longo deste estudo.

3. Conclusões

3.1 Quanto à estabilidade

3.1.1 A estabilidade é o direito à permanência no cargo para aqueles que prestaram concurso, decorrido o lapso temporal de dois anos (Constituição de 1988 antes da EC 19/98) e, atualmente, três anos, aprovados no estágio probatório e, além disso, que não praticaram qualquer descumprimento de seus deveres funcionais.

Relativamente a esses funcionários a estabilidade não poderá ser "flexibilizada", nos termos da nova redação do art. 169, § 4º, pós-EC 19/98.

3.1.2 De outro turno, a avaliação de desempenho por comissão não nos parece contrariar a Constituição decorrente do poder constituinte originário, desde que, certamente, seja assegurado o direito de defesa, como prescrito no texto constitucional.

3.1.3 Por outro lado, os funcionários já estáveis não podem ter seu direito sujeito a novo regime jurídico; portanto, não se subsumem às regras novas do § 4º do art. 169.

3.1.4 A estabilidade para os funcionários que prestaram ou vierem a prestar concurso pós-Emenda submete-se ao novo regime, tal seja, três anos para adquiri-la, possibilidade de "flexibilização", ou seja, submissão ao § 4º do art. 169.

3.1.5 No tocante à disponibilidade o novo texto foi expresso: os proventos hão de ser proporcionais. Entretanto, há de assinalar: se a disponibilidade não rompe o vínculo com o serviço público, perdurariam os impedimentos.

Se isso é assim, se perdurarem os impedimentos, pergunta que se impõe é a seguinte: como poderá viver o funcionário, com o salário diminuído, e, às vezes, drasticamente?

Parece-nos que a única forma seria entender que os impedimentos não vigorariam durante o lapso temporal em que ficasse à espera de seu reaproveitamento.

3.2 Quanto ao direito adquirido

3.2.1 Pretendeu a EC 19/98, como se o constituinte derivado tivesse o mesmo poder do originário, afastar o direito adquirido, o ato jurídico perfeito e a coisa julgada.

Ora, é da tradição do Direito brasileiro o respeito ao direito adquirido, que, ademais, figura na tábua de direitos e garantias individuais.

Assim, não nos parece que quer a doutrina, quer a jurisprudência, venham dar guarida a tal pretensão, que se atrita, e de forma aguda, com os princípios gerais de Direito e do nosso Direito Constitucional, pelo menos enquanto pretendermos estar sob a ordem jurídica, sob o Estado de Direito.

3.2.2 Entende-se, também pela existência do direito adquirido diante de todas aquelas situações já realizadas, já implementadas à luz de legislação anterior , ainda que não tenha sido usufruído, pois pendente de termo, se esse não for passível de ser alterado por terceiros.

3.1.3 Também, diante da coisa julgada, ainda que haja recebimento maior do que o "teto", ainda que seja desconforme da Constituição anterior, porém se não mais suscetível de ação rescisória, não se há de falar em suprimir situação consolidada, ainda que tenha sido à revelia do Direito.

3.1.4 O respeito ao direito adquirido e à coisa julgada é princípio estruturante do Estado Democrático de Direito. Portanto, ofende mais a segurança jurídica o se suprimir situação definitivamente constituída, ou judicialmente constituída, ainda que mal constituída, do que o desrespeito à sentença judicial.

DOUTRINA

"RELATIVIDADE" DA COMPETÊNCIA DISCRICIONÁRIA

Celso Antônio Bandeira de Mello

Professor Titular da Faculdade de Direito
da Pontifícia Universidade Católica de São Paulo

1. Ainda que sejam correntes as expressões "ato vinculado" e "ato discricionário", em rigor, vinculação ou discricionariedade são predicados atinentes aos condicionantes da válida expedição do ato ou ao seu próprio conteúdo. Querem significar, respectivamente, que o agente administrativo está, no que concerne a quaisquer destes aspectos, previamente manietado de maneira estrita pela lei ou que, pelo contrário, por força da dicção normativa que lhe regula a conduta, disporá, em relação a algum ou alguns deles, de certa liberdade para decidir, *no caso concreto*, sobre o modo de atender com a máxima perfeição possível o interesse público entregue a seu encargo.

Quer-se dizer: *não é o ato que é vinculado ou discricionário*; tanto que se costuma afirmar que tais ou quais "elementos" dele são sempre vinculados. Donde, por imperativo lógico, o ato, em si mesmo, nunca o seria, como bem observou Víctor Nunes Leal (Comentário a acórdão, in *RDA* XIV/53 e ss., out.-dez./48). Em verdade, discricionária é a *apreciação* a ser feita pela autoridade quanto aos aspectos tais ou quais e vinculada é sua *situação* em relação a tudo aquilo que se possa considerar já resoluto na lei e, pois, excludente de interferência de critérios da Administração.

Em obra monográfica sobre o tema deixamos averbado que: "embora seja comum falar-se em 'ato discricionário', a expressão deve ser recebida apenas como uma maneira elíptica de dizer 'ato praticado no exercício de apreciação discricionária em relação a algum ou alguns dos aspectos que o condicionam ou compõem'. Com efeito, o que é discricionária é a competência do agente quanto ao aspecto ou aspectos tais ou quais, conforme se viu. O ato será apenas o 'produto' do exercício dela. Então, a discrição não está no ato, não é uma qualidade dele; logo, não é ele que é discricionário, embora seja nele (ou em sua omissão) que ela haverá de se revelar" (*Discricionariedade e Controle Jurisdicional*, Malheiros Editores, 1992, p. 18).

2. É a falta desta necessária precisão conceitual o que leva a inúmeras e desnecessárias confusões provocadas pela simplificada linguagem vertida na fórmula "ato discricionário" e "ato vinculado". Com efeito, através dela desperta-se a enganosa sugestão de que existe uma radical antítese entre atos de uma ou de outra destas *supostas* categorias antagônicas. Não é o que ocorre entretanto, pois a discricionariedade não é atributo de ato algum. É apenas a *possibilidade* — aberta pela dicção legal — de que o agente qualificado para produzi-lo disponha de uma "certa" (ou *relativa*) margem de liberdade, seja para avaliar se efetivamente ocorreram (a) os pressupostos (isto é, motivos) que legalmente o ensejariam, seja para (b) produzi-lo ou abster-se, seja (c) para eleger seu conteúdo (conceder ou negar, expedir o ato "x" ou "y"), seja (d) para resolver sobre o momento oportuno de fazê-lo, seja (e) para revesti-lo com a forma tal ou qual. E tudo isto na *medida*, *extensão* e *modalidades* que resultem da norma jurídica habilitante e ademais; apenas quando *comportado pela situação concreta* que lhe esteja anteposta.

Assim, é visível que a noção de discricionariedade não é predicável de um ato propriamente dito, mas da competência que o agente disporá: *in concreto*, para proceder a uma avaliação concernente às condições de sua expedição ou conteúdo.

3. É visível, outrossim, que a discricionariedade é sempre e inevitavelmente *relativa*. E é relativa em diversos sentidos. Veja-se: é *relativa* no sentido de que, em todo e qualquer caso, o administrador estará sempre cingido — não importa se mais ou menos estritamente — ao que haja sido disposto em lei, já que discrição supõe comportamento *intra legem* e não *extra legem*. Neste sentido pode-se dizer que o administrador se encontra sempre e sempre "vinculado" aos ditames legais.

4. É *relativa* no sentido de que, seja qual for o âmbito de liberdade conferido, só dirá respeito àqueles tópicos que a lei haja remetido à apreciação do administrador e não a outros tópicos concernentes ao ato, mas sobre os quais a norma já haja resolvido de maneira a não deixar margem para interferência do agente. Assim, *exempli gratia*, se a norma disser que a Administração "poderá conferir um prêmio de tantos reais ao funcionário que contar com 40 anos de serviço sem nenhuma falta e sem haver sofrido sanção disciplinar alguma" o agente disporá de certa liberdade para expedir ou não o ato atributivo do prêmio, mas não disporá de liberdade nem quanto ao conteúdo dele (a outorga do número de reais fixado em lei), nem quanto aos pressupostos ensejadores do ato, isto é, seus motivos (o tempo de serviço fixado e a ausência de faltas e sanções). De outro lado, se a lei estatuir que a Administração "*deverá* atribuir um prêmio de tantos reais ao funcionário que no ano de 1996 haja desenvolvido a atividade mais relevante para o serviço público" o agente disporá de certa liberdade para eleger o servidor mais qualificado para recebê-lo, mas não disporá de liberdade nem quanto à expedição do ato atributivo do prêmio, nem quanto ao montante dele.

Vê-se, aí, ao propósito de um *mesmo* ato, o convívio entre vinculação e discricionariedade.

5. A discricionariedade é *relativa*, ainda, no sentido de que, por ampla ou estrita que seja, a liberdade outorgada só pode ser exercida de maneira consonante com a busca da *finalidade legal* em vista da qual foi atribuída a competência. Logo, seja qual seja a extensão da liberdade resultante da regra a ser cumprida, o administrador não poderá decidir-se por motivos particulares, de favorecimento ou perseguição, que isto configuraria "desvio de poder", nem por razões de interesse público diferente daquele contemplado na regra *sub* execução; sob pena de também incidir no mencionado vício. Por isto, Seabra Fagundes, depois de anotar que se a lei prevê que um dado ato deva ser praticado em vista de uma dada finalidade, outra não pode ser com ele buscada, averbou: "Não importa que a diferente finalidade com que tenha agido seja moralmente lícita. Mesmo moralizada e justa, o ato será inválido por divergir da orientação legal" (*O Controle dos Atos Administrativos pelo Poder Judiciário*, 5ª ed., Forense, pp. 72-73).

Ainda aqui, em relação a qualquer ato, portanto, coexistirão vinculação e discricionariedade.

6. A discricionariedade, também é *relativa* no sentido de que a liberdade deferida pela lei só existe na *extensão*, *medidas* ou *modalidades* que dela resultem. Assim, se a lei permitir ou determinar que se atribua um prêmio fixado entre tantos e tantos reais na hipótese tal ou qual, ou que se apliquem as sanções "x" ou "y" a quem pratique as infrações de determinada compostura, uma vez ocorrentes os correlatos supostos normativos, haverá liberdade dentro do campo de alternativas abertas, mas não haverá para outorgar um prêmio inferior ou superior ao mínimo e máximo estabelecidos, nem para aplicar a penalidade "z", diversa, portanto, das sanções "x" e "y" predeterminadas.

Logo, estarão concorrentes vinculação e discricionariedade ao propósito dos mesmos atos.

7. É *relativa*, ademais, no sentido de que a liberdade acarretada pela circunstância de haver a lei se servido de expressões vagas, fluidas ou imprecisas não pode ser utilizada de maneira a desprender-se do campo significativo mínimo que tais palavras recobrem, isto é, das chamadas "zonas de certeza positiva" e "certeza negativa" nem do significado social imanente nas palavras legais das quais resultou tal liberdade. Referimo-nos a expressões tais como "notável saber", "situação urgente", "pobreza", "comportamento indecoroso", "reputação ilibada", "ocorrências que comprometam sua situação econômica", as quais, bastas vezes, são adotadas para caracterização dos motivos que facultam ou impõem a prática de determinado ato.

Isto é, o agente público estará sempre "vinculado" ao campo de certeza positiva e ao campo de certeza negativa abrigado nas palavras em questão, pois não está autorizado a fazer delas uma intelecção desarrazoada, arbitrária, distante do senso comum, liberta do sentido corrente que necessariamente lhes terá de ser reconhecido em dado tempo e lugar.

Assim, também, não poderá atribuir-lhes sentido desligado do contexto em que se aloca e de sua ubicação na lei e na inteireza da ordenação jurídica em que esteja encartada.

Segue-se que a discrição administrativa, relativa a qualquer ato praticado a partir de supostos normativos fluidos estará adstrita a um espaço todo ele circundado de vinculação. Daí havermos, em obra teórica sobre o tema, apostilado: "*A discricionariedade ensejada pela fluidez significativa do pressuposto ou da finalidade da norma cingir-se-á sempre ao campo de ineliminâveis dúvidas sobre o cabimento dos conceitos utilizados pela regra de direito aplicanda*. Fora daí, não haverá discricionariedade, mas vinculação" (*Discricionariedade Administrativa e Controle Jurisdicional*, Malheiros Editores, 1992, pp. 31-32) (grifos do original).

Nota-se, pois, também neste aspecto, que vinculação e discricionariedade se entrelaçam.

8. Cumpre aqui esclarecer um pouco mais esta questão dos conceitos indeterminados e de sua relação com o tema da discricionariedade.

Quando a lei, ao caracterizar o motivo, utilizar-se de conceitos chamados fluidos, vagos, indeterminados, o confronto entre a previsão normativa e a situação fática tomada como base para a prática do ato apresentará as dificuldades inerentes à *imprecisão relativa* do padrão legal, pois o campo recoberto por estes conceitos carecerá de uma linha demarcatória definida com rigor e precisão indisputáveis. É que, no corretíssimo dizer de Renato Alessi, estarão em pauta: "condizioni di fatto suscetibili, oltre che di un accertamento, anche di un aprezzamento, di una valutazione della *misura* nella quale sussistono", por se tratar de "condições que *podem subsistir em grau maior ou menor*". O autor exemplifica referindo conceitos como os de pobreza, velhice, estado de necessidade, boa conduta e escasso rendimento (*Principi di Diritto Amministrativo*, v. I, 4ª ed., Giuffrè Ed., 1979, p. 236).

Sem embargo, é evidente, que quaisquer destas expressões têm um campo significativo induvidoso "frente a los cuales nadie vacilaria en aplicar la palabra, y casos claros do exclusión respecto de los cuales nadie dudaria en no usarla", como registrou com precisão Genaro Carrió, ao tratar dos conceitos indeterminados (*Notas sobre Derecho y Lenguage*, Buenos Aires, Abeledo Perrot, 1972, p. 29). Há, pois, o que Fernando Sainz Moreno chamou de "zona de certeza positiva", ao lado da "zona de certeza negativa": "el de certeza positiva (*lo que es seguro*) y el de certeza negativa (*lo que es seguro que no es*)" (*Conceptos Jurídicos, Interpretación y Discricionariedad Administrativa*, Madrid, Ed. Civitas, 1976, pp. 70-71).

9. Registre-se que, para alguns, como García de Enterría, em afinamento com a mais moderna doutrina alemã, a fluidez destes conceitos *nada tem a ver com a discricionariedade*. Esta zona de dúvidas terá de ser dissipada pelo *próprio juiz*, pois sua indeterminação só existirá em abstrato. Conforme diz: "(...) no obstante la indeterminación del concepto, admite ser precisado en el momento de la aplicación (...)" já que "al estar refiriéndose a supuestos concretos y no a vaguedades imprecisas o contradictorias es claro que la aplicación de tales conceptos ala calificación de circunstancias concretas no admite más que una solución: o se da o no se da el concepto; o hay buena fe o no lo hay; o el precio es justo o no lo es; o se ha faltado a la probidad o no se ha faltado. *Tertium non datur.* Esto es el esencial del concepto indeterminado: la indeterminación del enunciado no se traduce en una indeterminación de las aplicaciones del mismo, las cuales sólo permiten una 'unidad en cada caso'" (ob. e v. cits., pp. 433-434).

Outros — e é o ponto de vista que adotamos — admitirão que embora caiba ao Poder Judiciário tentar reconduzir os casos concretos a uma zona de certeza (positiva e negativa) casos haverá em que tal procedimento só será possível *até um certo ponto*, além do qual as dúvidas são inelimináveis e o juízo administrativo haverá de prevalecer, por ser o administrador o encarregado de sopesar com exclusividade as circunstâncias do caso, ante a impossibilidade do juiz pretender que a intelecção dada pela autoridade administrativa desbordou dos limites do direito — ressalvada sempre a hipótese de identificação de desvio de poder.

10. Nota-se pois (seja qual for a posição que se adote na matéria) que, de toda sorte, ao Judiciário caberá, quando menos verificar se a intelecção administrativa se manteve ou não dentro dos limites do razoável perante o caso concreto e fulminá-la sempre que se vislumbre ter havido uma imprópria qualificação dos motivos à face da lei, uma abusiva dilatação do sentido da norma, uma desproporcional extensão do sentido extraível do conceito legal ante os fatos a que se quer aplicá-lo. É que, como diz Laubadère, reportando-se à jurisprudência francesa, à autoridade jurisdicional se reconhece o direito "não apenas de perquirir se os motivos legais realmente existiriam, mas, ainda, se eram *suficientes* para justificar a medida editada e se a gravidade dela era *proporcionada* à importância e às características (*... dos fatos...) que a provocaram*" (ob. cit., p. 508, n. 914).

Assinale-se que o Judiciário brasileiro — e há mais de cinqüenta anos — não se correu de averiguar se o motivo indicado mediante conceitos imprecisos ("valor histórico ou artístico" de dado bem) existia ou não, apurando-o mediante juízo pericial, em caso no qual se contendeu a procedência deste pressuposto fático para um tombamento (*RDA* II/124 e ss., fasc. I, 1945).

11. Finalmente, a discricionariedade é *relativa*, no sentido de que, ainda quando a lei haja, em sua dicção, ensanchado certa margem de liberdade para o agente: *tal liberdade poderá esmaecer ou até mesmo esvair-se completamente* diante da situação em concreto na qual deva aplicar a regra. É dizer: ante as particularidades do evento que lhe esteja anteposto, a autoridade poderá ver-se defrontada com um caso no qual suas opções *para atendimento do fim legal* fiquem contidas em espaço mais angusto do que aquele abstratamente franqueado pela lei e pode ocorrer, até mesmo que, à *toda evidência*, não lhe reste *senão uma só conduta idônea para satisfação do escopo normativo*, por não ser comportada outra capaz de colimar os propósitos da lei em face da compostura da situação. Em síntese: a discrição ao nível da norma é condição necessária mas nem sempre suficiente para que subsista nas situações concretas.

A razão disto está no seguinte. A lei, como é óbvio, almeja a adoção do comportamento capaz de atender o interesse público da maneira mais satisfatória. Ora, se a norma de direito sempre tipificasse em termos rígidos a conduta do administrador — inibindo-o de avaliar e tomar em conta a particularidade das situações — ao ser aplicada, dada a variedade e compostura polifacética da realidade empírica, em vez de bem acudir aos interesses e finalidades pretendidos, resultaria em desatendimento ou mau atendimento deles. Assim, exatamente por pretender a solução adequada para a circunstância, é que a lei, nas hipóteses em que comporta discrição, está redigida em termos aptos a conferir ao administrador — que é quem está acercado das individualizadas situações concretas — o encargo de apurar o modo correto de implementar o escopo legal. Segue-se disto que a variedade de soluções comportadas em lei outorgadora de discrição, não significa que repute quaisquer delas igual e indiferentemente adequadas para todos os casos de sua aplicação: *logo, não significa que* o *administrador está liberado para adotá-las indiscriminadamente perante quaisquer casos*. Significa exatamente o contrário. Ou seja: significa que considera algumas adequadas para certos casos e outras para outros casos, *a serem deslindados à vista das situações concretas*, razão porque necessitou apresentar alternativas ou um leque delas. É, certo, pois, que o administrador, ao decidir-se, está inexoravelmente obrigado a eleger o comportamento cabível "vinculado" à compostura do caso.

12. Veja-se: se a lei admitir, no caso de infrações a regras de trânsito, aplicação de sanções tais como advertência, multa, suspensão do exercício da atividade, e cancelamento da licença para dirigir, sem especificar quais delas aplicar-se-ão a tais ou quais comportamentos infracionais, à toda evidência o administrador não poderia aplicar esta última, a mais grave delas, a um motorista que, permanecendo na direção do veículo houvesse estacionado em local proibido. E, se estivesse apenas tentando manobrar para efetuar dito estacionamento, é óbvio que mais não caberia senão uma simples advertência. Finalmente, se o ato de estacionar houvesse se efetuado para recolher pessoa que acabara de se acidentar no local e que demandava cuidados para seu transporte, *nenhuma sanção poderia ser aplicada*.

O que se vem de dizer deixa claro que, no primeiro exemplo, o administrador *não teria discricionariedade* para aplicar a sanção nele cogitada, de que, no segundo, estaria "vinculado" a fazer uma simples advertência e, no terceiro, "vinculado" a abster-se de produzir qualquer ato sancionatório. Ora, isto demonstra duas coisas, a saber:

a) uma, a de que a situação concreta *afunila* o campo de liberdade abstratamente aberto na lei e *pode eliminá-lo* por completo e, conseqüentemente,

b) outra, de que o Judiciário, a instâncias do interessado, pode e deve analisar amplamente as circunstâncias de fato em vista das quais a Administração expediu determinado ato "*sub color* de exercitar discrição comportada pela dicção normativa", *para conferir se, in casu, houve ou não e em que termos o afunilamento ou eliminação da discricionariedade hipoteticamente prevista*, sem que nisto haja qualquer invasão do campo discricionário do agente, mas pura e simples investigação da legalidade de seu comportamento. Com efeito, tratar-se-á aí de averiguar se houve correta subsunção do fato à hipótese ensejadora do uso da discrição, porquanto esta só poderia persistir e ser utilizada em sintonia com a finalidade abrigada na lei ao presumir a liberdade de avaliação.

13. Do que foi dito resultam também duas outras conclusões indissoluvelmente ligadas; a saber: *não se pode examinar a existência de discricionariedade ou de sua extensão buscando-a simplesmente no exame da lei que porventura a contemple porque é imprescindível analisar o caso concreto, pois a discrição ao nível da norma é apenas uma condição necessária, mas não suficiente, para que irrompa ou para dimensionar-lhe a extensão.*

São precisamente estes pontos importantíssimos que ficam escamoteados ao se falar simplificadamente em "ato discricionário" e em "ato vinculado". É que ditas fórmulas, como se procurou demonstrar, induzem a uma errônea compreensão do fenômeno jurídico em causa, distorcem-lhe a fisionomia, obstaculizam seu entendimento e ocultam aspectos capitais dele. Daí que terminam por induzir a conclusões inteiramente falaciosas das quais resulta o danosíssimo efeito de arredar o Poder Judiciário do exame completo da legalidade de inúmeros atos e conseqüente comprometimento da defesa de direitos individuais.

Se tal risco é menos evidente em face de exemplos como os aventados — pois foram adrede compostos para exibir situações em que intuitivamente aceitar-se-ia, de imediato, o cabimento da correção judicial — não o é na grande maioria dos casos cuja fisionomia não tenha, por si, a mesma força aliciante, já que a tradicional referência a "ato discricionário" atrairia o espírito para o mero exame da dicção legal e para sua insidiosa resultante, qual seja: a de que se a lei conferiu discrição, "o ato possui tal caráter" e o Judiciário não pode interferir, pena de estar se substituindo ao administrador e sonegando-lhe uma liberdade que a lei lhe outorgou.

Não há como esquivar-se a equívocos de tal monta sem ter da discricionariedade uma noção *teoricamente* correta. Não há como correr-se de erronias na matéria sem se aperceber que a discricionariedade na regra de direito é apenas uma suposição, pois *só irrompe* ante o caso concreto, *só se revela e se dimensiona à vista dele* e que, de conseguinte, o juiz necessita investigar os fatos precisamente para aferir se existia, *in casu*, real consonância entre aquilo que a lei tinha em conta e em mira e aquilo que o ato efetuou.

14. Seria enganoso supor que este tipo de exame implicaria agravar a liberdade conferida pela lei ao administrador. Passa-se que a liberdade que a regra lhe enseja nada tem a ver com a *autonomia da vontade,* própria do direito privado, segundo o qual o sujeito age se quiser e conforme queira, contanto que não transgrida a lei. A "liberdade" do administrador na discrição é de outra natureza, porque assentada em outros fundamentos e animada por outro escopo, visto que concerne ao exercício de uma função: a administrativa. Donde, por ser função, o que está em pauta é a irrogação *de um poder a ser exercido à conta de dever e no interesse alheio*; *in casu*, o da coletividade. Trata-se, pois, de um poder-dever, como muitas vezes se diz, ainda que melhor coubesse a expressão *dever-poder*, pois este último tem caráter instrumental, constituindo-se apenas e tão-somente no meio necessário para o atendimento do encargo de bem curar o interesse público.

Acresce que a discrição não existe ou foi concebida como um objeto de culto ou como categoria encastelada no mundo abstrato das normas, mas como recurso operacional cujo préstimo óbvio é o de habilitar o administrador para resolver eficazmente questões ubicadas na realidade empírica, logo impregnadas com toda sua polifacética riqueza e o colorido peculiar a suas infindas variedades e que, bem por isto, nunca se apresentam com a nudez esquemática de que se compõem as figuras do universo normativo, mas surgem encharcadas das circunstancialidades próprias da vida real.

Assim, a franquia da norma não existe para proporcionar ao agente um desfrute, um proveito, uma ampliação de sua esfera pessoal de liberdade, mas *unicamente para ensejar-lhe a adoção do comportamento que, "in concreto", seja especificamente* o *mais adequado ao implemento do interesse público em causa*. É que, como disse Cirne Lima, em magistral construção: "O fim — e não a vontade — domina todas as formas de administração" (*Princípios de Direito Administrativo*, 5ª ed., Ed. RT, 1962, p. 22).

E mais: "Na administração, o dever e a finalidade são predominantes; no domínio, a vontade" (ob. cit., pp. 51-52).

Em suma: no reino do direito privado, a vontade é comandante, no do direito administrativo é serviente. Daí decorre que, na frase lapidar de Caio Tácito, que nunca nos cansamos de reproduzir: "A regra de competência não é um cheque em branco" (*Direito Administrativo*, Saraiva, 1975, p. 5).

Logo, toda vez que *for possível* demonstrar que o ato praticado não era o idôneo para atender ao interesse que a lei tinha em mira, seja porque os supostos da lei não se encontraram reproduzidos ou suficientemente retratados na realidade empírica — *nada importando que tenha sido expedido com base em norma ensejadora de discrição* — seja porque o escopo da lei era diverso daquele a que o ato aportou, cabe correção judicial dele. E cabe porque aí não se estará ajuizando sobre o que é conveniente e oportuno, mas sobre o que a lei deveras ensanchava ao administrador, ou seja, sobre *legalidade propriamente dita*.

COBRANÇA DE TAXA REMUNERATÓRIA DO SERVIÇO DE COLETA DE LIXO

ADÍLSON ABREU DALLARI
Professor Titular de Direito Administrativo
na Faculdade de Direito da PUC/SP

1. Considerações iniciais. 2. Licitude da cobrança de taxa como contraprestação de serviço público. 3. A Constituição e o Código Tributário Nacional. 4. Base de cálculo e fator de distribuição. 5. Fator complexo de distribuição. 6. Conclusões.

1. Considerações iniciais

Existe, atualmente, acesa discussão doutrinária e judicial a respeito da viabilidade jurídica da cobrança de taxa correspondente à remuneração, pelo beneficiário, do serviço público municipal de recolhimento, transporte e disposição final do lixo domiciliar.

O objetivo do presente trabalho é tratar do assunto de maneira abrangente, a partir da noção de serviço público, passando pelo exame das normas constitucionais e da legislação ordinária pertinentes.

Não se resolvem dúvidas ou controvérsias de Direito Público senão à luz da Constituição. Mas não basta ater-se a fragmentos de dispositivos nem a dispositivos isolados. É essencial examinar o assunto no contexto constitucional, pela resultante do cotejo de seus preceitos e princípios, tendo em vista as finalidades almejadas pelo ordenamento constitucional.

Todo e qualquer dispositivo legal requer interpretação, que não pode ser simplesmente literal ou burocrática, mas que deve ser, sim, lógico-sistemática, especialmente quando se tratar de questões polêmicas, controvertidas, versando matéria ainda não sedimentada.

Seja permitido transcrever, aqui, algumas passagens de Juarez de Freitas, por sua pertinência com o necessário enfoque a ser dado relativamente ao assunto objeto deste estudo.

"O Direito existe para que sejam alcançadas e viabilizadas concretizações de princípios e valores, que dele necessitam receber o apoio para que se façam eficazes e efetivos, num determinado contexto histórico. Este, no mais das vezes, com diminuto passar do tempo, difere profundamente daquele experimentado pelo legislador. É esta condição inescapável de instrumental para a consecução de determinados fins que empresta à interpretação a sua elevada dignidade."

"Destarte, assumindo uma ótica ampliativa e mais bem equipada, a interpretação sistemática deve ser definida como uma operação que consiste em atribuir a melhor significação, dentre várias possíveis, aos princípios, às normas e aos valores jurídicos, hierarquizando-os num todo aberto, fixando-lhes o alcance e superando antinomias, a partir da conformação teleológica, tendo em vista solucionar os casos concretos."

"Ademais, o intérprete sistemático deve aprender a minimizar os riscos de um obrar desencorajado e simplesmente relativo, lento e 'burocrático', na acepção pejorativa do termo.

"Redefinida a sua missão, há de investir suas melhores energias para promover a visão total do sistema – nunca fechada – como sendo verdadeiramente imprescindível à solução das demandas e para assegurar o Direito como um todo coerente e unitário" (*A Interpretação Sistemática do Direito*, São Paulo, Malheiros Editores, 1995, pp. 50, 54 e 139).

Interpretar os textos jurídicos, para aferir o real significado de seus mandamentos, não é um fim em si e nem uma atividade lúdica. O trabalho do intérprete é instrumental, ou, pelo menos, deve estar voltado para a busca da solução mais adequada e mais justa dos problemas suscitados.

Afaste-se o intérprete sério, e realmente preocupado com a realização da Justiça segundo a Constituição, daqueles que, conforme destaca Roberto Dromi (*Derecho Administrativo*, 4ª ed., Buenos Aires, Ediciones Ciudad Argentina, 1995, p. 35), entendem o sistema jurídico como uma máquina de impedir, orientada pelo código do fracasso, cujos mandamentos são: art. 1º – não pode; art. 2º – no caso de dúvida, abstenha-se; art. 3º – se é urgente, espere; art. 4º – sempre é mais prudente não fazer coisa alguma.

Sem ousar, o Direito não evolui. Mas "ousar" não é agir irresponsavelmente; é, sim, procurar extrair da Constituição o máximo de seu conteúdo como fundamento para a concretização de seus princípios mais importantes, de maior hierarquia, que estão muito acima de meras normas isoladas ou de fragmentos de normas isoladas.

2. Licitude da cobrança de taxa como contraprestação de serviço público

A cobrança de taxa de contribuintes atendidos pelo serviço de coleta de lixo tem sido contestada por alguns, em prejuízo da coletividade, motivo pelo qual esse assunto está requerendo estudo jurídico mais aprofundado.

Primeiramente, cumpre determinar a exata natureza da atividade estatal dirigida ao contribuinte, para que se possa verificar sua adequação à modalidade tributária adotada.

Segundo nosso sistema tributário, diferencia-se a taxa do imposto por se tratar de espécie tributária vinculada a uma atividade estatal específica relativa ao contribuinte, enquanto que no imposto é ausente tal referibilidade.

Os tratadistas do assunto são unânimes em reconhecer como principal característica da taxa o caráter específico de sua cobrança. A hipótese legal que faz nascer a obrigação tributária, tratando-se de taxa, é sempre a prestação de uma atividade estatal que se dirige de modo particular ao contribuinte.

Daí o caráter específico da taxa, exigível tão-somente daqueles que se encontram alcançados por uma determinada e específica prestação estatal. A atuação do Poder Público que constitui o fato gerador da taxa deve se referir ao contribuinte, e não à coletividade em geral.

O campo de incidência da taxa é delimitado pela Constituição Federal, cabendo sua instituição "em razão do exercício do poder de polícia ou pela utilização, efetiva ou potencial, de serviços públicos específicos e divisíveis, prestados ao contribuinte ou postos à sua disposição" (art. 145, II).

O pressuposto de fato dessa modalidade tributária, segundo exsurge do texto constitucional, há de ser sempre uma atividade estatal relacionada ao contribuinte em vista das seguintes situações: o exercício do poder de polícia pelo ente público, ou a prestação, efetiva ou potencial, de serviços públicos específicos e divisíveis.

Não se insere no escopo do presente estudo a modalidade de exação fiscal nascida do exercício do poder de polícia, razão pela qual nos centraremos na investigação da segunda subespécie genérica da taxa – atividade estatal decorrente de prestação ou colocação à disposição, ao contribuinte, de serviços públicos específicos e divisíveis.

A expressão "serviço público", em que pese à considerável relevância assumida no campo do Direito Administrativo – e, talvez, até por essa razão – sempre encontrou dificuldade em ser captada num só conceito. Diversos autores em diferentes épocas formularam seus conceitos, todos valiosos para a formação e informação da Ciência do Direito Público geral e do Direito Administrativo em particular, inseridos, entretanto, no contexto jurídico próprio de sua elaboração. Celso Antônio Bandeira de Mello, aprofundando-se em reflexões sobre o tema, lança a advertência contra o que se observa na doutrina pátria de transpor-se para o nosso sistema jurídico teses e conceitos estrangeiros, nascidos de outras necessidades, outros objetivos e, sobretudo, outro ordenamento jurídico positivo.

Observa o insigne administrativista que, hoje, o conceito de serviço público desenha-se segundo uma acepção que dista muito da importância que lhe era atribuída pelos publicistas franceses, berço da chamada "Escola do Serviço Público", capitaneada por Léon Duguit, que propôs-se a afastar a idéia de soberania e de Poder Público como eixo do Direito Administrativo, erigindo-o a partir da idéia de dever estatal de prestar serviços aos administrados.

E assim assevera: "Durante algum tempo a noção de serviço público esteve ligada a um determinado tipo de atividade material (serviços indispensáveis 'à interdependência social, de tal modo que não poderiam ser prestados senão com a intervenção da força governante', cf. Duguit), época em que podia, razoavelmente, servir como critério de repartição de competências entre as duas jurisdições existentes na França (comum e administrativa), pois se lhe atribuía o caráter de elemento decisório para a aplicação do Direito Administrativo. Veio a ser depois utilizada também para batizar outro tipo de atividades que o Estado passou a assumir (exploração da atividade econômica), sob regime de Direito Privado, e até mesmo para abarcar atividades exercidas por particulares, sem concessão, mas que se entendeu deveriam estar sob impacto de regras publicísticas ('serviço público virtual'). Assim, tornou-se excessivamente ampla e inútil para tais fins, justificando o comentário do Comissário de Governo Tricot, segundo quem 'a expressão *serviço público*, sob a aparência de uma terminologia rigorosa, mas tornada tão compreensiva, quase não mais possui interesse jurídico', ou, no dizer de Waline, 'a noção de serviço público aparece, cada vez mais, como um sobrevivência inútil nos acórdãos'" (in *Curso de Direito Administrativo*, 10ª ed., São Paulo, Malheiros Editores, 1997, p. 434, nota de rodapé).

Roberto Dromi, uma das grandes representações do Direito Administrativo argentino e sul-americano, e empreendedor da reforma nos serviços públicos e privatizações em seu país como Ministro para a Reforma do Estado, não deixou de notar a relação entre a noção de serviço público e a noção emprestada às funções estatais. Assim assevera:

"*Razón política*. La noción de servicio público está íntimamente ligada a la razón de ser del Estado: la prosecución del bien común.

"La evolución de su concepto está determinada por dos momentos históricos de la vida económica del Estado: el de la economía liberal y el de la economía social.

"El servicio público en el Estado liberal del siglo XIX resultaba extraño a la concepción política y jurídica que regía, pues ella era ajena a los intereses colectivos de la sociedad. Por lo tanto, se dejó en manos de los particulares la satisfacción de esos intereses y necesidades, limitándose el Estado a una función meramente orientadora y de policía.

"Los profundos cambios sociales y económicos posteriores llevaron a una progresiva y necesaria intervención estatal, no sólo ya reglamentando la prestación de los servicios, sino asumiendo directamente su gestión y ejecución. Esta situación se revierte, en nuestro país a partir del proceso de privatización que se inicia con la Ley 23.696, que transforma la prestación de los servicios públicos." (*Derecho Administrativo*, 4ª ed., Buenos Aires, Ediciones Ciudad Argentina, 1995, p. 530).

Resultado dessas profundas alterações na política do Estado e que refletiram na construção de uma teoria sobre os serviços públicos, temos hoje afastado o monopólio estatal na sua prestação. Ao contrário, verificamos diferentes formas de co-gestão com o particular, para o qual cabe a prestação, mantida, de seu turno, a titularidade do Estado.

Assim que, segundo Celso Antônio, serviço público é "toda atividade de oferecimento de utilidade ou comodidade material fruível diretamente pelos administrados, prestado pelo Estado ou por quem lhe faça as vezes, sob um regime de Direito Público – portanto, consagrador de prerrogativas de supremacia e de restrições especiais –, instituído pelo Estado em favor dos interesses que houver definido como próprios no sistema normativo".

Com idêntico brilho, porém com outras palavras, para Hely Lopes Meirelles serviço público "é todo aquele prestado pela Administração ou por seus delegados, sob normas e controles estatais, para satisfazer necessidades essenciais ou secundárias da coletividade ou simples conveniências do Estado" (*Direito Administrativo Brasileiro*, 23ª ed., São Paulo, Malheiros Editores, 1998, p. 285). Prossegue, advertindo: "Fora dessa generalidade não se pode, em doutrina, indicar as atividades que constituem serviço público, porque variam segundo as exigências de cada povo e de cada época. Nem se pode dizer que são atividades coletivas vitais que caracterizam os serviços públicos, porque ao lado destas existem outras, sabidamente dispensáveis pela comunidade, que são realizadas pelo Estado como serviço público".

Conquanto a doutrina administrativista ainda divirja na conceituação de serviço público, como se viu, consoante definição traçada no Código Tributário Nacional, é *específico* o serviço que pode ser destacado em unidade autônoma de intervenção, de utilidade ou de necessidade pública, e *divisível* quando suscetível de utilização, separadamente, por parte de cada um dos seus usuários (art. 79, II e III).

À luz da legislação tributária, portanto, pode-se classificar os serviços públicos segundo aqueles que proporcionam um proveito genérico, de toda a coletividade, e aqueles que, ao revés, proporcionam vantagem ao indivíduo ou grupo de indivíduos, ainda que neste caso presencie-se também a satisfação de um interesse público.

É de fato sabido que da ação dinâmica do Estado prestador de um serviço público pode decorrer uma vantagem à coletividade como tal, daí denominando-se *uti universi*, como somente a um indivíduo ou grupo de indivíduos, chamado assim *uti singuli*.

Na hipótese de serviço *uti universi* todos os cidadãos, indistintamente, são consumidores em potencial daquela prestação, não sendo possível mensurar-se o grau de vantagem cabível a cada um. É o caso, por exemplo, da segurança pública colocada à disposição de toda a sociedade.

Já no caso do serviço específico, tal como a coleta de lixo, conquanto esta gere benefício a toda a coletividade, na medida em que proporciona uma cidade limpa e higiênica, é fruível de forma individual por todo morador que tenha o lixo retirado de sua residência e removido aos depósitos da cidade. Divisível, portanto, é o serviço público suscetível de fruição individual, permitindo a avaliação da parcela utilizada dentro do complexo de atuações estatais.

Cumpre notar que, inobstante as diferenças apontadas, ambas as modalidades constituem expressão da atuação da Administração e, como tais, somente existem validamente enquanto voltadas à concretização de um interesse público. É que a Administração Pública exerce *função*, a função administrativa, de indeclinável dever de satisfazer os interesses e as necessidades da coletividade, assim definidos em lei. Destaca-se em relação a ela um dever, configurado nos estritos limites do atendimento de um interesse público, para além dos quais toda atuação será reputada inválida.

Aqui se faz necessária uma importante acotação na qual reside parcialmente, a nosso ver, o cerne da questão *sub examine*.

É que se encontra no acervo jurisprudencial farta demonstração de equivocada interpretação do conceito, confundindo-se o interesse público que sempre deve presidir toda atuação estatal, e da qual não se aparta a tributária, e o interesse individualmente fruído quando em cena a prestação de um serviço específico.

Com efeito, não é raro deparar-se com decisões judiciais que entendem inaplicável a qualificação de serviço público específico e divisível ao trabalho de coleta de lixo tão-somente porque se verifica a produção concomitante de um benefício à coletividade. Assevera-se, equivocadamente, que o caráter genérico, beneficiando toda a população, não permite que se cobre diretamente de alguns contribuintes apenas.

Vimos, entretanto, que na satisfação do interesse público deve residir, sob pena de invalidade, a inspiração, o impulso de toda a atividade administrativa. Ou seja, quer nas situações em que gere uma utilidade a toda a sociedade, quer nas situações em que somente um grupo de pessoas se beneficie da prestação, haverá a satisfação do interesse público. A distinção, portanto, entre os serviços públicos específicos e divisíveis e os indivisíveis está na forma de fruição, e não no atendimento do interesse público, necessariamente presente no agir da Administração Pública.

O serviço de coleta de lixo é exemplo típico do fenômeno acima apontado. Muitas vezes é reputada ilegal a cobrança de taxa de limpeza pública porque o serviço seria despido do caráter de especificidade e divisibilidade, ante o fato de que toda a população se beneficia.

Sem temor nos afastamos desse entendimento, filiando-nos à melhor doutrina pátria, da qual é máxima expressão Hely Lopes Meirelles, que, em lições de inexcedível valor, assinala: "A especificidade e a divisibilidade ocorrem, em regra, nos serviços de caráter domiciliar, como os de energia elétrica, água, esgotos, telefonia e coleta de lixo, que beneficiam individualmente o usuário e lhe são prestados na medida de suas necessidades, ensejando a proporcionalidade da remuneração" (in *Finanças Municipais*, São Paulo, Ed. RT, 1979, p. 14).

Destaca-se, ainda, Bernardo Ribeiro de Moraes, na sua clássica obra *Doutrina e Prática das Taxas*, *in verbis*:

"As taxas de serviços são de diversas espécies. (...). Vejamos algumas dessas taxas.

"*Taxa de limpeza pública*. A Taxa de Limpeza Pública, também denominada Taxa de Limpeza das Vias Públicas, Taxa de Limpeza e Saneamento, Taxa de Coleta de Lixo, Taxa de Remoção de Lixo, Taxa de Coleta e Remoção de Lixo, Taxa de Remoção de Lixo Domiciliar, Taxa Sanitária, Taxa de Saneamento, é devida em razão da prestação de serviços de limpeza pública dirigidos ao obrigado. Basta a utilização, efetiva ou potencial, por parte do contribuinte, de um ou de mais serviços que fazem parte do complexo de limpeza pública, para ser devida a taxa.

"O serviço de limpeza pública tem por finalidade manter limpa a área do Município, protegendo higienicamente a cidade, abrangendo diversas atividades, exercidas em conjunto ou isoladamente, (...).

"Tais serviços acima indicados constituem serviços públicos específicos e divisíveis, prestados ou postos à disposição do contribuinte, pessoa proprietária do bem imóvel que recebe o serviço, isto é, pessoa que tem a utilização efetiva ou potencial do mesmo" (São Paulo, Ed. RT, 1976, pp. 147 e 148).

Iterativa é a jurisprudência nesse sentido, como ilustra o seguinte julgado do 1º TACivSP ao tratar da taxa: "(...). Apenas a remoção de lixo pode ser cobrada por meio de taxa, por ser um serviço divisível, específico e *uti singuli*" (5ª C., Ap. 491.019-8, rel. Juiz Sílvio Marques Neto, j. 24.11.1993, *RT* 701/88).

Nosso STJ também traduz o entendimento, consoante se verifica do seguinte julgado:

"Taxa – Conservação e limpeza pública – Legitimidade da cobrança – Serviço específico e divisível prestado ao contribuinte ou posto à sua disposição.

"*Ementa oficial*: Legalidade da cobrança da Taxa de Limpeza Urbana em função do serviço específico e divisível prestado ao contribuinte ou posto à sua disposição.

"Afastada qualquer identidade da sua base de cálculo com a do IPTU ou de qualquer outro imposto" (1ª T., REsp 64.651-0-SP, rel. Min. Garcia Vieira, j. 14.6.1995, *DJU* 14.8.1995).

"(...).

"No caso concreto, o autor está sujeito às taxas de conservação de ruas e logradouros públicos e de limpeza/coleta de lixo, porque ele usufrui de serviços de conservação e limpeza, inclusive coleta de lixo, efetuados pela Municipalidade de São Paulo, na rua onde está situado o seu imóvel. Estes serviços foram por ele utilizados ou postos à sua disposição e com eles beneficiou a sua propriedade. Embora todos os paulistanos sejam beneficiados com estes serviços de conservação e limpeza, são eles divisíveis porque cada um dos proprietários dos imóveis situados na rua onde estes serviços são prestados se beneficia de tais serviços e tem de dar a contrapartida e arcar com o pagamento correspondente a estes serviços a ele prestados e postos à sua disposição. É intuitivo que manter limpa uma cidade beneficia a todos que nela constróem e nela vivem e exercem as suas atividades, sejam pessoas físicas ou jurídicas. É claro que estes serviços são específicos e divisíveis e podem ser utilizados separadamente pelos usuários. Neste sentido entendeu esta E. Turma nos REsp 10.142-0-SP, julgado no dia 2 de dezembro de 1992, do qual fui relator, 11.940-SP, *DJU* 16.8.1993, relator o eminente Min. César Rocha, 33.996-GO, *DJU* 16.8.1993, relator o eminente Min. Demócrito Reinaldo, e 52.720-1-SP, *DJU* 14.11.1994.

"Dou provimento ao recurso" (*RT* 724/276).

Pelo que ficou acima exposto, resta inequívoca e inegável a verdadeira natureza de divisibilidade e especificidade da prestação estatal de coleta de lixo, tributável, portanto, segundo a modalidade *taxa*, a teor do disposto no art. 145, II, da CF.

3. A Constituição e o Código Tributário Nacional

Como é cediço, não se interpreta a Constituição por meio da lei; as leis é que devem ser interpretadas a partir de suas raízes constitucionais. No caso em estudo, é essencial que se parta da configuração constitucional das taxas: "Art. 145. A União, os Estados, o Distrito Federal e os Municípios poderão instituir os seguintes tributos: (...) II – taxas, em razão do exercício do poder de polícia ou pela utilização, efetiva ou potencial, de serviços públicos específicos e divisíveis, prestados ao contribuinte ou postos à sua disposição".

Na Constituição, portanto, já se encontram alternativas: as taxas podem decorrer tanto do exercício do poder de polícia quanto da execução de serviços públicos; estes, por sua vez, podem ser efetivamente aproveitados pelo contribuinte como, também, podem ser simplesmente colocados à sua disposição.

Não agride a Constituição cobrar taxa de quem não consome ou tira proveito direto, efetivo e concreto do serviço, desde que este esteja à disposição do usuário potencial.

Estas alternativas são claras e indiscutíveis. Resta examinar se as características de especificidade e divisibilidade comportam, ou não, alternativas. Ou seja: a ausência ou impossibilidade de aferição dessas características desnatura a taxa?

O Código Tributário Nacional, ao disciplinar o assunto, como não poderia deixar de ser, mantém aquelas alternativas constitucionais: "Art. 77. **(Taxas – Fato Gerador)** As taxas cobradas pela União, pelos Estados, pelo Distrito Federal ou pelos Municípios, no âmbito de suas respectivas atribuições, têm como fato gerador o exercício regular do poder de polícia, ou a utilização, efetiva ou potencial, de serviço público específico e divisível, prestado ao contribuinte ou posto à sua disposição".

Logo em seguida, o Código Tributário Nacional cuida mais detalhadamente das taxas remuneratórias de serviços públicos, destacando ou explicitando seus traços característicos:

"Art. 79. (**Serviços públicos**) Os serviços públicos a que se refere o art. 77 consideram-se:

"I – utilizados pelo contribuinte:

"a) efetivamente, quando por ele usufruídos a qualquer título;

"b) potencialmente, quando, sendo de utilização compulsória, sejam postos à sua disposição mediante atividade administrativa em efetivo funcionamento;

"II – específicos, quando possam ser destacados em unidades autônomas de intervenção, de utilidade ou de necessidade públicas;

"III – divisíveis, quando suscetíveis de utilização, separadamente, por parte de cada um dos seus usuários."

Obviamente, a explicitação feita pela lei não dispensa o trabalho do intérprete, pois a própria norma explicitadora, ou seja, o verdadeiro sentido do texto explicativo, depende de um trabalho de interpretação.

Confira-se, portanto, a interpretação dada a tais dispositivos por um dos mais renomados tributaristas brasileiros:

"O serviço é *efetivo* quando ministrado ao contribuinte a qualquer título, isto é, porque lhe interesse ou porque deva sujeitar-se a ele por sua atividade em relação a terceiros.

"É *potencial* quando, compulsório, funcione efetivamente à disposição do contribuinte. Compulsório o pagamento, não o uso.

"É *específico* quando possa ser separado em unidades autônomas de intervenção da autoridade, ou de sua utilidade, ou de necessidade pública que o justificou – por exemplo, a existência do corpo de bombeiros para o risco potencial de fogo.

"É *divisível* quando possa funcionar em condições tais que se apure a utilização individual pelo usuário – a expedição de certidões, a concessão de porte de armas, a aferição dos pesos e medidas etc." (Aliomar Baleeiro, *Direito Tributário Brasileiro*, 10ª ed. revista e atualizada por Flávio Bauer Novelli, Rio de Janeiro, Forense, 1990, pp. 353 e 354).

Note-se que, ao citar, exemplificativamente, um serviço público remunerável por taxa, o respeitabilíssimo Min. Aliomar Baleeiro mencionou o serviço prestado pelos bombeiros.

E se o contribuinte não acionar uma única vez o corpo de bombeiros? Ainda assim continuará sendo contribuinte, pois é "compulsório o pagamento, não o uso". O importante é que o serviço de fato exista, esteja disponível.

Mas resta um problema: como aferir "quanto" do serviço ficou disponível para cada contribuinte, para fins de lançamento? A lei pode criar um referencial, um elemento indicativo dessa parcela individual, como, por exemplo, a metragem cúbica das edificações.

A impossibilidade de aferição do "quanto" pertinente a cada contribuinte não elimina a divisibilidade do serviço. O problema não está aqui, mas, sim, na circunstância de ser o usuário potencial determinável ou indeterminável, conforme a lição de Roque Carrazza:

"Portanto, os serviços públicos dividem-se em *gerais* e *específicos*. Os serviços públicos gerais, ditos também *universais*, são os prestados *uti universi*, isto é, indistintamente a todos os cidadãos. Eles alcançam a comunidade, como um todo considerada, beneficiando número indeterminado (ou, pelo menos, indeterminável) de pessoas. É o caso dos serviços de iluminação pública, de segurança pública, de diplomacia, de defesa externa do país etc. Todos eles não podem ser custeados, no Brasil, por meio de taxas, mas, sim, das receitas gerais do Estado, representadas, basicamente, pelos impostos.

"Já, os serviços públicos específicos, também chamados *singulares*, são os prestados *uti singuli*. Referem-se a uma pessoa ou a um número determinado (ou, pelo menos, determinável) de pessoas. São de utilização individual e mensurável. Gozam, portanto, de *divisibilidade*, é dizer, da possibilidade de avaliar-se a utilização efetiva ou potencial, individualmente considerada. É o caso dos serviços de telefone, de transporte coletivo, de fornecimento domiciliar de água potável, de gás, de energia elétrica etc. Estes, sim, podem ser custeados por meio de taxas de serviço" (*Curso de Direito Constitucional Tributário*, 13ª ed., São Paulo, Malheiros Editores, 1999, p. 355).

Comparando os exemplos aí fornecidos com o caso em exame, pode-se dizer que a segurança pública, por definição, só existe quando abrange toda a coletividade (*uti universi*); mas, em sentido contrário, o serviço púbico de transporte coletivo tem destinatários específicos, podendo haver (como efetivamente ocorre) áreas geográficas onde o serviço não chega e pessoas que não se utilizam desse serviço onde ele existe.

Resultado: não se pode dar o mesmo tratamento aos serviços gerais e especiais, assim como aos serviços efetivamente prestados e aos serviços simplesmente postos à disposição. Não é possível dar soluções iguais a problemas diferentes.

Geraldo Ataliba (*Hipótese de Incidência Tributária*, 5ª ed., 8ª tir., São Paulo, Malheiros Editores, 1999, pp. 138 e 139), seguindo a mesma linha de Aliomar Baleeiro, destaca que, no caso de serviços postos à disposição, desde que tal serviço tenha sido criado por lei, sua prestação pelo Poder Público é obrigatória, e, para o particular contribuinte, obrigatório é o pagamento, não o consumo efetivo: "A taxa pela disponibilidade do serviço só é exigível quando o serviço é, por lei administrativa válida (conforme a Constituição), obrigatório. É o caso, por exemplo, do abastecimento de água, coleta de esgoto, vacinação, identificação, enterramento de mortos, internação de loucos ou portadores de doenças contagiosas, remoção de lixo, demolição de edifícios perigosos, destruição de aparelhos e instrumentos danosos ao meio ambiente, apreensão de objetos instrumentais de delitos etc. Em casos semelhantes, se a lei administrativa – com base na Constituição – tornar o serviço obrigatório, sua simples disponibilidade pode tornar a respectiva taxa obrigatória".

Permanecendo na literalidade das palavras, o intérprete menos avisado encontraria um ilogismo, um absurdo, no próprio texto constitucional: como seria possível cobrar taxas pelo serviço posto à disposição se isto não comporta divisão, não é divisível, no sentido de se apurar quanto da disponibilidade é pertinente a cada contribuinte?!

Seja permitido invocar uma lição de hermenêutica clássica, elementar e universalmente conhecida: "Deve o Direito ser interpretado inteligentemente: não de modo a que a ordem legal envolva um absurdo, prescreva inconveniências, vá ter a conclusões inconsistentes ou impossíveis. Também se prefere a exegese de que resulte eficiente a providência legal ou válido o ato, à que torne aquela sem efeito, inócua, ou este, juridicamente nulo" (Carlos Maximiliano, *Hermenêutica e Aplicação do Direito*, 9ª ed., Rio de Janeiro, Forense, 1984, p. 166).

Logicamente, dado que no caso dos serviços postos à disposição não há como aferir capilarmente e diretamente o quanto é pertinente a cada contribuinte, a única conclusão que se pode tirar disso é no sentido de que esse elemento não é essencial para a configuração da taxa e que a ausência de divisibilidade não desnatura o tributo, nem ofende a Constituição.

O importante, todavia (para que não haja confusão com os serviços *uti universi*, remunerados pela receita geral de impostos), é que o contribuinte seja determinável e que haja um fator, eleito pelo legislador, capaz de servir como indicador dessa potencialidade. Fator, esse, que tenha uma relação de pertinência com essa disponibilidade.

4. Base de cálculo e fator de distribuição

Assentada a premissa da legalidade de cobrança da taxa de serviço de limpeza, surge o problema da quantificação desse tributo. Qual o montante a ser exigido pelo Poder Público a título de taxa?

O legislador é livre para estabelecer o critério de repartição da carga tributária relativa à taxa, segundo as exigências financeiras do Estado. Consoante a lição de Rubens Gomes de Sousa, "o montante da taxa é sempre fixado unilateralmente pelo Estado, de modo que o critério de sua fixação não é a vantagem individual, mas, pelo menos teoricamente, a recuperação do custo do serviço público" (*Compêndio de Legislação Tributária*, 3ª ed., Rio de Janeiro, Financeiras, 1960, p. 141). Os critérios de política legislativa comandam a matéria, desde que respeitadas as normas do sistema jurídico-tributário e sem se apartar da causa jurídica da taxa.

"Causa jurídica" é o pressuposto de fato que dá origem à norma tributária. Como visto acima, o fundamento jurídico da taxa é a atividade estatal específica dirigida ao contribuinte.

A liberdade atribuída ao legislador para estabelecer o critério para fixação do montante que será cobrado do contribuinte a título de taxa, contudo, não é ilimitada, senão na medida do que o próprio ordenamento jurídico prevê. As limitações constitucionais ao poder de tributar e o nexo causal que deve haver entre a taxa e seu fundamento jurídico, o fato gerador, delineiam o campo no qual o legislador pode livremente transitar.

Deve haver uma inequívoca correspondência entre a atividade material prestada pelo Estado, e que será cobrada, e os critérios formadores da taxa. Em outras palavras, a liberdade inerente à política legislativa é limitada, nesse caso, à escolha de uma base de cálculo que guarde razão com o fato gerador da respectiva obrigação tributária.

Nosso CTN, em seu art. 97, III e IV, reconhece que o fato gerador da obrigação tributária é integrado por um elemento financeiro, determinando que sejam previstas em lei a base de cálculo e a alíquota do tributo.

A base de cálculo, segundo definição de Bernardo Ribeiro de Moraes, representa uma grandeza suscetível de expressão quantitativa, constituindo algo que possa medir ou avaliar a atividade estatal. É o elemento financeiro do tributo, e, nessa medida, não se confunde com o próprio fato gerador do tributo, seu elemento material, muito embora devam guardar íntima relação. A base de cálculo, enfim, é a medida econômica do tributo, que, no caso das taxas, é a atividade estatal específica referida ao contribuinte.

Assim, o relevante para o estabelecimento do critério de fixação do montante da taxa não é a capacidade econômica do contribuinte ou qualquer outro elemento que o caracterize, tal como o patrimônio, seu índice de riqueza. Na verdade, a taxa constitui um instrumento de custeio da ação estatal, e portanto sua arrecadação, na medida do possível, deve aproximar-se do custo dessa atividade.

A apuração do custo da atividade estatal, por óbvio, não pode ser milimetricamente medida. O que interessa é uma apuração aproximada do custo global do serviço, uma vez que sempre se mostrará impossível uma equivalência exata entre o custo e o que será cobrado do contribuinte.

Como já tivemos a oportunidade de assinalar, o serviço sempre deve ser específico porque a base de cálculo do tributo (o quanto se pode arrecadar, o montante a ser rateado entre os contribuintes individualizáveis – mesmo que de maneira ficta, estabelecida pela lei) será sempre o custo do serviço: "A base de cálculo da taxa, dentro da melhor doutrina, deve ser valor ou parâmetro que meça, ainda que estimadamente, o custo da atuação estatal" (Eugênio Doin Vieira, "Taxas – Algumas considerações propedêuticas" in *Estudos em Homenagem a Geraldo Ataliba-1 – Direito Tributário*, São Paulo, Malheiros Editores, 1997, p. 138).

A determinação do montante tributário atribuível ao contribuinte nunca é exata, mas estimada, como bem ilustra a seguinte observação:

"(...). Portanto, tratando-se de taxas, a solução para o cálculo do valor do tributo é bastante dificultosa. Além de não possuírem como fato gerador um elemento considerado riqueza, bem sabemos da dificuldade de se apreciar economicamente o valor da atividade estatal em relação ao contribuinte.

"O legislador, ao solucionar o problema do *quantum* das taxas, deve ter cautela. Cada espécie de taxa pode aconselhar um sistema de cálculo especial, ajustado às particularidades da atividade específica que dá lugar à cobrança da taxa.

"Um exemplo ajudará a esclarecer a questão.

"Os serviços de limpeza pública são importantes para o Poder Público municipal, visto que deles dependem a higiene e a beleza da cidade. Várias causas (poeira, lama, folhas e outros resíduos vegetais, desgaste da pavimentação, capim, detritos atirados pelos transeuntes etc.) concorrem para a sujeira da cidade, competindo ao poder local executar uma série de serviços que importam a defesa da cidade: coleta e remoção do lixo domiciliar; varrição, lavagem e capinação das vias e logradouros; limpeza de córregos, galerias pluviais, bueiros e bocas-de-lobo.

"Como cobrar o serviço de limpeza pública?

"Para a cobrança da Taxa de Limpeza Pública, há necessidade de se estabelecer, embora aproximadamente, o custo do serviço prestado, o qual varia de acordo com os diversos tipos de serviços (varredura periódica, varredura de conservação, lavagem noturna, colocação de recipientes coletores de papéis, utilização de caminhões-pipas etc.), o pessoal e o material (mecânico ou não) necessário.

"O custo do serviço seria a soma do custo da coleta e remoção do lixo domiciliar e do custo dos demais serviços executados em determinada área" (Bernardo Ribeiro de Moraes, *A Taxa no Sistema Tributário Brasileiro*, São Paulo, Ed. RT, 1968, pp. 110-111).

Se nem mesmo a base de cálculo é rigorosamente exata, valendo, portanto, que seja estimada, plausível, com muito maior razão não se haverá de exigir rigor aritmético na identificação do quanto devido pelo contribuinte, bastando que também seja algo estimável, de maneira plausível, razoável, não aberrante nem arbitrária.

Ao leigo, sem dúvida, assiste o anseio de ver-se obrigado a pagar somente pelo serviço que usufrui, e na exata medida do que lhe é prestado. É inegável, contudo, que é materialmente impossível a medição milimétrica da parcela correspondente a cada contribuinte, segundo o montante exato de lixo que produz. Somente a pesagem, imóvel a imóvel, concretizaria esse inviável ideal de equivalência, e assim mesmo não estaria totalmente afastado o risco de quebrar-se quando seus habitantes encontram-se afastados em viagem, por exemplo, e não produzindo lixo no imóvel (potencialidade de uso, pois o serviço permanece disponível).

Por tais razões, a lei não exige para a taxa essa necessária capilaridade com o custo do serviço prestado a cada contribuinte, diferentemente do que ocorre na contribuição de melhoria, terceira espécie tributária prevista na Constituição Federal. Segundo a sistemática tributária, "a contribuição de melhoria, prevista na Constituição Federal, tem como fato gerador o acréscimo do valor do imóvel localizado nas áreas beneficiadas direta ou indiretamente por obras públicas" (art. 1º do Decreto-lei 195, de 24.2.1967). Em face disso, verifica-se que a cobrança desse tributo somente se legitima quando o contribuinte aufira efetivamente uma valorização em seu imóvel; valorização, essa, que lhe será cobrada na exata medida de sua fruição.

Nas taxas, ao contrário, não é sequer exigido que o contribuinte se beneficie diretamente do serviço, bastando que esteja este à disposição. É clara a dicção constitucional autorizadora da instituição de taxas: "em razão do poder de polícia ou pela utilização, efetiva ou potencial, de serviços públicos específicos e divisíveis, prestados ao contribuinte ou postos à sua disposição".

Razão por que compete ao legislador estabelecer um fator de distribuição, um critério de rateio do custo da atividade estatal entre os contribuintes; custo, este, que será tão-somente estimado, não apenas em razão das dificuldades de fixação milimétrica da quantidade de lixo produzido, acima apontadas. É que, inobstante fruível individualmente, o serviço público aproveita a toda a coletividade. E é isso que importa para o Estado, e jamais a busca de uma exata equivalência direta entre o montante da taxa e o valor da atividade estatal para cada beneficiado.

Muitos Municípios têm encontrado resistência dos contribuintes, autorizados por decisões judiciais, ao pagamento da taxa de limpeza, fundada na existência de identidade de base de cálculo com o IPTU, o que seria vedado pela Constituição Federal.

Identidade há quando existe a exata correspondência entre *todos*, *e não apenas alguns*, *dos elementos* formadores da base de cálculo de um e de outra. A taxa fixada segundo o valor venal de um imóvel sem dúvida é inconstitucional, posto que corresponde ao fator formador da base de cálculo daquele imposto.

Já foi visto que o critério de estabelecimento do montante da taxa, como instrumento de custeio do serviço, deve guardar referibilidade à atividade, e não ao contribuinte.

A taxa de coleta de lixo domiciliar, como o próprio nome indica, dirige-se a um contribuinte que, de seu turno, está ligado a um imóvel. Retira-se o lixo produzido no interior de um imóvel. Portanto, para fins de estabelecimento do critério de rateio do serviço, fixando-se o montante da taxa, não há como ignorar esse aspecto. Não há como o imóvel deixar de integrar a formação da quantificação da taxa. Um ou mais elementos caracterizadores do imóvel hão de, necessariamente, compor a expressão financeira da taxa, posto que indissociáveis da própria atividade estatal que está sendo cobrada.

A vedação constitucional consignada no § 2º do art. 145, ao nosso entender, impede a identidade de base de cálculo, e não a coincidência de um de seus elementos. A toda evidência, por exemplo, se o valor venal que constitui a base de cálculo do IPTU é formado pela conjugação da área do imóvel e sua destinação e localização, e os mesmos elementos formarem a base de cálculo da taxa, esta será inconstitucional.

Não o será, entretanto, se apenas um desses elementos, tais como a testada conjugada ao uso do imóvel, integrar, formar, sua base de cálculo.

Data maxima venia, a torrencial e dominante jurisprudência condenando o uso de alguma dimensão do imóvel como referencial para a fixação do valor individual da taxa, sob fundamento de coincidência com o fato gerador do IPTU, pode ser considerada como teratológica. Com efeito, fato gerador do imposto é o valor venal do imóvel (de cada imóvel); fato gerador da taxa é o custo do serviço (custo global do serviço, prestado ou posto à disposição de todos os contribuintes considerados em seu conjunto). Obviamente, nem pode haver coincidência entre uma coisa e outra.

Mas, como sempre ensinou o mestre Oswaldo Aranha Bandeira de Mello, "a lei diz aquilo que o juiz diz que ela diz". Decisão judicial, mesmo teratológica, é o Direito.

5. Fator complexo de distribuição

A orientação jurisprudencial dominante criou um impasse: o serviço é absolutamente essencial e deve ser prestado, mas, embora tenha um custo inegável, inevitável e apurável, não pode ser remunerado por taxa. A solução seria custeá-lo com recursos provenientes da arrecadação dos impostos, mas isso seria evidentemente injusto, dada a nenhuma relação entre o usuário do serviço e o contribuinte.

Na verdade, o custo global do serviço deveria ser dividido pelo número de usuários. Ocorre que, se isso for feito linearmente, diretamente, aritmeticamente, também se chegará a uma injustiça, pois nem todos os usuários, efetivos ou potenciais, se valem igualmente desse serviço.

Impõe-se, portanto, a necessidade de busca de um fator de distribuição que, simultaneamente, não se choque com a lastimável orientação jurisprudencial e possa resultar numa justa distribuição do custo do serviço pelos contribuintes.

Tal solução depende da criação de um modelo matemático, inevitavelmente complexo, que considere uma pluralidade de circunstâncias ou indicadores que permitam chegar, o mais aproximadamente possível, a uma distribuição justa.

Dessa forma, será perfeitamente possível chegar a uma justa distribuição do custo do serviço partindo da caracterização do imóvel como elemento produtor do lixo, mas agregando dados censitários, demográficos, financeiros, tipológicos do imóvel e da região onde se localiza, informações sobre disponibilidade e consumo de outros serviços públicos, tudo isso combinado mediante a utilização de rigorosos critérios estatísticos, de maneira a se chegar ao valor mais aproximado possível da parcela que deve caber a cada contribuinte.

Por esse caminho é possível chegar à identificação de grupos de contribuintes que apresentam alta similaridade. Diferentes grupos de contribuintes dotados de alta similaridade deverão contribuir com valores diferentes.

Eventuais distorções, casos esporádicos, situações individuais discrepantes da média apurada para determinado grupo, podem ser corrigidos caso a caso, com a utilização dos mesmos critérios que levaram à apuração dos valores médios dos diversos grupos homogêneos.

6. Conclusões

De tudo quanto foi exposto, podemos extrair as seguintes conclusões sobre a problemática exposta.

6.1 A atividade estatal de coleta de lixo constitui serviço público específico e divisível, e, portanto, deve ser remunerada mediante taxa.

6.2 A quantificação do montante da taxa deve obedecer a critérios de conveniência do Estado, e é fixada segundo uma política legislativa.

6.3 A taxa deve ser medida em função do custo da atividade estatal, e não do contribuinte.

6.4 A base de cálculo da taxa, correspondendo à expressão financeira do tributo, deve ser estabelecida em função do custo do serviço e rateada segundo critérios que guardem correspondência estimada com a atividade.

6.5 A identidade de base de cálculo com o IPTU se verificaria apenas quando existisse absoluta coincidência de todos os seus elementos formadores, e não apenas um ou, mesmo, alguns.

6.6 Quando o serviço prestado é relacionado a um imóvel, a utilização de uma característica física do próprio imóvel como *fator de distribuição* da taxa não se confunde com a base de cálculo do IPTU, que é o *valor venal* do imóvel, para a determinação do qual também se utilizam características físicas do mesmo imóvel.

6.7 A testada do imóvel, por exemplo, pode ser utilizada como fator de distribuição do custo do serviço público de coleta de lixo domiciliar, determinando o *quantum* a ser cobrado de cada contribuinte como taxa.

6.8 A utilização de um complexo modelo matemático como fator de distribuição, considerando uma pluralidade de fatores ou elementos que levem a uma distribuição mais justa do custo do serviço por todos os usuários, efetivos ou potenciais, é perfeitamente constitucional.

São Paulo, novembro de 1998.

DOUTRINA

UMA VISÃO CRÍTICA DAS ORGANIZAÇÕES SOCIAIS

SÉRGIO DE ANDRÉA FERREIRA

Professor Titular no Rio de Janeiro — Desembargador Federal, aposentado
— Ex-Membro do Ministério Público Estadual — Da Academia Brasileira de Letras Jurídicas
e do Instituto dos Advogados Brasileiros

1. Embora com algumas diferenças, mas como evolução de projeto inicial do então Ministério da Administração Federal e da Reforma do Estado, foi editada a *Lei 9.637*, de *15.5.98*, antecedida pela *Medida Provisória 1.591*, de *9.10.97*, várias vezes reeditada, e que dispôs sobre a *qualificação* de entidades como *organizações sociais*, dentro do *Programa Nacional de Publicização*, instituído por esses atos normativos.

2. O *status* de *organização social* é produto de uma *qualificação jurídica*, atribuída, a *pessoa jurídica de direito privado*, pelo Poder Executivo, uma vez atendidos, por aquela, determinados requisitos e pressupostos, dos quais destacamos (arts. 1º, 2º e 3º):

a) ser entidade sem fins lucrativos, e com a obrigação de realizar investimentos de seus excedentes financeiros no desenvolvimento de suas atividades, proibida a distribuição de bens ou de parcelas do patrimônio líquido;

b) dedicar-se, com caráter altruístico, a atividades sociais, dentre as quais o ensino, a pesquisa, o desenvolvimento tecnológico e a saúde;

c) ser seu órgão de deliberação superior — a que a lei se refere como *Conselho de Administração* — integrado de representantes do Poder Público, em percentual de vinte a quarenta por cento; de vinte a trinta por cento de representantes da sociedade civil, sendo que os Conselheiros de ambas as categorias são tidos como "natos", e devendo seu conjunto corresponder a mais de cinqüenta por cento do colegiado.

2.1 A *outorga* da *qualificação* é *discricionária*, eis que resultante de juízo de "conveniência e oportunidade" do Ministro ou titular do órgão supervisor ou regulador da correspondente área de atividade, e do então Ministro de Estado da Administração Federal e Reforma do Estado (art. 2º, II).

2.2 A *ligação* da *OS* com o *Poder Público* se dá através da celebração de *contrato de gestão* entre eles, "com vistas à formação de parceria entre as partes para fomento e execução" das atividades relativas às áreas enumeradas no art. 1º da Lei (art. 5º).

2.2.1 Este *contrato*, "elaborado de comum acordo entre o órgão ou entidade supervisora e a organização social", e aprovado pelo Conselho de Administração dessa e pelo Governo (art. 6º, parágrafo único), "discriminará as atribuições, responsabilidades e obrigações do Poder Público e da organização social" (art. 6º, *caput*).

2.2.2 Submetido à *principiologia público-social* (princípios da legalidade, moralidade, impessoalidade, publicidade e economicidade), o contrato, como é próprio da espécie, estabelecerá programas de trabalho, metas e prazos de seu atingimento, índices de avaliação de desempenho, limites de despesas, assim como outras cláusulas, sendo sua execução fiscalizada pela Administração Pública (arts. 8º a 10).

2.2.3 O *descumprimento contratual*, pela *OS*, poderá levar à *desqualificação* dessa, pelo Poder Executivo (art. 16, e §§).

2.3 A *OS* pode, por outro lado, ser *destinatária* de *recursos orçamentários* e de *bens públicos* necessários à execução do *contrato de gestão* (art. 12).

Ainda mais: o Executivo poderá *ceder*, às *organizações sociais, servidores públicos*, "com ônus para a origem" (art. 14), sendo permitido o pagamento, pela *OS*, de vantagens pecuniárias adicionais (§ 1º).

2.4 As *organizações sociais* são, *ipso iure*, "declaradas como entidades de interesse social e utilidade pública, para todos os efeitos legais" (art. 11).

É, por seu turno, dispensada a *licitação* para a outorga de *permissão de uso* de *bens públicos* às *OS* (art. 12, § 3º), assim como para a celebração de *contratos de prestação de serviços* por elas à AP Federal direta, autárquica e fundacional, "para atividades contempladas no objeto do contrato de gestão": art. 24, XXIV, da Lei 8.666, de 21.6.93, com a redação da Lei 9.648, de 27.5.98 (v. item 12, adiante).

2.5 A *Lei 9.637/98* é explícita quanto à *absorção*, pela *OS*, de *atividades* e *serviços públicos extintos*, inclusive na área da saúde e no âmbito radiofônico e de televisão educativa (arts. 18, 19 e 22).

Desde logo, extinguiu o *Laboratório Nacional de Luz Sincroton*, órgão integrante da estrutura do Conselho Nacional de Desenvolvimento Científico e Tecnológico-CNPq; e a *Fundação Roquette Pinto*, entidade vinculada à Presidência da República. Ao mesmo tempo, ficou o Poder Executivo autorizado (art. 21, § 3º) a qualificar como *organizações sociais*, e *absorver* as atividades desempenhadas pelas citadas entidades extintas, as pessoas jurídicas de direito privado indicadas no Anexo I da Lei: a *Associação Brasileira de Tecnologia de Luz Sincroton-ABTLUS* e a *Associação de Comunicação Educativa Roquette Pinto-ACERP*.

3. Em entrevista ao *Jornal do Brasil* (23.11.97) o então Ministro Bresser Pereira declarou: "Quando se trata de serviços sociais, serviços científicos, como hospitais, universidades, escolas, museus, jardins zoológicos, orquestras sinfônicas — áreas muito importantes que o Estado tem obrigação de financiar, mas nenhuma razão para dirigir diretamente — criam-se as entidades públicas não-estatais. Aqui no Brasil estamos chamando de Organizações Sociais. Na Inglaterra foram chamadas de 'Quango' ('Quasi non Governamental Organizations'), que é uma organização quase não-governamental. Ela é uma organização híbrida entre a organização estatal e a organização privada de interesse público".

3.1 Consideremos que — peculiaridades do Direito Anglo-saxão à parte — não se reveste, *permissa maxima venia*, de cientificidade (seja pelo ângulo da Ciência do Direito, seja pelo da Ciência da Administração) uma classificação que tem por objeto uma espécie de *ente* que, "quase não sendo governamental", "quase, tampouco, é governamental".

A exatidão científica exclui, pelo *princípio da não-contradição* (nada pode ser e deixar de ser ao mesmo tempo), as categorizações *híbridas*.

3.2 Destarte, na caracterização da natureza das *instituições sociais*, essas, ou são *governamentais*, ou integram os entes da *sociedade civil*: ou são do conjunto dos *governantes* ou dos *governados*.

4. Pela sistemática constitucional, são *governamentais* os Poderes Públicos, incluídos o Legislativo, o Executivo e o Judiciário, assim como as *instituições de provedoria de justiça*, dentre as quais o Ministério Público.

4.1 São também *Governo*, nos termos do disposto no art. 37 da Constituição Federal, as respectivas *Administrações Públicas*, que se compõem dos *órgãos da Administração direta*, despersonalizada; das *pessoas jurídicas* da *Administração indireta: autarquias*, de direito público; e *empresas públicas* e *mistas*, assim como *fundações públicas*, de direito privado.

4.2 Integram ainda o *setor governamental* as *entidades paradministrativas* ou *de cooperação*, sob *controle* da União, consoante o estatuído pelo inc. XX, primeira parte, do art. 37 da CF. Podem ser de *direito público*, como as universidades públicas; ou de *direito privado*, como as empresas paradministrativas.

5. Todas as demais *instituições* são *governadas*, pertencem ao *setor privado*, mesmo que tenham, em seu capital ou administração, a *participação do Poder Público*; conforme previsto na segunda parte do inc. XX do art. 37 da CF.

5.1 São, igualmente, particulares as entidades do seio da *sociedade civil* e do *setor privado* da *economia*, que *colaboram* com o Poder Público, isto é, aquelas que, por *delegação*, por *autorização* ou *permissão*; ou, ainda, por *aproveitamento oficial* da respectiva atividade, participam da execução da *atividade pública*.

Neste conjunto estão, dentre outros, os concessionários e permissionários de serviços públicos; os contratados em geral da Administração Pública; as entidades de previdência privada complementar.

6. As recém-criadas *organizações sociais* não são *governamentais*: identificam-se como *entes do setor privado*, *pessoas jurídicas particulares*, as quais, uma vez que recebam o selo da qualificação como *OS*, se fazem *entidades de colaboração do Poder Público*.

Pela *descentralização por colaboração*, conforme salientado, a *pessoa política delega a terceiros* (particulares, pessoas físicas ou jurídicas, ou pessoas de outras administrações ou paradministrações públicas) ou lhes *permite* o exercício de encargo público, ou *aproveita* a atividade dos mesmos como auxiliares da atuação da administração pública.

Os *terceiros* a que se refere este item passam a *colaboradores da administração pública.*

A *descentralização por colaboração* é de índole objetiva, funcional, eis que descentralizada é somente a atividade, que passa a terceiros.

6.1 A primeira característica, na fixação da *identidade* das *OS*, é que, como assinalado, o *status* de *organização social* advém de uma *qualificação*, de uma forma, portanto, de *habilitação*, que pode ser *cassada* (arts. 1º e 16, e §§), sem que a pessoa jurídica deixe de existir, podendo vir a desenvolver atividades outras.

Com efeito, na entrevista anteriormente citada, explicita o Ministro: "Organização social não é, na verdade, um tipo de entidade pública não-estatal, mas uma qualidade dessas entidades, declarada pelo Estado".

6.2 Ademais, inexiste *vinculação administrativa legal* entre a *OS* e o *Poder Público*.

Com efeito, o *inter-relacionamento* entre os dois se dá, como assinalado, através da celebração do *contrato de gestão*, cujo objeto é, exatamente, "a formação de parceria entre as partes para fomento e execução de atividades relativas às áreas relacionadas no art. 1º da Lei 9.637/98.

É esta u'a manifestação da chamada *contratualização do Direito Administrativo*, com a identificação da *administração concertada*, em lugar de meramente *imperativa.*

6.3 A presença do *Poder Público* na *administração* da entidade; a possibilidade de *cessão de servidores*; de *permissão de uso de bens públicos* e de *destinação de recursos orçamentários* não subvertem a índole *particular* da instituição; não a faz *governamental.*

Assim, concessionários sempre puderam utilizar bens do domínio público.

É certo, porém, que a possibilidade de cessão de servidores, com ônus para o Poder Público cedente, em favor de instituições particulares, é novidade, podendo, aliás, vir a ser questionada a validade desse permissivo.

6.4 Outrossim, a própria atribuição automática dos títulos de *interesse social* e de *utilidade pública* mostra que não são as *OS* entes *governamentais*, a cuja própria natureza são ínsitas tais titulações.

7. Ponto fundamental a ser considerado é que a finalidade central da criação da figura das *organizações sociais* é a *transplantação, para o setor privado*, da execução de *serviços sociais*, nas áreas indicadas pela Lei: são elas instrumentos da *privatização do social*.

Como assinalou o Ministro Bresser Pereira, na entrevista já referida: "uma vez definidas as políticas, as funções exclusivas de Estado, que envolvem o poder do Estado, se criam as agências executivas — mais autônomas, mais descentralizadas, mas ainda com servidores públicos estatutários ocupando os cargos de comando.

"Quando se trata de serviços sociais, serviços científicos, como hospitais, universidades, escolas, museus, jardins zoológicos, orquestras sinfônicas — áreas muito importantes que o Estado tem obrigação de financiar; mas nenhuma razão para dirigir diretamente — criam-se as entidades públicas não-estatais."

E, conforme citado, assim concluiu quanto às *OS*: "Ela é uma organização híbrida entre a organização estatal e a organização privada de interesse público".

7.1 É, em verdade, estranho que se sustente que universidades, museus, não devem ser geridos pelo Poder Público, o que denuncia o antes assinalado objetivo de *privatizar o social*, e, mais ainda, *financiada pelo Poder Público*.

7.2 Ademais, conforme também sublinhado, não se trata, tão-somente, de *transferência de administração*, mas de *extinção do órgão*, ou *entidade governamental*, com entrega da *atividade* e *cessão* de *bens* e de *servidores*, onerando o *Estado*.

8. Mais uma vez, surge a caracterização, pouco científica, da *OS* como instituição "híbrida", entre o *estatal* e o *privado*.

8.1 Nesta linha, rotulam-se as mesmas como *entidades públicas não-estatais*.

Também aqui, há uma *contradictio in terminis*.

Com efeito, *público* significa *estatal*, como, de há muito, nos ensina Francesco Ferrara ("Pubblico vuol dire statuale", *Le Persone Giuridiche*, Turim, 1938, p. 115; *Teoria delle Persone Giuridiche*, Turim, 2ª ed., 1923, p. 750), eis que *pessoas públicas* são aquelas que detêm uma parcela do *ius imperii*, tendo os caracteres e prerrogativas exclusivos e essenciais do *Estado*.

8.2 Este tópico é de decisiva relevância na compreensão da figura das *OS*.

Em exposição sob o título *Uma Reforma Gerencial da Administração Pública no Brasil* (fevereiro de 1997), o mesmo Ministro Bresser Pereira expôs (pp. 20-21): "Já a modernização ou o aumento da eficiência da administração pública será o resultado a médio prazo de um complexo projeto de reforma, através do qual se buscará a um só tempo fortalecer a administração pública direta ou o 'núcleo estratégico do Estado', e descentralizar a Administração Pública através da implantação de 'agências executivas' e de 'organizações sociais' controladas por contratos de gestão".

Para os *serviços não-exclusivos* (escolas, hospitais, centros de pesquisa, museus), aponta, como fenômeno *descentralizador*, o da *publicização*, cuja *institucionalização* se dá, através das *organizações sociais*, como *forma de administração gerencial* e de *propriedade pública não-estatal*.

8.3 Em verdade, a concepção toma o vocábulo *público* no sentido de *social*: aquilo que, embora *privado*, é de *relevância coletiva*, ou, como se diz também, de *relevância pública* (cf. art. 197 da CF).

Nesta linha, não se menciona o *Direito Social* — a grande contribuição da moderna Ciência do Direito —, certamente por posicionamento ideológico. E conclui o Ministro (p. 24): "Estou reconhecendo este fato, ao considerar a propriedade pública não-estatal como regida pelo Direito Privado: ela é pública do ponto de vista dos seus objetivos, mas privada sob o ângulo jurídico".

8.3.1 Como vemos, não se rotula este subconjunto como *social* — termo que não pôde ser afastado, porém, da designação *organizações sociais* —, mantendo-se a tricotomia híbrida, *público estatal, público não-estatal* e *privado*. Expõe o Ministro (p. 28):

"Em outras palavras, a proposta não é a de continuar no processo cíclico que caracterizou a administração pública brasileira, alternando períodos de centralização e de descentralização, mas a de, ao mesmo tempo, fortalecer a competência administrativa do centro e a autonomia das agências executivas e das organizações sociais. O elo de ligação entre os dois sistemas será o contrato de gestão, que o núcleo estratégico deverá aprender a definir e controlar, e as agências e organizações sociais, a executar.

"A proposta de reforma do aparelho do Estado parte da existência de quatro setores dentro do Estado: l) o núcleo estratégico do Estado, 2) as atividades exclusivas de Estado, 3) os serviços não-exclusivos ou competitivos, e 4) a produção de bens e serviços para o mercado.

"No núcleo estratégico são definidas as leis e políticas públicas. É um setor relativamente pequeno, formado no Brasil, a nível federal, pelo Presidente da República, pelos ministros de Estado e a cúpula dos ministérios, responsáveis pela definição das políticas públicas, pelos tribunais federais encabeçados pelo Supremo Tribunal Federal, e pelo Ministério Público. No nível estadual e municipal existem correspondentes núcleos estratégicos. As atividades exclusivas de Estado são aquelas em que o 'poder de Estado', ou seja, o poder de legislar e tributar, é exercido. Incluiu a polícia, as forças armadas, os órgãos de fiscalização e de regulamentação, e os órgãos responsáveis pelas transferências de recursos, como o Sistema Unificado de Saúde, o sistema de auxílio-desemprego etc.

"Os serviços não-exclusivos ou competitivos do Estado são aqueles que, embora não envolvendo poder de Estado, o Estado realiza e/ou subsidia porque os considera de alta relevância para os direitos humanos, ou porque envolvem economias externas, não podendo ser adequadamente recompensados no mercado através da cobrança dos serviços.

"Finalmente, a produção de bens e serviços para o mercado é realizada pelo Estado através das empresas de economia mista, que operam em setores de serviços públicos e/ou em setores considerados estratégicos."

8.3.2 Pormenoriza, em outro trecho, Bresser Pereira (p. 26), com os tradicionais *hibridismos*:

"Na União, os serviços não-exclusivos de Estado mais relevantes são as universidades, as escolas técnicas, os centros de pesquisa, os hospitais e os museus. A reforma proposta é a de transformá-los em um tipo especial de entidade não-estatal, as organizações sociais. A idéia é transformá-los, voluntariamente, em 'organizações sociais' ou seja, em entidades que celebrem um contrato de gestão com o Poder Executivo e contem com autorização do Parlamento para participar do orçamento público. Organização social não é, na verdade, um tipo de entidade pública não-estatal, mas uma qualidade dessas entidades, declarada pelo Estado.

"O aumento da esfera pública não-estatal aqui proposto não significa em absoluto a privatização de atividades do Estado. Ao contrário, trata-se de ampliar o caráter democrático e participativo da esfera pública, subordinada a um Direito Público renovado e ampliado. (...)

"A transformação dos serviços não-exclusivos de Estado em propriedade pública não-estatal e sua declaração como organização social se fará através de um 'programa de publicização', que não deve ser confundido com o 'programa de privatização', na medida que as novas entidades conservarão seu caráter público e seu financiamento pelo Estado. O processo de publicização deverá assegurar o caráter público mas de direito privado da nova entidade, assegurando-lhes assim uma autonomia administrativa e financeira maior. Para isto será necessário extinguir as atuais entidades e substituí-las por fundações públicas de direito privado, criadas por pessoas físicas. Desta forma se evitará que as organizações sociais sejam consideradas entidades estatais, como aconteceu com as fundações de direito privado instituídas pelo Estado, e assim submetidas a todas as restrições da administração estatal. As novas entidades receberão por cessão precária os bens da entidade extinta. Os atuais servidores da entidade transformar-se-ão em uma categoria em extinção e ficarão à disposição da nova entidade. O orçamento da organização social será global; a contratação de novos empregados será pelo regime da Consolidação das Leis do Trabalho; as compras deverão estar subordinadas aos princípios da licitação pública, mas poderão ter regime próprio. O controle dos recursos estatais postos à disposição da organização social será feito através de contrato de gestão além de estar submetido à supervisão do órgão de controle interno e do Tribunal de Contas."

8.4 Paulo Eduardo Garrido Modesto, na qualidade de Assessor Especial do MARE, em texto apresentado ao II Congresso Interamericano sobre a Reforma do Estado e da Administração Pública (Venezuela, outubro de 1997), sob o título *Reforma Administrativa e Marco Legal das Organizações Sociais no Brasil* ("As dúvidas dos juristas sobre o modelo das organizações sociais"), divulgado pela Editora NDJ no 5º Seminário Nacional de Direito Administrativo (Recife, 15.10.97), indica os pontos sobre os quais tem havido discussão em torno das *OS*: a) possibilidade e natureza jurídica das mesmas; b) se prestariam *serviços públicos* ou *atividades privadas*; c) se constituiriam formas de *privatização de entes públicos*; d) se a *cessão de bens* e *recursos públicos* exigiriam prévia *licitação*; e) qual o *regime jurídico de apoio* que lhes emprestará o Poder Público; e f) e quais as diferenças das tradicionais *entidades privadas de utilidade pública* e dos *particulares que prestam serviços à Administração Pública* mediante *contrato*, em regime de *terceirização.*

8.4.1 Reconhecendo a ausência de definição legal de *OS* (p. 05), oferece uma de caráter "operacional": "As organizações sociais são pessoas jurídicas de direito privado, sem fins lucrativos, voltadas para atividades de relevante valor social, que independem de concessão ou permissão do Poder Público, criadas por iniciativa de particulares segundo modelo previsto em lei, reconhecidas, fiscalizadas e fomentadas pelo Estado".

Desde logo, devemos observar que, como indicado, a *Fundação Roquette Pinto*, sucedida pela ACERP, na qualidade de *OS*, desenvolvia atividades no setor de rádio e televisão, e, portanto, objeto de concessões e permissões.

8.4.2 Prossegue Paulo Modesto, sempre na linha híbrida: "Em sentido abrangente, as organizações sociais representam uma forma de parceria do Estado com as instituições privadas de fins públicos (perspectiva *ex parte principe*) ou, sob outro ângulo, uma forma de participação popular na gestão administrativa (perspectiva *ex parte populi*)".

8.4.3 Sublinha, no mesmo sentido já apontado, que não se trata de "um novo tipo de pessoa privada", mas *fundações* ou *associações* particulares, possuidoras de um *título jurídico especial*, uma *qualidade jurídica.*

8.4.4 Classifica-as como *instituições do Terceiro Setor*, pessoas jurídicas *particulares, auxiliares do Estado* na persecução de atividades de relevante interesse coletivo, não sendo entidades "criadas por lei e encartadas na estrutura da administração pública".

Enquadra-as como entidades que "podem ser descritas como entes privados que *colaboram com a Administração*, mas que com ela não se identificam". E, para honra nossa, cita terminologia que adotamos em tese de 1972, *descentralização por colaboração*, bem como a de Diogo de Figueiredo Moreira Neto, *descentralização social da administração*.

8.4.5 Acaba, no entanto, por modificar esse entendimento, afastando, já agora, a noção de *descentralização*, eis que, segundo o Assessor, não há *delegação* de *atividades reservadas* ou *exclusivas do Poder Público* (art. 175 da CF), mas "*ação autônoma* e *em nome próprio* dos particulares (ensino, saúde, pesquisa, desporto etc.)", inocorrendo *transferência de execução de atividade*, de *funções*. Não estariam em jogo *serviços públicos*, embora se trate de atividades que afetam *relevantes interesses coletivos* (lembremos, uma vez mais, a situação da TVE).

8.4.6 Sustenta, porém, que não há *privatização*, porque inexiste *transferência de domínio*, mas, apenas, *permissão de uso de bens públicos*.

Destaca, com efeito, que as *OS* "poderão utilizar bens materiais e recursos humanos de entidades extintas do Estado"; e que têm legitimidade para "absorver atividades e contratos de entidades extintas".

Reconhece, todavia, na linha já gizada, que há *absorção*, pelas entidades qualificadas, de *atividades* e *recursos de entes estatais extintos por lei*, *ex vi* do art. 37, XIX, da CF e do princípio da "paridade das formas": se, para criar entidades administrativas, é necessária lei específica, segundo o dispositivo constitucional referido, também o é a respectiva extinção.

8.4.7 Salienta, ademais, que, embora espécie do mesmo gênero das *entidades de utilidade pública*, com as quais têm, juridicamente, expressivas semelhanças e traços comuns (*e.g.*, iniciativa privada voluntária na sua criação; a afetação a uma finalidade de interesse público), as *OS* dessas diferem: de um lado, pelas *maiores restrições* e *vigilância estatal*, com a participação necessária do Estado em sua organização, e, de outro, pelos *maiores benefícios* e *vantagens*, embora não tenham *prerrogativas de direito público*.

9. Os dados históricos apresentados e as manifestações do próprio Governo evidenciam que o objetivo central das *OS* é sucederem entidades ou órgãos administrativos, a serem extintos, para ensejar a absorção, pelos mesmos (art. 22) de suas atividades e serviços por aquelas.

9.1 É de tomar-se, portanto, *cum grano salis*, como já reiterado, a noção de *publicização*, que dá nome ao próprio *Programa* e ao *processo* de que são instrumentos as *organizações sociais*.

9.2 É que se insiste em que a fenomenologia ligada às *OS* é de *publicização*, e não de *privatização*.

9.2.1 Na referida publicação oficial do extinto MARE, sob o título *Publicização & Organizações Sociais* ("Foco no cidadão — Ênfase em resultados — Controle social — Flexibilidade"), lê-se (p. 3):

"*O processo de publicização*: 'Publicização' refere-se à produção não-estatal de bens públicos, por entidades situadas no âmbito do denominado terceiro setor (setor de serviços não orientado para o lucro). O projeto *OS* baseia-se na publicização de atividades relacionadas à produção de bens públicos realizadas por entidades estatais, ou seja, permitir sua absorção por entidades não-estatais orientadas para certas políticas públicas.

"A implementação de Organizações Sociais implica em duas ações complementares: a publicização de determinadas atividades executadas por entidades estatais (que serão extintas); e a absorção destas atividades por entidades privadas qualificadas como *OS*, mediante contrato de gestão. Portanto, é imprópria a idéia segundo a qual organizações estatais seriam convertidas ou transformadas em *OS*. Atividades (não exclusivas de Estado), não entidades, são publicizadas. Entidades estatais são extintas, após a publicização de suas atividades; não convertidas em *OS*."

9.2.2 Há, com efeito, conforme já adiantado, forte preocupação governamental em divulgar "informações corretas contra a desinformação" (trabalho cit., p. 4), dentre as quais a de que "publicizar não é modalidade de privatização. A privatização implica na venda de patrimônio público, sobre o qual o adquirente terá absoluta autonomia para definir a finalidade que bem quiser. Publicizar implica em permissão de uso, não venda, do patrimônio público, que continua a ser público mesmo em caso de desqualificação da *OS*. Além do mais, a *OS* não terá autonomia para utilizar o patrimônio público conforme quiser, mas terá de utilizá-lo e mantê-lo para a consecução de determinados objetivos de política social definidos em contrato de gestão".

9.2.3 Ora, a *alienação de bens públicos*, é, tão-somente, uma das formas do que, genericamente, se rotula de *privatização* ou de *desestatização*.

Não se poderá, porém, dizer que extinguir *órgãos* e *entidades governamentais* e entregar suas *funções* a *instituições do setor privado*, não seja *privatizar*.

9.2.4 Aliás, a referência expressa do documento ao *Terceiro Setor* é decisiva: ele é, exatamente, uma porção do *setor privado*, por oposição ao *setor governamental*.

O *setor privado* ficaria, na classificação, dividido em duas partes: o da *atividade lucrativa*, o do *mercado*; e o *não-lucrativo*, ou social *stricto sensu*, o "terceiro setor".

Aliás, este é caracterizado como a *área social* da realização da *filantropia empresarial* (cf. Joaquim de Arruda Falcão, *O Empresário e o Terceiro Setor, em Cidadania Participativa — Responsabilidade Social e Cultural num Brasil Democrático*, Texto e Arte, 1995, p. 75) a que se somam os segmentos das *Organizações Não-Governamentais*, das *associações civis*, todos de caráter *particular*.

10. O processo, que identificamos, na espécie, da *privatização do social* fica patente, quando o art. 20 da Lei 9.637/98 contempla a criação, por decreto do Executivo, do *Programa Nacional de Publicização-PNP*, "com o objetivo de estabelecer diretrizes e critérios para a qualificação de organizações sociais, a fim de assegurar a absorção de atividades desenvolvidas por entidades ou órgãos públicos da União, que atuem nas atividades referidas no art. 1º, por organizações sociais".

10.1 Desde logo, foram extintos pela Lei, como salientado, o *Laboratório Nacional de Luz Sincroton*, da estrutura do CNPq — este, *fundação pública* — e a *Fundação Roquette Pinto* — também *fundação pública* (art. 22).

As pessoas jurídicas absorventes foram a *Associação Brasileira de Tecnologia de Luz Sincroton-ABTLus* e a *Associação de Comunicação Educativa Roquette Pinto-ACERP*, as quais — o que não deixa de ser surpreendente — foram constituídas (há indicação dos respectivos registros cartorários no *Anexo I à Lei*) antes de ter sido criada a figura das *OS*, embora, por sua própria designação, se verifique, com facilidade, que se destinam elas à absorção das atividades ainda, à época, governamentais.

10.2 Temos em mãos exemplar da Ata de Constituição e do Estatuto da citada ACERP.

Com efeito, essa constituição teve lugar em 11.8.97 (a edição da primeira MP é de 9.10.97), na própria sede da Fundação Roquette Pinto, na Rua Gomes Freire, 474, Lapa, no Rio de Janeiro, onde, aliás, a novel Associação tem também seu "domicílio e sede" (art. 3º do Estatuto; não obstante a minuta de estatuto-padrão proposto pelo MARE, no trabalho antes citado, indique, expressamente, que a sede da entidade a ser qualificada como *OS* deverá ser "local diferente da sede do órgão estatal a ser extinto").

Foram *associados fundadores* o Presidente da Fundação Roquette Pinto; a Diretora de Administração e Finanças dessa fundação pública; seu Diretor Executivo; a Diretora de Tecnologia Educacional da Fundação; e o Diretor de Engenharia.

Acrescente-se que também figura na relação constante dos autos do processo de registro o nome da Coordenadora-Geral da Secretaria de Comunicação Social da Presidência da República.

É objeto da ACERP a "operação dos canais da radiodifusão de sons e imagens".

É curioso observar-se que o Estatuto da ACERP já nasceu afeiçoado ao conteúdo da futura legislação.

Destaca-se, por exemplo, a previsão como primeira fonte de recursos financeiros necessários à sua manutenção aqueles "obtidos por Contrato de Gestão firmado com a União por meio da Secretaria de Comunicação Social e da Secretaria Geral da Presidência da República" (art. 8º, I); e "por subvenções sociais que lhe forem transferidas pelo Poder Público" (inc. VII).

Outrossim, o Conselho de Administração conta com 12 (doze) representantes da Administração Pública Federal; 4 (quatro) representantes da sociedade civil; e 4 (quatro) eleitos pelos membros natos do próprio Conselho, num total de 21 (vinte e um) membros, o que veio a atender às exigências do art. 3º, I, *a* a *d* das MPs e da Lei.

O art. 48 do Estatuto, muito antes da existência dessas, já previa a "desqualificação" da ACERP como *organização social*, que já se considerava como tal, pois que estabelecia que, em caso de sua extinção, o patrimônio associativo seria incorporado ao "de *outra* Organização Social qualificada no âmbito da União".

11. É interessante anotar que não há regulação quanto ao destino da *titularidade da função*, na hipótese de *desqualificação* da *OS*, mas apenas no tocante à *reversão* dos bens cujo uso foi permitido à entidade.

11.1 Grife-se, aliás, que a única hipótese de *cessação* do *exercício* da *atividade* pela *OS* é a sua desqualificação, pela *decadência* ou *caducidade*, isto é, pela perda do seu *status* jurídico, inexistindo previsão de *resgate* por *encampação*, em razão de *interesse público relevante* e *comprovado*.

Inexiste, tampouco, previsão de *vinculação de bens* à *atividade*, e, portanto, de *reversão* de bens privados, na hipótese de desqualificação.

11.2 Essas especulações sobre o destino da *atividade pós-desqualificação* se tornam ainda mais necessárias, na medida em que, na visão neoliberal, essas atividades não são tidas como *essenciais*, e nem mesmo próprias para serem *exercidas* pelo Estado, conforme explicitado nas manifestações governamentais citadas.

É justificável, portanto, a preocupação com que as próprias *atividades* possam vir a ser *extintas*, com a "castração do social".

12. Gize-se que o PT e o PDT ajuizaram *ação direta de inconstitucionalidade* contra a Lei 9.637/98 e contra o *inc. XXIV* do art. 24 da Lei 8.666/93, com a redação dada pelo art. 1º da Lei *9.648/98*, que autoriza a celebração de contratos de prestação de serviços com organizações sociais, mediante dispensa de licitação (v. subitem 2.4, anterior).

Foi iniciado, em 5.8.99, o julgamento da medida cautelar (ADInMC 1.923-DF) tendo o Relator, Ministro Ilmar Galvão, proferido voto no sentido de indeferir o pedido cautelar, por entender, à primeira vista, inexistir incompatibilidade da norma impugnada com a CF. Após, o julgamento foi adiado em virtude do pedido de vista do Ministro Nelson Jobim.

13. A *legislação*, em nível *local*, tem disposto sobre a *qualificação* de entidades como *OS*, do que é exemplo a Lei 2.177, de 30.12.98, do Distrito Federal (cf. art. 15 da Lei 9.637/98).

14. Finalmente, é de sublinhar-se que as *Organizações Sociais* diferem das *Orga-*

nizações da Sociedade Civil de Interesse Público, figura criada pela *Lei 9.790, de 23.3.99*, regulamentada pelo *Decreto 3.100, de 30.6.99*, e objeto da *Portaria 361, de 27.7.99*, do *Ministro da Justiça*.

14.1 Trata-se de qualificação do que a *Lei 9.790/99*, citada, rotula como "pessoas jurídicas de direito privado" — art. 1º, *caput* — cuidando-se, efetivamente, porém, de *pessoas* do *setor privado*, que, *sem fins lucrativos* — art. 1º, § 1º —, e com os *objetivos sociais* enumerados no art. 3º da Lei, não se enquadrem no elenco excludente do art. 2º do mesmo diploma legal, que impede a concessão do *status* a algumas categorias de *pessoas privadas* assim como as de *ius privatum* integrantes da *Administração Pública*, como as *fundações públicas* (n. XI do art. 2º) e *empresas públicas* e *mistas*, abrangidas essas empresas na classe das sociedades comerciais (n. I) e das 'organizações creditícias' (n. XIII). Observe-se que até mesmo *entidades paradministrativas* ou mesmo *particulares* mas criadas por órgão — ou ente — público, inclusive por *fundação pública*, estão afastadas (n. XII).

14.2 Fundamental é apontar-se que as condições de *organização social* e de *organização da sociedade civil de interesse público* não são cumuláveis, nos termos expressos do inc. XIII do art. 2º da Lei 9.790/99.

É que, embora as *OSCIPs*, tal como as *OS*, sejam *entes de colaboração* do *Poder Público* (art. 9º da Lei 9.790/99 alude, coloquialmente, a *cooperação*), as primeiras estão inseridas, de modo mais radical, no fenômeno, várias vezes já grifado, da "privatização do social", com extinção de órgãos e entes estatais.

Observe-se que o Governo, no caso da *OSCIP*, não participa de seus órgãos institucionais.

14.3 Ao invés de *contrato de gestão*, fala-se, já agora, de *termo de parceria* entre o *Poder Público* e a *OSCIP* (arts. 9º e ss. da Lei 9.790/99), em que se discriminam *direitos*, *responsabilidades* e *obrigações* das partes, e se estabelecem *parâmetros* para a *fiscalização* de sua atuação.

14.4 O Decreto 3.100/99, no art. 23, prevê *concurso público* para a escolha de *Organização* da espécie para a celebração de termo de parceria, na busca de entidade fornecedora de bens e serviços e "para a realização de atividades, eventos, consultorias, cooperação técnica e assessoria".

Verifica-se, portanto, que a *qualificação* é pressuposto genérico e permanente, enquanto o termo de parceria é tópico, para cada relacionamento com o Poder Público, com determinado objeto.

A citada Portaria 361/99, do Ministro da Justiça, regulamenta a outorga da qualificação em tela, que é compatível, por um biênio, com as qualificações de *utilidade pública* e de *fins filantrópicos*: findo este prazo, deverá haver opção, pela entidade (art. 18 e §§ da Lei 9.790/99).

14.5 As *OSCIPs* têm sido identificadas como a "institucionalização do *Terceiro Setor*" (cf. José Eduardo Sabo Paes, *Fundações* e *Entidades de Interesse Social*, Brasília Jurídica, 1999, pp. 86-67), antes abordado (v. *Cidadania Participativa: Sociedade Democrática* e o *Papel do Terceiro Setor*, Seminário Internacional, Rio, Texto e Arte, 1995; *Terceiro Setor: Uma Agenda da Reforma do Marco Legal*, Anna Cynthia Oliveira, Comunidade Solidária, 1997).

Registramos nossas cautelas com a tripartição da sociedade, conforme já indicado, e que entrega o *social* (o decantado "público não-estatal"), em grande parte, à "filantropia empresarial", retirando da área o *Poder Público*, como *sujeito ativo*, eis que o *estatal* fica em contraste com o *público* e o *privado*.

Mas este é outro debate, a ser tratado em futuro estudo (v. nosso *Direito Fundacional e o Terceiro Setor*, Conferência no IV Seminário Estadual de Fundações de Direito Privado e de Direito Público, reproduzida em *Fundações*, revista da Promotoria Especializada de Fundações de Belo Horizonte, n. 4, junho de 1997).

DOUTRINA

A IRRELEVÂNCIA DA VONTADE DO AGENTE NA TEORIA DO ATO ADMINISTRATIVO

SÍLVIO LUÍS FERREIRA DA ROCHA

Doutor em Direito – Professor de Direito Civil na PUC/SP

1. Considerações gerais: 1.1 O conceito de Direito – 1.2 As grandes dicotomias. A divisão do Direito Objetivo – 1.3 A vontade – 1.4 O objetivo da presente monografia. 2. A importância da vontade na teoria do ato administrativo: 2.1 A posição da doutrina – 2.2 A nossa proposta: a total irrelevância da vontade – 2.3 Conclusão.

1. Considerações gerais

1.1 O conceito de Direito

O estudo de qualquer disciplina do Direito, entre elas a do Direito Administrativo, exige a explicação, ainda que superficial e imperfeita, do conceito de Direito. Para tanto, valemo-nos das idéias de Hans Kelsen na obra *Teoria Pura do Direito*,[1] pela enorme influência que elas exerceram no estudo científico do Direito, em nosso país.

Kelsen afirmou que tanto o Direito como também a Moral são ordens sociais, e como ordens sociais buscam obter determinada conduta de alguém, fazer com que essa pessoa omita determinada ação considerada socialmente prejudicial ou, pelo contrário, realize determinada ação considerada socialmente útil.[2]

Para Kelsen o Direito é uma ordem normativa da conduta humana, isto é, um sistema de normas regulador do comportamento humano. Com o termo "norma" Kelsen quer significar que algo deve ser ou acontecer, especialmente que um homem deve agir de determinada maneira.[3]

A ordem social pode prescrever uma determinada conduta sem ligar à observância ou à inobservância deste imperativo qualquer conseqüência, como pode também, pelo princípio retributivo, ligar à conduta humana prevista a concessão de um prêmio (vantagem) ou uma pena (desvantagem). O prêmio e o castigo estão compreendidos no conceito de sanção.[4]

O Direito corresponde a ordens coativas da conduta humana. O Direito seria uma ordem coativa, no sentido de que estatui atos de coação, designadamente a privação coercitiva da vida, da liberdade, de bens

1. Hans Kelsen, *Teoria Pura do Direito*, trad. de João Baptista Machado, Coimbra/Portugal, Arménio Amado Editor.

2. Idem, ibidem, p. 49.

3. Idem, ibidem, p. 21.

4. Idem, ibidem, p. 49.

econômicos e outros, como conseqüência dos pressupostos por ele estabelecidos.[5]

A estipulação de uma determinada sanção à conduta humana prevista na norma não obedece ao princípio da causalidade encontrado na Natureza, mas ao princípio da imputação, o que significa que a estipulação de sanção à conduta humana não obedece a qualquer lei natural de causa e efeito, mas resulta do arbítrio do legislador.

A identificação do Direito como ordem de coação ou sanção organizada não significa que cada norma integrante do ordenamento jurídico deva conter necessariamente uma sanção.[6] Conforme adverte-nos Norberto Bobbio, dizer que a sanção organizada distingue o ordenamento jurídico de qualquer outro tipo de ordenamento não implica que todas as normas daquele sistema sejam sancionadas, mas somente que o são em sua maioria.[7]

A análise de qualquer fato classificado de jurídico revela dois elementos: um ato realizável no espaço e no tempo e sua significação jurídica, isto é, a significação que o ato tem do ponto de vista do Direito.[8] A norma dará significação ao ato: o que transforma este fato num ato jurídico (lícito ou ilícito) não é a sua faticidade, não é o seu ser natural, isto é, o seu ser tal como determinado pela lei da causalidade e encerrado no sistema da Natureza, mas o sentido objetivo que está ligado a esse ato, a significação que ele possui. O sentido jurídico específico, a sua particular significação jurídica, recebe-os o fato em questão por intermédio de uma norma que a ele se refere como o seu conteúdo, que lhe empresta a significação jurídica, por forma que o ato pode ser interpretado segundo esta norma. A norma funciona como esquema de interpretação, doador de significado.[9]

O Direito, portanto, não abrange todos os aspectos da vida humana e das relações sociais. Ele é seletivo, escolhe alguns desses aspectos e atribui-lhes significado próprio, específico, muitas vezes diverso do habitual.

Quem se propõe a estudar qualquer ramo do Direito estuda, na verdade, normas que dão significado a certos atos, atribuindo-lhes conseqüências.

O Direito enquanto sistema regulador de condutas está sujeito a regras e princípios bem definidos, que disciplinam sua existência e funcionamento. Disciplinar a conduta de outros é uma forma de exercício de poder. Como afirma, com pertinência, Norberto Bobbio, "o alfa e o ômega da teoria política é o problema do poder: como o poder é adquirido, como o poder é conservado e perdido, como é exercido, como é defendido e como é possível defender-se contra ele".[10]

1.2 As grandes dicotomias. A divisão do Direito Objetivo

Numa sociedade complexa o número de normas prescrevendo condutas é infinitamente superior ao número de normas existentes em uma sociedade primitiva ou rudimentar. A grande quantidade de normas jurídicas exige maior esforço de sistematização, sendo útil neste processo o recurso à classificação das normas de acordo com critérios que levem em conta, sobretudo, a natureza e a qualidade das condutas prescritas.

5. Idem, ibidem, p. 63.

6. Para Kelsen (*Teoria Pura do Direito*, p. 92), uma ordem jurídica pode ser caracterizada como ordem de coação; na medida em que todas as suas normas não estatuam elas próprias um ato coercitivo e, por isso, não contenham uma prescrição, são normas não-autônomas, pois apenas têm validade em ligação com uma norma estatuidora de um ato de coerção.

7. *Teoria do Ordenamento Jurídico*, trad. de Maria Celeste Cordeiro Leite dos Santos, Polis/UnB, 1991.

8. Hans Kelsen, *Teoria Pura do Direito*, p. 18.

9. Idem, ibidem, p. 20.

10. *A Era dos Direitos*, trad. de Carlos Nélson Coutinho, Campus, p. 143.

Encontramos, numa primeira classificação, a distinção entre normas de Direito Público e normas de Direito Privado. A dicotomia entre Direito Público (*ius publicum*) e Direito Privado (*ius priuatum*) notamos no Direito Romano numa frase de Ulpiano (D. I, 1, 1, 2): "ius publicum est quod ad statum rei romanae spectat, privatum quod ad singulorum utilitatem" ("Direito Público é o que diz respeito ao interesse do Estado Romano, Direito Privado o que se refere a interesse dos particulares").

José Carlos Moreira Alves esclarece-nos que Ulpiano pretendia, com essa afirmação, estabelecer uma divisão fundada na função imediata das normas jurídicas: as que interessam imediatamente ao Estado e apenas mediatamente aos cidadãos se enquadram no Direito Público; as que interessam imediatamente aos cidadãos e apenas mediatamente ao Estado se enquadram no Direito Privado.[11]

Norberto Bobbio, em capítulo dedicado a estudar a dicotomia entre público e privado, esclarece-nos que ela compreende outras dicotomias tradicionais, tais como: sociedade de iguais e desiguais; lei e contrato; justiça comutativa e distributiva. Com efeito, enquanto o Estado – modelo de esfera pública – caracteriza-se por relações desiguais, que indicam subordinação entre governantes e governados, tem a lei, norma vinculatória posta pelo detentor do poder e reforçada pela coação, como fonte e ocupa-se da justiça distributiva, isto é, que a cada um seja dado o que lhe cabe com base em critérios que podem mudar segundo a diversidade de situações objetivas (a cada um segundo o mérito; segundo a necessidade; segundo o trabalho), a Sociedade – modelo de esfera privada – caracteriza-se por relações entre iguais, de coordenação; tem o contrato – acordo bilateral de vontades – como fonte e ocupa-se da justiça comutativa, a que preside as trocas.[12]

11. *Direito Romano*, 7ª ed., v. II, Rio de Janeiro, Forense, 1991, p. 98.

12. *Estado, Governo, Sociedade; por uma Teoria Geral da Política*, São Paulo, Paz e Terra, 1987.

O Direito Privado está amparado, portanto, na igualdade das partes, na autonomia privada para disciplinar os interesses e na justiça comutativa; enquanto o Direito Público funda-se na desigualdade das partes, na lei como fonte para disciplinar as relações jurídicas e na justiça distributiva.

O Direito Privado disciplina as relações e interesses entre particulares, enquanto o Direito Público disciplina as relações e interesses entre o Estado e os particulares.

O Direito Privado, enquanto ramo autônomo do Direito diverso do Direito Público, subordina-se a princípios próprios, coerentes com as características acima mencionadas de igualdade, autonomia das vontades e comutatividade. O desenvolvimento do Direito Privado moderno coincide com o desenvolvimento do capitalismo na ordem econômica e do liberalismo na ordem política. Nesse aspecto, o Direito Privado moderno adaptou-se as pretensões do burguês e rejeitou os parâmetros da ordem feudal, substituindo-a paulatinamente por uma nova ordem burguesa: eliminou os privilégios para algumas classes a partir da afirmação da igualdade (formal) de todos perante a lei; desonerou a propriedade dos vínculos que a gravavam e permitiu a transferência de bens pelo acordo de vontades (consenso); incentivou a atitude empreendedora do burguês ao acolher o princípio da responsabilidade civil na culpa.

Igualdade formal, autonomia da vontade, propriedade privada e responsabilidade civil fundada na culpa são, sem dúvida, as colunas de sustentação do Direito Privado, especialmente do Direito Civil, na Ciência Jurídica dos séculos XIX e XX, e estão presentes nos Códigos francês, alemão, italiano, português e brasileiro.[13]

13. Os Códigos não se distinguem substancialmente das leis isoladas, mas, pela importância do conteúdo, extensão maior e maior organicidade, apresentam-se sob configuração inconfundível. Subdividem-se em livros, capítulos, títulos e seções, nos quais se distribuem, harmoniosamente, os arti-

No Direito Público tudo é diferente. De acordo com a lição de Oswaldo Aranha Bandeira de Mello, "a manifestação de vontade o Estado, internamente, se faz, de regra, de forma unilateral, tendo em vista o interesse estatal, como expressão do interesse do todo social, em contraposição à outra pessoa por ela atingida ou com ela relacionada. E, mesmo quando as situações jurídicas se formam acaso por acordo, entre as partes de posição hierárquica diferente (...) o regime jurídico, a que se sujeitam estas e estes, em conseqüência, é de caráter estatutário".[14]

1.3 A vontade

A vontade desempenhou relevante papel no desenvolvimento do Direito Privado, convertendo-se ao longo dos séculos em uma das colunas principais de sustentação de todo o sistema.

Um retorno ao passado remete-nos à escolástica franciscana de Duns Scott ou Guilherme d'Occam, marcos importantes para a predominância da vontade no sistema jurídico privado moderno. Scott e Occam proclamaram a primazia da vontade sobre a razão. A soberania do chefe de Estado, o direito de propriedade privada, segundo eles, não nos foram impostos pelo Direito Natural, nem pela razão, mas são criações arbitrárias e históricas. Scott e Occam representaram o indivíduo isolado no estado natural, associando-se a outros e criando as instituições jurídicas livremente, por sua própria vontade; uma vontade não serva do intelecto, mas muito autônoma.[15]

Estas idéias da escolástica franciscana, de certo modo, foram desenvolvidas e aprofundadas por teóricos do jus-racionalismo. Hugo Grócio (1583-1645), considerado o verdadeiro fundador do moderno jusnaturalismo, tratou de temas pertinentes ao Direito Privado. Hugo Grócio abordou um antigo e fundamental problema da teologia moral – *a força vinculativa da promessa* – como pretexto para discutir a declaração de vontade e a perfeição negocial, e concluiu que a transmissão do direito dependia da aceitação da promessa feita, resultando, assim, na teoria da conclusão contratual através da oferta e da aceitação.[16]

Thomas Hobbes retoma esta idéia ao afirmar que "para a transferência de direito exige-se não só a vontade de quem transfere mas também a de quem recebe", definindo como "*contrato* a ação de duas ou mais pessoas que transferem reciprocamente seus direitos".[17]

Não obstante a renovação da teoria do direito operada por Hobbes, Pufendorf, Locke e Thomasius com base na doutrina voluntarista de Scott e Occam, somente no século XIX a Ciência Jurídica incorporou o voluntarismo.

O Código Civil francês de 1804, ponto culminante de vários séculos de evolução do Direito francês, acolheu princípios fundamentais do Direito Privado moderno, entre eles a desoneração da propriedade territorial e a liberdade do contrato. Os redatores do Código Civil francês aceitaram as lições de Domat e Pothier, especialmente do

gos, parágrafos e alíneas, todos numerados, para facilidade da consulta. A codificação, segundo Ricardo Luís Lorenzetti (*Las Normas Fundamentales de Derecho Privado*, p. 11), representou, frente à consolidação, sistema inovador destinado a reger, durável e plenamente, setores da vida privada. Antes dos Códigos havia a consolidação. Esta pretendia reproduzir o Direito, sem modificá-lo; apenas continuá-lo; melhorá-lo em um *continuum* histórico. O Código, ao contrário, não é uma continuidade; é uma ruptura. Pretende criar uma nova regulamentação, substitutiva; não recopia, mas ordena baseando-se na racionalidade.

14. *Princípios Gerais de Direito Administrativo*, p. 25.

15. Michel Villey, "Essor et decadence du voluntarisme juridique", *passim*, Cap. XIII de *Leçons d'Histoire de la Philosophie du Droit*.

16. Franz Wieacker, *História do Direito Privado Moderno*, pp. 331-333.

17. *De Cive, Elementos Filosóficos a Respeito do Cidadão*, p. 60.

último, e escolheram como princípios da disciplina obrigacional o consensualismo e o número ilimitado de contratos. Domat, em passagem célebre a propósito da causa do contrato, escreveu que nos contratos em que falta o elemento *res* ou um equivalente desta, a aceitação – isto é, o *simples consentimento* – cria a convenção, com o concurso de um motivo razoável e justo que faz as vezes de causa.[18] Para Pothier, "um contrato é uma espécie de convenção. Convenção, ou pacto (palavras sinônimas), é o consentimento de duas ou mais pessoas para formarem algum ajuste antes feito". Partindo do pressuposto de os princípios do Direito Romano serem diversos dos do Direito francês, Pothier definiu o contrato como uma "convenção, pela qual duas ou mais pessoas prometem e se obrigam a dar, fazer ou não fazer alguma coisa".[19]

Esta renovação no Direito francês deve ser analisada no contexto do Iluminismo, amplo movimento europeu que criticava o velho regime e a desigualdade diante da lei – concretizada nos privilégios fiscais para as ordens da Nobreza e do Clero; no acesso limitado aos cargos públicos; nas limitações às pessoas e à propriedade e nas intervenções arbitrárias e imprevisíveis da Coroa – e que passou a exigir, na essência, "liberdade" e "igualdade" para todos. Em decorrência dessas alterações políticas tornou-se necessária a substituição das antigas regras por novas regras jurídicas concebidas pelo Homem moderno, cujo único princípio diretor fosse a razão.[20]

O consenso almejou, de um lado, auxiliar no processo de liberação da propriedade dos vínculos que a gravavam na época feudal e, de outro lado, impulsionar o desenvolvimento da nova economia mercantil, ao inserir os bens no processo de produção e troca. A categoria geral do contrato resultou do equilíbrio entre a pretensão da classe mercantil em apropriar-se dos recursos do solo e a pretensão da classe fundiária em defender suas propriedades. O princípio do *consenso*, como produtor do vínculo jurídico, favoreceu a classe mercantil na sua relação com os proprietários dos recursos e, ao mesmo tempo, protegeu esses proprietários da expropriação de seus bens contra as respectivas vontades.[21]

O Código Civil francês consolidou o paradigma da vontade como expressão suprema e inderrogável do indivíduo e de sua liberdade, e destacou o contrato como fonte primordial das obrigações. No plano histórico, segundo Enzo Roppo, "a introdução do conceito de contrato, operada pelo Código francês, com o subsídio teórico das doutrinas de Domat e de Pothier, constituiu uma significativa obra de generalização e abstração, porque pela primeira vez se deu substancialmente dignidade legislativa a uma figura que – abstraindo das características especiais de cada operação econômica – as resumia todas, e a regras que, em princípio, a todas indistintamente poderiam aplicar-se".[22]

O conceito de negócio jurídico, desenvolvido por Friedrich Carl von Savigny, despertou ainda mais a atenção para o papel da vontade; exerceu profunda influência na doutrina européia e contribuiu para radicalizar o processo de generalização e abstração do conceito de contrato. Tomando por base a definição de negócio jurídico que haveria de tornar-se prevalecente – uma declaração de vontade dirigida a produzir efeitos jurídicos –, criou-se conceito capaz de englobar uma série de fenômenos que têm em comum a elevação da vontade a elemento-chave da sua definição.[23]

18. Gino Gorla, *El Contrato*, p. 79.

19. Robert Joseph Pothier, *Tratado das Obrigações Pessoais e Recíprocas*, t. I, trad. de José Homem Corrêa Telles, p. 5.

20. R. C van Caenegem, *Uma Introdução Histórica ao Direito Privado, passim.*

21. Sergio Maiorca, *Il Contratto, Profili della Disciplina Generale*, p. 14.

22. Enzo Roppo, *O Contrato*, p. 48.

23. Enzo Roppo, *O Contrato*, p. 49. De acordo com Custódio da Piedade Ubaldino Miranda (*In-*

Atribuiu-se à vontade individual a função de causa primeira do Direito Privado. Neste, o comércio jurídico cresceu amparado na noção de contrato, entendendo que toda obrigação, por implicar restrição à liberdade individual, teria de provir de um ato de vontade do devedor, e, além disso, que todos os resultados desse ato eram justos: "qui dit contractuel dit juste". Ocorreu a igualização formal dos sujeitos jurídicos, tornando irrelevantes a posição econômico-social das partes e os termos reais da troca econômica realizada, bastando a capacidade dos emitentes das declarações de vontade.[24] Resumem-se os dois postulados fundamentais da doutrina individualista clássica nas seguintes fórmulas: *nenhuma obrigação sem contrato* e *toda obrigação, livremente consentida, é justa*.[25]

A doutrina denominou esse fenômeno de *voluntarismo*, que chegou ao extremo de ignorar a existência anterior do Direito Objetivo ao atribuir à vontade o papel de fonte exclusiva da criação do Direito.[26]

Gino Gorla criticou essa concepção. Para ele "os jusnaturalistas, movidos inconscientemente por uma ideologia que tratava de impulsionar aquele processo histórico para libertar o indivíduo dos vínculos do *status* e sujeitá-lo a uma obrigação somente quando houvesse querido, processo que desembocou no individualismo e na Revolução Francesa, não souberam entender aquele processo histórico e criaram um sofisma ao afirmarem o poder que a vontade do Homem teria de obrigá-lo, coisa totalmente diversa do princípio de que o Homem somente deve obrigar-se se assim o desejar".[27]

A autonomia da vontade e a liberdade contratual, ao lado do equilíbrio entre os poderes e a representação política, constituíram alguns dos princípios básicos informadores do Estado Liberal, que, por acreditar num processo econômico centrado no equilíbrio natural da produção e circulação de riquezas, concebia suas instituições jurídicas como mediadoras de antagonismos e conciliadoras de interesses.

Segundo José Eduardo Faria, as funções básicas do Estado "seriam as de assegurar as condições gerais de manutenção do equilíbrio natural da produção e circulação de riquezas. Graças aos mecanismos de individualização dos conflitos, generalização das normas e atomização da realidade social, o Estado pode atuar como um redutor de crises, como um neutralizador de tensão e como fiador de uma ordem econômica baseada, antes e acima de tudo, na iniciativa individual, na propriedade privada, na liberdade contratual e na autonomia da vontade".[28]

No *Direito Público* a vontade teve menor influência e relevância, mas em determinado momento histórico serviu, também, para explicar o surgimento do Estado e a concentração de poderes em torno dele. Com efeito, teóricos políticos apropriaram-se do conceito de vontade para justificar a existência do Estado. Embora haja diferenças na forma como Locke e Hobbes conceberam cada um dos termos do trinômio *Es-*

terpretação e Integração dos Negócios Jurídicos, p. 26), foi Savigny quem chamou a atenção para o papel da vontade no negócio jurídico, ao distingui-lo do simples ato jurídico, na medida em que neste, ao contrário daquele, o agente não teria em vista, como fim principal, a obtenção de efeitos jurídicos; no ato jurídico (não-negocial) o sujeito visaria a um fim extrajurídico, de modo que os efeitos jurídicos se produziriam sem que o agente os tivesse em vista, ou os tivesse, mas num plano secundário.

A vontade constitui, segundo esta noção, o elemento essencial do negócio, não passando a declaração de simples meio de exteriorização dessa vontade, que, como fato psíquico interno que é, seria, de outro modo, inapreensível.

24. Enzo Roppo, *O Contrato*, p. 51.

25. Emmanuel Gounot, *L'Autonomie de la Volonté, en Droit Privé. Contribution à l'Étude Critique de l'Individualisme Juridique*, p. 61.

26. Orlando Gomes, *Transformações Gerais do Direito das Obrigações*, p. 9.

27. Gino Gorla, *El Contrato*, p. 99.

28. *Eficácia Jurídica e Violência Simbólica*, p. 41.

tado Natural, Contrato Social e *Estado Civil*, ambos justificaram o surgimento do Estado mediante alusão ao *consenso* ou *acordo de vontades*, pelo qual os Homens concordaram em formar o Estado para livrarem suas vidas do estado de guerra (Hobbes) ou preservarem os direitos que tinham no estado de natureza (Locke).

Mesmo séculos depois da formulação teórica exposta pelos contratualistas, podemos antever nos atos de governos, isto é, atos excluídos da função administrativa, e em muitos ordenamentos jurídicos incontrastáveis pelo Poder Judiciário, resquícios, em última análise, da *vontade arbitrária* do rei ou do governante.

Só as democracias modernas irão reduzir gradual e drasticamente o campo de atuação e incidência da vontade no Direito Público, notadamente no Direito Administrativo, subordinando a atividade administrativa e política ao controle da lei.

Aliás, a relevância da vontade seguiu caminhos opostos nos ramos privado e público do Direito. Enquanto no Direito Privado o aumento da relevância da vontade foi fundamental para a expansão das atividades da burguesia, classe social emergente, o Direito Público, para firmar-se, necessitou reduzir drasticamente a importância da vontade, no caso a vontade exclusiva e arbitrária do rei,[29] e submeter a função administrativa ao estrito controle da legalidade.

1.4 O objetivo da presente monografia

O objetivo da presente monografia é demonstrar que a vontade do agente no Direito Administrativo, ao contrário do que ocorre no Direito Privado, é irrelevante, não constituindo pressuposto, essencial ou acidental, de existência, validade ou eficácia do ato administrativo.

2. A importância da vontade na teoria do ato administrativo

2.1 A posição da doutrina

O Direito Administrativo teve extraordinário desenvolvimento a partir de concepções filosóficas que colocaram termo ao modelo absolutista de Estado, que concentrava o poder na pessoa do rei ou soberano. As idéias de representatividade popular e de submissão da função administrativa à lei foram os marcos de uma nova concepção de Estado, iniciada a partir dos séculos XVII e XVIII.

Paralelamente à noção de Estado foi desenvolvida a noção de Sociedade Civil, definida, por exclusão, como tudo aquilo que não pertencesse ao Estado. Enquanto o Estado e especialmente a Administração eram subordinados à lei, a Sociedade Civil ganhou legitimidade para estabelecer suas próprias regras, denominada de autonomia privada. No campo da autonomia destacou-se a noção de vontade do particular, entendida como querer, agir espontaneamente com objetivo de alcançar determinado interesse. No Estado não havia espaço para o alargamento do uso da vontade, já que importava tão-somente o comando da lei, entendida como vontade geral da Nação. Neste ponto, cabe citar a opinião de Alessi sobre estar a função administrativa subordinada à função legislativa. Tal subordinação, para ele, realiza o princípio da necessária legalidade no duplo aspecto: negativo – isto é, a lei pode proibir determinadas atividades, tanto no que concerne às finalidades como aos meios e formas – ou positivo – isto é, a lei pode impor à atividade administrativa determinadas finalidades, meios e formas, ou, ainda, a Administração só pode fazer aquilo que a lei permite. Esta limitação deriva da natureza complementar da ativida-

29. De acordo com Francis Paul Bénoit, *Droit Administratif* ("A função administrativa", p. 30), sob a Monarquia existia um Estado do tipo patrimonial e uma personalidade unitária. Todas as missões eram submissas a um regime único, que era a vontade arbitrária do rei.

de administrativa do comando legislativo, e do fato de o Estado moderno não admitir intromissão na esfera de liberdade individual fora dos casos legalmente permitidos.[30]

Não obstante, há quem atribua no Direito Administrativo, especialmente na teoria do ato administrativo, importância à vontade, qualificando-a como um elemento ou pressuposto daquele ato. Ressalte-se, no entanto, desde já, ao contrário do Direito Privado, não ter qualquer administrativista atribuído suma importância à vontade na teoria do ato administrativo.

Vejamos a posição de André Gonçalves Pereira a respeito de a vontade constituir um elemento, componente ou pressuposto do ato administrativo. Citado autor distingue a vontade normativa da vontade psicológica. A vontade normativa, para ele, é o sentido objetivo da regra jurídica, alcançado com o atendimento de todos os pré-requisitos legais; e, por estar fora do ato, não integra a sua essência. A vontade psicológica, para ele, pode vir a ser um elemento do ato administrativo, na medida em que sua presença é necessária à realização daquilo que ele chama de "vontade normativa", isto é, o sentido objetivo da norma jurídica. Isto ocorre tão-somente nos denominados "atos discricionários", e não nos atos vinculados, já que nestes é irrelevante a vontade psicológica do agente. Nos atos discricionários apenas uma vontade – a orientada para o atingimento do fim legal – é que coincidirá com a vontade normativa.[31]

Stassinopoulos detém-se também no exame do papel da vontade no ato administrativo. Ele reconhece ser o ato administrativo uma declaração de vontade. O problema a ser enfrentado é quantificar o grau de dependência da relação entre o efeito jurídico do ato administrativo e a vontade daquele que o produziu. Stassinopoulos parte da primazia da segurança e da estabilidade de situações criadas pelo exercício do poder público e conclui que a validade do ato administrativo não depende da ausência de vícios que maculem a vontade do emissor, mas da conformidade objetiva do ato à lei. Ele, portanto, já aponta para a irrelevância da vontade na temática do ato administrativo, pois eventuais vícios no processo de formação e declaração da vontade serão desconsiderados se não resultaram em violação objetiva da lei. A nosso ver, Stassinopoulos não teve a coragem de afirmar a irrelevância da vontade na formação e validade do ato administrativo e recorreu ao artifício de considerá-la presumidamente uma vontade sã e completa.[32]

Renato Alessi definiu o provimento administrativo como a manifestação de um po-

30. Renato Alessi, *Sistema Istituzionale del Diritto Amministrativo Italiano*, pp. 1-19.

31. André Gonçalves Pereira, *Erro e Ilegalidade no Ato Administrativo*, pp. 106-108. São estas as palavras do autor: "É que nos parece que a vontade normativa não é um elemento, um componente do acto administrativo, mas sim um efeito legal da reunião de todos os seus elementos – ou seja, uma conseqüência imputada pela lei. Como tal não faz parte, com autonomia, do acto (...). O mesmo se não pode dizer da vontade psicológica. Esta poderá ser um elemento do acto administrativo na medida em que a sua presença seja necessária para a produção da vontade normativa. E aqui surge a necessidade de distinguir entre vinculação e discricionariedade. No acto totalmente vinculado é irrelevante a vontade psicológica do agente. Mas, quando há discricionariedade, o que sucede a nosso ver é que a lei faz coincidir a vontade normativa com a vontade psicológica do agente. E (...) não é a qualquer vontade psicológica que a lei confere o valor de servir de suporte à vontade normativa – tem de ser uma vontade orientada para a prossecução do fim legal, e que esteja em condições de se pronunciar, isto é, que tenha examinado as 'circunstâncias do caso'".

32. Michel Stassinopoulos (*Traité des Actes Administratifs*, p. 38) afirma: "Il est entendu qu'il existe dans toute loi administrative un'ordre tacite, selon lequel tout organe doit avoir une volonté saine et complète (ceci est évident dans les cooperatives des actes discricionnaires); mas il est à presumer que l'existence de la capacité à declarer une volonté pareille a été verifieé l'existence et contrôlée par l'État" (p. 38).

der soberano que corresponde a uma autoridade administrativa como tal, referente a uma realização na qual dita autoridade é parte, para a satisfação de interesses públicos concretos confiados à mesma. Para ele, embora a vontade seja um elemento comum tanto no negócio jurídico como no ato administrativo, há diferenças. Enquanto no negócio jurídico se exige uma vontade de provocar certa modificação no mundo do Direito, no caso do ato administrativo se trata simplesmente da vontade de exercer um poder com o fim de realizar um interesse. No negócio jurídico é essencial, além da vontade declarante, a chamada "vontade declarada", enquanto essencial no ato seria somente a vontade declarante sob a forma de vontade de exercer um poder.[33]

Para Agustín Gordillo o ato administrativo não é sempre necessariamente a expressão da vontade psíquica do funcionário atuante. O resultado jurídico se produz quando ocorrem as condições previstas pela lei, e não somente porque o funcionário o há querido. A vontade do órgão que atua pelo Estado não tem força constitutiva, senão a declaração a que a Constituição e as leis dão força juridicamente vinculantes. A validez do ato estatal não se relaciona com a real vontade psíquica das pessoas, senão com o Direito Objetivo. Para o autor não são estranhos os casos em que o vício de vontade que tenha tido o agente administrativo deixa incólume o ato administrativo precisamente porque o mais importante no ato administrativo não é essa vontade psicológica do funcionário, senão a adequação dos fatos à descrição normativa dos mesmos.[34]

Da leitura da opinião dos ilustres autores citados podemos concluir, até então, ocupar a vontade, no Direito Administrativo, posição inferior àquela geralmente atribuída no Direito Privado, chegando à quase-total irrelevância. Não obstante, em certos atos, sobretudo nos atos discricionários, a vontade psicológica do agente seria relevante, de modo a eventual vício resultar na invalidação do ato administrativo.

Oportuno transcrever a opinião de Celso Antônio Bandeira de Mello:

"A vontade – e, portanto, o móvel do agente – só é relevante nos atos administrativos discricionários; isto é, naqueles atos cuja prática exige do administrador, por força da maneira como a lei regulou a matéria, que sopese as circunstâncias concretas do caso, de tal modo que seja inevitável uma apreciação subjetiva sua quanto à melhor maneira de proceder para dar correto atendimento à finalidade legal.

"Nestes casos, se o móvel do agente for viciado por sentimentos de favoritismo ou perseguição o ato será invalido.

"Reversamente, o exame da vontade – e, portanto, o móvel do agente – é absolutamente irrelevante quando o ato for completamente vinculado, ou seja: quando a lei predetermina antecipadamente, de modo objetivo e completo, o único possível comportamento administrativo perante motivo por ela já caracterizado em termos que inadmitem qualquer subjetivismo quanto ao reconhecimento de sua existência. É o que sucederia, *exemplia gratia*, no deferimento de aposentação por tempo de serviço requerida por servidor público que contasse com 35 anos de serviço.

"Deveras, nos atos inteiramente vinculados a vontade do agente não tem importância para efeito algum. É notório o exemplo de ato vinculado praticado por servidor louco e que, apesar disto, é válido, se expedido nos termos em que teria que sê-lo."[35]

33. *Sistema Istituzionale del Diritto Amministrativo Italiano*, p. 252.

34. *Tratado de Derecho Administrativo*, Cap. II, pp. 21-23.

35. *Curso de Direito Administrativo*, 9ª ed. revista e ampliada, São Paulo, Malheiros Editores, 1997, pp. 242 e 243. [v., sobre o exemplo da aposentadoria de servidor público, a 11ª ed., pp. 201 e ss.]

2.2 *A nossa proposta: a total irrelevância da vontade*

A nossa proposta é avançar nestas conclusões e sustentar a total irrelevância da vontade no ato administrativo, mesmo tratando-se de ato discricionário.

Do exposto até agora, podemos concluir:

I – não se anulam os atos vinculados conformes à lei se por qualquer motivo a vontade do agente for viciada;

II – anulam-se os atos discricionários se por qualquer motivo a vontade do agente for viciada.

Para nós, "vontade" significa querer, agir de acordo com o seu desejo, adequando sua conduta (ação externa) ao seu querer (móvel). Desde logo, cumpre-nos diferenciar a vontade e o discernimento. Há uma semelhança entre eles, que, contudo, não impede a distinção. "Discernir" é ter condições intelectuais de escolher entre duas ou mais alternativas. "Vontade" é apenas querer, desejar, pouco importando se esta vontade foi ou não refletida, ponderada. Assim, pode ocorrer que a pessoa não tenha discernimento, em face de incapacidade da qual é portadora, mas mesmo assim possa agir segundo sua vontade, seu móvel, seu querer interno.

O Direito Administrativo exige capacidade de seu agente, isto é, preocupa-se com a aptidão intelectual dele em realizar escolhas. O Direito Administrativo não está interessado no móvel, na intenção, na vontade do agente, mas, sim, em que ele, frente às opções postas pela norma, escolha a que melhor realize a finalidade legal. Oswaldo Aranha Bandeira de Mello, com o brilhantismo costumeiro, ao tratar do "agente", chama-nos a atenção para este fato, ao afirmar:

"Além disso, precisa estar qualificado para o ato pessoalmente, isto é, não se achar em condições que o impeçam, na espécie, ou no tempo, à prática do ato, embora genericamente esteja habilitado para tanto (...).

"Consistem em impedimentos, de caráter especial, como seja, o parentesco que tem com a outra parte interessada na relação jurídica a ser formada em virtude do ato administrativo, ou mesmo de caráter geral, como seja a perturbação das faculdades mentais, a que fica atacado, na ocasião em que efetiva o ato administrativo (...)".[36]

Esta distinção entre vontade e capacidade serve para aniquilar a pouca importância da vontade no tema do ato administrativo. Como dito, a vontade ou o querer, o móvel do agente, não se confunde com a capacidade, discernimento ou entendimento do agente. São manifestações diversas do intelecto humano submetidas a regime jurídico pelo Direito. A primeira é pressuposto da segunda. O Direito atribui relevância tão-somente à vontade manifestada por agente capaz.

A capacidade e a vontade apresentam problemas jurídicos distintos, inconfundíveis. Estabelecidas as causas da incapacidade – entre elas, a menoridade; a surdo-mudez que impossibilite a comunicação do agente; as doenças ou perturbações mentais –, os problemas giram em torno da validade ou invalidade de atos praticados por agente incapaz. Já os problemas da vontade residem essencialmente na possível divergência que possa ocorrer entre a intenção, o móvel interno, e a declaração, a vontade externada, causada involuntariamente pelo próprio agente (erro), voluntariamente pelo agente (reserva mental e simulação), ou voluntariamente por outrem (dolo e coação).

Com efeito, a declaração de vontade no negócio jurídico pode ser dividida em vontade real, intenção, produzida na esfera subjetiva da pessoa, e vontade declarada, a que é exteriorizada. A conformidade dessas declarações (real e externada) afasta a ocorrência de problemas relacionados com a validade da declaração, chamados de vícios do consentimento.

36. *Princípios Gerais de Direito Administrativo*, p. 495.

Anular ou não anular o negócio jurídico pela divergência entre a intenção e a declaração do agente significa, na dogmática civilista, ter de escolher entre dois valores relevantes. O primeiro prestigia o fato de o ato ou negócio jurídico emanar da vontade, e anula-se o negócio jurídico para prevalecer a vontade real do declarante; enquanto o segundo prestigia a segurança das relações negociais, e não se anula o negócio jurídico por ter a declaração de vontade, mesmo viciada, criado expectativas no meio social.

O primeiro valor foi amparado pela *teoria da vontade*, defensora da indissociabilidade da vontade declarada e da vontade interna, devendo prevalecer esta última no caso de conflito. Para essa teoria, quando ocorrer vício na manifestação de vontade, o negócio jurídico deve ser anulado, por lhe faltar um requisito essencial: a vontade. Essa teoria protege o autor da declaração, permitindo-lhe que anule ato cuja exteriorização não represente sua vontade interna. A importância da vontade é, então, realçada na formação do negócio jurídico.[37]

A *teoria da declaração*, preocupada com a segurança das relações jurídicas, importa-se tão-somente com a vontade declarada. Eventuais divergências entre o querer interno e o querer manifesto serão resolvidas em benefício do receptor, arcando o emitente com a conseqüência do seu erro.

Outras teorias, originárias dessas duas, procuraram solucionar a questão.

A *teoria da responsabilidade*, embora reconheça a autonomia privada como princípio amparado pelo ordenamento jurídico, atribui à declaração desacompanhada de vontade efeito obrigatório se a divergência apontada decorre de culpa ou dolo do declarante. A teoria da responsabilidade permite, então, a anulação do ato jurídico nas hipóteses em que o emitente não tenha agido com dolo ou culpa.

Segundo a opinião de Sílvio Rodrigues:

"É certo que a vontade é o elemento básico subjacente, no ato jurídico; e é a ela que a lei visa a proteger. Por isso, via de regra, quando surge divergência entre o querido e o declarado, a conseqüência normal é a ineficácia do negócio. Mas se a discordância foi provocada por dolo ou culpa do declarante, não pode este aproveitar-se de sua torpeza ou de sua incúria, para promover a ineficácia do ato, com prejuízo para terceiros de boa-fé, que confiaram na verdade da declaração emitida.

"O declarante que errou, em virtude de sua própria culpa ou por dolo, é responsável perante aqueles que confiaram na legitimidade de seu ato."[38]

A *teoria da confiança* exige do destinatário da declaração a não-percepção do erro do emitente. Nesse caso, o vício não beneficiará o emitente, e o ato será válido. Por esta teoria a prerrogativa de o emitente anular a declaração de vontade está condicionada à circunstância de que o destinatário da declaração tenha ciência do vício.

Os problemas específicos da vontade, tratados nas teorias acima mencionadas, são irrelevantes para o Direito Administrativo, porque interessa ao Direito Administrativo, na verdade, se o agente era capaz de discernir, e, sendo apto a escolher, se ele atingiu a finalidade prevista na lei. O que a doutrina administrativista realça como sendo problema da vontade está relacionado, na verdade, com a capacidade. Os problemas peculiares da vontade, isto é, a divergência entre intenção e declaração, são irrelevantes para o Direito Administrativo, em face da preocupação deste ramo do Direito não com a vontade, mas com o atendimento da finalidade prevista na lei. Tanto isto é verdade que não houve empenho da doutrina em explorar as conseqüências de eventual diver-

37. Nesse sentido: Sílvio Rodrigues, *Dos Vícios do Consentimento*, p. 11; João Casillo, *Erro como Vício da Vontade*, p. 30; Nélson Néry Júnior, *Vícios do Ato Jurídico e Reserva Mental*, p. 8.

38. *Dos Vícios do Consentimento*, p. 11.

gência entre a intenção, o móvel do agente, e a declaração externada no conteúdo do ato administrativo.

No Direito Administrativo há uma objetivação da vontade. O que realmente importa é que a declaração externada, o conteúdo do ato, tenha sido proferida por agente capaz, competente, e, especialmente, que cumpra a finalidade legal.

Mesmo no ato discricionário podemos afirmar a irrelevância da vontade. Nestes, para a doutrina, importaria a manifestação de vontade do agente, porque a prática dos atos "exige do administrador, por força da maneira como a lei regulou a matéria, que sopese as circunstâncias concretas do caso, de tal modo que seja inevitável uma *apreciação subjetiva* sua quanto à melhor maneira de proceder para dar correto atendimento à finalidade legal".[39] Esta apreciação subjetiva exigida para o exercício de competência discricionária situa-se no campo da capacidade do agente, e não no campo exclusivo de sua vontade, do seu querer. O Direito Administrativo, no caso de atos discricionários, preocupa-se também apenas com a capacidade do agente. O ato é válido se o agente é capaz, isto é, dotado de discernimento, e o conteúdo do ato guardou pertinência com os pressupostos de fato e atingiu a finalidade legal, pouco importando se a vontade do agente foi viciada por erro, dolo, coação, simulação ou reserva mental. Basta ao Direito que a solução adotada seja a mais adequada à finalidade prevista na lei.

Aliás, a divisão do conceito de ato administrativo, com a adoção de diversos pressupostos objetivos, resulta numa objetivação do ato administrativo e, conseqüentemente, na exclusão de qualquer tendência ao subjetivismo. Por exemplo, dada ao agente competência para, presentes determinados fatos que possam prejudicar a ordem pública, agir de modo "x", "y" ou "z", uma apreciação equivocada dos motivos autorizadores da prática do ato implicará a invalidação do ato não por vício de vontade do agente, campo inerente ao subjetivismo, mas por ausência dos pressupostos de fato (motivos) do ato, campo próprio do objetivismo.

Constatamos, do exposto, ter o Direito Administrativo equacionado os problemas decorrentes da prática do ato administrativo, sem ter de tratá-los a partir de uma perspectiva subjetivista. Os critérios para solucionar tais problemas são extremamente objetivos.

O mesmo raciocínio utilitarista poderia ser utilizado no caso de ato praticado por agente incapaz, isto é, aquele que, sem discernimento, tenha, por acaso, escolhido a melhor solução que serve à finalidade legal. O ordenamento jurídico, nesse caso, entretanto, prefere invalidar o ato, para não parecer irresponsável. É que o exercício da função administrativa, criadora de utilidades públicas, não pode ser entregue a um irresponsável, alguém que não possa discernir. Trata-se, no caso, de não desprezar o exercício discricionário da função administrativa, entregando-o a pessoa comprovadamente irresponsável. Isto, contudo, não está relacionado com a questão da vontade e os seus vícios, decorrentes da divergência entre a intenção e o declarado.

Mesmo o desvio de poder, atualmente, não ultrapassa o campo estritamente objetivo. Qualificou-se, originariamente, o desvio de poder tão-somente como um vício de intenção, quando o agente, nas palavras de Celso Antônio Bandeira de Mello, "busca uma finalidade *alheia ao interesse público*. Isto sucede ao pretender usar de seus poderes para prejudicar um inimigo ou para beneficiar a si próprio ou amigo".[40] Mesmo nesse caso a solução para o desvio de poder é objetiva, não se funda na divergência entre a intenção do agente e o con-

39. Celso Antônio Bandeira de Mello, *Curso de Direito Administrativo*, 9ª ed., p. 242.

40. *Curso de Direito Administrativo*, 4ª ed., p. 186.

teúdo do ato, mas, nas palavras do ilustre jurista acima citado, "no *desacordo objetivo entre a finalidade do ato e a finalidade da competência*" (grifos nossos).[41]

Ainda que assim não fosse, neste caso não haveria um vício da vontade, mas um vício social, um vício de poder, visto que não há uma divergência entre a intenção do agente e o conteúdo do ato praticado, mas um desvio de competência, na medida em que o móvel do agente (a intenção de prejudicar ou favorecer) é que motivou a prática do ato, e não os motivos, os pressupostos de fatos, previstos na lei.

2.3 Conclusão

Como demonstramos acima, ao contrário do que ocorre no Direito Privado, no Direito Público, especificamente no Direito Administrativo, a vontade do agente, seu móvel, não tem relevância alguma. O Direito Administrativo adotou critérios extremamente objetivos para disciplinar a invalidação do ato administrativo; e, por isso, não se preocupa com a eventual divergência entre a intenção do agente e o conteúdo do ato.

Do exposto, podemos concluir:

I – Não se anulam os atos vinculados conformes à lei se por qualquer motivo a vontade do agente for viciada.

II – Não se anulam os atos discricionários se por qualquer motivo a vontade do agente for viciada. Nos atos discricionários o que se reprime é o desacordo objetivo entre a finalidade do ato e a finalidade da competência.

III – O Direito Administrativo escolheu critérios objetivos para disciplinar a invalidação do ato administrativo, podendo prescindir dos chamados "vícios da vontade" existentes no Direito Privado.

41. Idem, ibidem, p. 187.

Bibliografia

ALESSI, Renato. *Sistema Istituzionale del Diritto Amministrativo Italiano*.

BANDEIRA DE MELLO, Celso Antônio. *Curso de Direito Administrativo*. 9ª ed. São Paulo, Malheiros Editores, 1997.

BANDEIRA DE MELLO, Oswaldo Aranha. *Princípios Gerais de Direito Administrativo*. Rio de Janeiro, Forense.

BÉNOIT, Francis Paul. *Droit Administratif*. Paris, Dalloz.

BOBBIO, Norberto. *A Era dos Direitos*. Trad. de Carlos Nélson Coutinho. Campus

———. *Estado, Governo, Sociedade: por uma Teoria Geral da Política*. São Paulo, Paz e Terra, 1987.

———. *Teoria do Ordenamento Jurídico*. Trad. de Maria Celeste Cordeiro Leite dos Santos. Polis/UnB, 1991.

GORDILLO, Agustín. *Tratado de Derecho Administrativo*.

KELSEN, Hans. *Teoria Pura do Direito*. Trad. de João Baptista Machado. Coimbra/Portugal, Arménio Amado Editor.

MOREIRA ALVES, José Carlos. *Direito Romano*. 7ª ed., vs. I e II. Rio de Janeiro, Forense, 1991.

PEREIRA, André Gonçalves. *Erro e Ilegalidade no Ato Administrativo*.

STASSINOPOULOS, Michel. *Traité des Actes Administratifs*. Atenas.

INCONSTITUCIONALIDADE DA PROGRESSIVIDADE NA CONTRIBUIÇÃO PREVIDENCIÁRIA DOS AGENTES PÚBLICOS

PAULO MODESTO

Professor de Direito na Universidade Federal da Bahia – Professor e Coordenador do Curso de Especialização em Direito Público da UNIFACS – Promotor de Justiça no Estado da Bahia

1. Introdução. 2. Texto da argüição de inconstitucionalidade. 3. Conclusão.

1. Introdução

A Presidente da Associação do Ministério Público do Estado da Bahia-AMPEB, em fins de 1997, honrou-me com a solicitação para apreciar a constitucionalidade da previsão de faixas e alíquotas diferenciadas no regime de contribuição à Seguridade Social dos servidores públicos do Estado da Bahia, aplicado também a magistrados e membros do Ministério Público. A solicitação tinha caráter emergencial, reclamava apreciação em 48 horas, tendo sido respondida no prazo solicitado. Diante da urgência, para abreviar esforços, respondi à indagação sob a forma de uma argüição direta de inconstitucionalidade. Tratava-se de um simples esboço, que deveria ser apreciado pela Associação do Ministério Público e pelos advogados da entidade. Por solicitação da ilustre Presidente da entidade, a argüição foi redigida para ser proposta perante o Tribunal de Justiça do Estado, em razão da violação da Constituição Estadual, conquanto fosse possível argüir a inconstitucionalidade também em face da Constituição Federal.

O texto da argüição foi admitido na íntegra e apresentado pela Associação ao eminente Procurador-Geral de Justiça do Estado da Bahia como provocação para uma argüição de inconstitucionalidade. A modificação da legislação regente da matéria, no âmbito do Estado, paralisou o processo de avaliação dos termos da argüição. Entendo, no entanto, que as alterações realizadas não alcançaram as teses sustentadas na peça produzida, pois também a legislação mais recente incide nos vícios das normas revogadas.

No intuito de contribuir para o debate sereno sobre a matéria entre os procuradores e promotores de justiça do Estado da Bahia e no meio acadêmico, divulgo o texto da peça encomendada naquele momento, integrante de uma série ainda inédita de estudos, votos e pareceres que fiz para órgãos superiores do Ministério Público do Estado da Bahia e para as entidades de classe (AMPEB e CONAMP) nos últimos três anos.

A divulgação da peça feita para a AMPEB, autorizada por sua Presidência, contribui ainda para o debate atualíssimo sobre a constitucionalidade da recente criação de uma faixa especial de contribuição para o custeio da previdência dos servidores públicos no âmbito da União, com alíquota elevada em nove pontos percentuais sobre a alíquota geral, incidente sobre o valor da remuneração que exceder a R$ 1.200,00 (mil e duzentos reais), estabelecida nos dias que correm pela Medida Provisória 1.720, de 28.10.1998, para vigorar a partir 1º de fevereiro de 1999.

A vantagem da divulgação de um texto antigo sobre um novo, construído especialmente para este momento, é evidenciar que se tem sobre o tema uma posição doutrinária, e não uma posição corporativa ou reativa. Evita-se assim, em princípio, a crítica de incidir o texto numa "hermenêutica do interesse", num "pré-conceito", num julgamento precipitado de uma norma que acaba de vir à luz.

2. Texto da argüição de inconstitucionalidade

O texto esboçado para a argüição direta de inconstitucionalidade foi o seguinte:

"*Exmo. Sr. Dr. Procurador-Geral de Justiça do Estado da Bahia*

"A *Associação do Ministério Público do Estado da Bahia*-AMPEB, entidade de classe dos membros do Ministério Público da Bahia, representada por seu Presidente abaixo assinado, no cumprimento do disposto no art. 2º, inciso II, dos seus Estatutos, bem como tendo em vista a iminência de grave lesão aos seus associados, vem requerer a V. Ex.a. que se digne promover *argüição de inconstitucionalidade* contra os arts. 47, incisos I a III, c/c Anexo Único, e 57, incisos II e III, da Lei estadual n. 6.915, de 10.11.1995, por incompatibilidade com os arts. 42, § 2º, e 51, parágrafo único, da Constituição Estadual, uma vez que os dispositivos atacados instituem progressividade na cobrança da contribuição previdenciária, desfiguram a natureza da obrigação, agravam o seu valor e a sua base de cálculo sem qualquer causa eficiente, com violação do princípio da isonomia tributária.

"*Descaracterização da contribuição* – As aposentadorias e pensões no setor público são atualizadas segundo a regra da proporcionalidade. Guardam paridade com os vencimentos dos agentes públicos em atividade, sendo revistas sempre na mesma 'proporção e data em que se modifica a remuneração dos servidores ativos' (art. 42, § 2º, da Constituição do Estado da Bahia).

"Esses benefícios são custeados pelo sistema previdenciário e de assistência do Estado. A Constituição Estadual reclama que este sistema funcione de forma equilibrada, guardando sempre uma correlação ou correspondência entre custo/benefício, pois explicita que 'nenhum benefício ou serviço previdenciário e assistencial do Estado poderá ser criado, majorado ou estendido sem a correspondente fonte de custeio total' (art. 51, parágrafo único). Na Constituição Federal há norma praticamente idêntica (art. 195, § 5º). A correspondência custo/benefício apresenta, entretanto, *dupla face*. Por um lado, importa uma limitação à concessão de benefícios previdenciários sem a prévia instituição das contribuições necessárias ou das fontes de custeio suficientes; por outro, impõe uma limitação ao aumento de contribuições sem causa eficiente, vale dizer, sem correlação com a situação dos benefícios.

"A segunda limitação tem perfeita e imediata aplicação quando são fixadas alíquotas progressivas de cobrança de contribuições previdenciárias no setor público. Mostra-se evidente nestes casos o rompimento da relação custo/benefício referida, pois os benefícios não são progressivos, mas proporcionais à remuneração do agente público.

"Na verdade, a progressividade na contribuição previdenciária para o setor público importa um desvirtuamento da natureza da contribuição social, significando a criação de uma verdadeira tributação adicional sobre a renda, desfigurando a natureza e a finalidade da exação, com infringência do princípio da isonomia tributária.

"O tema não é novo, tendo sido enfrentado em sede de jurisdição constitucional pelo Supremo Tribunal Federal na ADIn n. 790-4-DF. Nesta ação, por votação unânime, o Supremo Tribunal Federal assentou expressamente a tese da dupla eficácia do art. 195, § 5º, da Constituição Federal, em tudo similar ao art. 51, parágrafo único, da Constituição do Estado da Bahia, entendendo inconstitucional a majoração de contribuição na ausência de causa eficiente que a justifique.

"No dizer do relator, Min. Marco Aurélio Mello: 'A premissa de toda contribuição social é a necessidade de custeio da Seguridade. Isto decorre das regras constantes dos arts. 194 e 195 do Diploma da República. A Seguridade Social é financiada por toda a sociedade de forma direta e indireta, nos termos da lei; mediante recursos provenientes dos orçamentos da União, dos Estados, do Distrito Federal e dos Municípios e das contribuições sociais devidas por empregadores e trabalhadores, bem como relativas à receita de concurso de prognósticos. A regra segundo a qual nenhum benefício da Seguridade Social poderá ser criado, majorado ou estendido sem a correspondente fonte de custeio total corresponde à relativa à exigibilidade de causa suficiente para a majoração, sob pena de esta última discrepar do móvel que lhe é próprio, ligado ao equilíbrio atuarial entre contribuições e benefícios, implicando, aí, sim, um adicional sobre a renda do trabalhador' (j. 26.2.1993, *DJU* 23.4.1993, p. 6.918).

"O Supremo Tribunal firmou ainda entendimento, embora não expresso na ementa do acórdão, quanto à ilegitimidade da instituição de alíquotas progressivas em matéria de contribuição previdenciária dos agentes públicos. No caso, entendeu-se compatível com a Constituição Federal a norma do art. 231, § 1º, da Lei n. 8.112/90, no que dispõe que 'a contribuição do servidor, diferenciada em função da remuneração mensal, bem como dos órgãos e entidades, será fixada em lei'. Entendeu-se que a expressão 'diferenciada em função da remuneração mensal' não induzia necessariamente a um juízo de inconstitucionalidade, pois comportava também a inteligência de se tratar de diferenciação proporcional e não progressiva da remuneração mensal do servidor público.

"Restou explicitado, porém, o entendimento segundo o qual, na hipótese de edição de lei específica contemplando alíquotas crescentes, seria irrecusável o juízo da inconstitucionalidade, por incompatibilidade com o art. 195, § 5º, da Constituição da República. Esse dispositivo, já vimos, tem na Constituição do Estado da Bahia um correspondente no art. 51, parágrafo único.

"Frisou-se ainda que a progressividade somente é prevista pela Constituição da República na cobrança dos impostos de renda, rural, predial e territorial urbano – arts. 153, § 2º, inciso I, 153, § 4º, 156, § 1º, e 182, § 2º, inciso II, da Lei Fundamental. Para as contribuições da Seguridade Social não é autorizada a cobrança progressiva.

"Na Lei estadual n. 6.915/95, ora atacada, a contribuição é fixada progressivamente segundo faixas de remuneração. As faixas e as alíquotas crescentes vêm enunciadas didaticamente no Anexo Único da lei.

"A tabela não deixa dúvida quanto ao caráter progressivo da contribuição instituída. Ora, se a contribuição resultante da aplicação da alíquota menor é suficiente para financiar o benefício previdenciário, a mesma alíquota, incidindo sobre base maior, também é suficiente. O crescimento da alíquota significa, neste contexto, tributação adicional da renda, o que não se admite por esta via transversa. A contribuição resulta mais danosa para uns do que para ou-

FAIXA DE REMUNERAÇÃO (com base no Menor Vencimento do Estado-MVE)	ALÍQUOTA
Até 2 (dois) MVE	8,0%
Acima de 2 (dois) até 4 (quatro) MVE	8,5%
Acima de 4 (Quatro) até 6 (seis) MVE	9,0%
Acima de 6 (seis) até 8 (oito) MVE	9,5%
Acima de 8 (oito) até 10 (dez) MVE	10,0%
Acima de 10 (dez) até 12 (doze) MVE	10,5%
Acima de 12 (doze) até 14 (quatorze) MVE	11,0%
Acima de 14 (quatorze) até 16 (dezesseis) MVE	11,5%
Acima de 16 (dezesseis) MVE	12,0%

tros, conforme a faixa de remuneração, o que violenta às escâncaras o princípio da isonomia tributária, obrigatório também para as contribuições sociais.

"A questão foi enfrentada diretamente pelo voto do Min. Francisco Rezek na citada ADIn n. 790-4-DF em termos conclusivos:

'Peço vênia para divergir do Ministro Relator na parte em que desacolhe o parecer da Procuradoria-Geral da República. Estou com S. Exa. em tudo o mais.

'Quanto ao § 1º do art. 231, meu ponto de vista é aquele que o parecer exteriorizou. Esse § 1º induz à progressividade.

'Penso que o propósito social que se estaria desejando prestigiar de tal maneira – fazendo variar não apenas os montantes absolutos, em função de montantes também absolutos de retribuição mensal, mas fazendo variar as próprias alíquotas — já é atendido pela diferença da contribuição em seus números absolutos, e que a diferenciação de alíquotas configura, tal como ponderou o Ministério Público, uma tributação sobre a renda que não se compatibiliza com as regras pertinentes da Constituição Federal.

'Não me aborrece, em absoluto, que o legislador queira dar maior prestígio a certos propósitos sociais, desde que ele assuma aquilo que faz, e dê – dentro dos limites que a Carta da República impõe – maior densidade ao imposto de renda. Mas é preciso que as coisas sejam chamadas pelos seus nomes verdadeiros.

'Tenho séria dificuldade em entender compatíveis com a Constituição determinadas fórmulas veladas de tributação da renda, e é isso que estou vendo no dispositivo que estabelece a diferenciação de alíquotas.'

"Exsurge desse modo flagrante a inconstitucionalidade parcial do art. 47, incisos I a III, c/c Anexo Único, recaindo o juízo negativo da invalidade máxima sobre as alíquotas superiores àquela fixada como alíquota mínima, uma vez que instituem progressão de alíquotas, vedada pelo art. 51, parágrafo único, c/c art. art. 42, § 2º, ambos da Constituição do Estado da Bahia.

"*Aumento da base de cálculo* – A Lei estadual n. 6.915, de 10.11.1995, limita a base de cálculo da contribuição no art. 57. Considera, portanto, que a incidência das alíquotas que estabelece sobre o valor máximo que estipula é suficiente para o custeio dos benefícios previdenciários e de assistência que rege.

"Não trata a questão, porém, de forma resoluta. Dispõe sobre a matéria prevendo o crescimento gradual da base de cálculo, por ampliação dos limites até a sua supressão, ao longo do tempo. Esse modo de dispor eleva, no tempo, o valor da contribuição previdenciária sem que qualquer benefício adicional seja reconhecido aos agentes atingidos pela elevação. Trata-se mais uma vez de hipótese de majoração de contribuição sem causa eficiente que a justifique.

"Rompe-se dessa maneira, mais uma vez, a correspondência custo/benefício exigida pelo art. 51, parágrafo único, da Constituição do Estado da Bahia. Os benefícios não crescem, aos saltos, no curso do tempo. Mantêm paridade com os vencimentos dos servidores em atividade, sendo revistos, como visto, na mesma 'proporção e data em que se modifica a remuneração dos servidores ativos' (art. 42, § 2º, da Constituição do Estado da Bahia).

"Há, assim, evidente ausência de causa suficiente para a majoração dos valores, aplicando-se à hipótese as mesmas considerações já aduzidas sobre os limites decorrentes do necessário equilíbrio custo/benefício na exação previdenciária.

"É inconstitucional, portanto, o disposto nos incisos II e III do art. 57 da Lei estadual n. 6.915, na medida em que ali se estipula o crescimento do valor da contribuição sem qualquer causa eficiente de majoração.

"*Pedido* – Ante o exposto, em face do dano que vem ocasionando a aplicação das alíquotas progressivas aos vencimentos dos membros dos Ministério Público do Estado da Bahia e da iminência de majoração ainda maior da contribuição previdenciária no início de 1998, por força do preceito que altera no tempo a base de cálculo máxima da exação, requeremos a V. Exa. a argüição da inconstitucionalidade dos preceitos atacados, com pedido liminar, na parte em que instituem alíquotas progressivas e determinam a ampliação no tempo da base de cálculo aplicável aos membros do *Parquet*, para que se limite a cobrança da exação na menor alíquota e se restitua a base de cálculo aos seus limites máximos iniciais.

"Termos em que

"Pede Deferimento.

"Salvador, 11 de dezembro de 1997 – Dra. *Sara Mandra Morais Rusciolelli Souza*, presidente da AMPEB."

3. Conclusão

Não cabe, a título de conclusão, revisitar todos os argumentos expendidos no texto transcrito. Parece útil frisar, porém, que as teses sustentadas na peça denunciam problemas tradicionalmente encontrados nos textos normativos da matéria. Mas nem por serem antigos, nem por serem generalizados os vícios, são eles menos ilegítimos.

É certo que ocorreram tentativas de correção, ao menos parcial, do problemas apontados em alguns casos. Na União Federal, por exemplo, depois de larga aplicação de alíquotas diferenciadas e progressivas para o plano de Seguridade Social do servidor público, recentemente foram unificadas as alíquotas, mediante a fixação de uma alíquota única de 11 pontos percentuais, deixando a contribuição de funcionar como uma adicional disfarçado sobre a renda (art. 1º da Lei 9.630, 23.4.1998). Mas os velhos vícios ameaçam contaminar, mais uma vez, inclusive esse único exemplo de correção do sistema que conhecemos. Propõe-se agora, nas chamadas "medidas de ajuste fiscal", a instituição de uma alíquota especial para faixas superiores da remuneração dos servidores públicos, esquecendo-se que aplicação de qualquer alíquota sobre uma base real maior importa uma contribuição maior.

A aplicação singela de uma única alíquota, alcançando todos os servidores e agentes de forma igual, incidindo sobre bases de cálculo naturalmente maiores e menores (a remuneração bruta dos servidores), parece ser a única sistemática que se compatibiliza com o princípio da proporcionalidade e com a exigência de causa eficiente para a majoração da contribuição previdenciária. Fora disso, como demonstrado neste trabalho, a exação previdenciária desliga-se de sua finalidade própria e viola a igualdade tributária, incorrendo no vício jurídico máximo – a inconstitucionalidade.

Salvador/Bahia, 30 de outubro de 1998.

PARECERES

SOCIEDADE DE ECONOMIA MISTA TRANSFORMADA EM SOCIEDADE ANÔNIMA ORDINÁRIA – INCONSTITUCIONALIDADE

FÁBIO KONDER COMPARATO
Doutor *Honoris Causa* da Universidade de Coimbra – Doutor em Direito da Universidade de Paris – Professor Titular na Faculdade de Direito da USP

1. Sentido da expressão "sociedade de economia mista" nos textos constitucionais. 2. O elemento nuclear do conceito legal de sociedade de economia mista. 3. O controle conjunto de uma sociedade anônima. 4. O acordo de acionistas em exame criou o controle conjunto da sociedade. 5. A transformação inconstitucional de uma sociedade de economia mista em sociedade anônima ordinária, sem autorização legislativa. 6. Conclusão.

Consulta

Pela Lei 11.968, de 1995, do Estado de Minas Gerais, foi o Poder Executivo "autorizado a alienar ações preferenciais e ordinárias de propriedade do Estado, que integram o capital social da Cia. Energética de Minas Gerais-CEMIG e do Banco do Estado de Minas Gerais S/A-BEMGE". Dispôs ainda a mesma lei que ficariam excluídas da alienação assim autorizada "as ações que asseguram a participação majoritária do Estado no capital votante da CEMIG e do BEMGE".

Com base nessa autorização legislativa, o Estado de Minas Gerais transferiu para MGI-Participações S/A, entidade da Administração indireta estadual, 32,94% do capital votante da CEMIG. Em seguida, a MGI emitiu debêntures, garantidas por essa participação acionária na CEMIG, debêntures, essas, integralmente subscritas pelo BNDES. O Banco e MGI colocaram, então, à venda as debêntures assim emitidas, atribuindo ao adquirente o direito de transformá-las em ações da CEMIG e também o de celebrar acordo de acionistas com o Estado.

Tal acordo acionário foi efetivamente concluído, contendo amplas estipulações sobre o exercício do direito de voto nas assembléias-gerais da companhia, a composição e o funcionamento dos órgãos societários, "princípios gerais de condução dos negócios sociais", a política de reinvestimentos e dividendos, bem como a cessão e oneração de ações da companhia.

Pede-me a Procuradoria-Geral do Estado de Minas Gerais que examine a validade do mencionado acordo de acionistas à luz das disposições constitucionais e legais em vigor, e emita parecer sobre a questão.

Parecer

1. Sentido da expressão "sociedade de economia mista" nos textos constitucionais

A CF, em seu art. 37, XIX e XX, bem como a Constituição do Estado de Minas Gerais, em seu art. 14, § 4º, II, empregam a expressão "sociedade de economia mista", sem defini-la. O termo técnico utilizado em tais disposições representa, na verdade, um conceito em tudo análogo às *regulae iuris* da terminologia técnica romana; ou seja, nada mais é do que a expressão condensada de um conjunto de normas,[1] ou aquilo que Ihering denominou "construção jurídica".[2] Diante de termos técnicos dessa espécie, o intérprete deve, antes de tudo, seguir a prudente advertência de Paulo: *non ex regula ius summatur, sed ex iure quod est, regula fiat.*[3] O sentido das normas em que tais conceitos se inserem só pode ser precisado a partir da análise preliminar do complexo normativo a que eles se referem.

O emprego da expressão "sociedade de economia mista" numa Constituição, sem maiores especificações, remete, portanto, o intérprete à lei, a qual, no caso, é obrigatoriamente federal, pois a matéria regulada entra no campo da competência legislativa atribuída à União pelo art. 22 da CF. Encontramo-nos, aí, por conseguinte, diante de um caso em que o sentido normativo da disposição constitucional só pode ser precisado por meio do processo hermenêutico de integração. A Constituição cobra sentido através da lei. É o que já se denominou uma interpretação constitucional conforme à lei (*gesetzeskonforme Auslegung der Verfassung*).[4]

2. O elemento nuclear do conceito legal de sociedade de economia mista

Até o advento da Lei 6.404, de 15.12.1976, que renovou inteiramente a regulação das sociedades por ações, o conceito legal de sociedade de economia mista era dado pelo Decreto-lei 200, de 25.2.1967. De acordo com o disposto em seu art. 5º, III, considerava-se como tal "a entidade dotada de personalidade jurídica de direito privado, criada por lei para o exercício de atividades de natureza mercantil, sob a forma de sociedade anônima, cujas ações com direito a voto pertençam, em sua maioria, à União ou a entidade da Administração indireta". Transpondo-se esse conceito para o âmbito dos Estados Federados, seria sociedade estadual de economia mista a sociedade anônima criada por lei em cujo capital o Estado, ou entidade de sua Administração Pública indireta, detivesse a maioria das ações com direito a voto.

A Lei de Sociedades por Ações de 1976, precisando a regulação do exercício do poder de orientação e comando societário, regulou pela primeira vez entre nós as figuras do acionista controlador (art. 116) e da sociedade controladora (art. 243, § 2º, *a contrario sensu*), equiparando ao primeiro "a pessoa jurídica que controla a companhia de economia mista" (art. 238).

Temos, portanto, no Direito em vigor, que para a existência de uma sociedade de economia mista é necessário o concurso de

1. Sobre o assunto, v. Tullio Ascarelli, "Considerazioni in tema di società e personalità giuridica", in *Saggi di Diritto Commerciale*, Milão, Giuffrè, 1995, pp. 130 e ss.; idem, "Personalità giuridica e sua portata", in *Problemi Giuridici*, I, Milão, Giuffrè, 1959, pp. 235 e ss.

2. *Geist des römischen Rechts*, 2ª parte, 2ª seção, 2ª ed., 1878, p. 357.

3. *Digesto* 50, 17, 1.

4. Cf. Konrad Hesse, *Grundzüge des Verfassungsrechts der Bundesrepublik Deutschland*, 20ª ed., Heidelberg, C. F. Müller, n. 85.

dois elementos: um elemento formal, consistente na autorização administrativa para a sua constituição (art. 236), e um elemento substancial, que é a titularidade, por uma pessoa jurídica de direito público, do controle da companhia.

Importa precisar este último elemento constituinte da sociedade de economia mista. Quando a lei dispõe que "a pessoa jurídica que controla a companhia de economia mista tem os deveres e responsabilidades do acionista controlador (arts. 116 e 117), mas poderá orientar as atividades da companhia de modo a atender ao interesse público que justificou a sua criação", ela está, indubitavelmente, determinando que esse controle estatal é *exclusivo*, vale dizer, que o Estado não compartilha nem pode compartilhar com ninguém a titularidade do governo societário. E a razão é óbvia: a autorização legal para que o acionista controlador oriente as atividades da companhia de modo a atender ao interesse público que justificou a sua criação representa um *privilégio público* que é, ao mesmo tempo, um *dever público*.

Constitui princípio fundamental da Administração Pública, no Estado de Direito, que ela age sempre em função da supremacia do interesse público sobre o interesse privado, pois é para isto, e só para isto, que o Estado existe. É este o sentido nuclear do princípio da *publicidade*, expresso no art. 37, *caput*, da CF.[5]

Quando a lei, portanto, dispõe que a pessoa jurídica que controla a sociedade de economia mista "poderá orientar as atividades da companhia de modo a atender ao interesse público que justificou a sua criação", ela está expressando um dever, não uma permissão. Temos, aí, um dos freqüentes casos em que o verbo "poder" significa, tecnicamente, "dever", como foi salientado pela melhor doutrina hermenêutica.[6] O Estado-acionista não pode, sob pena de incorrer em aberta ilegalidade e inconstitucionalidade, deixar de atender às exigências do interesse público que justificaram a criação da sociedade de economia mista, a fim de satisfazer o interesse econômico dos acionistas privados. Se, no caso, já não se justifica a manutenção da necessária supremacia do interesse público sobre o interesse particular, a única solução adequada ao sistema constitucional é a extinção da sociedade de economia mista, mediante a competente autorização legislativa. Qualquer compromisso ou transação do Estado-acionista, no sentido de restringir ou enfraquecer o seu controle acionário, em função do interesse privado dos demais sócios no empreendimento, representa inadmissível abuso: é uma privatização oculta e, por isso mesmo, fraudulenta da sociedade.

3. *O controle conjunto de uma sociedade anônima*

Pelo teor do disposto no art. 116 da Lei de Sociedades por Ações, o poder de controle societário consiste na conjugação de dois elementos: um formal e outro substancial. O elemento formal é representado pela titularidade de direitos de sócio que assegurem, de modo permanente, a maioria dos votos nas deliberações sociais, bem como o poder de eleger a maioria dos administradores. O elemento substancial corresponde ao uso desse poder "para dirigir as

5. Cf. Celso Antônio Bandeira de Mello, *Curso de Direito Administrativo*, 5ª ed., São Paulo, Malheiros Editores, 1994, pp. 43 e ss.; e Cármen Lúcia Antunes Rocha, *Princípios Constitucionais da Administração Pública*, Belo Horizonte, Del Rey, 1994, pp. 239 e ss. Trata-se, pois, de algo muito mais abrangente do que o mero dever de divulgação oficial dos atos administrativos, como entendeu Hely Lopes Meirelles (*Direito Administrativo Brasileiro*, 23ª ed., atualizada por Eurico de Andrade Azevedo, Délcio Balestero Aleixo e José Emmanuel Burle Filho, São Paulo, Malheiros Editores, 1998, pp. 89 e ss.).

6. Cf. Carlos Maximiliano, *Hermenêutica e Aplicação do Direito*, 9ª ed., Rio de Janeiro, Forense, ns. 331 e ss.

atividades sociais e orientar o funcionamento dos órgãos da companhia".[7]

Este último elemento constituinte do controle corresponde àquilo que o Direito germânico dos grupos societários, desde a lei de 1937, vem denominando "influência dominante" (*beherrschender Einfluss*), para designar o poder da sociedade controladora sobre a controlada.[8]

Importa sublinhar que no Direito brasileiro, ao contrário do que sucede na Itália,[9] ambos esses elementos devem estar presentes para que se possa identificar o acionista controlador. Sucede, com efeito, não raras vezes, que o titular de mais de metade das ações votantes no capital de uma companhia não tenha o poder de dirigir, sozinho, as atividades sociais, mediante orientação do funcionamento dos seus órgãos. Por força de disposições estatutárias, criadoras de ações de classes diversas com direito de voto em separado (arts. 16, III, e 18), ou em virtude de estipulações de acordos de voto entre acionistas (arts. 116, *caput*, e 118), pode ocorrer que o acionista majoritário, muito embora disponha da maioria absoluta dos votos nas deliberações da assembléia-geral, bem como do poder de eleger a maioria dos administradores, veja-se obrigado a contar com os votos de outro acionista para exercer a direção efetiva das atividades sociais e determinar a orientação do funcionamento dos órgãos da companhia.

Tal ocorre, por exemplo, quando o estatuto de companhia fechada estabelece um *quorum* deliberativo mais elevado que o legal para a tomada de certas e determinadas decisões em assembléia-geral (art. 129), notadamente as que dizem respeito a mudanças estatutárias, emissão de valores mobiliários ou distribuição de lucros; ou, então, quando determinados postos-chave na direção da empresa, ainda que em número inferior à metade do total dos cargos administrativos, devem ser preenchidos por decisão de outro acionista.

Em tais hipóteses encontramo-nos diante do chamado *controle conjunto* ou *por associação*, o qual se reconhece pelo fato de que vários acionistas concorrem, de modo estável e necessário, na determinação das atividades sociais.[10]

7. Em minha obra *O Poder de Controle na Sociedade Anônima* (3ª ed., Rio de Janeiro, Forense, p. 67) afirmei que o uso efetivo do poder para dirigir as atividades da companhia e orientar o funcionamento de seus órgãos não seria elemento definidor do *status* de acionista controlador, no controle majoritário, "pois, ainda que o controlador afete desinteressar-se dos negócios sociais, não pode arredar o fato de que o poder de comando se exerce em seu nome, ou delegação sua, o que a tanto equivale". Referi-me nesse passo, porém, tão-só ao controle isolado e exclusivo, e não ao controle conjunto.

8. Lei de Sociedades por Ações de 1965, § 17: "*Abhängige und herrschende Unternehmen* – (1) Abhängige Unternehmen sind rechtlich selbständige Unternehmen, auf die ein anderes Unternehmen (herrschendes Unternehmen) unmittelbar oder mittelbar einen beherrschenden Einfluss ausüben kann". Como salienta a doutrina, a situação de dependência ou submissão empresarial é reconhecida, sobretudo, quando uma empresa, com base na dominação sobre a "política pessoal" (*Personalpolitik*) da outra, encontra-se em situação de influenciar a política negocial da sociedade controlada em questões decisivas (Emmerich-Sonnenschein, *Konzernrecht*, 5ª ed., Munique, C. H. Beck, p. 62).

9. Com efeito, pelo disposto no art. 2.539 do CC italiano, "sono considerate società controllate: 1) le società in cui un'altra società dispone della maggioranza dei voti esercitabili nell'assemblea ordinaria; 2) le società in cui un'altra società dispone di voti sufficienti per esercitare un'influenza dominante nell'assemblea ordinaria; 3) le società che sono sotto influenza dominante di un'altra società in virtù di particorali vincoli contrattuali con essa".

10. Marco Lamandini, *Il "Controllo" – Nozione e "Tipo" nella Legislazione Economica*, Milão, Giuffrè, 1995, p. 124. O autor esclarece: "Insomma, è certamente vero che l'attività sociale, in un'ipotesi di controllo congiunto, non può dirsi il frutto di una decisione integralmente libera di un socio, perchè ciascuno dei due soci dovrà tenere in debito conto i 'contributi di volontà' dell'altro. Ciò non toglie tuttavia che essa, nel contempo, altro non

A Lei de Sociedades por Ações refere-se a esse tipo de controle no *caput* do art. 116, ao mencionar "o grupo de pessoas vinculadas por acordo de voto, ou sob controle comum". É claro que essa enumeração de hipóteses, no texto legal, não é exaustiva: falta, evidentemente, não só a situação, acima referida, de controle conjunto por meio de disposição estatutária sobre o *quorum* deliberativo, mas também a hipótese de condomínio acionário.

É de se lembrar que o controle conjunto ou por associação constitui o núcleo essencial da figura da *joint venture* no sistema jurídico norte-americano. Com efeito, a noção de *joint control*, tal como usada na jurisprudência dos Estados Unidos, implica sempre a existência de uma *community of interest* ou *common undertaking*, isto é, "a mutual right to control the carrying out of the transaction".[11] É verdade que a noção usualmente se aplica a companhias fechadas, cuja estrutura interna muito se assemelha à das *partnerships*.[12] Mas nada impede que nas companhias abertas, por força de estipulações em acordos de acionistas, chegue-se ao mesmo resultado, com a vantagem adicional do livre recurso ao mercado de capitais.

4. O acordo de acionistas em exame criou o controle conjunto da sociedade

Um exame atento do acordo celebrado pelo Estado de Minas Gerais e *Southern Electric* Brasil Participações Ltda., na qualidade de acionistas da Cia. Energética de Minas Gerais-CEMIG, revela que o Estado de Minas, que anteriormente detinha o controle exclusivo da companhia, passou a compartilhar esse poder de comando societário com a outra parte naquela convenção acionária.

Com efeito, por efeito da aplicação desse acordo, o Estado de Minas Gerais já não dispõe do direito de votar livremente, nas assembléias-gerais da companhia, sobre matérias da maior relevância para a definição de sua estrutura e funcionamento. Pelo estipulado na cláusula 3ª, item 3.2, do mencionado acordo, "as Partes votarão em bloco quando a Assembléia-Geral deliberar sobre: a) alterações do Estatuto no tocante a objeto social, capital social e ações (incluindo a emissão de novas ações sem direito de preferência), competência, composição e funcionamento dos órgãos da Companhia (Assembléia-Geral, Conselho de Administração, Diretoria Executiva e Conselho Fiscal), apuração de resultados financeiros (incluindo reservas, fixação e distribuição de dividendos); e b) emissão de debêntures conversíveis em ações e bônus de subscrição, criação de partes beneficiárias, resgate e amortização de ações, fusão, cisão, incorporação, dissolução ou liquidação da Companhia (incluindo a eleição do liquidante e aprovação de suas contas), e distribuição de dividendos em percentual diverso do obrigatório previsto no Estatuto".

Como se vê, as decisões mais importantes, não apenas no tocante à direção das atividades sociais e à orientação do funcionamento dos órgãos da Companhia (notadamente quanto à política de distribuição de lucros e de financiamento), mas ainda no tocante à dissolução da empresa (dissolução ordinária, fusão, incorporação ou cisão total) ou à sua reestruturação por cisão parcial já não podem ser tomadas soberanamente pelo Estado de Minas Gerais. Ele passou a se sujeitar, em todas essas matérias fundamentais, à concordância do outro acionista.

sia che la risultante del concorso delle deciosioni che stabilmente vengono assunte proprio da quei due soci, insieme tra loro. In altre parole, in un'ipotesi comme quella in exame, *il potere negativo di blocco, impeditivo e interdittivo, si 'colora', nei fatti, di una valenza positiva, di proposizione e di compartecipazione alla gestione sociale*" (ibidem, pp. 136 e 137).

11. Cf. Daniele Bonvicini, *Le "Joint Ventures": Tecnica Giuridica e Prasse Societaria*, Milão, Giuffrè, 1977, pp. 214 e 215.

12. Cf. *O'NEAL's Close Corporations*, 3ª ed., Callaghan & Co., § 1.06. No mesmo sentido: *LATTIN on Corporations*, Mineola, The Foundation Press, 1971, pp. 9 e 10.

A estipulação de "voto em bloco" significa que, doravante, a soberana decisão do Estado de Minas fica sujeita ao veto do outro acionista convenente, sob controle estrangeiro, veto tanto mais arbitrário quando se vê que pode ele ser oposto *fora da assembléia-geral*, numa reunião privada entre as partes (item 3.3 da cláusula 3ª). Elude-se, dessa maneira, a aplicação do disposto no art. 115 da Lei de Sociedades por Ações, sobre abuso no exercício do direito de voto, pois o campo de aplicação dessa norma é, unicamente, o das reuniões da assembléia-geral.

Com fundamento nessa espúria combinação, o Estado de Minas Gerais vê-se, doravante, impedido de exercer a prerrogativa legal de "orientar as atividades da Companhia de modo a atender ao interesse público que justificou a sua criação" (Lei 6.404, art. 238). Se entender, por exemplo, que a Companhia, para enfrentar novos investimentos, não deve dirigir-se para o mercado financeiro, mas sim autofinanciar-se pela retenção de dividendos, ou sua distribuição em percentual inferior ao fixado obrigatoriamente no estatuto, a outra acionista, que não tem, obviamente, qualquer compromisso com o interesse público, poderá fundar-se na mencionada estipulação convencional para se opor a essa orientação. Teremos, então, a escandalosa ocorrência de um *bloqueio na aplicação da lei, por efeito de um acordo privado*. Ou seja: aqui, ao revés do que proclamava o dogma romano, *ius publicum privato pacto mutari potest*.

Mas pode, realmente, o Poder Público, na qualidade de controlador de uma sociedade de economia mista, sem autorização legal específica, estipular acordos particulares com outros sócios, despindo-se de sua prerrogativa legal de titular exclusivo do controle societário?

5. A transformação inconstitucional de uma sociedade de economia mista em sociedade anônima ordinária, sem autorização legislativa

Determina a Constituição Federal que "somente por lei específica poderão ser criadas empresa pública, sociedade de economia mista, autarquia ou fundação pública" (art. 37, XIX). Diante dessa norma cogente, não padece a menor dúvida de que tanto a dissolução quanto a transformação de uma sociedade de economia mista, pelo princípio da paridade formal, devem também ser autorizadas por lei específica. A dissolução pode dar-se seja pelo modo ordinário, isto é, com liquidação (Cap. XVII da Lei de Sociedades por Ações), seja mediante fusão, incorporação ou cisão total da companhia. A transformação significa a mudança do tipo societário. Ora, sendo a sociedade de economia mista um tipo específico de sociedade por ações, a perda voluntária de suas características essenciais – entre as quais está, como se viu, a titularidade exclusiva do controle societário em mãos do Estado – implica, para sua validade, a necessidade de autorização legislativa específica.

Quando a Constituição do Estado de Minas Gerais determina, tratando-se de sociedade de economia mista e empresa pública, que depende de lei, em cada caso, a autorização "para alienar ações que garantam, nestas entidades, o controle pelo Estado" (art. 14, § 4º, II), estaria esse dispositivo constitucional restringindo a necessidade de autorização legislativa unicamente à alienação de ações? Deve essa norma da Constituição mineira ser interpretada em sua estrita literalidade? É óbvio que não.

Em primeiro lugar porque a norma em questão nada mais é do que a aplicação de um *princípio constitucional*, qual seja, o da supremacia do interesse público sobre o interesse privado na esfera da Administração, tanto direta quanto indireta. Ora, os princípios constitucionais, como reconhece hoje unanimemente a doutrina,[13] são normas

13. No Direito brasileiro, Pontes de Miranda, *Comentário à Constituição de 1967 com a Emenda n. 1 de 1969*, 2ª ed., t. I, São Paulo, Ed. RT, pp. 580 e ss.; Paulo Bonavides, *Curso de Direito Constitucional*, 7ª ed., 2ª tir., São Paulo, Malheiros Editores, 1998, Cap. 8º; José Afonso da Silva, *Curso de Direito Constitucional Positivo*, 11ª ed., São Paulo, Malheiros Editores, 1996, pp. 95 ss.; Cár-

superiores do ordenamento jurídico, em função das quais todas as demais regras devem ser interpretadas e precisadas em seu conteúdo (função hermenêutica), e a partir das quais tanto o Poder Legislativo quanto o Judiciário devem extrair regras de aplicação concreta em casos específicos (a função genética, ou o chamado efeito de concretização).

Em segundo lugar, a citada norma constitucional de Minas Gerais não pode ser interpretada em sua estreita literalidade, porque tal seria abrir caminho à mais escancarada *fraude à Constituição*, ou seja, a uma manifestação de injuridicidade incomparavelmente mais grave do que a fraude à lei. Com efeito, a finalidade da proibição de se alienar o controle de sociedades de economia mista sem autorização legislativa específica é, obviamente, a de se atribuir de modo privativo ao órgão de representação popular o poder de julgar, soberanamente, da conformidade ou não desse ato com o interesse público, vale dizer, com o interesse do povo (*res publica, res populi* – dizia Cícero). Se se admite que, por via transversa, a alienação ou perda do controle exclusivo do Estado possa ser feita sem alienação da maioria das ações votantes, ter-se-á logrado um *desvio de finalidade*, isto é, uma *aberratio finis iuris*.

As nefastas conseqüências desse abuso de poder ou desvio de finalidade são, aliás, patentes, e manifestam-se pelo seguinte dilema. Se se entende que a sociedade, após a perda do controle exclusivo pelo Estado, continue a ser tida como de economia mista, não podemos deixar de admitir que doravante, como acima se acentuou, um acionista particular tem poder de veto sobre as decisões do Estado-acionista, em função do interesse público que justificou a fundação da sociedade (Lei de Sociedades por Ações, art. 238), o que representa uma contradição insuperável. Se se reconhece, em sentido oposto, que a sociedade já não pode ser considerada de economia mista após a celebração de um acordo de voto que cria um controle societário conjunto, estaremos atribuindo ao Poder Executivo a prerrogativa de dispensar a autorização por lei para a transformação da sociedade de economia em sociedade anônima ordinária, o que configura flagrante inconstitucionalidade.

Na verdade, a Lei estadual 11.968, de 1995, de modo algum autorizou a transformação do controle estatal exclusivo sobre a CEMIG em controle compartilhado com outro acionista privado. Ela apenas dispôs que "fica o Poder Executivo autorizado a alienar ações preferenciais e ordinárias de propriedade do Estado que integram o capital social da Cia. Energética de Minas Gerais-CEMIG", precisando que "excluem-se da alienação de que trata este artigo as ações que assegurem a participação majoritária do Estado no capital votante da CEMIG". Ou seja, o objetivo claramente expresso da lei foi o de autorizar uma alienação de ações pertencentes ao Estado, *sem admitir a alienação do controle societário*.

O Poder Executivo, porém, decidiu, finoriamente, aproveitar-se dessa autorização de alienação de ações para, de cambulhada, abrir mão do poder de comando exclusivo da sociedade. A má-fé ressalta aberrante *ex proprio acto*.

A Justiça não pode compactuar com esse abuso, abertamente contrário ao interesse público.

6. Conclusão

Por todo o exposto, entendo que é nulo de pleno direito, por ofensa ao art. 14, § 4º, II, da Constituição do Estado de Minas Ge-

men Lúcia Antunes Rocha, ob. cit., pp. 21 e ss.; Celso Antônio Bandeira de Mello, ob. cit., Cap. II. No Direito português: J. J. Gomes Canotilho, *Direito Constitucional e Teoria da Constituição*, 3ª ed., Coimbra, Almedina, pp. 1.085 e ss. No Direito alemão: Friedrich Müller, *Juristische Methodik*, 4ª ed., Berlim, Duncker & Humblot, pp. 214 e ss., e *Die Einheit der Verfassung – Elemente einer Verfassungstheorie III*, Berlim, Duncker & Humblot, pp. 40 e ss. e 191 e ss.

rais e à Lei estadual 11.069, de 1995, o acordo de acionistas celebrado em 18 de julho de 1997 entre o Estado de Minas Gerais e *Southern Electric* Brasil Participações Ltda., na qualidade de acionistas da Cia. Energética de Minas Gerais-CEMIG.

PARECERES

CRITÉRIO OBJETIVO PARA EFEITO DE JULGAMENTO DAS PROPOSTAS

EROS ROBERTO GRAU

Professor Titular na Faculdade
de Direito da USP

Consulta

A Fundação "X" promoveu licitação tendo em vista a contratação de serviços de consultoria.

Inconformada com o resultado da licitação, "Y" impetrou mandado de segurança contra ato do Presidente do Conselho Diretor da "X" que manteve a decisão da Comissão Julgadora que deu "S" como a vencedora da licitação. Diz a impetrante, nesse mandado de segurança, que o edital de licitação estabeleceu, no Anexo I, item 1, critérios de pontuação que tornam subjetivo o julgamento das propostas, tudo – conforme argumentação contida na inicial do mandado de segurança (cópia anexa) – de sorte a contrariar o disposto no art. 3º e no inciso I de seu § 1º, no § 8º do art. 30 e no § 1º do art. 44 da Lei 8.666/93 e no art. 4º, III, "b", da Lei 4.717/65; a impetrante do mandado de segurança afirma que a "X" teria criado outros critérios de pontuação, além dos definidos no edital, e adotou "critério de comparação de propostas, para atribuir a cada uma delas um valor relativo, que é a própria antítese do julgamento objetivo determinado pela Constituição Federal"; afirma que os itens adotados na comparação das propostas – tais como "experiência satisfatória", "experiência adequada", "abordagem genérica razoável", "visão adequada das secas" –, "a par da subjetividade ínsita ao seu exame, são valores cuja apreciação objetiva em escala comparativa é virtualmente impossível" e que inexiste, no caso, critério clara e objetivamente estabelecido para atribuir notas; mais, diz que no caso houve critérios de julgamento que só foram dados a conhecimento quando da divulgação do resultado, o que importa agressão ao disposto no § 1º do art. 44 da Lei 8.666/93; por fim, passa a questionar as notas atribuídas às propostas e finaliza sua argumentação insistindo na afirmação de que o edital "não assegurou a observância do primado do julgamento objetivo".

Cumpre observar que, efetivamente, não é verdadeira a afirmação de que a "X" teria criado outros critérios de pontuação, além dos definidos no edital.

Indaga-se: *O edital de licitação estabeleceu critérios de pontuação que tornam subjetivo o julgamento das propostas, de sorte a contrariar o disposto no art. 3º e no inciso I de seu § 1º, no § 8º do art. 30 e no § 1º do art. 44 da Lei 8.666 /93, e no art. 4º, III, "b", da Lei 4.717/65?*

Parecer

1. O que se pretende, com a exigência de que os critérios de julgamento sejam *objetivos*, é impedir que a subjetividade dos julgadores da licitação, ainda que involuntariamente, prospere no sentido de beneficiar um dos licitantes, em desfavor dos demais. O princípio do *julgamento objetivo*, assim – associado ao da *publicidade* –, é ancilar do princípio da *isonomia*.

Ocorre não enunciarem nem o Direito Positivo, nem a doutrina, o conceito de "critério objetivo" para efeito de julgamento das propostas, nas licitações. A doutrina apenas aponta uma pista – digamos assim – do conceito, ao afirmar que critério objetivo, para tanto, é o que independe de apreciação subjetiva do julgador. Mas nisso, e com isso, definitivamente, não se está a enunciar conceito algum, menos ainda um conceito jurídico.

2. O conceito jurídico[1] de *critério objetivo* para efeito de julgamento das propostas na licitação corresponde, como todo e qualquer conceito, a uma *suma determinada de idéias*.

Note-se: porque é assim (ele corresponde a uma *suma determinada de idéias*) é que este conceito jurídico – que é signo de uma determinada significação atribuível (ou não-atribuível) a certa coisa (coisa, estado ou situação) –, pode cumprir sua função, a de permitir a aplicação de certas normas ou efeitos jurídicos (e não de outras ou de outros), com um mínimo de segurança e certeza, a essa coisa (coisa, estado ou situação).

No caso, da atribuição do conceito jurídico de *critério objetivo* (para efeito de julgamento das propostas, na licitação) aos critérios enunciados no Anexo I, item 1, do edital resultará a verificação da conformidade deles ao princípio do *julgamento objetivo* e às regras que a este dão concreção, do que decorrerá a validade, desde essa perspectiva, da licitação; da não-atribuição desse conceito jurídico a eles resultará a verificação de sua desconformidade a tais princípio e regras, do que decorrerá a invalidade, desde essa mesma perspectiva, da licitação.

3. Impõe-se, destarte, discernirmos o *conceito jurídico* de *critério objetivo* para efeito de julgamento das propostas nas licitações.

Sucede que esse conceito não pode ser singelamente extraído aos dados da realidade, pois *objetividade* e *subjetividade*, neste plano, não podem ser determinadas em termos absolutos para todas as situações da realidade. Por isso ele há de ser discernido no *plano jurídico*.

4. Não basta, para tanto, recorrermos, dele partindo, ao princípio do *julgamento objetivo* das licitações. É necessário irmos aquém, à busca de princípio maior, do qual esse (o do julgamento objetivo) é ancilar.

Esse princípio maior – vimos acima – é o da *isonomia*.

Podemos ter, assim, que *critério objetivo* para efeito de julgamento das propostas na licitação é aquele cuja aplicação não permita a consumação de agressão à *isonomia*, bastando, para tanto, que se possa *materialmente* demonstrar – no quadro dos conhecimentos técnicos e científicos do Homem, ainda que especializados – quando o conceito deva e quando o conceito não deva ser atribuído a esta ou àquela situação.

Assim, temos que *critério objetivo* para efeito de julgamento de propostas na licitação é *todo aquele cuja atribuição ou não-atribuição a múltiplas situações possa ser* ***materialmente demonstrada****, a partir de e com base em conhecimentos técnicos ou científicos do Homem, ainda que especializados*.

1. Sobre o conceito de *conceito jurídico*, meu *O Direito Posto e o Direito Pressuposto*, 2ª ed., São Paulo, Malheiros Editores, 1998, pp. 144 e ss.

Mais importante, neste passo, do que a possibilidade técnica ou científica de os julgadores da licitação definirem materialmente a atribuição ou não-atribuição do conceito a determinada situação é a *possibilidade de qualquer licitante materialmente demonstrar, técnica ou cientificamente, que, neste ou naquele caso, a atribuição do conceito foi procedida do modo correto ou incorreto.*

5. Essa demonstração pode se fazer dificultosa, ou mesmo impossível, para o leigo em determinada técnica ou ciência – o que o impeliria, diante da necessidade de assumir uma decisão a respeito da atribuição ou não-atribuição do conceito de que se cuida a certa situação, a decidir subjetivamente (= sem os subsídios de determinada técnica ou ciência).

A carência de conhecimentos técnicos ou científicos por alguns não compromete, contudo, a objetividade do critério se outros que o dominem existirem, capacitados a materialmente demonstrar a correção técnica ou científica da atribuição do conceito a certas situações e a correção técnica ou científica de sua não-atribuição a outras.[2]

6. Há, ademais, uma outra nota peculiar ao significado que o conceito jurídico de *critério objetivo* expressa. É que o dado ou elemento definido como critério para julgamento das propostas, na licitação, deve ser certo e determinado. Não pode estar sujeito a álea ou a deliberação de terceiro; se expresso em um número, a quantidade por ele representada há de ser determinada ou, no mínimo, determinável.

Em outros ternos: o julgamento da licitação apenas se processará de modo a não agredir a *isonomia* se e quando fundado sobre critérios que permitam, com segurança e certeza, a identificação, entre as propostas, daquela que consubstancia a melhor escolha, a escolha do melhor contratante. Não se pode tomar como critério de julgamento, a informar essa escolha, elemento ou dado que não seja perfeita e completamente certo e determinado, visto que isso distorceria, comprometendo-a, a objetividade da escolha.

De resto, mais importante do que a possibilidade de a Comissão Julgadora da licitação proceder àquela adequada aplicação é – já o afirmei, linhas acima – a possibilidade de, em cada caso, qualquer dos licitantes materialmente demonstrar, tecnicamente, que a atribuição do conceito de *critério objetivo* àqueles adotados para a atribuição de notas ou para o desempate de propostas verificou-se correta ou incorretamente. Nisso e com isso é que se promove acatamento ao princípio da *isonomia.*

7. No caso, o item 1 do Anexo I do edital respeita aos pontos atribuíveis, nas propostas técnicas, à coordenação, à equipe técnica e aos consultores.

Os profissionais de que se cuida seriam avaliados "conforme indicação das respec-

2. Dir-se-á, eventualmente, que a matéria, no caso, é de tal complexidade técnica que um leigo não a poderia ponderar objetivamente, razão pela qual somente a poderia apreciar, o leigo, subjetivamente. Note-se que linha de argumentação como tal é que dá sustentação à chamada tese da "discricionariedade técnica", segundo a qual há decisões administrativas que supõem tal grau de especialização técnica que somente quem as toma, a partir da consideração de elementos altamente técnicos, as pode valorar. A respeito das insuficiências dessa tese, que a comprometem irremediavelmente, manifestei-me em outra oportunidade ("Poder discricionário", *RDP* 93/44). Afirmar que uma decisão é "altamente técnica" significa, precisamente, antes de mais nada, que ela está fundada em critérios "altamente", manifestamente objetivos – justamente o que no caso se requer, em nome do princípio da isonomia. De outra parte, se o leigo a que se refere é o juiz, ao qual se demande a apreciação da matéria, ele, não a conhecendo – até porque não tem o dever de conhecê-la –, pode e deve ouvir peritos, a fim de que sejam perfeitamente esclarecidos os fatos e circunstâncias (criados e fatores aí incluídos) a respeito dos quais decidirá.

tivas fichas curriculares", sendo a pontuação a eles atribuída efetuada observando-se limites máximos indicados em quadro constante do anexo. Neste quadro – "Quadro n. 1" – considerou-se a formação acadêmica do profissional, a experiência geral e a experiência específica em relação às várias áreas de conhecimento envolvidas. De outra parte, os itens 1.1, 1.2 e 1.3 explicitavam, de modo transparente, quais experiências seriam valorizadas na atribuição de pontos.

Daí ser nítida, cristalina, evidentíssima, no caso, a *objetividade* dos critérios de pontuação estabelecidos no edital.

Trata-se de critérios que permitiriam e permitem, à "X" e a qualquer licitante, materialmente demonstrar, tecnicamente, que, neste ou naquele caso, a atribuição do conceito terá sido procedida de modo correto ou incorreto. Por isso não cabe aludirmos, no caso, a qualquer subjetividade no julgamento das propostas.[3]

Assim, permitindo a demonstração da correção ou não-correção da atribuição de pontuação, o critério enunciado no edital há de ser tido como *objetivo*.

Por isso é também de todo descabida a afirmação de que o edital teria contrariado as disposições veiculadas pelo art. 3º e pelo inciso I de seu § 1º, pelo § 8º do art. 30 e pelo § 1º do art. 44 da Lei 8.666/93, bem assim pelo art. 4º, III, "b", da Lei 4.717/65.

Logo – ademais não sendo veraz, como esclarece a consulta, a assertiva de que a "X" teria criado outros critérios de pontuação, além dos definidos no edital –, tenho como inquestionável a circunstância de o edital não ter estabelecido critérios de pontuação que tornariam subjetivo o julgamento das propostas.

8. Em face de todo o exposto, dou a seguinte resposta ao quesito proposto na consulta: ***Não***. *Nítida e inquestionavelmente, o edital de licitação não estabeleceu critérios de pontuação que tornassem subjetivo o julgamento das propostas; por isso o edital não contraria o disposto no art. 3º e no inciso I de seu § 1º, no § 8º do art. 30 e no § 1º do art. 44 da Lei 8.666/93 e no art. 40, III, "b", da Lei 4.717/65.*

É o que me parece.

São Paulo, 13 de novembro de 1998.

3. Prova disso está em que o próprio impetrante do mandado de segurança encontra argumentos para questionar a pontuação atribuída a profissionais de sua equipe, ainda que essa discussão não tenha cabimento na via estreita do *writ*.

NATUREZA JURÍDICA E FUNÇÕES DAS AGÊNCIAS REGULADORAS DE SERVIÇOS PÚBLICOS. LIMITES DA FISCALIZAÇÃO A SER DESEMPENHADA PELO TRIBUNAL DE CONTAS DO ESTADO

LUÍS ROBERTO BARROSO

Professor Titular de Direito Constitucional da Universidade do Estado do Rio de Janeiro — Mestre em Direito pela Universidade de Yale, EUA — Procurador do Estado — Advogado no Rio de Janeiro

Consulta

Trata-se de consulta formulada pela Agência Reguladora de Serviços Públicos Concedidos do Estado do Rio de Janeiro-ASEP-RJ, nos termos de ofício firmado por seu Presidente, Dr. Héquel da Cunha Osório, no qual se solicita pronunciamento acerca dos limites da atuação do Egrégio Tribunal de Contas do Estado no que se refere ao controle das atividades daquela agência.

A questão de fato envolvida é singela. Ao realizar uma "inspeção especial" na ASEP-RJ, técnicos do Tribunal de Contas do Estado solicitaram um amplo conjunto de informações acerca do exercício de suas atividades regulatórias e fiscalizadoras — atividades-fim da autarquia —, e não de suas atividades-meio ou aspectos contábeis e financeiros. A solicitação formulada por técnicos do Tribunal de Contas e que, ao ver da consulente, configuraria invasão de suas atribuições privativas, encontra-se materializada no Ofício INSP-ESP ASEP 01/98 (fls. 7 do processo), cuja transcrição é proveitosa para o delineamento da controvérsia:

"Objetivando dar prosseguimento à inspeção especial, que no momento realizamos nesta Autarquia, solicitamos as seguintes informações e/ou documentos:

"1. Referentes às reformas das embarcações estabelecidas na cláusula 17 do contrato de concessão, de acordo com o anexo III, cujos prazos máximos para sua execução correspondia ao período ago.-set. (lanchas Ipanema, Martim Afonso e Urca) e mai.-jun. (lancha Itaipu);

"2. Relativas à instalação da linha Praça XV — Charlitas, conforme o estabelecido pelo inc. V, cláusula 17 do contrato de concessão;

"3. Cópias do contrato de concessão e das Deliberações exaradas pela ASEP-RJ, referentes à concessionária CONERJ;

"4. Quanto à baixa das lanchas Itaguaí e Ingá, autorizadas pelas Deliberações ASEP-RJ 015 e 037, e, se estas lanchas foram substituídas conforme o estabelecido pelo inc. III do art. 17, do contrato supramencionado;

"5. Planilhas e relatórios gerados, tanto pela concessionária como pela ASEP, que especifiquem a fiscalização e os procedimentos adotados, em função da execução contratual;

"6. Informações sobre a implantação de bilheterias eletrônicas conforme o disposto pelo inc. II do art. 17; (*sic*) do contrato de concessão."

Exposta a matéria de fato, cumpre proceder ao seu enquadramento jurídico. A originalidade do tema impõe uma breve análise doutrinária, inclusive quanto à evolução do papel do Estado nos últimos anos. Tendo isso em conta o parecer é desenvolvido consoante o roteiro seguinte: (i) Estado, ordem econômica e prestação de serviços públicos; (ii) as agências reguladoras. Natureza jurídica e funções; (iii) o controle externo em matéria contábil, financeira e orçamentária. Limites das atribuições do Tribunal de Contas; (iv) conclusão.

I — Estado, ordem econômica e prestação de serviços públicos

1. Das modalidades de intervenção do Estado no domínio econômico — disciplina, fomento e atuação direta — interessa especialmente, para os fins aqui visados, esta última categoria. Na atuação direta do Estado é de proveito distinguir duas possibilidades diversas: (a) a prestação de serviços públicos; e (b) a exploração de atividades econômicas.

2. A exploração da atividade econômica não se confunde com a prestação de serviços públicos, quer por seu caráter de subsidiariedade, quer pela existência de regras próprias e diferenciadas. De fato, sendo o princípio maior o da livre iniciativa, somente em hipóteses restritas e constitucionalmente previstas poderá o Estado atuar diretamente, como empresário, no domínio econômico. Tais exceções se resumem aos casos de:

a) imperativo da segurança nacional (CF, art. 173, *caput*);

b) relevante interesse coletivo (CF, art. 173, *caput*);

c) monopólio outorgado à União (*e.g.*, CF, art. 177).

3. Como se verá logo adiante, a reserva de atividades econômicas à exploração direta e monopolizada da União foi substancialmente alterada e flexibilizada. E, quando não se trate de monopólio, o Estado deverá atuar diretamente no domínio econômico sob o mesmo regime jurídico das empresas privadas, como deflui do § 1º do art. 173 da Carta Federal, *verbis:* "Art. 173. (...) § 1º. A empresa pública, a sociedade de economia mista e outras entidades que explorem atividade econômica pelo Estado sujeitam-se ao regime jurídico próprio das empresas privadas, inclusive quanto às obrigações trabalhistas e tributárias".

4. Volvendo à questão aqui central, que é a prestação de serviços públicos, é bem de ver que não há necessidade, nesta instância, de percorrer, com maior grau de detalhamento, aspectos orgânicos e funcionais da Administração Pública. Basta o registro de que os serviços públicos podem ser prestados *diretamente*, pelos órgãos despersonalizados integrantes da Administração, ou *indiretamente*, por entidades com personalidade jurídica própria.

5. Na prestação indireta abrem-se duas possibilidades: pode o Estado constituir pessoas jurídicas públicas (autarquias e fundações públicas) ou privadas (sociedades de economia mista e empresas públicas) e, mediante lei (CF, art. 37, XIX) *outorgar* a tais entes a prestação do serviço público, seja de educação, água, eletricidade ou qualquer outro. Ou pode, por outro lado, *delegar* à iniciativa privada, mediante contrato ou outro ato negocial, a prestação do serviço. Serve-se aí o Estado de figuras jurídicas como a concessão e a permissão. Mais recentemente, têm sido concebidas diferentes formas de delegação, identificadas genericamente como *terceirização*, que incluem espécies negociais como a franquia e o contrato de gestão, dentre outros.[1] O *caput* do art. 175 provê sobre o tema: "Art. 175. In-

1. Sobre o tema, vejam-se Arnoldo Wald, *O Direito de Parceria e a Nova Lei de Concessões*,

cumbe ao Poder Público, na forma da lei, diretamente ou sob regime de concessão ou permissão, sempre através de licitação, a prestação de serviços públicos".

6. O papel do Estado, nos últimos anos, tanto na prestação de serviços públicos como na exploração de atividades econômicas, foi substancialmente alterado. As reformas econômicas brasileiras envolveram três transformações estruturais que se complementam mas não se confundem. Duas delas tiveram de ser precedidas de emendas à Constituição, ao passo que a terceira se fez mediante a edição de legislação infraconstitucional e a prática de atos administrativos. Confira-se, a seguir, cada uma delas.

7. A primeira transformação substantiva da ordem econômica brasileira foi a *extinção de determinadas restrições ao capital estrangeiro.* A Emenda Constitucional 6, de 15.8.95, suprimiu o art. 171 da Constituição, que trazia a conceituação de empresa brasileira de capital nacional e admitia a outorga a elas de proteção, benefícios especiais e preferências. A mesma emenda modificou a redação do art. 176, *caput*, para permitir que a pesquisa e lavra de recursos minerais e o aproveitamento dos potenciais de energia elétrica sejam concedidos ou autorizados a empresas constituídas sob as leis brasileiras, dispensada — exigência do controle do capital nacional. Na mesma linha, a Emenda Constitucional 7, de 15.8.95, modificou o art. 178, não mais exigindo que a navegação de cabotagem e interior seja privativa de embarcações nacionais e a nacionalidade brasileira dos armadores, proprietários e comandantes e, pelo menos, dois terços dos tripulantes.

8. A segunda linha de reformas que modificaram a feição da ordem econômica brasileira foi a chamada *flexibilização dos monopólios estatais.* A Emenda Constitucional 5, de 15.8.95, alterou a redação do § 2º do art. 25, abrindo a possibilidade de os Estados-membros concederem às empresas privadas a exploração dos serviços públicos locais de distribuição de gás *canalizado*, que, anteriormente, só podiam ser delegados a empresa sob controle acionário estatal. O mesmo se passou com relação aos serviços de *telecomunicações* e de radiodifusão sonora e de sons e imagens. É que a Emenda Constitucional 8, de 15.8.95, modificou o texto dos incs. XI e XII do art. 21, que só admitiam a concessão a empresa estatal. E, na área do petróleo, a Emenda Constitucional 9, de 9.11.95, rompeu, igualmente, com o monopólio estatal, facultando à União Federal a contratação com empresas privadas de atividades relativas à pesquisa e lavra de jazidas de petróleo, gás natural e outros hidrocarbonetos fluidos, a refinação do petróleo nacional ou estrangeiro, a importação, exportação e transporte dos produtos e derivados básicos de petróleo (outrora vedados pela CF, art. 177 e § 1º, e Lei 2.004/51).

9. A terceira transformação econômica de relevo — a denominada *privatização* — operou-se sem alteração do texto constitucional, com a edição da Lei 8.031, de 12.4.90, que instituiu o Programa Nacional de Desestatização, depois substituída pela Lei 9.491, de 9.9.97. Dentre os objetivos fundamentais do programa incluem-se, nos termos do art. 1º, incs. I e IV:

— reordenar a posição estratégica do Estado na economia, transferindo à iniciativa privada atividades indevidamente exploradas pelo setor público;

— contribuir para a modernização do parque industrial do país, ampliando sua competitividade e reforçando a capacidade empresarial nos diversos setores da economia.

10. O programa de desestatização tem sido levado a efeito por mecanismos como a (a) alienação, em leilão nas bolsas de valores, do controle de entidades estatais, tanto as que exploram atividade econômica como as que prestam serviços públicos e (b) a concessão de serviços públicos a empresas pri-

1996, e Maria Sylvia Zanella Di Pietro, *Parcerias na Administração Pública. Concessão, Permissão, Franquia, Terceirização e Outras Formas*, 1996.

vadas. No plano federal já foram privatizadas empresas dos setores petroquímico, siderúrgico, metalúrgico e de fertilizantes, estando em curso a privatização da infra-estrutura, que pressupõe a venda da empresa com a concomitante outorga do serviço público, o que está ocorrendo nas áreas de energia, telecomunicações e rodovias e ferrovias.[2]

11. Acrescente-se, em desfecho do levantamento aqui empreendido, que, além das Emendas Constitucionais 5, 6, 7, 8 e 9, assim como da Lei 8.031/90, os últimos anos foram marcados por uma fecunda produção legislativa em temas econômicos que inclui diferentes setores, como: energia (Lei 9.247, de 26.12.96), telecomunicações (Lei 9.472, de 16.7.97) e petróleo (Lei 9.478, de 6.8.97), com a criação das respectivas agências reguladoras; modernização dos portos (Lei 8.630, de 25.2.93) e defesa da concorrência (Lei 8.884, de 11.6.94); concessões e permissões (Leis 8.987, de 13.2.95 e 9.074, de 7.7.95), para citar alguns exemplos.

12. No âmbito estadual, além da Lei 2.686, de 13.2.97, que criou a ASEP foi editada, igualmente, vasta legislação, de que são exemplos: Lei 2.752, de 2.7.97 (serviço de gás canalizado), Lei 2.869, de 18.12.97 (transporte ferroviário e metroviário de passageiros), Lei 2.831, de 13.11.97 (regime de concessão de serviços e obras públicas) e Lei 2.804, de 8.10.97 (transporte aquaviário de passageiros, cargas e veículos).

13. O relato que se vem de concluir, abrangendo a trajetória do Estado brasileiro nos últimos anos, revela uma tendência nítida nas aspirações da sociedade brasileira. Tal tendência institucionalizou-se pelos mecanismos constitucionais próprios da emenda e da edição de legislação infraconstitucional. A concordância ou discordância em relação a este formato de Estado — fundado, essencialmente, no mercado e na livre concorrência — podem e devem ser manifestadas nas instâncias próprias. Não se pode, todavia, negar ou falsear uma ordem legitimamente em vigor. É preciso evitar, aqui, uma das patologias crônicas da hermenêutica constitucional no Brasil: a interpretação retrospectiva, pela qual se procura interpretar o texto novo de maneira a que ele não inove nada, mas, ao revés, fique tão parecido quanto possível com o antigo. Com argúcia e espírito, Barbosa Moreira estigmatiza a equivocidade desta postura: "Põe-se ênfase nas semelhanças, corre-se um véu sobre as diferenças e conclui-se que, à luz daquelas, e a despeito destas, a disciplina da matéria, afinal de contas, mudou pouco, se é que na verdade mudou. É um tipo de interpretação em que o olhar do intérprete dirige-se antes ao passado que ao presente, e a imagem que ele capta é menos a representação da realidade que uma sombra fantasmagórica".[3]

II — As agências reguladoras. Natureza jurídica e funções[4]

14. A constatação de que o Estado não tem os recursos para os investimentos necessários, e que além disso é geralmente um mau administrador, conduziu ao processo de transferência para o setor privado da execução dos serviços públicos. Foi antes um imperativo das circunstâncias do que uma opção ideológica. Mas o fato de determinados serviços públicos serem prestados por empresas privadas concessionárias não modifica a sua natureza pública: o Estado conserva responsabilidades e deveres em

2. Sobre o tema, v. Marcos Juruena Villela Souto, *Desestatização, Privatização, Concessões e Terceirizações*, 1997.

3. José Carlos Barbosa Moreira, "O Poder Judiciário e a efetividade da nova Constituição", *RF* 304/151-152.

4. Sobre o tema, veja-se o trabalho pioneiro de Sergio Nelson Mannheimer, "Agências estaduais reguladoras de serviços públicos", *Revista Forense* 343/221, que serve de guia para as idéias a seguir expostas.

relação à sua prestação adequada. Daí a privatização haver trazido drástica transformação no papel do Estado: em lugar de protagonista na execução dos serviços, suas funções passam a ser as de planejamento, regulamentação e fiscalização das empresas concessionárias. É neste contexto que surgem, como personagens indispensáveis, as *agências reguladoras*.

15. Na verdade, as funções transferidas para as agências reguladoras não são novas: o Estado sempre teve o encargo de zelar pela boa prestação dos serviços. Ocorre, todavia, que quando eram eles prestados diretamente pelo próprio Estado ou indiretamente por pessoas jurídicas por ele controladas (como as sociedades de economia mista e as empresas públicas), estas funções não tinham visibilidade e, a rigor, não eram eficientemente desempenhadas. Agora, todavia, a separação mais nítida entre o setor público e o setor privado revigora este papel fiscalizador.

16. A prestação de serviços públicos mediante concessão é disciplinada pela Constituição e pelas leis em geral e, mais especificamente, pela lei própria do setor, pelo contrato celebrado entre a empresa concessionária e o poder concedente e pelas normas e decisões emanadas das agências reguladoras. Tais agências acumulam tarefas múltiplas, dentre as quais se incluem:[5]

a) *controle de tarifas*, de modo a assegurar o equilíbrio econômico e financeiro do contrato;

b) *universalização do serviço*, estendendo-os a parcelas da população que deles não se beneficiavam por força da escassez de recursos;

c) *fomento da competitividade*, nas áreas nas quais não haja monopólio natural;

d) *fiscalização do cumprimento do contrato de concessão*;

e) *arbitramento dos conflitos entre as diversas partes envolvidas*: consumidores do serviço, poder concedente, concessionários, a comunidade como um todo, os investidores potenciais etc.

17. No plano federal, como é sabido, foram criadas, até o momento, três agências reguladoras: (i) a Agência Nacional de Energia Elétrica-ANEEL; (ii) a Agência Nacional de Telecomunicações-ANATEL; e (iii) a Agência Nacional do Petróleo-ANP. No âmbito do Estado do Rio de Janeiro, que foi pioneiro nessa matéria, optou-se pela criação de um único órgão regulador, abrangendo uma pluralidade de áreas de atuação. Assim surgiu a Agência Reguladora de Serviços Públicos Concedidos do Estado do Rio de Janeiro-ASEP-RJ. A lei específica de sua criação — Lei 2.686, de 13.2.97 — previu, em seu art. 3º, os princípios fundamentais cuja guarda lhe era atribuída, como se constata, *in verbis*:

"Art. 3º. No exercício de suas atividades, pugnará a Agência Reguladora de Serviços Públicos Concedidos do Estado do Rio de Janeiro-ASEP-RJ pela garantia dos seguintes princípios fundamentais:

"I — prestação pelos concessionários, de serviço adequado ao pleno atendimento dos usuários, tanto qualitativa quanto quantitativamente;

"II — a existência de regras claras, inclusive sob o ponto de vista tarifário, com vistas à manutenção do equilíbrio econômico-financeiro dos contratos;

"III — estabilidade nas relações envolvendo o Poder Concedente, concessionários e usuários, no interesse de todas as partes envolvidas;

"IV — proteção dos usuários contra práticas abusivas e monopolistas; a expansão dos sistemas, o atendimento abrangente da população, a otimização do uso dos bens coletivos e a modernização e aperfeiçoamento dos serviços prestados."

18. Desnecessário enfatizar que as agências reguladoras somente terão condições de desempenhar adequadamente o seu papel se ficarem preservadas de ingerências

5. Sobre a sistematização adotada, v. Sergio Nelson Mannheimer, ob. cit., pp. 226-8.

externas indevidas, tanto no que diz respeito às suas decisões político-administrativas quanto à sua capacidade financeira. Constatada a evidência o ordenamento jurídico cuidou de estruturá-las como autarquias especiais, dotadas de *autonomia administrativa* e *autonomia financeira.*

19. No tocante à autonomia administrativa, a legislação instituidora de cada agência prevê um conjunto de cautelas e garantias, dentre as quais normalmente se incluem, no âmbito federal: (a) a nomeação dos diretores pelo Presidente da República com aprovação do Senado; (b) mandato fixo de quatro ou cinco anos; (c) impossibilidade de demissão dos diretores, salvo falta grave apurada mediante devido processo legal. A Lei instituidora da ASEP-RJ cuida da matéria nos arts. 8º ao art. 14, que contemplam a nomeação pelo Governador, com aprovação da Assembléia Legislativa, as vedações impostas aos Conselheiros nomeados, o mandato de 4 (quatro) anos e o devido processo legal para sua destituição.

20. No tocante à autonomia financeira, procura-se propiciar às agências reguladoras, além das dotações orçamentárias gerais, a arrecadação de receitas próprias, provenientes, dentre outras fontes, de taxas de fiscalização ou de participações nos contratos, como ocorre no setor de petróleo. No Estado do Rio de Janeiro, a Lei 2.686, de 13.2.97, nesse particular alterada pela Lei 2.752, de 2.7.97, institui a taxa de regulação, consubstanciada no art. 19, cujo *caput* tem a seguinte redação: "Art. 19. Fica criada a Taxa de Regulação de Serviços Concedidos e Permitidos, a ser recolhida diretamente pelo Concessionário ou Permissionário, com renda privativa da Agência Reguladora de Serviços Públicos Concedidos do Estado do Rio de Janeiro-ASEP-RJ, cuja alíquota será de 0,5% (meio por cento) sobre o somatório das receitas das tarifas auferidas mensalmente pelo Concessionário ou Permissionário, nas atividades sujeitas à regulação da Agência Reguladora de Serviços Públicos Concedidos do Estado do Rio de Janeiro-ASEP-RJ nos termos do art. 2º desta Lei, excluídos os tributos sobre elas incidentes".

21. O processo de desestatização no Brasil e a denominada *parceria* com o setor privado foram acompanhados de desconfianças e reservas ideológicas. Seu sucesso dependerá da efetiva melhoria da qualidade dos serviços e da ampliação expressiva do número de seus beneficiários. Cabe às empresas concessionárias corresponder às expectativas geradas e às obrigações assumidas. E, às agências reguladoras, atuar com a firmeza e equilíbrio necessários, editando normas e definindo metas pautadas pela razoabilidade, fiscalizando com rigor o seu cumprimento, bem como assegurando a adequada remuneração do concessionário e a satisfação dos usuários.

22. No desempenho de tais atribuições, as agências reguladoras têm de ver preservado o seu espaço de legítima discricionariedade, imune a injunções de qualquer natureza, sob pena de falharem na sua missão e arruinarem o ambicioso projeto nacional de melhoria da qualidade dos serviços públicos. A ingerência indevida — e não importa, aqui, se movida pelos interesses mais elevados — deve ser rejeitada de modo sumário. Ou será um longo caminho de volta.

III — O controle externo em matéria contábil, financeira e orçamentária. Limites das atribuições do Tribunal de Contas

III.1 — A competência do Tribunal de Contas só se exerce legitimamente na fiscalização do emprego de recursos públicos

23. A Constituição Federal de 1988 esteve atenta para o tema da fiscalização das contas públicas. Embora não tenha sido totalmente feliz no seu intuito de reequacionar o tratamento da matéria, o fato é que o controle externo foi minudentemente regulado no texto constitucional, competindo ao Poder Legislativo efetuá-lo, com o auxílio do Tribunal de Contas (arts. 70 e 71). É bem de ver, nesse contexto, que a nova Carta alargou consideravelmente essa atividade fiscalizatória externa, seja por permitir exame por outros ângulos que não o da estrita legalidade, seja pela ampliação do controle a todos aqueles que venham a deter recursos públicos. O parágrafo único do art. 70, na redação que lhe deu a Emenda Constitucional 19, de 5.6.98, assim dispõe: "Art. 70 (...) Parágrafo único. Prestará contas qualquer pessoa física ou jurídica, pública ou privada, que utilize, arrecade, guarde, gerencie ou administre dinheiros, bens e valores públicos ou pelos quais a União responda, ou que, em nome desta, assuma obrigações de natureza pecuniária".

24. O reverso dessa nova e abrangente configuração está em que a fiscalização externa, para a qual desempenha papel relevante o Tribunal de Contas, não pode afastar-se das pautas constitucionais, conforme vem decidindo reiteradamente o Poder Judiciário, inclusive em pronunciamentos do Supremo Tribunal Federal (*RTJ* 147/507-511 e *RTJ* 154/457-459).[6] Cabe ainda acentuar que o modelo de fiscalização delineado na Constituição Federal é aplicável aos Estados e Municípios. Disto resulta que as atribuições cometidas ao Tribunal de Contas da União e, conseqüentemente, os balizamentos à sua atuação, condicionam igualmente o controle a ser desempenhado pelos Tribunais e Conselhos de Contas dos Municípios (art. 75).

25. Avançando no tema, converge a doutrina em que são basicamente três os campos em que se desenvolve a atuação dos Tribunais de Contas: a) auditoria financeira e orçamentária; b) julgamento das contas dos administradores e responsáveis por bens e valores públicos; c) emissão de parecer prévio sobre as contas prestadas anualmente pelo Executivo.[7] Portanto, em consonância com os ditames constitucionais, é próprio da fiscalização externa examinar as contas das entidades da administração direta e indireta, aos ângulos da legalidade, legitimidade e economicidade. Nota essencial, todavia, para que se abra a possibilidade de tal fiscalização, é que se trate efetivamente de uso de dinheiro público, quando então até as pessoas privadas estarão sujeitas à prestação de contas.

26. No ponto, não há maior divergência, assim na doutrina como na jurisprudência, como singelamente se comprova:

"Compreendo a delicadeza da missão confiada pela Carta ao Tribunal de Contas da União, órgão auxiliar do Congresso Nacional no exercício do controle externo do emprego de *recursos públicos* (...)."[8]

"A fiscalização financeira abrange todos esses aspectos discriminados: contábil, financeiro, orçamentário, operacional e patrimonial. Deve-se registrar, entretanto, que a Constituição vigente, como se verá logo abaixo, amplia essa fiscalização, mandando-a apreciar o *uso do dinheiro público* de ângulos que antes não eram cogitados."[9]

"A finalidade da fiscalização das finanças públicas não é só o controle da guarda dos recursos públicos, mas também a execução do orçamento, que consiste na aplicação de tais recursos."[10]

27. Mais analiticamente, mas apenas reiterando o consenso doutrinário, Régis de Oliveira correlaciona a fiscalização a ser

6. Em ambos os arestos a Corte Suprema entendeu inconstitucional a atribuição de controle prévio aos Tribunais de Contas, ao argumento de que essa competência não lhes havia sido conferida pela Constituição Federal.

7. Eduardo Domingos Bottallo, "Competência dos Tribunais de Contas na Constituição de 1988", *RDP* 89/216.

8. *RTJ* 156/848, MS 21.636-RJ, rel. Min. Marco Aurélio.

9. Manoel Gonçalves Ferreira Filho, *Comentários à Constituição Federal de 1988*, v. 2, 1990-92, p. 125 (original sem grifo).

10. Pinto Ferreira, *Comentários à Constituição Brasileira*, v. 3, 1992, p. 388.

exercida pelos Tribunais de Contas com as despesas públicas e com o patrimônio público: "O art. 70, que foi bastante ampliado em relação ao da Constituição anterior, falava simplesmente da Fiscalização Financeira e Orçamentária. No artigo atual fala em Fiscalização Contábil, Financeira, Orçamentária, Operacional e Patrimonial. Alarga bastante o conceito e o âmbito dessa fiscalização. Quer me parecer, em primeiro lugar, no que tange ao controle contábil, (*sic*) significa um mero controle técnico, ou seja, a contabilidade, entrada e despesa, numericamente relacionadas sem maior novidade. A fiscalização financeira opera-se em relação a *gastos e receitas públicas* fazendo-se através desse instrumento da contabilidade esse possível controle... O controle operacional quer me parecer dar uma idéia de *modus procedendi* da *despesa pública* e portanto é possível controlar-se a forma pela qual se chega a uma despesa, a uma receita, seja na coleta do dinheiro ou seja no gasto que se efetue; fala também o preceito em controle patrimonial, controle que deve estabelecer-se sobre os *bens*, *as coisas que pertencem ao Poder Público* (...)".[11]

28. Em assim sendo, escapa às atribuições dos Tribunais de Contas o exame das atividades autárquicas que não impliquem em dispêndio de recursos públicos, como se pretende na "inspeção especial" sobre a Agência Reguladora de Serviços Públicos Concedidos do Estado do Rio de Janeiro (ASEP-RJ), que deu ensejo ao presente parecer. Isso porque as solicitações do Tribunal de Contas do Estado do Rio de Janeiro objetivam saber sobre deveres dos concessionários (se embarcações foram reformadas, lanchas substituídas, bilheterias eletrônicas implantadas), atividades que, a par de não envolverem dispêndio de dinheiro público, constituem a razão da criação da própria agência reguladora consulente.

11. Régis Fernandes de Oliveira, "Fiscalização Financeira e Orçamentária", *RDP* 96/213-223, grifo acrescentado.

III.2 — Impossibilidade de o Tribunal de Contas invadir a esfera de reserva administrativa das agências reguladoras

29. É entendimento doutrinário pacífico que o controle a que estão submetidas as autarquias divide-se em político, administrativo e financeiro. O primeiro reside na nomeação dos seus dirigentes pelo Executivo. O segundo na supervisão ministerial e na possibilidade de haver recursos hierárquicos impróprios para o ente central. Por derradeiro, tem-se o controle financeiro, pelo qual, em sua modalidade externa, a autarquia tem a sua execução orçamentária submetida aos Tribunais de Contas.

30. Este, portanto, o limite da ingerência do Tribunal de Contas. Nada, rigorosamente nada, no texto constitucional o autoriza a investigar o mérito das decisões administrativas de uma autarquia, menos ainda de uma autarquia com as características especiais de uma agência reguladora. Não pode o Tribunal de Contas procurar substituir-se ao administrador competente no espaço que a ele é reservado pela Constituição e pelas leis. O abuso é patente. Aliás, nem mesmo o Poder Legislativo, órgão que é coadjuvado pelo Tribunal de Contas no desempenho do controle externo, poderia praticar atos dessa natureza.

31. A matéria é objeto de consenso doutrinário. Confira-se, ilustrativamente, a posição de Walter Ceneviva e Ricardo Lobo Torres: "A competência não constitui intromissão ofensiva da independência dos outros poderes, mas, cumprida na forma da Lei Maior, corresponde a mecanismo qualificado para o equilíbrio e para a interdependência que lhes impede ou dificulta a superposição de um em relação aos outros".[12]

"O aspecto político do controle se estende também ao Tribunal de Contas, que,

12. Walter Ceneviva, *Direito Constitucional Brasileiro*, 1989, p. 173.

sobre exercer fiscalização idêntica à do Congresso quanto à legalidade e economicidade da gestão financeira precisa dotar as suas decisões do mesmo conteúdo e extensão dos atos administrativos que controla, *sem, todavia, substituir as decisões da política econômica pelas de suas preferências. Há que se distinguir entre o controle dos objetivos das decisões políticas, vedado à Corte de Contas, e o controle das contas dos órgãos políticos ou das premissas constitucionais (legalidade e economicidade) das decisões políticas, plenamente compatível com a estrutura democrática do País.*"[13]

32. É fora de dúvida, assim, que o Tribunal de Contas não pode avançar sua atividade fiscalizatória sobre a atividade fim da agência reguladora, em clara violação ao princípio fundamental da separação dos Poderes. Logo, não pode o Tribunal de Contas questionar decisões político-administrativas da ASEP-RJ nem tampouco requisitar planilhas e relatórios expedidos pela agência ou por concessionário, que especifiquem fiscalização e procedimentos adotados na execução contratual. Somente lhe cabe informar-se sobre aquilo que possa ser legitimamente objeto de sua apreciação.

IV — Conclusão

33. É possível compendiar os argumentos desenvolvidos ao longo do presente parecer nas proposições objetivas que se seguem:

A) O processo de desestatização transferiu para a iniciativa privada encargos e responsabilidades que antes eram do Estado. A diminuição do papel econômico do Estado deslocou a ênfase de sua atuação para o campo da regulação e fiscalização da prestação de serviços públicos e da exploração de algumas atividades econômicas.

B) As agências reguladoras são autarquias especiais com finalidades múltiplas, que incluem o controle de tarifas, a universalização do serviço, o fomento da competitividade, a fiscalização dos contratos de concessão e o arbitramento dos conflitos entre usuários, concessionários e poder concedente. O desempenho eficaz de tal missão depende, incondicionalmente, de ser a agência dotada de autonomia administrativa e autonomia financeira.

C) O Tribunal de Contas desempenha, nos termos da Constituição, um amplo conjunto de atribuições como órgão auxiliar do Poder Legislativo no controle externo da Administração Pública na fiscalização contábil, financeira e orçamentária. Não cabe, todavia, ao Tribunal de Contas: (a) exercer fiscalização que não tenha natureza contábil, financeira ou orçamentária, isto é, que não envolva o emprego de recursos públicos; (b) invadir a esfera de reserva administrativa de agência reguladora de serviços públicos para perquirir o mérito de suas decisões político-administrativas interferindo com sua atividade fim.

34. Por tais razões, a requisição de informações e documentos sobre matérias afetas à legítima esfera de autonomia administrativa da ASEP-RJ tipifica comportamento sem lastro constitucional e legal.

É como me parece.

13. Ricardo Lobo Torres, "O Tribunal de Contas e o controle da legalidade, economicidade e legitimidade", *Revista de Informação Legislativa* 121/270, grifo acrescentado.

CONTRATO DE CONCESSÃO FORMULADO PELA AGÊNCIA NACIONAL DO PETRÓLEO — COMENTÁRIOS E SUGESTÕES

TOSHIO MUKAI

Doutor em Direito pela Universidade de São Paulo
(Direito Público: Administrativo, Urbanístico e Ambiental)

A consulta

O Instituto Brasileiro do Petróleo, através do seu Grupo Jurídico e devidamente autorizado pelo seu *Steering Committee*, nos apresenta Consulta, formulada através dos quesitos a seguir expostos, para os quais requer respostas conclusivas, visando a apresentação de comentários e sugestões em relação ao contrato de concessão formulado pela Agência Nacional do Petróleo:

Quesitos:

1. É correto o entendimento de que o instituto da Concessão tem sido utilizado no direito brasileiro para abranger tanto prestação de serviço público como exploração de atividade econômica?

2. Podemos enquadrar o modelo do Contrato de Concessão apresentado pela ANP como aquele vinculado ao exercício da atividade econômica pelo Estado?

3. Nessa hipótese, estariam as Concessionárias submetidas ao princípio da responsabilidade objetiva conforme disposto no Contrato?

4. Entendemos que a Lei do Petróleo não faz qualquer referência à responsabilidade objetiva do Concessionário. Nessa linha, poderia a responsabilidade objetiva ser imposta contratualmente, inclusive perante terceiros?

5. A ANP não tem aplicado as regras do procedimento licitatório previstas na Lei 8.666/93, sob o entendimento de que a Lei do Petróleo tem autonomia para regular a matéria. O entendimento está correto?

6. O Contrato de Concessão prevê a hipótese de reversão de bens, para a União Federal, caso se verifique o interesse social e a continuidade das operações. Esta hipótese de reversão de bens, bem como as demais cláusulas do contrato em debate, poderiam caracterizá-lo como uma prestação de serviço público na esfera do Direito Administrativo?

7. Quaisquer outros comentários que considerar necessário acerca da matéria.

As respostas a essas indagações do Consulente solicitam considerações de ordem doutrinária e legal (constitucional, em especial) sobre os seguintes assuntos:

I — Distinção jurídica entre atividade econômica, ainda que monopolizada, e serviço público. A Constituição Federal de 1988.

II — A questão petrolífera. A legislação anterior e posterior à Emenda Constitucional 9/95. A Lei 9.478/97 e o contrato de "concessão" que contempla.

III — A responsabilidade civil subjetiva é a regra; a objetiva depende de lei. A responsabilidade contratual e extracontratual do Estado.

IV — As licitações e contratos da Agência Nacional do Petróleo para as contratações de execução do monopólio (contratos de "concessão").

É o que faremos a seguir.

I — Distinção jurídica entre atividade econômica mesmo monopolizada e serviço público. A Constituição Federal de 1988

Há autores (poucos) que se dedicam ao que se denominou de Direito Econômico, que entendem inexistir diferença entre serviço público, sobretudo os ditos comerciais e industriais e as atividades econômicas do Estado, posto que nos primeiros não deixa de haver atividade econômica. Mas essa é uma consideração de natureza extrajurídica, posto que há diferenças abismais entre serviço público (mesmo os ditos econômicos) e atividade econômica.

Juridicamente há diferenças entre os dois tipos de atividades, como demonstramos em obra específica sobre o tema (*Direito Administrativo e Empresas do Estado*, Rio, Forense, 1984, tese de doutorado na USP, 1982 — esgotada).

A primeira consideração que fizemos a respeito do conceito de serviço público foi esta: "Portanto, o serviço público é uma atividade que, por sua *essencialidade* para a comunidade, deve ser exercitado, em princípio e por natureza, pelo Estado, e não pelos particulares destituídos da denominada 'puissance publique'" (ob. cit., p. 158).

E, adiante, fizemos a seguinte distinção, entre serviço público (comercial e industrial) e atividade econômica: "Assim, serviço público industrial ou comercial é aquele que o Estado, ao elegê-lo como tal, exerce-o diretamente ou por interpostas pessoas, e que, por atender a necessidade essencial, ou quase essencial, da coletividade, *apresenta um interesse público objetivo* em sua gestão. E, atividade econômica do Estado é aquela que ele resolve assumir, dentro de sua política econômica, observados os princípios constitucionais da Ordem Econômica, por julgar que tal atividade econômica consulta ao interesse público da mesma Ordem (*interesse público subjetivo*)" (ob. cit., p. 183).

E esclarecemos: "Verifica-se, assim, e ao final, que a distinção entre um serviço público industrial e comercial e uma atividade econômica está sediada no exame e na valoração da natureza dos interesses públicos em jogo. Enquanto na primeira o interesse público é de ordem objetiva, na segunda é de ordem subjetiva.

"Diferenciadas assim as duas atividades, por outro lado, fica dado o passo necessário para a diferenciação dos seus regimes jurídicos, que não podem, por isso mesmo, ser idênticos, porque elas (as atividades) respondem, ontologicamente, às distintas exigências da realidade Estado-sociedade" (ob. cit., p. 184).

Celso Antônio Bandeira de Mello (*Curso de Direito Administrativo*, 11ª ed., Malheiros Editores, 1999) também afirma a distinção, de outro modo, e assevera: "23. É importante observar que, embora o Estado possa, em certos casos previstos na Constituição, atuar personalizadamente na esfera econômica, *as atividades econômicas que, destarte, desempenha, não são qualificáveis como serviço público*" (p. 488).

E, o ínclito jurista assevera que mesmo que a atividade econômica seja monopolizada, ainda assim, aquela distinção é de rigor: "38. Tais atividades monopolizadas não se confundem com serviços públicos. Constituem-se, também elas, em 'serviços governamentais', sujeitas, pois, às regras do Direito Privado. Correspondem, pura e simplesmente, a atividades econômicas subtraídas do âmbito da livre iniciativa.

"*Portanto, as pessoas que o Estado criar para desenvolver estas atividades não serão prestadoras de serviços públicos*" (p. 495).

E completa: "Fica visto, pois, que existem certos serviços que podem ser nominados de serviços governamentais, isto é, os que correspondam à exploração de *atividade econômica* pelo Estado, em concorrência com os particulares ou *sob regime de monopólio, mas que são perfeitamente inconfundíveis com os serviços públicos*" (p. 498).

Também Celso Ribeiro Bastos sublinha a distinção: "O monopólio de que se trata aqui não é aquele de fato, isto é, que surge sempre pela desnaturação do regime de competição, fazendo emergir um único fornecedor de um dado produto. Este monopólio é reprimível. O que faz a Constituição é autorizar a criação por lei, em favor do Poder Público, do regime de monopólio. *Não há que se confundir no nosso Sistema Constitucional o monopólio com o serviço público. Este também leva a um regime monopolístico, mas não se cifra a isto.*

"*Há também, neste caso, um regime jurídico especial. No monopólio esta especialidade de regime não é da sua essência*" (*Comentários à Constituição do Brasil*, 7º v., Saraiva, p. 165, grifamos).

O mesmo ocorre com a assertiva abalizada de Fábio Konder Comparato: "*Tampouco se há de confundir monopólio público com serviço público*, pelo menos na acepção clássica com que esta expressão foi visada em direito administrativo. *O monopólio tem por objeto uma atividade empresarial e não a realização de um serviço considerado essencial à afirmação do Estado. Os Estados serão monopolistas ou não, mas não podem dispensar a tarefa de organizar e fazer funcionar os serviços públicos*" (*Direito Público — Estudos e Pareceres*, Saraiva, pp. 148-149).

Também sublinhou, ademais, esse autor: "O monopólio, portanto, diz respeito a uma atividade empresarial, nada tendo a ver com o domínio ou propriedade" (ob. cit., p. 148).

Mais especificamente, em relação à Agência Nacional do Petróleo-ANP, Eurico de Andrade Azevedo (artigo "Agências Reguladoras", *RDA* 213/145) assevera: "A situação da Agência Nacional do Petróleo (Lei 9.478, de 6.8.98) é diferente das demais quanto ao seu objeto. Ela não regula, nem controla ou fiscaliza um *serviço público*, mas sim atividade econômica. A pesquisa, lavra e refinação do petróleo não constituem serviço público mas sim atividades econômicas monopolizadas pela União".

Para concluir, observe-se que a atual Constituição deixa clara a distinção entre serviço público e atividade econômica, posto que dispõe que incumbe ao Poder Público a prestação do serviço público, que poderá fazê-la diretamente ou mediante concessão ou permissão, sempre através de licitação (art. 175, *caput*); enquanto que a atividade econômica, poderá explorá-la o Estado, concorrencialmente com a iniciativa privada, por motivo de segurança nacional ou quando presente relevante interesse coletivo, conforme definidos em lei (art. 173, *caput*) ou monopolisticamente, no caso do petróleo, gás natural e outros hidrocarbonetos fluidos, minérios e minerais nucleares e derivados (art. 177, *caput*).

Destarte, o texto constitucional inadmite que se trate juridicamente, do mesmo modo e sob os mesmos condicionantes jurídicos, o serviço público e as atividades econômicas, ainda que, estas últimas, estejam monopolizadas constitucionalmente.

Em princípio, decorre desta constatação duas conclusões iniciais que nos serão úteis para as respostas aos quesitos que nos foram formulados:

a) a de que somente os serviços públicos estão submetidos ao regime jurídico administrativo, devendo ser objeto de contratos de concessão (no rigor da sua conceituação e características que lhe emprestam a doutrina), pois, segundo o art. 175 da CF só há falar em contrato de concessão, de serviços públicos, não assim de atividades econômicas, ainda que monopolizadas.

b) a de que o contrato de concessão de exploração, desenvolvimento e produção de petróleo e gás natural, é impropriamente denominado de contrato de concessão, mas não é, jurídica e constitucionalmente, aquele contrato de concessão próprio do serviço público (administrativo), sendo, ao revés, contrato de direito privado, como asseverou Celso Antônio Bandeira de Mello. A Lei 9.748, de 6.8.97, apenas tomou de empréstimo o termo "concessão", mas de concessão efetiva não se trata.

Aliás, a Lei 9.748/97 prevê o contrato de concessão por analogia a concessão real (de serviço público), talvez por sugestão do Prof. Caio Tácito, que em parecer sobre o "Gás — Monopólio — Concessão" (*RTDP* 7/57), nas conclusões do parecer sugeriu: "Mediante lei especial caberá *adotar-se modalidade análoga à da concessão de obra pública* (...)".

Eis, talvez a explicação para o texto da referida lei falar em contrato de concessão; é análogo ao verdadeiro, mas, por óbvio, por se constituir o contrato referido em contrato de direito privado, jamais poderia ser, realmente, um contrato de concessão com todas as características daquele que conhecemos (o do serviço público).

II — A questão petrolífera. As Constituições Federais. As legislações anterior e posterior à Emenda 9/95

Conforme nos informa Alberto Venâncio Filho (*A Intervenção do Estado no Domínio Econômico*, Renovar, ed. fac-similar, 1968, p. 203), a legislação do petróleo, inicialmente enquadrada no âmbito do regime das minas, dela se desprendeu em 1938, dada a importância que o problema do petróleo adquiriu no cenário econômico do País, com a aceleração do ritmo do desenvolvimento e com a importância cada vez mais crescente do produto no balanço energético do Brasil.

Informa-nos, ainda, que o primeiro diploma legal dessa nova política é o Decreto-lei 395, de 29.4.1938.

Após, foi criado o Conselho Nacional do Petróleo pelo Decreto-lei 538, de 7.7.1938.

Em 1953 vem a Lei 2.004, de 3 de outubro, que criou a Petróleo Brasileiro S/A e definiu as atribuições do Conselho Nacional do Petróleo.

Sabe-se que as Constituições anteriores à de 1988 previam a possibilidade de criação, por lei federal, de monopólios de atividade econômica, sem qualificá-las.

A Constituição de 1988 criou, diretamente, certos monopólios, como ocorreu com o petróleo, o gás natural, os minerais nucleares (art. 177).

O monopólio da União que era exercido pelo Conselho Nacional do Petróleo — orientação e fiscalização, e pela Petrobrás — órgão de execução, foi recepcionado pela CF/88.

Ocorre que a Emenda Constitucional 9/95 ao alterar o texto constitucional de 1988 continuou a abrigar o monopólio do petróleo (art. 177), gás natural etc., pela União. Mas "flexibilizou" a execução desse monopólio, quando permitiu que empresas privadas ou estatais viessem explorar seu objeto (§ 1º do art. 177).

O art. 177, após indicar as atividades que são consideradas monopólio da União, dispõe que ela poderá contratar com empresas estatais ou privadas a realização das atividades previstas nos incs. I a IV deste artigo, observadas as condições estabelecidas em lei (§ 1º).

O § 2º reza que a lei a que se refere o § 1º disporá sobre:

I — a garantia do fornecimento dos derivados de petróleo em todo o território nacional;

II — as condições de contratação;

III — a estrutura e atribuições do órgão regulador do monopólio da União.

Como se verifica, o texto constitucional não prevê que a contratação da empresa privada, para a tão-só execução da atividade petrolífera, possa ser efetivada mediante contrato de concessão, característica do serviço público.

Esse contrato, aí previsto nos §§ 1º e 2º do art. 177 da CF, é contrato de direito privado, porque destinado a desenvolver uma atividade econômica e não um serviço público.

Dessa forma, quando a Lei 9.478, de 6.8.97, fala em contrato de concessão e, inclusive, indica as suas cláusulas essenciais (Seção V, art. 43) e estabelece as obrigações do contratado (art. 44) não está, nem poderia estar, a tratar de um contrato de concessão característico do serviço público ou de obra pública.

Nem se diga que tal contrato decorra da indicação constitucional prevista no § 1º do art. 176 da CF, pois ali se trata de autorização ou concessão atinente a pesquisa e lavra de recursos minerais, que são outorgados, como se sabe, mediante ato administrativo (decreto de lavra), não há, no caso, contrato.

Nesse sentido, a observação de Celso Ribeiro Bastos: "Apurada a existência da jazida ingressa-se na segunda fase, consistente na *concessão* de lavra. Ato este da alçada do Presidente da República, que o veicula por intermédio de *decreto*" (*Comentários à Constituição do Brasil*, 7º v., Saraiva, p. 144).

Os contratos ditos de "concessão" na Lei 9.478/97 são contratos de direito privado, nada tendo que ver com os contratos de concessão típicos, próprios e característicos dos serviços públicos (contratos de direito administrativo). Somente têm cogência em função das disposições legais contempladas na Lei mencionada, não se podendo aplicar a eles nada do que diga respeito aos contratos de concessão conhecidos, que, segundo o art. 175 da CF, somente são de utilização quando se tratar de delegação de *serviço público* ao particular.

Com efeito, no dizer de Celso Antônio Bandeira de Mello, "concessão de serviço público é o ato complexo através do qual o Estado atribui o exercício *de um serviço* público a alguém e este aceita prestá-lo em nome do Poder Público *sob condições fixadas e alteráveis unilateralmente pelo Estado, mas por sua conta, risco e perigos*, remunerando-se pela cobrança de tarifa diretamente dos usuários dos serviços e tendo a garantia de um equilíbrio econômico-financeiro" (*Prestação de Serviços Públicos e Administração Indireta*, 1973, p. 35).

Quanto ao contrato de concessão, salientamos nós: "O contrato de concessão mencionado é o típico contrato administrativo, admitindo sua alteração unilateral (das cláusulas regulamentadoras), obrigando ao seu equilíbrio econômico-financeiro e admitindo a existência das 'cláusulas exorbitantes' do direito comum" (*Concessões, Permissões e Privatizações de Serviços Públicos*, 3ª ed., Saraiva, 1998, p. 45).

Outras características típicas e exclusivas do contrato de concessão são, além da possibilidade da sua alteração unilateral, a reversão dos bens alocados aos serviços, ao fim da concessão, para o Poder Público, sem indenização, a possibilidade da extinção de concessão antes de findo o seu prazo, pela encampação (também chamada de resgate) ou pela caducidade (rescisão do contrato de concessão em razão de falta grave cometida pelo concessionário).

Pois bem, verifica-se, pela leitura da Lei 9.478, de 1997, que, salvo o instituto do resgate, nenhuma das demais características apontadas, próprias do contrato de concessão de serviço público, foram contempladas por ela.

Assim, pode-se entender que a Lei, nesse sentido, está conforme o texto constitucional, posto que contempla, não obstante o denomine, impropriamente, de contrato de concessão, um verdadeiro contrato de direito privado, onde, a Agência Nacional do Petróleo, de um lado, e as futuras empresas contratadas, de outro, deverão estar em absoluto pé de igualdade, como é obrigatório em todo e qualquer contrato regido pelo direito comum.

Há, apenas, como dissemos, a presença da figura da reversão, mas que, evidentemente, também não pode ser considerada aquela reversão característica do contrato de concessão de serviço público, posto que a Constituição não admite tal extensão.

A reversão própria do contrato de concessão de serviço público é o "retorno do serviço ao concedente ao término do prazo contratual da concessão" e, "segundo a doutrina dominante, acolhida pelos nossos tribunais, a reversão só abrange os bens, de qualquer natureza, vinculados à prestação dos serviços" (cf. Hely Lopes Meirelles, *Direito Administrativo Brasileiro*, 19ª ed., Malheiros Editores, p. 348).

Outra característica na referida reversão dos bens afetados ao serviço público em favor do poder concedente, ao término do contrato, é a gratuidade da reversão, considerada como "perfeitamente justo que ocorra a reversão com o encerramento da concessão" pois que "os bens aplicados ao serviço pouca ou nenhuma significação tem para o concessionário, apresentando, pelo contrário, interesse para o concedente. Realmente, a utilidade dos bens aplicados ao serviço só existe para o concessionário enquanto desfruta desta situação jurídica" (cf. Celso Antônio Bandeira de Mello, *Curso de Direito Administrativo*, 5ª ed., Malheiros Editores, p. 385).

Essas características do instituto da reversão são aceitas pacificamente na doutrina e na jurisprudência pátrias, razão porque, quando a Lei 8.987/95, que dispõe sobre concessões e permissões de serviços públicos, apenas contempla o instituto nos arts. 18, X, e 23, X, e nada fala sobre a gratuidade ou não da reversão, em princípio, ela deverá ser considerada gratuita, posto que trata-se de característica jurídica inerente ao contrato de concessão de serviço público.

Não obstante, excepcionalmente, o art. 36 da lei referida dispõe: "A reversão no advento do termo contratual far-se-á com indenização das *parcelas dos investimentos vinculados a bens reversíveis com o objetivo de garantir a continuidade do serviço concedido*".

Já a "reversão" contemplada na Lei 9.478/97, não sendo e não podendo ser aquela característica da concessão de serviço público, no silêncio da referida lei quanto à onerosidade ou gratuidade da referida "reversão", deveria ser entendida como onerosa, posto que se trata, o contrato pertinente, como vimos, contrato de direito privado.

Entretanto, a lei mencionada, expressamente, declarou que tal "reversão" será gratuita, no seu art. 28, § 1º, *in verbis*: "A declaração de áreas, *assim como a reversão de bens, não implicará ônus de qualquer natureza* para a União ou para a ANP, *nem conferirá ao concessionário qualquer direito de indenização pelos serviços, poços, imóveis e bens reversíveis os quais* passarão à propriedade da União e à administração da ANP, na forma prevista no inc. VI do art. 43".

E, se a lei estatuiu dessa forma, cessa qualquer discussão a respeito, salvo se se pretender discutir, em Juízo, a constitucionalidade dessa norma, por se tratar, no caso, de relação jurídica de direito privado e não de direito administrativo.

III — A responsabilidade civil é a regra; a objetiva depende de previsão em lei. A responsabilidade contratual e extracontratual do Estado

Para nós, o instituto da responsabilidade civil repousa, na sua origem, na máxima romana: a ninguém é dado se locupletar com o prejuízo alheio.

Os autores vêem na Lei das XII Tábuas a origem primordial do instituto, passando pela Lei Aquília.

Alvino Lima (*Culpa e Risco*, 2ª ed. atualizada por Ovídio Rocha Barros Sandoval, Ed. RT, 1998, p. 21) assevera: "Com a Lei Aquília, sob a influência da jurisprudência e nas extensões concedidas pelo pretor, constrói o Direito Romano a estrutura jurídica da responsabilidade extracontratual".

E, na evolução, observa o autor: "É incontestável, entretanto, que a evolução do instituto da responsabilidade extracontratual ou aquiliana se operou, no direito romano, no sentido de se introduzir o elemento subjetivo da culpa, contra o objetivismo do direito primitivo, expurgando-se do direito a idéia de pena, para substituí-la pela reparação do dano sofrido" (p. 26).

Mais adiante, observa Alvino Lima: "O Código Civil francês, que é o padrão das legislações modernas e cuja influência nos códigos civis das nações cultas e nas legislações sem codificação, cada vez mais se estuda e se ressalta, seguindo a tradição de seu direito e os ensinamentos de Domat e Pothier, proclamou, no preceito genérico do art. 1382, a responsabilidade extracontratual, tendo como fundamento a culpa efetiva e provada" (pp. 27-28).

Mas a evolução do instituto foi dar na teoria da responsabilidade sem culpa (objetiva), "que funda o dever de indenizar no risco criado pelas múltiplas atividades humanas, passando do campo doutrinal para o direito positivo" (p. 119).

O mesmo autor, agora no capítulo IV da obra, ao tratar mais especificamente da "Responsabilidade sem Culpa, na Legislação Especial", aduz: "Se da legislação comum passarmos ao que se denomina comumente *leis especiais sobre a responsabilidade extracontratual, regulando casos excepcionais* verificaremos a aplicação da teoria do risco com uma expansão significativa, que, dia a dia, se desenvolve à medida que se avolumam as necessidades de proteção às vítimas do acidente. Os defensores da teoria da culpa, quando proclamam *a consagração da teoria do risco nestas leis especiais*, não se esquecem e nem se cansam de consignar que se trata de casos de caráter todo especial, que vem confirmar a regra consagrada no princípio genérico da responsabilidade decorrente da culpa.

"*Na verdade, estamos em face de leis especiais* derrogativas de um *princípio genérico* e que regulamentam situações especiais" (ob. cit., pp. 259-260).

E observa: "Não seria possível, nem necessário, passarmos em revista o *grande número de leis especiais* que, nas legislações de todos os povos, tem consagrado a teoria do risco" (p. 261).

Pois bem, entre nós, o Código Civil consagrou no seu art. 159 a responsabilidade subjetiva como princípio geral na matéria. A maioria dos nossos juristas assim entendem. Mas, a responsabilidade objetiva (ou sem culpa) é admitida, como exceção à regra, através de leis especiais.

Antônio Lindbergh C. Montenegro (*Ressarcimento de Danos*, 4ª ed., Âmbito Cultural, p. 47) assevera: "19. *O dever de ressarcir sem culpa depende de lei.* Se isso acontece, via de regra, o ato (ou fato) deflui do exercício de um direito ou incide na órbita da responsabilidade pelo risco".

E aponta várias leis especiais que acolheram a teoria da responsabilidade objetiva: Lei de Acidentes de Trabalho, Código Brasileiro do Ar, Lei de Seguro Obrigatório de Veículos Automotores, Código de Mineração, Lei de Responsabilidade Civil das Estradas de Ferro. A Lei de Política Nacional do Meio Ambiente (Lei 6.938/81, art. 14, § 1º). O Código de Defesa do Consumidor (Lei 8.078/90, arts. 12 e 14) e outras leis especiais que contemplaram, em casos e assuntos específicos, a responsabilidade sem culpa.

A obrigatoriedade de lei específica contemplativa da responsabilidade objetiva, em nosso meio, é ponto pacífico. Tanto assim que nos informa Caio Mário da Silva Pereira (*Responsabilidade Civil*, 4ª ed., Forense, p. 24), "autores e tribunais, manifestando franca tendência pela doutrina objetiva, *reclamam, contudo, contra a ausência de disposição genérica a permitir a afirmação de que ingressou efetivamente em nosso direito*".

Em todas essas leis especiais, a indicação do legislador, optando pela teoria da responsabilidade objetiva, é expressa, no geral, utilizando-se da expressão "responsabilidade *sem culpa*".

Portanto, no direito pátrio é assente que a responsabilidade objetiva, por se constituir em exceção à regra geral do Código Civil, que é a responsabilidade subjetiva, deverá sempre vir contemplada expressamente em lei.

Destarte, ao analisarmos a Lei 9.478/97 verificamos que no seu art. 44 ela dispõe que o contrato (de concessão) estabelecerá que o concessionário estará obrigado, dentre outras medidas, a: "V — responsabilizar-se civilmente pelos atos de seus prepostos e indenizar todos e quaisquer danos decorrentes das atividades de exploração, desenvolvimento e produção contratadas, devendo ressarcir à ANP ou à União os ônus que venham a suportar em conseqüência de eventuais demandas motivadas por atos de responsabilidade do concessionário".

Observe-se que o dispositivo contempla, na primeira parte, a responsabilidade contratual, e, na segunda parte, a responsabilidade extracontratual.

Em nenhum lugar está utilizada a expressão *responsabilidade sem culpa*, razão porque, no caso, se há de entender que a responsabilidade ali prevista, tanto a contratual como a extracontratual, é a de ordem subjetiva, seguindo a regra geral.

De outro lado, não há a mínima possibilidade de se estender ao contrato de concessão, em tela, a incidência da responsabilidade objetiva prevista (do Estado) no § 6º do art. 37 da CF.

Diz essa disposição: "As pessoas jurídicas de direito público *e as de direito privado prestadoras de serviços públicos* responderão pelos danos que seus agentes, nessa qualidade, *causarem a terceiros*, assegurado o direito de regresso contra o responsável nos casos de dolo ou culpa".

Ora, como vimos, de um lado, através dos contratos de concessão, determinada associada do Consulente, empresa privada, estará a explorar atividade econômica e não serviço público, razão porque será impensável a idéia de se fazer incidir à hipótese o previsto no referido dispositivo constitucional.

De outro lado, o § 6º do art. 37 somente se aplica aos danos causados *a terceiros*, e o contratado nunca é terceiro, no caso; em outras palavras, essa disposição constitucional trata da responsabilidade extracontratual e não da contratual, esta, mesmo que se trate do Estado, sendo sempre de natureza subjetiva, ou seja, há que sempre se demonstrar a culpa ou o dolo da contratada na irrupção do evento danoso.

É que, ensina Alvino Lima (ob. cit., p. 103): "De há muito, os autores procuram distinguir a culpa contratual da extracontratual. Planiol, conforme lembrado por Henri Lalou, procurou fazer a distinção entre as duas espécies de culpa. Para o festejado jurista francês, *a culpa é um ato ilícito e sempre será a violação de um direito de outrem e este direito pode resultar do contrato ou da lei. No primeiro caso, estamos diante da culpa contratual, no segundo, da extracontratual*".

Ainda, veja-se a lição de Cármem Lúcia Antunes Rocha (*Princípios Constitucionais da Administração Pública*, Del Rey, 1994, p. 257): "A responsabilidade patrimonial do Estado pode decorrer de condição contratual ou extracontratual. No primeiro caso, vincula-se o Estado a uma obrigação de reparação patrimonial emergente de um clausulamento contido em contrato de que ele faz parte e ao qual se prendeu. Na segunda hipótese, a obrigação estatal decorre do próprio sistema jurídico, que não acolhe a possibilidade de um Estado desobrigado ou descomprometido com os gravames que eventualmente podem advir de sua atuação para os particulares. Cuida-se, aqui, da responsabilidade extracontratual do Estado".

De qualquer modo, no nosso caso, a Lei 9.478/97 espanca qualquer dúvida: tanto em relação à responsabilidade contratual ("atos de seus prepostos e indenizar todos e quaisquer *danos decorrentes das atividades de exploração, desenvolvimento e produção contratadas*"), como em relação à extracontratual ("devendo ressarcir à ANP e à União os ônus que venham a suportar *em conseqüência de eventuais demandas motivadas por atos de responsabilidade do concessionário*"), o art. 44, inc. V não contempla nem autoriza a invocação da responsabilidade objetiva, na espécie.

IV — As licitações e contratos da Agência Nacional do Petróleo para as contratações de execução do monopólio

Embora o art. 22, XVII, da Constituição Federal tenha previsto que a União possa editar normas gerais sobre licitações e contratação, em todas as modalidades, para as administrações públicas diretas, autárquicas e fundacionais da União, Estados, Distrito Federal e Municípios, e o art. 37, XXI, tenha disposto a regra das licitações obrigatórias, específicas para cada entidade federativa, envolvendo obras, serviços, compras e alienações (de fora a execução das atividades econômicas de monopólio previstas nos incs. I e IV do art. 177 da CF), e ainda, mesmo tendo a Lei 8.666/93 baixado aquelas normas gerais e "regulamentado" o inc. XXI do art. 37, como diz a sua própria Ementa, a Lei mencionada não se aplica (validamente) às licitações e contratos previstos na Lei 9.478/97.

É que o § 1º do art. 177 da CF dispôs: "§ 1º. A União poderá contratar com empresas estatais ou privadas a realização das atividades previstas nos incs. I a IV deste artigo, *observadas as condições estabelecidas em lei*".

O § 2º, por sua vez rezou: "§ 2º. A lei a que se refere o § 1º disporá sobre: I — a garantia do fornecimento dos derivados de petróleo em todo o território nacional; II — *as condições de contratação*; III — a estrutura e atribuições do órgão regulador do monopólio da União".

Ora, no caso, a Constituição autorizou que, para as contratações previstas nos incs. I a IV, a lei fixasse as "condições de contratação", ou seja, as regras das licitações respectivas, que poderiam ser outras totalmente diferentes ou até semelhantes às da Lei 8.666/93.

E, nesse aspecto, o legislador da Lei 9.478/97 seguiu os mesmos passos daquele da Lei 9.472, de 16.6.97 (Lei Geral das Telecomunicações), que no seu art. 210 exclui as Leis 8.666/93 e 8.987/95, e alterações, da aplicação sobre as licitações das concessões, permissões e autorizações de serviço de telecomunicações e de uso de radiofreqüência, dizendo que elas se regem exclusivamente pela Lei mencionada (n. 9.472/97).

No caso, o art. 36 da Lei 9.478/97 dispõe: "Art. 36. A licitação para outorga dos contratos de concessão referidos no art. 23 *obedecerá ao disposto nesta lei*, na regulamentação a ser expedida pela ANP e no respectivo edital".

Portanto, as licitações para as contratações previstas deverão obedecer somente a lei mencionada e o seu Regulamento, não havendo que se aplicar, sequer subsidiariamente a Lei 8.666/93.

Quanto aos contratos, o art. 43 reza que estes deverão refletir fielmente as condições do edital e da proposta vencedora, tendo como cláusulas essenciais as que aponta em doze incisos.

Portanto os contratos também serão regidos exclusivamente pela Lei 9.478/97 e pelo Regulamento, não se lhes aplicando a

Lei 8.666/93. É o que se conclui da própria Lei do Petróleo.

Daí se comprovar que o contrato de "concessão" previsto na referida lei, não sendo regido pela Lei 8.666/93, não é contrato administrativo, mas sim, contrato de direito privado.

Alerte-se, entretanto, que, pelo menos nas questões relacionadas com as licitações, para as contratações das "concessionárias" a ANP poderá se socorrer, analogicamente, das regras da Lei 8.666/93, na ausência de disciplina sobre determinada questão, na Lei 9.478/97. Nada impede tal expediente.

Respostas aos quesitos

Feitas essas considerações de natureza doutrinária e legal, aplicáveis à espécie, e examinada a Lei 9.478/97 bem como a cópia do contrato de concessão a ser celebrado entre a ANP e a PETROBRÁS, passamos a responder sinteticamente aos quesitos, que nos foram formulados, nos seguintes termos:

Ao quesito n. 1

Não. A grande maioria da doutrina pátria faz nítida distinção entre prestação de serviço público e exploração de atividade econômica. Ainda que esta última seja monopolizada pelo Poder Público, entende-se que há a distinção.

Destarte, como o contrato de concessão é típico, caracteristicamente de natureza administrativa, e próprio dos serviços públicos, o que de resto a Constituição Federal mostra, pois só admite o contrato de concessão para os serviços públicos, de acordo com o previsto no seu art. 175, não há falar em contrato de concessão, aquele próprio e característico dos serviços públicos, para reger as atividades econômicas do Estado, ainda que estas sejam monopólio estatal.

Portanto, a resposta ao presente quesito é negativa. Só há falar em contrato de concessão, com todas as características conhecidas no Direito Administrativo, quando se tratar de serviço público (ou, quando muito, quando se tratar de uso de bens públicos ou de obra pública).

Ao quesito n. 2

Sim. O modelo de Contrato de "Concessão" apresentado pela ANP só pode ser considerado um contrato vinculado ao exercício de atividade econômica pelo Estado (ainda que, no caso, seja atividade monopolizada), pois, como visto nas considerações iniciais do presente parecer, trata-se, o contrato previsto no § 1º do art. 177, de um contrato de direito privado (Celso Antônio Bandeira de Mello), posto que destinado ao desenvolvimento de atividade econômica e não de serviço público.

Ao quesito n. 3

Não. Exatamente por se tratar de atividade econômica do Estado, e não de prestação de serviço público, é impensável, no caso, a aplicação da responsabilidade objetiva do Estado, prevista no § 6º do art. 37 da CF. E, ainda que se tratasse de serviço público, esta responsabilidade objetiva é extracontratual (danos causados a terceiros) e, portanto, jamais poderia ser aplicada numa relação contratual, como é o caso.

Portanto, como se trata de relação jurídica que se constitui em atividade econômica, o modelo do contrato da ANP jamais poderia, a título de equiparar a referida atividade ao serviço público, impor ao futuro contratado aquela responsabilidade objetiva prevista no § 6º do art. 37 da CF.

Ao quesito n. 4

A Lei 9.478, de 6.8.97 conhecida pela denominação de Lei do Petróleo, no inc. V do seu art. 44 reza que o contrato estabelecerá que o concessionário estará obrigado a: "V — responsabilizar-se civilmente pelos atos de seus prepostos e indenizar todos e quaisquer danos decorrentes das atividades de exploração, desenvolvimento e produção contratadas, devendo ressarcir à ANP ou à União, os ônus que venham a suportar em conseqüência de eventuais demandas motivadas por atos de responsabilidade do concessionário".

Como vimos nas considerações preliminares do presente parecer, tratando-se de atividade econômica, a ser exercida pela contratada, e o contrato a ser celebrado com a ANP, tendo que ser de direito privado, não obstante ser denominado impropriamente de "concessão" pela Lei, a responsabilidade a ser observada é aquela que é a regra, nas relações jurídicas de direito privado, ou seja, aquela prevista no art. 159 do Código Civil, conhecida na doutrina como responsabilidade subjetiva.

E, também como vimos, sendo esta a regra, a responsabilidade dita objetiva só pode ser imposta a determinado setor de atividade privada, mediante expressa previsão legal, como, aliás, tem acontecido em relação a vários setores (meio ambiente, estradas de ferro, Código do Consumidor etc.).

Assim, como o inc. V do art. 44 da Lei 9.478/97 não diz que a contratada deverá "responsabilizar-se civilmente *sem culpa*", entenda-se que essa responsabilidade segue a regra geral, ou seja, é de natureza subjetiva; portanto, dependente sempre da demonstração de culpa ou dolo.

Assim, respondendo objetivamente ao quesito, asseveramos que o modelo de contrato da ANP não poderia, como faz, contemplar contratualmente a responsabilidade objetiva, inclusive e máxime, perante terceiros. Nesse ponto, viola a Lei 9.478/97, que contempla a responsabilidade subjetiva da contratada, no seu art. 44, inc. V.

Se vier a ser contemplada, será, portanto, nula de pleno direito.

Ao quesito n. 5

É correto afirmar o posicionamento da ANP quanto ao entendimento de que, às licitações atinentes às contratações das "concessões" é inaplicável a Lei 8.666/93. O art. 23 prevê que as licitações referidas (e somente estas) serão conduzidas na forma estabelecida pela Lei do Petróleo, não fazendo referência sequer à aplicação subsidiária da Lei de Licitações.

Portanto, referidas licitações deverão observar tão-só as regras da Lei 9.478/97, podendo os editais, entretanto, se utilizar de qualquer disposição da Lei de Licitações, de forma analógica (e não subsidiária).

Ao quesito n. 6

O fato de o modelo de contrato de "concessão" da ANP prever a reversão dos bens para a União Federal, caso se verifique o interesse social e a continuidade das operações, não significa, de forma nenhuma, que o referido contrato seja caracterizado como da esfera do Direito Administrativo.

Não obstante seja característico do contrato de concessão de serviço público, a reversão dos bens afetados aos serviços, ao final do contrato, essa única característica não é suficiente para caracterizá-lo como contrato administrativo.

Aliás, o que efetivamente caracteriza (e o diferencia) o contrato administrativo é a possibilidade da existência nele das denominadas cláusulas exorbitantes do direito comum, ou seja, de cláusulas que possibilitam a alteração unilateral, e até mesmo a rescisão unilateral do contrato.

Destarte, a presença da hipótese da reversão dos bens no modelo de contrato da ANP, decorrente unicamente de imposição legal (a Lei 9.478/97, impropriamente a admitiu), não leva à caracterização do mencionado modelo de contrato como sendo administrativo, eis que lhe faltam todas as demais cláusulas e condições (em especial as exorbitantes) que caracterizam o contrato administrativo.

Aliás, se se examinar todas as condições contratuais previstas na Lei 9.478/97, afora a cláusula de reversão, verifica-se que todas elas respeitam a igualdade das partes na relação contratual, o que caracteriza o contrato nela previsto, realmente, como um contrato de direito privado.

Destarte, a resposta à presente questão é negativa, ou seja, mesmo em razão da existência da cláusula de reversão (que a Lei poderia impor ou não, livremente), e, em especial, pelo fato de a Lei do Petróleo ter contemplado condições e cláusulas (todas, exceto o da reversão) que caracterizam típico contrato de direito privado e não administrativo, já que, através delas, a Lei mencionada coloca as partes em pé de igualdade.

Ao quesito n. 7

Tendo em vista as respostas aos quesitos ns. 3 e 4, e em complementação às conclusões alcançadas, observamos:

a) o subitem 2.2.1, no ponto em que dispõe que o concessionário será o único responsável pelos seus próprios atos e os de seus prepostos e subcontratados, bem como pela reparação de todos e quaisquer danos causados pelas Operações e sua execução, *independentemente da existência de culpa*, devendo ressarcir a ANP e a União dos ônus que estas venham a suportar em conseqüência de eventuais demandas motivadas por atos de responsabilidade do concessionário", é ilegal, posto que contraria o disposto no inc. V do art. 44 da Lei 9.478/97, que contempla a responsabilidade subjetiva da contratada e não a responsabilidade objetiva (sem culpa), não sendo dado senão à lei formal excepcionar a regra da responsabilidade com culpa, pela excepcional da objetiva.

Ao contrato não é dado excepcionar a regra, como se pretende. Daí a conseqüência: se for contemplada essa disposição (2.2.1) nos futuros contratos, será ela nula de pleno direito.

b) o subitem 13.1, no ponto em que determina que a contratada deverá "assumir e responder integral e *objetivamente* pelas perdas e danos causados, direta ou indiretamente, pelas operações e sua execução, *independentemente da existência de culpa*, tanto a terceiros quanto à ANP e à União, de acordo com os §§ 2.2, 2.2.1 e demais disposições aplicáveis deste Contrato", é ilegal e nula de pleno direito a referida cláusula, se vier a ser contemplada nos futuros contratos, eis que a responsabilidade sem culpa não está contemplada na Lei 9.478/97, nem para as partes contratantes, nem em relação a terceiros, e não é dado ao contrato *ab initio* contemplá-la.

É o nosso parecer,

s.m.j.

São Paulo, 10 de março de 1999

QUALIFICAÇÃO DE PESSOAS JURÍDICAS DE DIREITO PRIVADO, SEM FINS LUCRATIVOS, COMO ORGANIZAÇÕES DA SOCIEDADE CIVIL DE CARÁTER PÚBLICO

VALMIR PONTES FILHO

Professor de Direito Constitucional e de Hermenêutica Jurídica da Universidade de Fortaleza-UNIFOR e da Universidade Federal do Ceará — Mestre em Direito Constitucional pela PUC/SP — Ex-Presidente do Instituto Brasileiro de Direito Administrativo-IBDA — Advogado

Consulta-me a Associação dos Defensores Públicos do Estado do Rio de Janeiro-ADPERJ, por seu digno Presidente, Dr. Luís Paulo Vieira de Carvalho, sobre a constitucionalidade do art. 3º, inc. XIII, do Projeto de Lei 4.690, de autoria de S. Exa. o Presidente da República, encaminhado à Câmara dos Deputados.

Referido projeto, acompanhado da Mensagem 876, de 1998, visa a dispor "(...) sobre a qualificação de pessoas jurídicas de direito privado, sem fins lucrativos, como Organizações da Sociedade Civil de Caráter Público", como também "institui e disciplina" o respectivo "Termo de Parceria". E contém, entre suas prescrições, a seguinte: "Art. 3º. A qualificação instituída por esta Lei somente será conferida às pessoas jurídicas de direito privado, sem fins lucrativos, cujo objeto social seja dedicado à realização de pelo menos uma das seguintes atividades: (...) XIII — assistência judiciária e proteção jurídica gratuita".

À toda vista, portanto, pretende a Chefia do Executivo federal, pela via meramente legislativa, ver transferidas a entidades privadas — mesmo que constituídas com o escopo de exercer atividades de *caráter público* — o serviço de assistência judiciária gratuita aos necessitados. Pouco importa se tenha valido o projeto de expressões novidadeiras, do tipo "proteção jurídica" e "organizações da sociedade civil": o fato, incontestável, é que, acolhida que viesse a ser a proposta, a defesa e a orientação jurídica dos carentes poderiam passar a ser (também?) exercidas por pessoas jurídicas de direito privado, desde que a tanto "qualificadas" por ato do Ministro da Justiça (v. art. 6º, § 1º, do projeto sob análise).

Trata-se, a desdúvidas, de uma no mínimo surpreendente tentativa de *terceirização,* por via de lei, de tarefa essencial ao desempenho da função jurisdicional do Estado — a de assistência judiciária — constitucionalmente outorgada a órgão específico, a Defensoria Pública. Descabe a alegativa de que poderia ser outra a intenção: afinal, desarrazoado seria imaginar que não os necessitados, mas os dotados de recursos financeiros bastantes à contratação de renomados profissionais da advocacia, recorressem a tais *organizações da sociedade civil* para a defesa de seus interesses em Juízo.

A respeito do tema — atinente ao relevante papel confiado pela Lei Maior à Defensoria Pública — tive a oportunidade de lembrar, noutro lanço, que não por acaso a Constituição de 1988 tratou de prescrever, logo em seu preambular artigo, constituir-se a República Federativa do Brasil em *Estado Democrático de Direito*, de que não se pode falar senão quando os órgãos governativos (o Legislativo e o Executivo eleitos pelo voto popular direto, secreto, universal e periódico, já que adotada a forma republicana de governo — art. 60, § 4º, II) se encontrem submissos ao império da Constituição e das leis, e não à mera vontade dos eventuais detentores do poder.

Mas não é só. A existência mesma de um *Estado Democrático de Direito* está a depender não apenas da integral e reverente submissão dos órgão de governo à *jurisdição* — atividade voltada a *dizer o direito aplicável à espécie, em caráter de definitividade e com a força das instituições estatais* — mas, fundamentalmente, da satisfação de dois requisitos básicos: a) o do *livre acesso ao Poder Judiciário* (CF, art. 5º, XXXV) e b) o do asseguramento, também na esfera judicial, do direito à *ampla defesa* (com os recursos a ela inerentes). Sem a observância de tais condições, jamais se pode falar em exercício pleno da *cidadania*, expressamente considerada um dos *Fundamentos* da República brasileira (CF, art. 1º, II).

Se assim é, de Estado de Direito e de democracia — e muito menos de cidadania plena — se pode cogitar, a não ser quando *qualquer cidadão*, independentemente de sua classe social, de sua fortuna ou patrimônio ou de eventual prestígio pessoal, possa, diante de lesão ou a ameaça a direito seu, buscar a devida e suficiente prestação jurisdicional.

Exatamente por tal razão o Texto Supremo, tornando obrigatória a *prestação de assistência jurídica integral e gratuita aos que comprovarem insuficiência de recursos* (CF, art. 5º, LXXIV), outorgou à Defensoria Pública o encargo (ou o *poder-dever*) de prestar orientação jurídica e defesa aos necessitados, conferindo-lhe, destarte, o *status* de *instituição essencial à função jurisdicional do Estado* (CF, art. 134, *caput*).

Responsável, portanto, pelo atendimento das carências de enorme parcela da população, e assim tornando possível a efetivação do princípio constitucional da isonomia (CF, art. 5º, *caput*), a erradicação das desigualdades sociais (CF, art. 5º, III) e a construção de uma sociedade justa e solidária (CF, art. 5º, II), a *Defensoria Pública*, mesmo com seu ainda insuficiente contigente humano, exerce papel fundamental no contexto da atividade jurisdicional, no mesmíssimo patamar de importância e dignidade dos advogados, procuradores, membros do Ministério Público e da Magistratura. Em nenhum momento, a rigor, se pode vislumbrar a mais mínima distinção — quanto à nobreza e essencialidade das respectivas atribuições — entre ditos personagens da relação processual que se estabelece em Juízo.

Resta patente, pois, se tratar essa atividade — a de defesa e orientação jurídica dos necessitados — de típica função pública estatal, indisponível e intransferível, por força mesmo de sua essencialidade (à própria mantença do Estado Democrático de Direito e à garantia da plena cidadania, como dantes se afirmou). Sua intrínseca natureza e sua inegável submissão a regime de direito público a tornam, sem dúvida alguma, atividade de que não se pode despedir o Estado, muito menos pela via infraconstitucional. É, assim, *função própria do Estado*, e não apenas mero serviço delegável a particular.

Ora bem. Se à Defensoria Pública cabe, por conta de expressa disposição da Lei Suprema, com exclusividade, o desempenho dessa função, impensável seria o seu exercício por qualquer outro órgão da própria Administração. Muito menos, é certo, por pessoas privadas, seja sob que pretexto for. Como bem anotou Celso Ribeiro Bastos, "(...) Com efeito, a atual Lei Maior não se limitou a consignar o dever de prestação da assistência judiciária. Ela deixa claro a quem compete fornecê-la. Isto é feito pelo art. 134 e seu parágrafo único, que deixa certa a existência de uma Defensoria Pública (...) O segundo ponto inovador é que a própria lei das leis chamou a si o ditar a modalidade fundamental dessa prestação, que, como vimos, consiste na instituição de carreiras próprias, com prerrogativas e deveres adequados. *O que é certo é que se excluem outras modalidades de assistência jurídica aos necessitados que não seja a da própria Defensoria Pública. Esta detém, com exclusividade, a função de orientar juridicamente e de defender, em todos os graus, os necessitados*"[1] (os grifos não são do original).

Sem divergir, eis a lúcida doutrina de Silvio Roberto Mello Moraes: "(...) a importância da Defensoria Pública extrapola os limites traçados pelo art. 134 da Constituição Federal e da LC 80, para alcançar a própria garantia e efetividade do Estado Democrático de Direito, já que ela é o instrumento pelo qual se irá viabilizar, por parte de cada cidadão hipossuficiente do Brasil, dos direitos e garantias individuais que o constituinte tanto se preocupou em assegurar ao povo brasileiro, consagrando assim a igualdade substancial a que aludiu o preclaro Desembargador Barbosa Moreira".[2]

No afã de inovar — ou talvez fosse melhor dizer na sua ânsia privatizante e terceirizante — a respeitável autoridade autora do projeto olvidou-se da óbvia e insuperável limitação constitucional à sua pretensão. A teor do prefalado art. 134 da Lei Fundamental, só à Defensoria Pública (federal, distrital e estadual) compete o que arrevesada e injuridicamente se pretende transferir às tais "organizações" civis. O próprio Superior Tribunal de Justiça, pela voz do Ministro Vicente Cernicchiaro, já se fez ouvir: "A advocacia não se confunde com a Defensoria Pública. *Esta é instituição essencial à função jurisdicional do Estado, incumbindo a orientação jurídica e a defesa, em todos os graus, dos necessitados, na forma do art. 5º, LXXXIV (Constituição, art. 134). O Defensor Público, ao contrário do advogado, exerce função pública*" (RHC 3900/SP, *DJ* 1, de 3.4.95, p. 8.148).

Retirar-lhe, ainda que por via oblíqua (por meio do "credenciamento" de instituição outra, de índole privada), essa competência, é ferir de morte a ordem jurídico-constitucional. Forçoso não deslembrar que a assistência judiciária aos necessitados constitui — e isto já foi observado — um verdadeiro *poder-dever* do Estado, indispensável à satisfação de um interesse primário da coletividade. Desse encargo, portanto, o próprio Estado não se pode desvencilhar,[3] sob pena de causar lanho irreparável à Constituição, norma suprema e fundamentante de todas as demais manifestações normativas. Confiar o Ente estatal a terceiros essa função (ainda que suposta e indiretamente sob sua "fiscalização") significa atentar contra a administração da Justiça e, por conseqüência, a própria democracia.

É que, como põe saliente Almiro do Couto e Silva: "(...) Se, por um lado, é certo que o Estado contemporâneo olha-se permanentemente no espelho para ver onde e de que modo poderá adelgaçar sua silhueta, fazendo-se mais leve e ágil, por outro é irrecusável que está sempre atento para impedir que os economicamente mais fracos sejam esmagados pelos economicamente mais fortes ou que estes causem danos irreparáveis ao bem comum (...) o recuo do Estado já ampliou e haverá de ampliar ain-

1. *Curso de Direito Constitucional*, 18ª ed., Saraiva, 1997, p. 420.

2. *Princípios Institucionais da Defensoria Pública*, Ed. RT, 1995, p. 17.

3. Bem anota o insuperável Celso Antônio Bandeira de Mello que "(...) as pessoas administrativas não têm portanto disponibilidade sobre os interesses públicos confiados a sua guarda e realização" (*Curso de Direito Administrativo*, 5ª ed., Malheiros Editores, p. 24).

da mais o campo do setor privado. *O Estado, porém, não poderá deixar de ter entre os seus fins mais eminentes a realização da Justiça material, sob pena de desqualificar-se como Estado de Direito*".[4]

É lícito concluir, portanto, que ao abdicar da função de prestar assistência e orientação jurídica aos hipossuficientes, o Estado não estará apenas a emagrecer seus contornos. Mas, em verdade, a condenar a si mesmo à morte por inanição. E ao desamparo aos que dele esperam guarida.

A proposta submetida ao Congresso Nacional — que chega a prever a utilização de recursos e bens públicos pela entidade privada que vier a obter o "certificado de qualificação"[5] — põe o intérprete/aplicador da *Lex Fundamentalis* também diante das seguintes perplexidades:

a) se somente por lei específica (CF, art. 37, XIX) pode ser criada autarquia ou autorizada a criação de fundações públicas (entidades destinadas diretamente pela lei criadora ou autorizadora de sua criação a exercer funções ou a prestar serviços públicos), como ter-se válido para o Direito o credenciamento, por simples ato administrativo, de uma instituição privada para o desempenho de atividade essencialmente estatal?

b) se as atividades de Defensoria Pública — exatamente para que bem possam ser desempenhadas — estão reservadas a ocupantes de cargos de carreira, providos, na classe inicial, por concurso público de provas e títulos, assegurada a seus integrantes a garantia da inamovibilidade e vedado o exercício da advocacia fora de suas atribuições institucionais (CF, art. 134, parágrafo único), como ter-se adequado ao Direito que delas (das ditas atribuições) se possam assenhorear quaisquer particulares, eventualmente reunidos em "organização social de caráter público", que sequer vínculo empregatício (muito menos de direito público administrativo) têm com o Estado (à vista, inclusive, do que estabelece o parágrafo único, do art. 1º, da Lei 9.608/98, invocada pelo art. 16 do projeto)?

Sendo necessariamente negativa a resposta a ambas as indagações, resta concluir que o projeto de lei de que se cuida traz em si gravames sérios à ordem jurídico-constitucional. Busca, no seu todo, despir o Estado do seu papel de protagonizador maior da justiça social e de protetor dos desassistidos, desejando entregar a particulares — que com ele, Estado, passariam a manter relações meramente contratuais — o fundamental encargo, superiormente cometido à Defensoria Pública, de assistência jurídica aos necessitados.

Por todos esses motivos é de se ter como eivado de irremediável e escandalosa inconstitucionalidade o disposto no art. 3º, XIII, da proposta de lei em comento. A rigor, ela jamais deveria ter sido concebida da forma que foi. Muito menos se admitirá possível sua regular tramitação congressual.

É o que me parece.

Fortaleza, 27 de outubro de 1998

4. "Os indivíduos e o Estado na realização das tarefas públicas" — artigo publicado na *RDA* 209/43-70.

5. V. seus arts. 3º, parágrafo único, e 13, assim como o art. 3º da Lei 9.608, de 18.2.98, que dispõe sobre o "serviço voluntário" e aplicável às Organizações da Sociedade Civil de Caráter Público (art. 16 do Projeto).

AUTARQUIAS COM PRETENSÃO DE COBRANÇA DE PREÇO EM RAZÃO DA UTILIZAÇÃO DE FAIXA DE DOMÍNIO DAS RODOVIAS

MARCELO FIGUEIREDO
Professor de Direito Constitucional da Pontifícia Universidade Católica de São Paulo

Consulta-nos a Companhia de Gás de São Paulo, Comgás, solicitando a elaboração de parecer jurídico sobre a seguinte questão.

Afirma a consulente que nos seus 126 anos de atuação na distribuição de gás canalizado, sempre utilizou *faixas de domínio público*: faixas de rodovias, logradouros públicos municipais, faixas de oleoduto, faixas de ferrovias, faixas de linhas de transmissão de energia elétrica e outras, já tendo assentado aproximadamente 2.500km de gasodutos.

Recentemente, os pedidos de assentamento de gasoduto nas faixas das rodovias *não estão sendo aprovados* pelos órgãos tais como DER, DERSA, DNER, que vêm orientando a consulente a assentar seu gasoduto nas áreas *non aedificandi* dessas rodovias, o que acarreta dificuldade em face da ausência de regulamentação do Estado (das Municipalidades) no setor e sobretudo diante da árdua negociação na obtenção de permissão de passagem diante da diversidade de proprietários envolvidos.

Relata a consulente que a distribuição de gás natural, nas faixas das rodovias, são realizadas por tubulações de aço carbono de pequenos diâmetros, na grande maioria de 2 a 10 polegadas (5 a 25 centímetros) e em alguns casos 14 e 20 polegadas (35 e 50 centímetros), a uma profundidade mínima de 100 centímetros e o mais distante possível do acostamento da rodovia existente, portanto ocasionando o mínimo de transtorno para operacionalidade e expansão da rodovia.

Diz que o problema tem se agravado, sobretudo após a *privatização* da operação das rodovias as quais (as novas empresas administradoras) têm pleiteado da consulente o pagamento de um preço sobre a aludida passagem da tubulação.

Em face do exposto, *indaga* qual a natureza jurídica da utilização das faixas de domínio das rodovias (federais, estaduais e municipais) e se há direito à pretendida cobrança por parte das administradoras de rodovias (serviço concedido).

À questão central respondo da seguinte forma.

Cuida-se de pretensão, de autarquias federais e estaduais, bem como de suas concessionárias, de cobrarem um preço em razão da utilização de faixa de domínio das rodovias.

O tema envolve, essencialmente, discutir o regime jurídico da propriedade no sistema jurídico nacional, com suas notas principais. É preciso demonstrar, em síntese, como o Direito convive com as diversas formas de "propriedades" na Constituição e quais as possibilidades jurídicas entre o Estado e o particular e entre esse último e as formas de atuar estatal.

Inicialmente cumpre enunciar o direito de propriedade (gênero) e sua possibilidade de extinção e utilização pelo Estado, para ao depois verificarmos outras figuras e finalmente encontrarmos o tema da consulta e suas possibilidades.

A Constituição da República protege e prestigia o *direito de propriedade* assegurando a afetação dos bens dele objeto aos interesses de seus titulares.

O art. 5º, *caput* e inc. XXII, diz ser garantido o direito de propriedade. De outra parte, o art. 170, II, situa a propriedade privada como um dos princípios da ordem econômica.

Não obstante, reconhece também a possibilidade de interferência estatal, para mudar compulsoriamente a destinação do bem, ajustando-a aos interesses públicos ou sociais definidos pela ordem normativa.

A intervenção estatal pode ter dois fundamentos diferentes:

1. O interesse público, entendido como o titularizado pelo Estado, por força de norma constitucional ou legal. A prestação de serviços e a construção de obras públicas são definidas pelo sistema como atribuições estatais, sendo o Estado o titular do interesse na sua realização.

2. O interesse social, compreendido como o interesse da sociedade, para cuja realização o Estado atua, sem assumir o papel do titular. O cumprimento, pelas propriedades, de sua função social (CF, arts. 5º, XXII, e 170, III), é do interesse social, mas não implica em fazer do Estado "proprietário" de todos os bens. A concretização do interesse social provém das manifestações dos particulares, não diretamente do Estado. No entanto, reconhece-se a este último a função de guardião do interesse social, cabendo-lhe intervir nas atividades privadas para orientá-las e corrigi-las.

No Estado Democrático de Direito, a Administração só dispõe de competências para tutelar os interesses públicos; a realização dos interesses sociais ou decorre da conjugação espontânea das atividades privadas ou não ocorre. O Estado moderno acumula também a função de curador de interesses sociais.

A desapropriação surgiu como o meio mais radical de, coativamente, afetar propriedades privadas ao interesse público, é dizer, de transferir bens do domínio privado para o público. São as hipóteses da desapropriação para construção de vias públicas, instalação de repartições etc. Trata-se portanto da extinção compulsória do direito de propriedade titularizado por alguém em particular, mediante a justa indenização.

Para que a extinção da propriedade se efetive é preciso respeitar algumas garantias constitucionais. A primeira (art. 5º, LIV, da CF, ninguém será privado de seus bens sem o devido processo legal, isto é, sem um processo judicial, onde se possa exercer o direito ao contraditório e à ampla defesa). A segunda se subdivide em duas. A primeira está em submeter o poder expropriatório a hipóteses restritas. A segunda consiste em atribuir, sempre e necessariamente, ao atingido pela desapropriação, uma indenização equivalente ao valor do bem expropriado; com isto, a desapropriação adquire um cunho de *substituição compulsória do direito de propriedade* por seu equivalente econômico, evitando-se assim um mero confisco de bens.

Esse é, em grandes linhas, o espaço possível do movimento do *direito* de propriedade(s) no Brasil. Assegura-se o direito de propriedade, atribui-se-lhe uma *função social*, para conformar-lhe o conteúdo.

Ressalte-se, ainda, que a idéia da *função social* como vínculo que atribui à propriedade conteúdo específico, de sorte a moldar-lhe um novo conceito, só tem sentido e razão de ser quando referida à *proprie-*

dade privada. A alusão à função social da *propriedade estatal* qualitativamente nada inova, visto ser ela dinamizada no exercício de uma função pública.[1]

Oferecida a visão geral e os primeiros fundamentos para nosso raciocínio, cumpre verificarmos quais os modos possíveis de intervenção do Estado na propriedade.

A matéria é extensa. Há, ainda, divergências doutrinárias no que tange aos institutos analisados. Procurando sintetizá-la, veremos que os administrativistas em geral distinguem entre limitações administrativas à propriedade e servidão administrativa.

Rafael Bielsa assim conceitua a servidão administrativa: "Um direito público real constituído por uma entidade pública sobre um bem privado, com o objeto de que é servir ao uso público, como uma extensão ou dependência do domínio privado" (*Restriciones y Servidumbres Administrativas*, Buenos Aires, Depalma, 1923, p. 108).

Celso Antônio Bandeira de Mello ensina: "As limitações à liberdade e propriedade em que se expressa o poder de polícia de modo algum se confundem com os sacrifícios de direitos. Enquanto pelas primeiras o Poder Público 'condiciona' o exercício dos direitos citados, nos sacrifícios há, como a própria palavra está a indicar, verdadeiro sacrifício do direito de um indivíduo em proveito da coletividade. É o caso das desapropriações e servidões. Nestas hipóteses, o interesse particular cede ao interesse social, sendo verdadeiramente atingida a substância de seu direito.

"Se teoricamente é fácil conceber uma distinção entre as duas categorias (limitações e sacrifícios), o reconhecimento concreto das fronteiras entre ambas é extremamente tormentoso quando se deseja apartar as limitações ao direito de propriedade e as servidões administrativas.

"Em síntese: se a propriedade é atingida por um ato específico, imposto pela Administração, embora calcada em lei, a hipótese é de servidão, porque as limitações administrativas à propriedade são sempre genéricas.

"Se a propriedade é afetada por uma disposição genérica e abstrata, pode ou não ser caso de servidão. Será limitação, e não servidão, se impuser apenas um dever de abstenção: um *non facere*. Será servidão se impuser um *pati*: obrigação de suportar.

"São exemplos de servidão administrativa: a passagem de fios elétricos sobre imóveis particulares, a passagem de aquedutos, a instalação de placas sinalizadoras de ruas nos imóveis particulares, o trânsito sobre bens privados, o tombamento de bens em favor do Patrimônio Histórico etc." (*Curso de Direito Administrativo,* 11ª ed., Malheiros Editores, 1999, pp. 569-571).

Lucia Valle Figueiredo doutrina: "As servidões, via de regra, são indenizáveis, a não ser que não ocorra gravame, como, por exemplo, a fixação de placas de denominação de ruas.

"A indenização deverá estar em relação de proporcionalidade ao gravame. Algumas questões interessantes podem ser colocadas, como, por exemplo, o dever de indenizar ou não área *non aedificandi* à beira das estradas (...)

"A jurisprudência tem entendido que, se a área for rural, a indenização não ocorrerá; e, se instituída em área urbana, deve haver indenização.

"Conceituamos servidão administrativa como ônus real imposto à propriedade, consistente no dever de suportar pelo proprietário, tendo em vista interesse público a ser implementado.

"Em conclusão, tratando-se de restrição administrativa, deve haver indenização, exceto se, embora havendo o gravame, não foi produzido ônus ao proprietário" (*Curso de Direito Administrativo*, 3ª ed., Malheiros Editores, 1998, p. 268).

1. Esse o entendimento de Eros Roberto Grau, in *A Ordem Econômica na Constituição de 1988*, 3ª ed., Malheiros Editores, 1997.

O saudoso Hely Lopes Meirelles, a respeito do tema doutrinava: "A limitação administrativa que não se confunde com as restrições reguladas pelo direito civil, de caráter privado, consiste na 'imposição geral, gratuita, unilateral e de ordem pública, condicionadora do exercício de direitos ou de atividades particulares às exigências do bem-estar social'" (*Direito Administrativo Brasileiro*, 2ª ed., São Paulo, Ed. RT, p. 93).

Maria Sylvia Zanella Di Pietro anota que alguns doutrinadores costumam *distinguir* a limitação administrativa da servidão dizendo que a primeira impõe obrigação de não fazer e, a segunda, obrigação de deixar fazer. No entanto, ressalta a ilustre autora que o critério de distinção não é absoluto. Ouçamos suas palavras:

"Existem servidões administrativas que, do mesmo modo que as limitações, impõem obrigações negativas, como no caso da servidão de não edificar acima de determinada altura, ao redor de aeroportos, ou de *não construir propriedades nas proximidades das estradas de rodagem.*

"A diferença está em que, na limitação administrativa, a obrigação de não fazer é imposta em benefício do interesse público genérico, abstratamente considerado, enquanto na servidão ela é imposta em proveito de determinado bem afetado a fim de utilidade pública. A coisa dominante, inexistente na limitação administrativa, distingue os dois institutos.

"Distinguem-se ainda as limitações das servidões administrativas pelo fato destas implicarem a constituição de direito real de uso e gozo, em favor do poder público ou da coletividade, paralelo ao direito do proprietário, que perde, por essa forma, a exclusividade de poderes que exercia sobre o imóvel de sua propriedade. Nas limitações administrativas, o proprietário conserva em suas mãos a totalidade de direitos inerentes ao domínio, ficando apenas sujeitos às normas regulamentadoras do exercício desses direitos, para conformá-lo ao bem-estar social; a propriedade não é afetada na sua exclusividade, mas no seu caráter de direito absoluto, pois o proprietário não reparte, com terceiros, os seus poderes sobre a coisa, mas, ao contrário, pode desfrutar de todos eles, da maneira que lhe convenha, até onde não esbarre com óbices opostos pelo poder público em prol do interesse coletivo" (*Direito Administrativo*, 8ª ed., Atlas, 1997, p. 109).

Analisada a jurisprudência do Superior Tribunal de Justiça nos últimos dez anos, Corte que oferece a última interpretação a respeito do tema em foco[2] verificamos que, em grandes linhas, têm seguido as orientações da doutrina. As ementas abaixo oferecem um panorama do entendimento daquele Tribunal.

"Direito Administrativo. *Area 'non aedificandi'*. Situações administrativas. Estradas de rodagem.

"A segurança pública e o tráfego interestadual se sobrepõem ao interesse expansionista urbano de um só Município.

"*Não há ilegalidade na norma que proíbe a construção de imóvel a menos de 15,00m dos limites das estradas de rodagem.*

"Compatibilidade do art. 7º, do Decreto-lei estadual 13.626, de 1943, de São Paulo, com o art. 572 do Código Civil. Recurso provido" (REsp 11.181/SP, 1ª T., unânime, j. 5.8.96, Min. José Delgado, *DJU* 26.8.96, p. 29.637).

"Administrativo. Desapropriação indireta. Implantação do Parque Marumbi. Imóvel adquirido após a vigência do Código Florestal. *Direito à indenização. Servidão administrativa, e não limitação administrativa.* Recurso conhecido e provido" (REsp 25.497, 2ª T., maioria, j. 6.8.98, *DJU* 19.4.99, Min. Peçanha Martins, p. 00l05).

2. Já o antigo, e hoje extinto, Tribunal Federal de Recursos editou a Súmula 142 com o seguinte enunciado: "A limitação administrativa *non aedificandi* imposta aos terrenos marginais das estradas de rodagem, em zona rural, não afeta o domínio do proprietário, nem obriga a qualquer indenização".

"Servidão perpétua de eletroduto. Indenização. Juros compensatórios são devidos na ocorrência da servidão.

"Embora não haja desapossamento da área servienda, *reduz-se o proveito econômico, justificando-se a compensação por essa restrição ao uso pleno da propriedade*. Precedentes do STJ. Recurso desprovido" (REsp 5.922-RS, unanimidade, j. 3.6.91, 2ª T., rel. Min. Hélio Mosimann, *DJU* 18.11.91).

"Administrativo. Criação de Estação Ecológica. *Mutilação da propriedade dos imóveis nela situados. Direito à indenização.*

"A criação da Estação Ecológica da Juréia — Itatins, impedindo a exploração de recursos naturais existentes nas áreas por ela abrangida (Lei 6.902, de 1981, art. 7º, § 1º, *b*), implica a indenização das respectivas propriedades, tenha ou não o Estado de São Paulo se apossado fisicamente dos imóveis; situação jurídica que, por si só, mutila a propriedade. Recurso especial não conhecido" (REsp 70.412-SP, rel. Min. Ari Pargendler, j. 5.5.98, *DJU* 24.8.88, p. 00045).

"Direito Civil e Processo Civil. Usucapião. Terreno confrontante com linhas férreas. Possibilidade. *Área 'non aedificandi'*. Art. 4º, III da Lei 6.766/79. Irrelevância. Simples limitação administrativa.

"I — *A impossibilidade de se edificar na faixa de quinze metros do leito das ferrovias constitui limitação administrativa*, não impedindo usucapião" (REsp 86.115-SP, rel. Min. Sálvio de Figueiredo Teixeira, j. 25.3.98, *DJU* 8.6.98, p. 00112).

"Desapropriação. Indenização. *Área 'non aedificandi', situada à margem de rodovias públicas*. Área urbana e área rural.

"*A regra é que a área 'non aedificandi', situada às margens das rodovias públicas, não é indenizável, porquanto decorre de limitação administrativa ao direito de propriedade, estabelecida por lei ou regulamento administrativo (CC, art. 572)*. Esse entendimento tem sido adotado especialmente em se tratando de área rural. No caso de área urbana, é necessário verificar-se se a restrição administrativa já existia antes da inclusão da área no perímetro urbano *e se implica interdição do uso do imóvel. Em caso afirmativo, a indenização é devida*. Recurso especial conhecido e provido" (REsp 38.861-SP, rel. Min. Antônio de Pádua Ribeiro, j. 24.10.96, *DJU* 18.11.96, p. 44.861).

"Desapropriação. Área *'non aedificandi'*. Indenização.

"Não se tratando, no caso, de simples *limitação administrativa*, mas indenizado o seu proprietário.

"Ofensa ao art. 572 do Código Civil não configurada. Dissídio Pretoriano não caracterizado. Recurso especial não conhecido" (REsp 31.148-SP, rel. Min. Antônio de Pádua Ribeiro, j. 26.10.94, *DJU* 21.11.94, p. 31.745).

"Desapropriação. Benfeitoria. Calçada cimentada. *Indenização devida*. O recuo, ou espaço destinado à calçada, não aniquilando o direito dominial e nem desvalorizando economicamente o bem, traduz *mera limitação administrativa, inindenizável*. Já as despesas feitas com a concretagem do espaço da calçada, pelo proprietário do imóvel expropriado, não podem deixar de ser indenizáveis. Só assim a indenização será justa e atenderá ao preceito constitucional" (REsp 17.137-SP, rel. Min. Helio Mosimann, j. 6.2.95, *DJU* 20.2.95, p. 03169).

"Agravo regimental. Imóvel situado no Parque Estadual de Serra do Mar. *Limitação ao direito de propriedade. Sub-rogação.*

"Os adquirentes do imóvel têm o direito de provar — em instrução regular (obstaculizada pelo decreto de carência de ação) — que se sub-rogaram nos direitos e ações dos seus antecessores, inclusive para postularem possível indenização decorrente de *limitação administrativa do direito de propriedade*.

"Agravo regimental acolhido para, reformando a decisão agravada, prover o agravo de instrumento e determinar seja processado o recurso especial" (AgRg 49.171/SP, rel. Min. Peçanha Martins, j. 21.6.95, *DJU* 1.4.96, p. 09894).

"Desapropriação indireta. Parque Estadual da Serra do Mar/SP (Decretos Estaduais 10.251/77 e 19.448/82). *Limitação administrativa* (Lei 4.771/65). Ação real. Prescrição qüinqüenal afastada. Decreto 20.910/32 (arts. 1º e 2º). Súmulas 7 e 114/STJ.

"Não transcorrido, no caso, o prazo vintenário, observada a causa de pedir, persiste o direito de agir. *Se o Poder Público retira do bem particular o seu valor econômico, deve indenizar o prejuízo causado ao proprietário, de modo amplo, com justa indenização, no caso, incluindo-se as 'matas de preservação permanente', impedida que foi, pelo decreto expropriatório por utilidade pública, a sua destinação natural pelo proprietário.*

"Incidência dos juros compensatórios a contar da data estabelecida pelo julgado com base em critérios de índole probatória. Provido parcialmente o recurso da parte autora da ação e improvido o manifestado pela Fazenda Estadual" (REsp 77.541-SP, rel. Min. Milton Luiz Pereira, j. 8.2.96, *DJU* 22.4.96, p. 12.543).

"*Desapropriação. Indenização. Área 'non aedificandi'*. Indenização da referida área diante do notório gravame que suportam os autores, já que, situado o imóvel no perímetro urbano, não poderão erguer qualquer construção nessa área submetida a restrição legal" (REsp 16.860-SP, rel. Min. Américo Luz, j. 11.5.94, *DJU* 6.6.94, p. 14.264).

"Desapropriação. Restrição ao direito de propriedade, decorrente da lei de zoneamento do município de Curitiba. Código Civil, art. 524.

"*É dever do Poder Público indenizar restrição que aniquila o direito de propriedade e retira o valor econômico do bem. Precedentes do STJ.* Recurso especial conhecido e provido" (REsp 16.151-PR, rel. Min. Antônio de Pádua Ribeiro, j. 7.2.93, *DJU* 28.2.94, p. 02879).

"Administrativo. Desapropriação. Restrição do direito de uso. Art. 524 do CC.

"*É possível ao Estado utilizar-se da propriedade particular, com restrição do direito de uso, em razão de projeto de benefício público, mediante a prévia e justa indenização.* Entretanto, se o fizer, que o faça respeitando as disposições legais que autorizam a indenização ao expropriado. Recurso provido" (REsp 10.731-PR, rel. Min. Pedro Acioli, j. 5.2.92, *DJU* 9.3.92, p. 02533).

No Supremo Tribunal Federal, nos raros casos que lá chegaram, a matéria recebeu tratamento praticamente idêntico à doutrina já exposta no corpo do presente parecer. As ementas abaixo são ilustrativas.

"Concessão de serviço público. Servidão administrativa constituída pelo Município sobre postes de iluminação pública para passagem de fios telefônicos. Não ocorrente a transferência de domínio, característica fundamental da desapropriação, mas simples *restrição do uso da coisa.* Recurso extraordinário conhecido e provido" (RE 68.126-MG, rel. Mini. Adaucto Cardoso, *DJ* 5.12.69).

"Desapropriação. Áreas reservadas. Margens de rio navegável. Decisões das instâncias ordinárias no sentido da indenizabilidade das áreas reservadas. *Servidão administrativa.* Contrariedade a Súmula 479. As decisões das instâncias ordinárias não definiram, no imóvel expropriado, a área que se deve considerar como terreno reservado, ambas mandando indenizar a gleba total. Discordância entre as partes e o laudo trazido aos autos, no que concerne a área de terreno reservado. Recurso extraordinário conhecido e, parcialmente provido, para cassar as decisões das instâncias ordinárias, no que concerne a fixação da indenização, devendo ser excluído, em liquidação de sentença, o valor relativo a área de terreno reservado, que se fixar" (RE 97.222-SP, rel. Min. Neri da Silveira, *DJ* 11.9.87).

"Servidão para *passagem de linha de transmissão* de eletricidade. *Devem ser indenizados os prejuízos sofridos pelos pro-*

prietários, causados pelo uso público e pelas restrições estabelecidas ao uso da propriedade, não porém o domínio, que continua com os proprietários" (RE 97.188-MA, rel. Min. Cordeiro Guerra, *DJ* 17.12.92).

"Direito de propriedade. Proteção constitucional. Instituição de servidão de passagem de linhas de transmissão de energia elétrica. *Garantia de indenização plena.* Jazidas minerais existentes no imóvel afetado pela servidão de passagem. Ressarcibilidade dos direitos inerentes à concessão de lavra. A questão constitucional da propriedade do solo e da propriedade mineral. Recurso improvido" (AGRE 140.254-SP, rel. Min. Celso de Mello, *DJU* 6.6.97).

Registre-se que juridicamente, *áreas non aedificandi*, ou seja, não edificáveis, são aquelas que, em decorrência de determinação contida em lei, por razões de interesse público, não podem ser objeto de edificação, já que estão destinadas ao cumprimento de outras funções urbanísticas de cunho geral. Tais áreas tornam-se inedificáveis por imposição legal.

Temos como exemplo de áreas não edificáveis: as vias de circulação, os recuos das construções, dentro dos lotes; novo alinhamento das vias públicas, por motivo de seu alargamento; os terrenos marginais de rios e lagos públicos, numa faixa de quinze metros de largura; *as margens das rodovias*, estradas de ferro e dutos, numa faixa de quinze metros de largura (art. 4º, III, da Lei 6.766/87).

Bem examinada a doutrina e a jurisprudência que incidem diretamente no tema da consulta, cumpre agora verificarmos o contrato de concessão de serviço público que acompanha a consulta.

É que segundo informa a consulente, no período que antecedeu as privatizações das rodovias, o problema não existia. De fato, as rodovias até há bem pouco tempo eram de domínio público federal, estadual e municipal, não havendo maiores dificuldades em negociar e conseguir diretamente com o Poder Público e seus próprios órgãos ou empresas estatais envolvidas, autorizações de uso, sem qualquer ônus para a consulente.

Recentemente, com o denominado processo de *privatização* dos serviços públicos, a consulente tem requerido permissão para assentamento de gasoduto nas faixas das rodovias, notadamente ao DER, DERSA, DNER e, em alguns casos aos consórcios de empresas que exploram os serviços das rodovias, os *concessionários* vencedores das concorrências, que, na maioria dos casos, vêm pleiteando e exigindo que aludido uso somente seja *concedido mediante caráter oneroso.*

Preliminarmente creio importante *afastar* da discussão as concessionárias de serviço público que, em nosso entender, não tem competência (poder) para exigir qualquer preço ou remuneração pelo aludido uso do subsolo. E isto porque é do Estado a responsabilidade pelo funcionamento e organização do serviço público de gás.

Na concessão a Administração transfere a *prestação* do serviço (art. 2º, II, da Lei 8.987/95), não sua titularidade.

Benedicto Pereira Porto Neto, a respeito doutrina: "A transferência, pela Administração Pública, da titularidade sobre os serviços não é comportada pelo ordenamento jurídico; a uma porque se trata de competência constitucional — portanto, indelegável; a duas porque representaria ato de disposição do interesse público, do próprio serviço, com violação do regime de direito público.

"A Administração, na concessão, continua retendo em suas mãos a responsabilidade pelo funcionamento e organização do serviço" (*Concessão de Serviço Público no Regime da Lei 8.987/95 — Conceito e Princípios*, Malheiros Editores, 1998, p. 61).

E não fosse essa uma *prejudicial* que por si só afastaria da discussão as concessionárias, dos termos do "Contrato de Concessão de Serviço Público Precedido de Obra Pública entre a União, por Intermédio do

Departamento Nacional de Estradas de Rodagem-DNER e da Concessionária da Rodovia Presidente Dutra S/A", oferecido pela consulente, não encontramos qualquer elemento de convicção que leve à conclusão de qualquer direito da concessionária oponível ao poder concedente a esse título — preço pelo uso de faixa de rodovia.

Do mesmo modo, nos parece equivocada a associação da pretendida cobrança ao entendimento de que o pleito seria "um projeto comercial associado" (item *i* da cláusula 81), ou mesmo "projeto associado", conceito empregado várias vezes no contrato que daria ensejo a rendas e receitas adicionais.

Parece evidente que não se pode emprestar tal elasticidade ao conceito de "projeto associado", a ponto de incluir nele o uso limitado do subsolo de uma margem estreita de uma faixa marginal da rodovia. Basta uma leitura atenta aos termos do contrato para verificarmos que o conceito de projeto associado está ligado a construção de empreendimentos ao longo da rodovia.

Ademais, o item 131 do contrato da concessão diz o óbvio ao prever: "*A rodovia*, compreendendo suas faixas marginais, edificações e terrenos destinados às atividades à ela vinculadas, integra a concessão e, portanto, pertence *à União*, na qualidade de bem público de uso comum".

Finalmente parece claro para o direito administrativo, que incumbe ao poder concedente, e não ao concessionário, ser o guardião do interesse público, regulamentando tudo quanto se refira à utilização do serviço concedido. No centro da relação de concessão está exatamente a defesa intransigente, pelo poder concedente, da exigência da melhor organização do serviço e de sua adaptação ao interesse público, tendo a concessionária que suportar tais exigências de cunho geral.

Resta apenas agora, retornando ao tema central, responder ao quesito original, se estamos diante de uma servidão ou de uma limitação administrativa à propriedade e se o uso da faixa marginal das rodovias *deve ter caráter oneroso ou gratuito*. É dizer, se estamos diante de uma limitação administrativa à propriedade ou diante de uma servidão. E de que modo deve ser concretizada a operação de assentamento da tubulação.

Uma primeira alternativa imaginada foi exatamente assentar os gasodutos na denominada faixa *non aedificandi*. Entretanto, a mesma se mostrou, até o momento, inviável, não somente por razões de ordem técnica, como também em função de difícil aplicabilidade, uma vez que não há regulamentação da matéria pelo Poder Público Municipal, o que acarreta dificuldade de negociação e de obtenção de permissão de passagem, pois são muitos os proprietários envolvidos e alguns exigem indenizações financeiras, o que pode inviabilizar a instalação da tubulação.

Considerando o conjunto de elementos colhidos no parecer, já é possível concluir ao menos a primeira parte, para responder à consulente no seguintes termos:

1. Se desejar utilizar a faixa *non aedificandi* das rodovias, poderá fazê-lo com ampla liberdade para instalar sua tubulação de gás, e considerando o fato de se tratar de limitação administrativa, não afetando, em princípio, o domínio do proprietário, não enseja, de regra, indenização.[3] Nesse sentido, aliás, o enunciado da Súmula 142 do antigo Tribunal Federal de Recursos.

2. Na hipótese da consulente necessitar assentar sua tubulação à margem da rodovia, *além* dos limites da faixa *non aedificandi*, terá que remunerar o proprietário(s) do terreno a ser utilizado da forma que melhor lhe convenha financeiramente e economicamente, esforçando-se em negociá-la.

3. Não há uma fórmula jurídica legalmente *preestabelecida* que determine um

3. A jurisprudência tem entendido que, se a área for rural, a indenização não ocorrerá; e se instituída em área urbana, deve haver indenização.

critério a ser tomado para remunerar a utilização da faixa (além da área *non aedificandi*) do subsolo. As sugestões que acompanham a presente consulta, tais como ("custos de fiscalização e manutenção", "aluguel da terra") são teórica e juridicamente possíveis.

4. O valor do pedágio *não pode* ser tomado como critério para remunerar a utilização da faixa de assentamento de tubulação pelas razões já expendidas acima, sobretudo diante da ausência de relação jurídica dantes discutida.

5. Analogicamente, como estamos diante de um serviço público de notável importância para a população, recorde-se o critério do "*justo preço*", da negociação tomando-se a *razoabilidade* como padrão de negociação. Ambos são figuras conhecidas nas relações de direito público e mesmo nas relações de direito administrativo, como é o caso da consulta.

6. É sempre possível, ainda que pareça economicamente indesejável, a desapropriação da faixa, ou mesmo a instituição de servidão por parte do Estado de São Paulo[4] com o intuito de assentar o equipamento desejado.

7. É aconselhável a consulente verificar as experiências e dificuldades encontradas pelas outras áreas, tais como a das telecomunicações, petróleo etc. Assim, ilustrativo é a previsão do art. 73 da Lei 9.472 (que dispõe sobre a organização dos serviços de telecomunicações), de 16.7.97: "Art. 73. As prestadoras de serviço de telecomunicação de interesse coletivo terão direito à utilização de postes, dutos, condutos e servidões pertencentes ou controlados por prestadora de serviços de telecomunicações ou de outros serviços de interesse público, de forma não discriminatória e a preços e condições justos e razoáveis. Parágrafo único. Caberá ao órgão regulador do cessionário dos meios a serem utilizados definir as condições para adequado atendimento do disposto no *caput*".

8. Conferindo implementação a regra acima, a Anatel editou o "Regulamento Conjunto para Compartilhamento de Infra-estrutura dos Setores de Energia Elétrica, Telecomunicações e Petróleo" (anexo), que comporta inclusive à hipótese da consulta relativa ao "gás".

9. Referido ato administrativo, consoante é possível verificar de seu texto, estabelece as diretrizes para o uso compartilhado da infra-estrutura dos serviços de interesse público, dentre eles o gás natural.

10. Dentre os princípios que orientam o uso compartilhado, ressaltamos a igualdade, a não discriminação e a função social na utilização dos equipamentos.

11. Cremos que o documento anexo dá plenas condições para uma ação negociada estabelecendo um processo amplo de ajustes visando à satisfação do interesse público envolvido.

12. Não é admitido o uso objetivando vantagens na competição, condições abusivas ou obstrução intencional das negociações.

Cremos que os elementos essenciais para o encaminhamento da consulta foram deduzidos.

É o parecer,

s.m.j.

São Paulo, 24 de junho de 1999

4. A jurisprudência do extinto Tribunal Federal de Recursos deixou clara a possibilidade da existência de desapropriação de bens de autarquias federais pelo Estado-membro não afetados a uma atividade administrativa em nome do interesse público. Nesse sentido ap. 40.526-SP, 6ª T., j. 4.5.88, rel. Min. Carlos Mário Velloso.

DESCONSIDERAÇÃO DA PESSOA JURÍDICA EM MATÉRIA LICITATÓRIA[1]

Anna Rita Tavares
Advogada – Consultora Jurídica

Licitação – Participação de sociedade nova constituída para encobrir irregularidade fiscal de outra preexistente – Indício de fraude – Aplicação da teoria da desconsideração da pessoa jurídica – Possibilidade.

Consulta

EOT, pessoa jurídica de direito privado, estabelecida na Rua Laurentino Medeiros n. 47, Santa Aparecida do Livramento (CE), formalizando consulta jurídica, fornece os seguintes elementos.

A empresa Enge Ltda. – concorrente sua em procedimentos licitatórios realizados pela Petrobrás – é sociedade por cotas de responsabilidade limitada, inscrita no CGC/MF sob o n. 00.000.000/0001-00, com ato constitutivo arquivado em 3 de abril de 1990, registrada no Sistema de Cadastro da Petrobrás, na condição de fornecedora, tendo ao longo do tempo celebrado inúmeros contratos com essa entidade integrante da Administração indireta Federal.

Informa a Consulente que tem ciência (exibindo documentos) de que a Enge Industrial Ltda. contraiu débitos de natureza fiscal perante a Fazenda Pública Federal e Estadual, ficando, por isso, impedida de habilitar-se em certames licitatórios realizados pela Petrobrás.[2-3]

Aduz que da Enge Industrial Ltda. participavam como sócios-cotistas AJB de Santana (com a participação de R$ 239.400,00) e ALB de Santana (com a participação de R$ 159.600,00).

Tinha a Enge Industrial Ltda. como atividades econômicas registradas no seu

1. O nome das empresas envolvidas e alguns dados que poderiam identificar o caso, por questão ética, foram substituídos por nomes e dados fictícios, conservando-se, entretanto, a ocorrência dos fatos que geraram a análise jurídica e as conclusões aqui expostas.

2. No primeiro semestre de 1998 a Consulente esteve em negociação para adquirir as cotas da sociedade limitada Enge Industrial Ltda., não se consumando o negócio em virtude do endividamento desta (a Enge Industrial Ltda.) perante a Fazenda Pública Federal e Estadual.

3. O art. 29 da Lei 8.666, de 21.6.1993, considerado norma geral, exige, nos incisos III e IV, prova de regularidade fiscal "para com a Fazenda Federal, Estadual e Municipal do domicílio ou sede do licitante, ou outra equivalente, na forma da lei"; e "relativa à Seguridade Social e ao Fundo de Garantia por Tempo de Serviço (FGTS), demonstrando situação regular no cumprimento dos encargos sociais instituídos por lei".

objetivo social a "*fabricação de outras máquinas e equipamentos de uso geral*; intermediários do comércio de matérias-primas agrícolas, animais vivos, matérias-primas têxteis e produtos semiacabados; intermediários do comércio de combustíveis, minerais, metais e produtos químicos industriais; intermediários do comércio de madeira, material de construção e ferragens; intermediários do comércio de máquinas, equipamentos industriais, embarcações e aeronaves; intermediários do comércio de móveis e artigos de uso doméstico; intermediários do comércio de têxteis, vestuário, calçados e artigos de couro; intermediários do comércio de produtos alimentícios, bebidas e fumo, *comércio varejista de outros produtos não especificados anteriormente*; serviços de arquitetura e engenharia e de assessoramento técnico especializado; ensaios de materiais e de produtos e análise de qualidade".[4]

O endereço de funcionamento da Enge Industrial Ltda., constante da certidão simplificada fornecida pela JUCEC, é Rua E. Temístocles n. 219, Santa Aparecida do Livramento (CE).

Informa a Consulente que, em decorrência da situação de irregularidade fiscal que inviabilizou (de fato e informalmente)[5] a participação da Enge Industrial Ltda. nas licitações promovidas pela Petrobrás, os sócios daquela empresa (a Enge Industrial Ltda.) constituíram uma outra, também sociedade por cotas por responsabilidade limitada, denominada JB & S Ltda. (cf. certidão da JUCEC). Acresceram à formação societária a participação de mais dois sócios, sendo uma a esposa de um dos primitivos sócios da Enge Industrial Ltda. (ML de Santana) e o outro, um terceiro, KL Stry, ambos detentores de número mínimo de quotas – apenas R$ 50.000,00 cada, ficando para os demais, AJB de Santana e ALB de Santana, respectivamente, R$ 200.000,00 e R$ 200.000,00.

O objetivo social da JB & S Ltda. é menos amplo que o da Enge Industrial Ltda., mas suficiente para lhe possibilitar a participação em procedimentos licitatórios da Petrobrás, estando consignado na certidão simplificada da JUCEC: "*fabricação de outras máquinas e equipamentos de uso específico, outras obras e instalações; comércio varejista de outros produtos não especificados anteriormente*; reparação e manutenção de máquinas e de aparelhos eletrodomésticos; aluguel de máquinas e equipamentos de outros tipos não especificados anteriormente".[6]

Consta da certidão simplificada o endereço da JB & S Ltda. na Av. José Marquelino s/n, ed. Luz, sala 102, bairro de Carambolas, Santa Clara da Paróquia, Estado do Ceará.

À vista dos fatos narrados, indaga-nos a Consulente se:

a) *Ante a fraude evidente, narrada "in casu", é possível a participação da empresa JB & S Ltda. nos certames realizados pela Petrobrás?*

b) *A comissão cadastral da Petrobrás poderia ter deferido inquestionavelmente o pedido de cadastramento da JB & S Ltda.?*

c) *Qual a orientação jurídica para que se possa inibir o comportamento antiético dos sócios da empresa JB & S Ltda.?*

Parecer

As informações trazidas pela Consulente permitem, de logo, a fixação de duas premissas:

4. Os grifos indicam o ponto comum da atividade (objetivo social) prevista no contrato de sociedade das empresas em análise.

5. A Enge Industrial Ltda. não conseguiria apresentar certidões negativas de débito para com as Fazendas Públicas Federal, Estadual e Municipal e as relativas a Seguridade Social e FGTS, quando da renovação cadastral que ocorreria em 18 de novembro de 1998, pois, de acordo com os elementos apresentados pela Consulente, a empresa estava inadimplente.

6. Os grifos indicam o ponto comum da atividade (objetivo social) prevista no contrato de sociedade das empresas em análise.

a) A empresa Enge Industrial Ltda. está com sua regularidade fiscal comprometida, positivada que se acha a sua condição de devedora das Fazendas Públicas Federal, Estadual e Municipal, o que resulta inevitavelmente no impedimento de participar de certames que venham a ser deflagrados pela Petrobrás.

b) Indícios existem de deliberada intenção dos sócios da Enge Industrial Ltda. em constituir nova empresa para inseri-la, em substituição à primeira, no cadastro da Petrobrás.

Isso, à mais simples análise, se verifica no presente caso.

A questão, pois, cinge-se ao aspecto da possibilidade, ou não, de obter registro cadastral, no âmbito da Administração Pública, uma determinada pessoa jurídica constituída à semelhança de outra que, por falta de regularidade fiscal, não pode contratar com o ente público.

1. Aspectos de identificação entre a Enge Industrial Ltda. e a JB & S Ltda. – Indícios de fraude

Impõe-se analisar inicialmente os aspectos da constituição da nova empresa (JB & S Ltda.) em relação à anterior (Enge Industrial Ltda.), evidenciadores de indício de fraude, levada a efeito para possibilitar a celebração de contrato de fornecimento com a Petrobrás.

1.1 Quanto ao aspecto da participação societária

Os sócios que detêm maior número de cotas na JB & S Ltda. são exatamente os sócios da Enge Industrial Ltda. É sintomática a inclusão de dois outros com número ínfimo de cotas, chamando a atenção o fato de um desses sócios detentores de menor quantidade de cotas ser esposa de um dos maiores cotistas (ML de Santana).

1.2 Quanto ao aspecto do objetivo social

O objetivo social da JB & S Ltda. é contemplado também no contrato social da Enge Industrial Ltda., conforme demonstra a certidão simplificada da JUCEC, sendo mais restrito o primeiro se comparado ao segundo. Nota-se, todavia, que no particular da atividade de "fabricação de outras máquinas e equipamentos" e "comércio varejista de outros produtos não especificados anteriormente", ambos coincidem.

1.3 Quanto ao aspecto do endereço das sociedades

Também no particular delineia-se quadro de pouca clareza no tocante à regularidade do local próprio e possível ao exercício da atividade industrial da JB & S Ltda.

Com efeito, por informação da Consulente, o endereço de funcionamento indicado como sendo o da JB & S Ltda. é incompatível com a natureza da atividade industrial que exerce, já que é apenas uma sala de um centro comercial.

A Enge Industrial Ltda., sediada, nos termos do contrato arquivado na Junta Comercial, em endereço diverso, reúne condições materiais para executar a atividade de industrialização dos equipamentos comercializados com a Petrobrás.

À evidência, pois, observa-se que o desempenho de atividade industrial em área absolutamente inadequada, por inexistência de espaço físico, é utópico, conduzindo qualquer pessoa de senso normal a entender que algo (fora da normalidade) ocorre para possibilitar a produção do material industrial objeto dos contratos de fornecimento celebrados. *In casu*, saliente se mostra a ligação, a ponte, a comunicação, entre o endereço de funcionamento da Enge Industrial Ltda. e o óbice à implementação da atividade industrial da JB & S Ltda. originado da incompatibilidade de espaço físico para tanto.

Como se vê, o quadro sugere o exercício da atividade da JB & S Ltda. no endereço da Enge Industrial Ltda.

2. Análise jurídica da fraude evidenciada

Da análise dos elementos trazidos a esta parecerista pela empresa Consulente resulta a evidência de indícios de fraude praticada pelos sócios da Enge Industrial Ltda. em conluio com os novos sócios da JB & S Ltda., ressalvando-se a participação de ML de Santana e KL Stry, se estes demonstrarem desconhecimento da situação anterior envolvendo a Enge Industrial Ltda.

A fraude ressaltada por indícios revelados pela documentação mencionada objetivou propiciar a participação da nova empresa (JB & S Ltda.) nas licitações promovidas pela Petrobrás, já que a Enge Industrial Ltda. (formada por sócios comuns de ambas) não conseguiria apresentar certidões negativas de débito para com as Fazendas Públicas Federal, Estadual e Municipal e as relativas a Seguridade Social e FGTS quando da renovação cadastral que ocorreria em 18 de novembro de 1998.

Ante esta conclusão inicial, comporta o caso as seguintes considerações, no discorrer da análise jurídica que adiante se faz, dentro dos tópicos divisores que abrigam os fundamentos e as conclusões do estudo feito.

2.1 A licitação na Administração Pública e os princípios constitucionais basilares

No regime democrático brasileiro[7] o procedimento licitatório é instrumento para viabilizar a igualdade dos cidadãos quanto à outorga de iguais oportunidades para contratar com a Administração Pública, sem privilégio a favor de uns em detrimento do direito de outros. Isso, ao lado de ser salutar e justo para quem exerce uma atividade de produção e quer fazê-la exitosa no plano empresarial, é essencial para alcançar e satisfazer o interesse público buscado pela observância desse procedimento licitatório,[8] consubstanciado em obter o melhor para o serviço público, celebrando o contrato mais vantajoso na concreta equação: menor preço + qualidade = ótima contratação.

Essa harmônica consonância de elementos combinados para o atingimento de finalidade administrativa ínsita ao Estado de Direito é consectária do princípio da cidadania,[9] ou, melhor, é a sua própria concretização. Onde há respeito aos direitos individuais, assegurando ao cidadão a plenitude dos seus postulados na sua relação com o Estado, existe preservado o princípio constitucional da cidadania.

Evidentemente, e na visão de indivíduos lúcidos, esse é o tracejamento concebido para o plano do dever-ser. Entretanto, o que há ou possa haver cotidianamente que fuja a esse modelo ideal perseguido pela boa lei, pelos iluminados, coerentes e científicos doutrinadores e pelos julgados consentâneos com o melhor Direito pelos pretórios pátrios é um outro problema. Está-se, aqui,

7. Consagrado pela CF de 1988 através do seu art. 1º, que institui o Estado Democrático de Direito na República Federativa do Brasil, formada pela união indissolúvel dos Estados e Municípios e do Distrito Federal.

8. A licitação decorre de princípio constitucional previsto no art. 37, XXI, da CF/88, regulamentado pela Lei 8.666, de 21.6.1993.

9. A cidadania é fundamento da República Federativa do Brasil (art. 1º, II, da Carta Magna federal). Na doutrina destaca-se o magistério de Celso Antônio Bandeira de Mello (in *Curso de Direito Administrativo*, 5ª ed., São Paulo, Malheiros Editores, 1994, p. 48), valorizando a cidadania, ao referir-se ao princípio da legalidade no sentido de que este "(...) é o antídoto natural do poder monocrático ou oligárquico, pois tem como raiz a idéia de soberania popular, de exaltação da cidadania. Nesta última se consagra a radical subversão do anterior esquema de poder assentado na relação soberano/súdito (submisso)".

a tratar do que deve ser legal, legítimo e regular, não das deturpações criadas pelos aplicadores das normas no exercício das suas atividades, propositadamente elaboradas para a satisfação de interesses divergentes daqueles visados pelo sistema normativo, como está a se observar no caso concreto *sub examine*.

Pois bem. A Administração Pública se desenvolve sobre os trilhos inafastáveis dos *princípios*.[10] Estes, em linguagem sintética, são diretrizes norteadoras; propostas generalizadas de posturas a serem adotadas na execução de uma atividade, de um empreendimento, de um projeto, no seu sentido mais amplo. E o Constituinte federal deles soube cuidar com a necessária sensibilidade, para dotar o ordenamento jurídico dos pilares adequados e propícios à decência administrativa reclamada pela sociedade.

Esses princípios são a base de tudo. "Violar um princípio é muito mais grave que transgredir uma norma qualquer. A desatenção ao princípio implica ofensa não apenas a um específico mandamento obrigatório, mas a todo o sistema de comandos" – ensina o Prof. Celso Antônio Bandeira de Mello, para quem, em seu conceito clássico sobre o tema, o princípio é "mandamento nuclear de um sistema, verdadeiro alicerce dele, disposição fundamental que se irradia sobre diferentes normas compondo-lhes o espírito e servindo de critério para sua exata compreensão e inteligência, exatamente por definir a lógica e a racionalidade do sistema normativo, no que lhe confere a tônica e lhe dá sentido harmônico".[11]

No nosso sistema existem os princípios implícitos e os explícitos.

Os ímplícitos não vêm expressos na norma, mas integram o sistema logicamente, por constituírem-se em natural decorrência das diretrizes mestras da filosofia que constróem esse sistema. Têm natureza instrumental. No sistema constitucional brasileiro pode-se exemplificar como decorrência do Estado de Direito o princípio da supremacia do interesse público sobre o privado, o da indisponibilidade do interesse público, o da finalidade, da motivação dos atos, razoabilidade, proporcionalidade, economicidade, dentre outros.

2.1.1 *Princípio da supremacia do interesse público sobre o privado* – Por este, os atos públicos praticados devem ser colocados acima dos interesses privados, objetivando alcançar o fim público, que é o interesse público. Para isso, pode a Administração constranger terceiros em obrigação mediante atos unilaterais (atos imperativos), podendo inclusive utilizar-se da auto-executoriedade (execução própria sem autorização judicial prévia, respeitando os limites de adequação traçados na norma para o caso tutelado).

2.1.2 *Princípio da indisponibilidade do interesse público* – Significa que os interesses públicos não se acham entregues à livre disposição da vontade do administrador. Este não é dono do direito coletivo por ele gerido. Antes, é o administrador o res-

10. O mestre Miguel Reale (in *Lições Preliminares de Direito*, p. 143) grava a seguinte noção: "Princípios são verdades fundantes de um sistema de conhecimento, como tais admitidas, por serem evidentes ou por terem sido comprovadas, mas também por motivos de ordem prática de caráter operacional, isto é, como pressupostos exigidos pelas necessidades de pesquisa e da práxis". O Prof. paranaense Sérgio Vaz, sobre o tema, lança: "Toda ciência autônoma tem seu método próprio de estudo, seu objeto próprio e seus princípios próprios. Os princípios são as diretrizes básicas, constituindo-se nos alicerces que informam uma ciência, tornando-se possível a sua existência autônoma. Toda ciência tem os princípios que lhe são próprios; contudo, para cada ramo da ciência existem princípios que lhe são específicos" (in *Nova Lei das Licitações, Princípios, Fraudes e Corrupção na Administração*, 1ª ed., São Paulo, Data Juris, p. 13).

11. Extraído da obra *Aspectos Jurídicos da Licitação*, do renomado mestre Adílson Abreu Dallari, 4ª ed., São Paulo, Saraiva, 1997, p. 3.

ponsável por seu gerenciamento, nos limites das finalidades legais que lhe ditam a conduta.

2.1.3 *Princípio da finalidade* - É o que impõe ao administrador o dever de praticar o ato com a observância da finalidade pública prevista na norma (expressa ou implicitamente), respeitando o fim legal para o qual foi concebido. O fim legal é sempre tracejado para o atendimento do *interesse público*. Helly Lopes entende que esse princípio confunde-se com o da impessoalidade, já que o fim legal da norma de Direito obriga à prática do ato de forma impessoal.

2.1.4 *Princípio da motivação dos atos* – Os atos administrativos deverão ser motivados, notadamente quando implicam restrições aos direitos de terceiros. É a explicação que o administrador tem que dar ao atuar na condução dos negócios da Administração.

2.1.5 *Princípio da proporcionalidade (da racionalidade)* – Considerado na doutrina como uma faceta do princípio da razoabilidade, o princípio da proporcionalidade dá a idéia "de que as competências administrativas só podem ser validamente exercidas na extensão e intensidade proporcionais ao que seja realmente demandado para cumprimento da finalidade de interesse público a que estão atreladas. Segue-se que os atos cujos conteúdos ultrapassem o necessário para alcançar o objetivo que justifica o uso da competência ficam maculados de ilegitimidade, porquanto desbordam do âmbito da competência; ou seja, superam os limites que naquele caso lhes corresponderiam".[12]

2.1.6 *Princípio da razoabilidade* – Encerra a idéia de que o administrador, no exercício da sua margem de discricionariedade, deve adotar as soluções que se harmonizem com o entendimento consentâneo de qualquer ser humano que detenha noções sensatas do que é pouco, muito ou exorbitante, ou seja, "do senso normal de pessoas equilibradas e respeitosas das finalidades que presidiram a outorga da competência exercida".[13]

2.1.7 *Princípio da economicidade* – A idéia desse princípio é a de fazer atuar o agente público vislumbrando a equação custo/benefício em favor da Administração. Invocando as conclusões do Prof. Marçal Justen Filho, esposadas na obra referida, busca-se, por este princípio, a otimização na gestão de recursos financeiros da entidade contratante.

Os explícitos, que regem a "Administração Pública direta e indireta de qualquer dos poderes da União, dos Estados, do Distrito Federal e dos Municípios", são os princípios da legalidade, impessoalidade, moralidade, publicidade e o da eficiência (art. 37, *caput*, da CF/88).

2.1.8 *Princípio da legalidade* – O princípio da legalidade é resultado da submissão do Estado à lei. Por ele se impõe a atuação do governante aos limites traçados pela norma, sem que prevaleça sua vontade própria. É a contraposição ao absolutismo, onde impera apenas a palavra do "rei". O administrador público somente poderá agir dentro do que a lei permite, devendo curvar-se à vontade desta. A lei é quem dita o comportamento do administrador.

O *respeito à legalidade*, pedra de toque do Estado de Direito conquistado pelas sociedades, formando as bases dos regimes democráticos, *compele não somente os ad-*

12. Celso Antônio Bandeira de Mello, ob. cit., p. 56.

13. Celso Antônio Bandeira de Mello, ob. cit., p. 54.

ministradores públicos, mas também os cidadãos, a propugnarem pela preservação das instituições, das leis e dos princípios que as sustentam e sob eles pautarem seus comportamentos.

Extrai-se da observância do princípio da legalidade a conclusão de que a lei existe para ser cumprida *erga omnes*, ou seja, seus preceitos se estendem sobre todos, igualando os que sob sua égide se encontram, exatamente para evitar preferencialismos.

Além de residir no sistema constitucional brasileiro como um todo, o princípio da legalidade é tratado especificamente na previsão dos art. 37, 5º, II, e 84, IV, da Carta Magna de 1988.

No particular das licitações e contratações administrativas, atendendo ao princípio da legalidade, o Poder Público deverá observar as prescrições da Constituição (art. 37, XXI), das leis infraconstitucionais (art. 3º da Lei 8.666/93), dos editais e das normas pertinentes à espécie.

2.1.9 *Princípio da impessoalidade* – A idéia que dele emana é exatamente a do dever que tem a Administração de tratar os administrados sem qualquer discriminação, atribuindo a cada um o direito que detém nas suas postulações. Não há espaço para tratamento benéfico ou detrimentoso, em favor de um ou de outro. O instituto da licitação abraça esse princípio de forma integral quando a necessidade de contratar puder ser socorrida por interessados em condições de concorrerem entre si.

Esse é um princípio vertido do princípio da moralidade e da isonomia. Em decorrência dele, é vedado o preferencialismo tendente a beneficiar este ou aquele indivíduo, em função de seus caracteres pessoais, prevalecendo os elementos que o qualificam perante a lei, eleitos para aferir as condições que coincidam com o interesse público em cada caso. *Nas licitações esse princípio informa que o futuro contrato haverá de ser celebrado sem inclinações particulares para a escolha do contratado, senão pelo único critério do preenchimento das condições de habilitação e escolha da proposta mais vantajosa.*

2.1.10 *Princípio da moralidade (e da probidade)*[14] – Sem maiores delongas, é o princípio da moralidade um regulador das posturas éticas na atividade da Administração Pública, convocando a lealdade e a boa-fé do governante, do administrador, de todos os agentes públicos e administrados que mantenham relação jurídica com o Estado.

14. Do *Dicionário* de Aurélio Buarque de Holanda:

"Moralidade. [Do lat. *moralitate*, 'caráter'.]. *S. f.* **1.** Qualidade do que é moral. **2.** Doutrina ou reflexão moral. **3.** Conceito ou intuito moral de certas fábulas ou narrativas, e, p. ext., de uma história ou narração qualquer. **4.** *P. ext.* Significação moral. **5.** *Teat.* Gênero dramático semi-religioso dos fins da Idade Média, que se desenvolveu em seguida aos mistérios e milagres, e caracterizado por maiores qualidades de abstração e de elaboração de caracteres, tais como a Verdade, a Avareza, a Cupidez, a Força, a Prudência, etc., vícios e virtudes em luta pela posse da alma humana (Cf., nessa acep. c., auto)."

"Moral. [Do lat. *morale*, 'relativo aos costumes'.] *S. f.* **1.** *Filos.* Conjunto de regras de conduta consideradas como válidas, quer de modo absoluto para qualquer tempo ou lugar, quer para grupo ou pessoa determinada. [Cf. *amoral* (4) e *ética* (1).] **2.** Conclusão moral que se tira de uma obra, de um fato etc. **3.** *S. m.* O conjunto das nossas faculdades morais; brio, vergonha. **4.** O que há de moralidade em qualquer coisa. **5.** *Adj. 2 g.* Relativo à moral. **6.** Que tem bons costumes. **7.** Relativo ao domínio espiritual (em oposição a físico ou material)."

"Probidade. [Do lat. *probitate*.] *S. f.* Qualidade de probo; integridade de caráter; honradez; pundonor."

"Probo. [Do lat. *probu*.] *Adj.* De caráter íntegro; honesto, honrado, reto, justo: "As letras pátrias perderam neste homem de caráter [Bourbom e Meneses], com uma noção severa da dignidade humana, *probo*, entregue de todas as veras à missão ímproba de escritor, (...) um profissional que a enobrecia" (Aquilino Ribeiro, *Camões, Camilo, Eça e Alguns Mais*, p. 346)."

O Direito reprova condutas distanciadas dos valores jurídicos encontrados nos princípios e nas leis. A conduta da Administração ou do particular não poderá jamais afrontar os valores fundamentais insculpidos no sistema jurídico. A ética e a moral devem presidir a atuação do administrador incumbido de gerir a coisa pública e do particular que se insere como partícipe das atividades públicas, seja na qualidade de contribuinte, de contratado, de simples colaborador, levando-se em consideração, para o estabelecimento dessas relações, sempre o interesse público.

Já disse, com razão, o Prof. Marçal Justen Filho, que: "A moralidade soma-se à legalidade. Assim, uma conduta compatível com a lei, mas imoral, será inválida" (in *Comentários à Lei de Licitações e Contratos Administrativos*, 5ª ed., São Paulo, Dialética, 1998, p. 65). E continua o Mestre: "Na licitação, a conduta moralmente reprovável acarreta a nulidade do ato ou do procedimento. (...). A moralidade e a probidade administrativas são princípios de conteúdo inespecífico, que não podem ser explicados de modo exaustivo. A explicação, nesse ponto, será sempre aproximativa. Extrai-se a intenção legislativa de que a licitação seja norteada pela honestidade e seriedade. (...). Os princípios aplicam-se tanto à conduta do agente da Administração como à dos próprios licitantes".

2.1.11 *Princípio da publicidade* – É por força do princípio constitucional da publicidade que exsurge a exigência indispensável de a Administração tornar do conhecimento geral os atos administrativos que dela emanam. A transparência da atuação do governante possibilita o controle dos comportamentos na gestão da coisa pública, o que é vetor do Estado de Direito.

E na licitação os atos também são públicos, devendo ser externado o seu conteúdo na forma da lei, desde os avisos de conhecimento da abertura do procedimento (ato convocatório – editais), até o parecer final da Comissão. A abertura da documentação e das propostas deve ser feita em ato público, o que não ocorre com o julgamento das propostas, que pode ser realizado reservadamente pela Comissão, havendo, todavia, de ser dada publicidade ao seu resultado. É a partir da publicação dos atos que começa a fluir o prazo para sua impugnação, dando-se, também, a partir daí, o conhecimento aos órgãos de controle para a devida fiscalização.

2.1.12 *Princípio da eficiência* – Recém-introduzido de forma expressa no sistema constitucional, a eficiência, desde a edição do Decreto-lei 200/67, já se fazia presente como exigência para a execução dos serviços públicos. É elemento inerente ao exercício da função pública, dando-se agora, com mais realce, força à sua observância nas relações do Estado com o usuário-cidadão.

2.2 Os princípios específicos do instituto licitatório

A licitação deve se desenvolver sob os princípios maiores erigidos pela Constituição Federal, anteriormente examinados (*caput* do art. 37: legalidade, moralidade, impessoalidade, publicidade e eficiência), como também pelos princípios específicos, próprios do procedimento licitatório: do procedimento formal; da igualdade (isonomia) entre os licitantes; do sigilo na apresentação das propostas; da vinculação ao instrumento convocatório; do julgamento objetivo; da adjudicação compulsória; da competitividade.[15]

15. *Princípio do procedimento formal*: obriga a Administração a cumprir as formalidades que a lei imponha para a prática dos atos. É proibida a contratação verbal no âmbito da Administração Pública. Tudo deve estar formalizado e escrito, para que, a qualquer tempo, os órgãos de controle possam analisar e fiscalizar a conduta do administrador, evitando-se, com isso, a fraude.

2.3 Teoria da desconsideração da pessoa jurídica – Finalidade – Evolução legislativa

Como se vê, o procedimento licitatório, proveniente da necessidade de realizar o direito de forma justa, legal e legítima, tanto para a Administração como para o particular e para a sociedade, é norteado com rigor por cânones de natureza constitucional e infraconstitucional, o que lhe confere a importância vital de mecanismo administrativo concebido para a efetividade dos negócios jurídicos pactuados com o Estado, lastreados pela probidade.

Essa idéia se contrapõe frontalmente à simples sugestão de fraude. Muito mais assim é, havendo evidência de sua presença na atividade administrativa pública.

Por isso mesmo, despontou no sistema jurídico pátrio – inicialmente em sede doutrinária, em seguida em instância jurisprudencial e agora sedimentando-se em sede legal – o instituto da *desconsideração da personalidade jurídica*, buscando responsabilizar a pessoa dos sócios (no aspecto patrimonial) quando se verificar o uso da pessoa jurídica para fins escusos, que importar prejuízo a terceiros. A desconsideração da pessoa jurídica, assim, resulta em confundir-se a pessoa da empresa com a dos seus sócios, opondo-se à distinção destas pessoas assentada no art. 20 do CC, que dispõe: "As pessoas jurídicas têm existência distinta da dos seus membros".

A evolução dessa teoria ocorreu no âmbito da Justiça do Trabalho, onde cada dia mais se afirma com força de incontrastabilidade. No Direito Tributário também se vê sem embargo. No Direito Comercial os autores são unânimes em reconhecer a procedência do instituto.

A norma insculpida no art. 20 do CC, portanto, hoje não reina absoluta. O tempo tratou de, gradativamente, modificá-la, visando à sua adequação à realidade que se apresenta distanciada daqueloutra que mo-

Princípio da igualdade entre os licitantes (isonomia): consiste em tratar sem discriminação os licitantes, assegurando-lhes o respeito à sua condição de participantes do certame. É evidente que os licitantes se desigualam na medida em que apresentam melhores propostas. Mas a tônica desse princípio é o tratamento igualitário enquanto concorrentes entre si, quanto aos critérios de habilitação, de julgamento objetivo e oportunidade para participarem do procedimento sem arbitrariedade do administrador.

Princípio do sigilo na apresentação das propostas: é decorrência da igualdade entre os licitantes. O conhecimento antecipado das propostas por um ou vários dos interessados desfavoreceria aos que não tiveram acesso às informações. Com isso, elaborariam propostas que lhes possibilitariam vencer o certame.

Princípio da vinculação ao instrumento convocatório: o edital é a lei interna da licitação, na lição clássica do saudoso Hely Lopes Meirelles, vinculando aos seus termos a Administração Pública e os licitantes.

Princípio do julgamento objetivo: o julgamento do certame obedecerá sempre aos critérios definidos no edital, objetivamente estabelecidos, observando aqueles previstos na lei, sem margem para favorecimentos.

Princípio da adjudicação compulsória: significa que, ao vencer a licitação, nasce para o vencedor o direito subjetivo à adjudicação, que é a atribuição do objeto licitado. A Administração, em princípio, não está obrigada a contratar, mas se o fizer terá que ser contratado o vencedor da licitação, sob pena de nulidade.

Princípio da motivação dos atos: os atos administrativos devem ser motivados, notadamente quando implicam restrições aos direitos de terceiros. É a explicação que o administrador tem que dar ao atuar na condução dos negócios da Administração.

Princípio da competitividade: é da essência da licitação, é a salutar disputa entre os licitantes, convertendo-se em benefícios para a Administração, que, em conseqüência recebe propostas com vantagens resultantes do estímulo da competição. Esse princípio outorga aos licitantes o direito subjetivo de competirem à luz da regularidade procedimental, sendo um derivado do princípio da isonomia, da igualdade.

tivou o legislador a regular o tema da forma tal como ali se encontra. É o que se verifica com a norma tributária (arts. 134, VII, e 135, II, do CTN); com a que regula os direitos decorrentes da relação de consumo (art. 28, § 5º, do CDC-Código de Defesa do Consumidor); e, afinal, com a norma trabalhista (art. 2º, § 2º, da CLT).

Aliás, a tendência atual do próprio Direito Civil é compatibilizar a normatização da matéria a essa nova realidade. Com efeito, o Projeto do Código Civil, que teve honrosamente a relatoria do Sem. Josaphat Marinho, jurista pátrio de escol, avançou quanto a esse aspecto. O Projeto de Lei da Câmara 118 (n. 634/75, na Casa de origem), de iniciativa do Presidente da República, sugeriu o seguinte dispositivo, alterando a orientação anterior:

"Art. 50. *A pessoa jurídica não pode ser desviada dos fins estabelecidos no ato constitutivo, para servir de instrumento ou cobertura à prática de atos ilícitos*, ou abusivos, caso em que poderá o juiz, a requerimento de qualquer dos sócios ou do Ministério Público, decretar a exclusão do sócio responsável, ou, tais sejam as circunstâncias, a *dissolução da entidade*.

"Parágrafo único. Neste caso, sem prejuízo de outras sanções cabíveis, responderão, conjuntamente com os da pessoa jurídica, *os bens pessoais do administrador ou representante que dela se houver utilizado de maneira fraudulenta ou abusiva*, salvo se norma especial determinar a responsabilidade solidária de todos os membros da administração."[16]

16. O Projeto, coordenado e revisto, sob a relatoria do insigne Sem. Josaphat Marinho, teve a seguinte redação: "Art. 50. Em caso de abuso da personalidade jurídica, caracterizado pelo desvio de finalidade, ou pela confusão patrimonial, pode o juiz decidir, a requerimento da parte ou do Ministério Público, quando lhe couber intervir no processo, que os efeitos de certas e determinadas relações de obrigações sejam estendidos aos bens particulares dos administradores ou sócios da pessoa jurídica".

2.3.1 *O entendimento pacificado da doutrina* – A doutrina já se debruçou sobre o tema, optando, sem hesitação, pela aplicação da teoria da desconsideração da personalidade jurídica quando a hipótese discutida ferir princípios norteadores dos Direitos Constitucional e Administrativo.

Com a clareza e precisão peculiares às suas lições, o Prof. Marcos Juruena Villela Souto[17] tratou do assunto, merecendo transcrição alguns excertos do seu trabalho, notadamente o intróito e a conclusão:

"Problema freqüentemente enfrentado pela Administração é saber se a empresa declarada inidônea ou suspensa para participar de licitações ou contratar com o Estado, mediante alteração do seu contrato social ou *simples extinção e constituição de 'nova' sociedade, com os mesmos sócios ou 'testas-de-ferro'*, pode inviabilizar os efeitos dessas sanções administrativas.

"(...).

"Vê-se, pois, que, embora não havendo lei específica, *é cabível também no Direito Administrativo a aplicação excepcional da teoria da desconsideração da personalidade jurídica para evitar prejuízo ao Erário ou à qualidade do serviço público*."

Reverte-se em favor da teoria examinada a crescente adesão de juristas de peso, como a que se transcreve a seguir: "A autonomia patrimonial da pessoa jurídica, decorrente do art. 20 do CC, pode dar ensejo à realização de fraudes. (...), Para coibi-las, a doutrina criou, a partir de decisões jurisprudenciais, nos EUA, Inglaterra e Alemanha, principalmente, a 'teoria da desconsideração da pessoa jurídica', pela qual *se autoriza o Poder Judiciário a ignorar a autonomia patrimonial da pessoa jurídica sempre que ela tiver sido utilizada como expediente para a realização de fraude*.

17. In artigo intitulado "A desconsideração da personalidade jurídica e a responsabilidade administrativa", publicado no *BDA-Boletim de Direito Administrativo*, setembro de 1997, pp. 521-523.

Ignorando a autonomia patrimonial, será possível responsabilizar-se direta, pessoal e ilimitadamente o sócio por obrigação que, originariamente, cabia à sociedade" (Fábio Ulhôa Coelho, *Manual de Direito Comercial*, 9ª ed., São Paulo, Saraiva, 1997, pp. 113 e 114).

2.4 A prática da fraude coibida no Direito pretoriano

A jurisprudência, de igual modo, acolhe o instituto, conforme se depreende de infindáveis julgados dos Tribunais pátrios, notadamente dos Tribunais Superiores. Aqui transcreve-se uma coleção de decisões exaradas no âmbito do STJ, extraídas da fonte consultada via Internet, *site* do STJ:

"Recurso especial – Civil – Locação – Aluguer – Pagamento. No contrato de locação, o pagamento é a obrigação principal do inquilino. *Se a avença foi realizada por pessoa jurídica, fraudulentamente, os bens dos sócios respondem pelo pagamento*" (6ª T., REsp 150.809/SP (97/0071473-0), rel. Min. Vicente Cernicchiaro, j. 2.6.1998, *DJU* 29.6.1998, p. 348).

"Seguro habitacional – Cobertura compreensiva – *Desconsideração da pessoa jurídica* – Parte legítima para responder à ação em que buscado o cumprimento do contrato é a que surge perante o público como a real contratante – Recurso especial conhecido pela divergência jurisprudencial demonstrada e atendido – Unânime" (4ª T., REsp 67.237-MG (95/0027283-0), rel. Min. Fontes de Alencar, j. 10.3.1997, *DJU* 6.4.1998, p. 122).

"Embargos de divergência – Circunstâncias fáticas diversas – *Doutrina do disregard of legal entity* – Divergência inexistente. 1. Estando os arestos confrontados assentados, sobretudo, nas circunstâncias fáticas próprias de cada caso, não há falar em dissídio jurisprudencial, sendo incabíveis os embargos de divergência. 2. *Hipótese em que o acórdão embargado admitiu a aplicação da doutrina do 'disregard of legal entity', para impedir a fraude contra credores, considerando válida penhora sobre bem pertencente à embargante, nos autos de execução proposta contra outra sociedade do mesmo grupo econômico.* No paradigma, entretanto, afastou-se a doutrina referida para que o sócio avalista não seja responsabilizado por litigância de má-fé, relacionada ao comportamento processual da sociedade avalizada. 3. Agravo regimental improvido" (2ª S., AgRg nos EDiv no REsp 86.502-SP (96/0077554-0), rel. Min. Carlos Alberto Menezes Direito, j. 14.5.2997, *DJU* 30.6.1997, p. 30.850).

"Desconsideração da pessoa jurídica – Pressupostos – Embargos de devedor. É possível desconsiderar a pessoa jurídica usada para fraudar credores. Prosseguindo no julgamento, a Turma, por unanimidade, não conheceu do recurso" (4ª T., REsp 86.502-SP (96/0004759-6), rel. Min. Ruy Rosado de Aguiar, j. 21.5.1996, *DJU* 26.8.1996, p. 29.693. V. *RT* 528/25-13, 410/12, 599/133, 621/127; REsp 3.047-ES; AGA 36.801-GO; Ag. 31.818-PR; REsp 71.328-SP, STJ).

"Execução – Penhora – Bens de sócio – *Desconsideração da pessoa jurídica* – Desconsideração da pessoa jurídica, fundada no exame dos fatos da causa e do comportamento processual da parte – Outros temas não prequestionados – Dissídio não demonstrado – Recurso não conhecido" (4ª T., REsp 62.746-RS (95/0014249-0), rel. Min. Ruy Rosado de Aguiar, j. 15.8.1995, *DJU* 27.11.1995, p. 40.894. V. *RT* 528/24).

2.5 O caso sob exame e os fundamentos expostos – Relação de aplicabilidade – Cabimento

À evidência de indícios de fraude praticada pelos sócios da Enge Industrial Ltda. (em aparente conluio com os novos sócios da JB & S Ltda. – ML de Santana e KL

Stry), objetivando possibilitar a participação da nova empresa (JB & S Ltda.) nas licitações promovidas pela Petrobrás, já que a Enge Industrial Ltda. (formada por sócios comuns de ambas) não conseguiria apresentar certidões negativas de débito para com as Fazendas Públicas Federal, Estadual e Municipal e as relativas a Seguridade Social e FGTS, quando da renovação cadastral que ocorreria em 18 de novembro de 1998, resta, agora, demonstrar o cabimento da teoria da desconsideração da pessoa jurídica (acolhida no sistema jurídico brasileiro) ao caso em análise.

Como é sabido, a Lei 8.666/93 não traz dispositivo expresso quanto à aplicação da *teoria da desconsideração da pessoa jurídica*. A despeito disso, todavia, a evolução doutrinária e jurisprudencial acerca do tema demonstra sua inserção na área do Direito Administrativo. E com razão isto se dá.

O Direito, como toda disciplina que tem a sua estruturação, não deve ser tratado como compartimento estanque, à moda cartesiana. Contrariamente, por ter na realidade social o seu fato gerador, deve, necessariamente, adequar-se no tempo de modo a evoluir, atendendo às demandas da vida, acompanhando as transformações surgidas das práticas e comportamentos do Homem na sociedade. Se assim não fosse, deixaria de regular as relações sociais, restando inservível, desconexo, inútil.

O vasto campo do Direito admite a especialização, dela decorrendo todos os ramos da Ciência Jurídica. Não obstante, cada um desses ramos sofre a interação de outros, o que faz do Direito um todo, harmônico, útil, vivo, para regular as relações do Homem na sociedade. Assim, diferente não é em relação ao instituto da desconsideração da personalidade jurídica. Sendo este um instituto nascido na seara do Direito Privado, veio sendo absorvido na área do Direito Público para atender e solucionar os casos ocorridos na atividade da Administração Pública, tal como se vê concretamente sob análise nesta oportunidade.

Na hipótese aqui tratada, com efeito, a desconsideração da pessoa jurídica serve para, diante dos indícios constatados, demonstrar a existência de dois sócios integrantes de pessoas jurídicas diversas, constituídas ambas (repita-se: conforme os indícios apontados) para o fim coincidente de contratarem com a Petrobrás, irregularmente, ante o móvel que os motivou.

Sim, pois se uma empresa (a Enge Industrial Ltda.) desprovida da condição de habilitação (regularidade fiscal), através de seus sócios cria uma outra (JB & S Ltda.) para "fazer as vezes" da primeira, é juridicamente justificável a invocação da teoria da desconsideração trazida a lume neste exame, para estabelecer o nexo de responsabilidade dos mesmos sócios na situação de fraude que se apresenta pelos indícios ora detectados.

Onde está a situação de irregularidade? – indagar-se-á.

Está em que os demais participantes dos certames nos quais a JB & S Ltda. esteja presente cumpriram com suas obrigações tributárias e previdenciárias, atendendo às exigências do art. 29 da Lei 8.666/93, enquanto a Enge Industrial Ltda., através de seus sócios, de modo evidente "representada" por sua "testa-de-ferro" JB & S Ltda., goza dos privilégios decorrentes da sua inadimplência perante a Fazenda Pública, podendo, por isso mesmo, oferecer preços mais baixos que os das concorrentes naquele certame.

A prevalecer a possibilidade de a JB & S Ltda. – *vista e sabida pela Petrobrás a situação de irregularidade fiscal da Enge Industrial Ltda. (repita-se: integrada por sócios da JB & S Ltda.)* – permanecer cadastrada (e automaticamente habilitada na sistemática daquela estatal), poderão ocorrer outras e outras situações idênticas com relação a essas mesmas empresas, ou seja, a JB & S Ltda. ingressa em estado de irregularidade fiscal, fica sem condição de habilitação, e aí constitui uma terceira empresa para dar-lhe guarida na continuidade de celebração de contratos com a Petrobrás.

Aliás, outro elemento trazido pela Consulente, que, acrescido à irregularidade fiscal aqui tratada, reforça a probabilidade de ocorrência sucessiva da constituição de novas empresas para substituir as anteriores maculadas pela impossibilidade de habilitarem-se nos certames, é o *mesmo padrão de preços praticado pela JB & S Ltda. e pela Enge Industrial Ltda.* Ou seja: a JB & S Ltda. tem oferecido preços na mesma faixa dos da Enge Industrial Ltda. (os mesmos preços que inviabilizaram sua saúde financeira) e que sugerem quadro de inadimplência futura. Segundo a Consulente, "as diferenças normais entre os concorrentes estaria no patamar *máximo de 15% e o mínimo de 0,1%*", o que não ocorre no caso *sub examine*, tomando-se por base as seguintes licitações: "PCM XXX-XX-XXX/98 (preço médio oferecido pela JB & S Ltda. menor que os dos concorrentes em *29%*)"; e "PCM XXX-XX-XXXX/98 (preço médio oferecido pela JB & S Ltda. menor que os dos concorrentes em *39%*)". Acrescenta a Consulente, complementando a argumentação, que "os processos de fabricação são determinados por métodos de eficiência; as matérias-primas são utilizadas pelos clientes; os custos fixos das fábricas são diluídos na eficiência com que os produtos são produzidos e fabricados; os impostos federais são iguais e o imposto estadual (ICMS) tem inclusão de diferença na alíquota em separado, considerando as determinações da lei respectiva; as margens de lucro são definidas considerando a eficiência na produção/administração e escala quantitativa de equipamentos a serem produzidos".

A realidade espelhada nas informações da Consulente não deixa outro qualquer espaço senão para concluir que essa situação (de permanência da JB & S Ltda. no cadastro da Petrobrás) contraria princípios constitucionais e infraconstitucionais que orientam a atuação da Administração Pública *in genere* e especificamente no particular das licitações e contratações.

O art. 3º da Lei 8.666/93, adiante transcrito, é explícito ao coibir qualquer infração que coloque em risco os princípios que respaldam o instituto da licitação:

"Art. 3º. A licitação destina-se a garantir a observância do princípio constitucional da isonomia e a selecionar a proposta mais vantajosa para a Administração e será processada e julgada em estrita conformidade com os princípios básicos da legalidade, da impessoalidade, da moralidade, da igualdade, da publicidade, da probidade administrativa, da vinculação ao instrumento convocatório, do julgamento objetivo e dos que lhes são correlatos.

"§ 1º. É vedado aos agentes públicos:

"I – admitir, prever, incluir ou tolerar, nos atos de convocação, cláusulas ou condições que comprometam, restrinjam ou frustrem o seu caráter competitivo e estabeleçam preferências ou distinções em razão da naturalidade, da sede ou domicílio dos licitantes ou de qualquer outra circunstância impertinente ou irrelevante para o específico objeto do contrato;

"(...)."

Colhe-se, por oportuno, disposição do Regulamento Simplificado da Petrobrás (item 4.7, "c") que prevê a suspensão no registro cadastral de licitantes "quando a firma: *tiver títulos protestados ou executados*". E no item 4.6 prescreve que: "Qualquer pessoa, *que conheça fatos que afetem a inscrição* e classificação das firmas executoras de obras e serviços ou fornecedoras de materiais e equipamentos, poderá impugnar, a qualquer tempo, total ou parcialmente, o registro, desde que apresente à unidade de cadastro as razões da impugnação".

Pinçando-se o *item 4.7, "c"*, e somente esse item, ter-se-ia fundamento legal autorizador da conclusão de impor-se a exclusão da JB & S Ltda. do cadastro da Petrobrás, diante e previamente, por óbvio, dos indícios de fraude aqui noticiados.

Depreende-se do exame feito, portanto, que vários princípios foram ofendidos com o indício da prática da constituição de nova empresa (JB & S Ltda.) para contratar com a Petrobrás em face do impedimento da Enge Industrial Ltda., quais sejam: isonomia ou igualdade, moralidade, razoabilidade, impessoalidade, finalidade e competitividade.

De fato, a *isonomia ou igualdade*, pressuposto basilar dos procedimentos licitatórios, ficou comprometida, pois que a um dos licitantes deu-se o privilégio de desobrigar-se de ônus que pesam sobre os demais. Sim, a obrigação de recolher tributos e encargos previdenciários não foi estendida à empresa faticamente antecessora da JB & S Ltda. Esta, ao que se vê, está participando de procedimentos licitatórios com vantagem; não estão todos em pé de igualdade. Se dada empresa não tem na relação de suas despesas a previsão de pagamento de determinadas parcelas, obviamente poderá cotar preços mais baixos, prejudicando os concorrentes.

O princípio da *moralidade* foi rompido pelo comportamento objeto deste estudo. Despiu-se o ato da ética que deve pautar as relações com a Administração. A propósito, pode-se colher o ensinamento do Prof. Josaphat Marinho[18] no sentido de que "violar a ética é tanto ato lesivo do patrimônio público quanto o que renega o dever de correção na vida privada. O conceito de honestidade é abrangente da existência em seu conjunto, no domínio público e no particular, ou não tem valor para a comunidade".

A *razoabilidade* também se encontra ausente do comportamento apontado *in casu*. Não é razoável que seja deferido pleito de cadastramento a determinada empresa que revela ser "sucessora" (de fato) de outra que não prosseguiu na participação de licitações públicas porque achava-se inadimplente perante a Fazenda Pública e, por conseqüência, sem regularidade fiscal.

Quebrada, igualmente, restou a *impessoalidade* que deve presidir o procedimento licitatório. À comissão de cadastramento da Petrobrás cabe analisar as situações que se lhe apresentam, para que, a partir daí, defira ou não o pedido de cadastro, tanto mais porque na sistemática daquela estatal a fase de cadastramento já antecipa a fase de habilitação.

A *competitividade* teve idêntico destino. Sucumbiu. Realmente, privilegiado um dos licitantes, os demais com ele não podem disputar, ao menos em condições de igualdade.

3. Respostas aos questionamentos formulados pela Consulente

Diante do exposto, passa-se a responder aos questionamentos da Consulente.

a) *Ante a fraude evidente narrada "in casu", é possível a participação da empresa JB & S Ltda. nos certames realizados pela Petrobrás?*

A resposta é negativa. Por tudo quanto foi explicitado, a JB & S Ltda. deve ser impedida de participar dos certames da Petrobrás, em razão dos evidentes indícios de fraude, que afronta os princípios da igualdade, moralidade, competitividade, da legalidade e os que lhe são correlatos.

b) *A comissão cadastral da Petrobrás poderia ter deferido inquestionavelmente o pedido de cadastramento da JB & S Ltda.?*

Não. A comissão haveria de perquirir o fato sintomático de haver uma empresa (Enge Industrial Ltda.) sem condição de habilitação, com sócios comuns a uma nova empresa que se apresentou para participar das licitações promovidas dali por diante. Seria, no mínimo, cauteloso o comportamento da comissão de cadastramento da Petrobrás, evitando o comprometimento da competitividade imprescindível às licitações.

c) *Qual a orientação jurídica para que se possa inibir o comportamento antiético dos sócios da empresa JB & S Ltda.?*

18. *Direito, Sociedade & Estado*, Salvador, Memorial das Letras, p. 232.

Representar junto à Petrobrás, perante a autoridade competente para apreciar o recurso, denunciando a situação, a fim de que se instaure sindicância para apurar o fato.

Esgotada a via administrativa, sem êxito, adotar medidas judiciais compatíveis com o perfil do caso, oportunamente recomendadas, objetivando excluir a JB & S Ltda. do cadastro da Petrobrás.

É o parecer.

Salvador, 22 de fevereiro de 1999.

REMUNERAÇÃO DOS SERVIDORES

Dinorá Adelaide Musetti Grotti

Professora da PUC/SP

1. Introdução. 2. O subsídio. 3. Previsão orçamentária na lei de diretrizes para as alterações. 4. Limitações quanto à remuneração: 4.1 Vedação de equiparações e vinculações – 4.2 Vencimentos do Executivo como paradigma para o Legislativo e o Judiciário – 4.3 Uniformidade na data e nos índices para revisão geral anual da remuneração dos servidores públicos e dos subsídios – 4.4 Proibição de repique de benefícios – 4.5 Fixação de teto de remuneração – 4.6 Relação entre a maior e a menor remuneração – 4.7 Irredutibilidade de vencimentos, subsídios e salários. 5. Adaptação do sistema remuneratório atual ao regime de subsídio. 6. A organização dos servidores em carreira. 7. Situação dos aposentados e pensionistas. 8. Aplicação da Emenda da Reforma Administrativa no âmbito estadual e municipal. 9. Os subsídios dos agentes políticos. 10. Observações finais.

1. Introdução

O texto constitucional de 1988, em sua redação original, revelou acentuados cuidados em relação ao tema da retribuição dos servidores do Poder Público, tanto que tratou do assunto em seis incisos do art. 37 (incisos X a XV).

Na EC 19/98, tecnicamente mal feita e mal redigida, muitas das modificações introduzidas destinam-se essencialmente a prescrever em novas bases a retribuição dos agentes públicos. Assim, há a inclusão do subsídio como nova forma de remuneração ao lado do salário, próprio dos empregados, e dos vencimentos em sentido estrito, próprios dos ocupantes de cargos públicos em geral; a definição de um sistema de remuneração mais rígido; o reforço dos tetos de remuneração; a supressão da isonomia como princípio constitucional expresso para a política remuneratória; a manutenção da regra de irredutibilidade de salários e vencimentos e aplicação também aos subsídios; a exigência de lei para fixação e alteração de remuneração nos três Poderes (art. 37, X), salvo para a fixação de subsídio para os deputados federais e os senadores (art. 49, VII), do presidente e do vice-presidente da República e dos ministros de Estado (art. 49, VIII), que é da competência exclusiva do Congresso Nacional, portanto sem sanção do chefe do Poder Executivo (atendendo-se, em qualquer hipótese, ao teto fixado no inciso XI do art. 37).

Deve ser observada a iniciativa privativa em cada caso: a) do chefe do Executivo para os cargos, empregos e funções da Administração direta, autárquica e fundacional pública deste Poder (art. 61, § 1º, II, "a", da CF); b) e dos tribunais para os cargos da respectiva organização judiciária (art. 96, II, "b"); c) do procurador-geral da República (art. 61, c/c art. 127, § 2º, CF), quando versar sobre os servidores do Ministério Público Federal; d) do Senado Federal (art. 52, XIII) ou da Câmara dos Deputados (art. 51, IV), conforme se trate dos serviços auxiliares de uma ou de outra Casa Legislativa. Cada um desses órgãos remete ao Legislativo projeto de lei, seja de criação de cargos (no caso do Executivo e Judiciário, pois a criação de cargos, empregos e funções no Legislativo continua a ser feita por resolução do Senado ou da Câmara, conforme se trate dos serviços auxiliares de uma ou de outra), seja de fixação ou alteração de vencimentos ou subsídios (Executivo, Judiciário e Legislativo). Similarmente, aplica-se no âmbito do Estado-membro, do Distrito Federal e do Município o que se descreveu com relação à União.

A fixação do subsídio dos ministros do STF, que será também a referência de valor para o teto de remuneração da Administração Pública, será feita nos termos do art. 48, XV, ou seja, por lei de iniciativa conjunta dos presidentes da República, da Câmara dos Deputados, do Senado Federal e do Supremo Tribunal Federal, ou seja, a iniciativa de lei caberá aos dirigentes máximos dos três Poderes. Trata-se de modificação de grande relevância política, significando que deve haver uma sociedade no poder.

Todavia, do ponto de vista jurídico tal dispositivo já vem merecendo críticas. Assim é que do editorial do *Jornal da Associação dos Juízes Federais de São Paulo e Mato Grosso do Sul* de junho de 1998 consta que causou espécie, afigurando-se contraditória, a inovação da EC 19/98 ao exigir a iniciativa conjunta dos três Poderes (de resto, não exigida para fixação do subsídio dos demais), que acaba por tolher a independência do Poder Judiciário e a harmonia entre os Poderes, de há muito preconizada por Aristóteles, teorizada por Montesquieu e consagrada no art. 2º da CF de 1988. Ademais, ficou evidente que a inovação não se coaduna com a cláusula pétrea veiculada pelo art. 60, § 4º, III, da CF, vez que amputa significativamente a autonomia de um dos Poderes da República.[1]

Fácil, pois, é antever as dificuldades, divergências e conchavos que advirão dessa iniciativa conjunta em sua aplicação.

2. *O subsídio*

O termo "subsídio", do Latim *subsidium* (reserva, reforço, auxílio), gramaticalmente tomado na acepção originária, revela tudo que vem no sentido de auxiliar, socorrer ou reforçar alguma coisa.

Na terminologia técnica da Constituição anterior, o subsídio era previsto como forma de designar a remuneração dos agentes políticos, dividido em uma parte fixa e uma variável, de acordo com o número e o comparecimento do titular às sessões legislativas. O vocábulo "subsídio" não foi utilizado na Constituição de 1988, mas voltou com a EC 19/98, por proposta do Dep. Moreira Franco,[2] totalmente desvinculado do sentido original do vocábulo, vindo a designar a importância paga, em parcela única, pelo Estado, a determinadas categorias de agentes públicos, como retribuição pelo serviço prestado. Via de conseqüência, não

1. Diz Canotilho que um Estado de Direito não prescinde da separação de Poderes, e esta deve ser real, e não formal.

2. Cf. "Reforma gerencial", *Revista do Ministério da Administração Federal e Reforma do Estado* 0/16, março de 1998.

tem a natureza de ajuda, socorro, auxílio, mas possui caráter retributório e alimentar.[3]

Como sabemos, a expressão "agente público" tem sentido mais amplo do que servidores, pois abrange todos aqueles que prestam serviços ao Poder Público ou que realizam atividades inerentes ao Estado, incluindo os agentes políticos (parlamentares de todos os níveis, chefes de Poder Executivo de todos os níveis, ministros de Estado, secretários estaduais e municipais), os servidores públicos (aqueles que mantêm relação de trabalho, de natureza profissional e caráter não-eventual sob vínculo de dependência, abrangendo os estatutários e os celetistas), e os particulares que, mesmo eventualmente e sem remuneração, prestem serviços ao Estado.

Dentre os agentes públicos, alguns serão necessariamente alcançados pelo regime de subsídios; outros, em caráter facultativo, a critério do legislador de cada ente federativo (art. 39, § 8º).

Serão obrigatoriamente remunerados por subsídios:

a) todos os agentes públicos mencionados no art. 39, § 4º, a saber: membro de Poder (o que compreende os membros do Legislativo, Executivo e Judiciário da União, Estados e Municípios), o detentor de mandato eletivo (já alcançado, parcialmente, pela expressão "membro de Poder"), ministros de Estado, secretários estaduais e municipais;

b) os membros do Ministério Público da União e dos Estados (art. 128, § 5º, I, "c");

c) os integrantes da Advocacia-Geral da União, os procuradores dos Estados e do Distrito Federal e os defensores públicos (art. 135);

d) os ministros do Tribunal de Contas da União, dos Estados e do Distrito Federal (arts. 73, § 3º, e 75);

e) os servidores públicos policiais (art. 144, § 9º).

Além desses, o art. 39, § 8º, prevê que os servidores públicos organizados em carreira poderão ser remunerados mediante subsídios, conforme opção do legislador de cada ente federativo.

O art. 39, § 4º, prevê o subsídio como *parcela única*, à qual não pode ser acrescida vantagem pecuniária, como "gratificação, adicional, abono, prêmio, verba de representação ou outra espécie remuneratória".

Ao vedar o acréscimo de quaisquer vantagens pecuniárias ao subsídio, buscou o legislador extinguir o sistema remuneratório tradicionalmente vigente na Administração Pública e que compreende o padrão fixado em lei mais as vantagens pecuniárias de variada natureza previstas na legislação estatutária. E, ao se referir à parcela única, proibiu a fixação dos subsídios em duas partes (uma fixa e outra variável), como adotado para os agentes políticos na vigência da Constituição de 1967.

Com isso, ficam derrogadas, para os agentes que percebam subsídios, todas as normas infraconstitucionais que prevejam vantagens pecuniárias remuneratórias como parte da remuneração.

Em conseqüência, também, para remunerar de forma diferenciada os ocupantes de cargos de chefia, direção, assessoramento e os cargos em comissão, terá a lei de fixar, para cada um, subsídio composto de "parcela única". O mesmo se diga com relação aos vários níveis de cada carreira.[4]

No entanto, a existência de vários outros dispositivos constitucionais não alterados pela EC 19 frustra parcialmente a intenção do legislador contida no art. 39, § 4º. Se não, vejamos.

Fica mantida no art. 39, § 3º, a aplicação aos ocupantes de cargo público do disposto no art. 7º, IV, VII, VIII, IX, XII, XIII,

3. Cf. Maria Sylvia Zanella Di Pietro, "O que muda na remuneração dos servidores (os subsídios)", *BDA-Boletim de Direito Adminsitrativo* julho de 1998, p. 422.

4. Cf. Maria Sylvia Zanella Di Pietro, idem, ibidem.

XV, XVI, XVII, XVIII, XIX, XX, XXII e XXX. Assim, o servidor que ocupe cargo ou emprego público (exceto os exercentes de mandato eletivo) terá direito a: a) 13º salário; b) adicional noturno; c) salário-família; d) remuneração do serviço extraordinário superior, no mínimo, a 50% à do normal; e) adicional de férias.

Poder-se-ia afirmar que o § 4º exclui essas vantagens; mas o § 3º refere-se genericamente aos *ocupantes de cargo público*, sem fazer qualquer distinção quanto ao regime remuneratório.

No entanto, diante de duas normas constitucionais aparentemente contraditórias, deve-se adotar interpretação que possibilite a convivência harmônica dos dois dispositivos. No caso, deve-se compatibilizar os §§ 3º e 4º do art. 39, de modo que o fato de mencionar "parcela única" não se constitua em fator impeditivo da aplicação do § 3º, que assegura o direito a determinadas vantagens também com suporte constitucional.

As Profas. Lucia Valle Figueiredo,[5] Maria Sylvia Zanella Di Pietro[6] e Weida Zancaner[7] já se pronunciaram no sentido de que o § 4º do art. 39 não infirma o que está no § 3º. Se os que recebem subsídios não fizessem jus aos direitos sociais, a exclusão deveria ser expressa.

Também entendemos que as vantagens que têm caráter indenizatório não podem deixar de ser previstas, já que se trata de compensar o servidor por despesas efetuadas no exercício do cargo; é o caso das diárias, das ajudas de custo e despesas de transporte.[8] Não se pode pretender que o servidor que faça gastos indispensáveis ao exercício de suas atribuições não receba a devida compensação pecuniária. Trata-se de aplicação do princípio geral de Direito que impõe o dever de indenizar a quem quer que cause prejuízo a outrem.

Este entendimento se confirma com a regra do art. 57, § 7º, referente à sessão legislativa extraordinária do Congresso Nacional. Embora todos os parlamentares recebam, nos termos do art. 39, § 4º, a já referida *parcela única*, está prevista parcela *indenizatória*, não superior à do subsídio mensal, em caso de convocação para sessão legislativa extraordinária.[9] Se parcela indenizatória é isso, vamos ter várias parcelas indenizatórias que serão fixadas.

Destaca o Prof. Carlos Ari Sundfeld:

5. XII Congresso Brasileiro, II Congresso Sul Americano, *O Direito Administrativo Avançado*, Foz de Iguaçu, 4 a 7 de agosto de 1998.

6. "O que muda na remuneração dos servidores (os subsídios)?", cit.

7. "Lineamentos sobre a remuneração dos servidores na Emenda Constitucional n. 19", in *BDA*, julho de 1998.

8. A finalidade das *indenizações* é ressarcir despesas a que o servidor seja obrigado em razão do serviço, compreendendo: *ajudas de custo*, para acudir a despesas que o servidor tenha de fazer em razão de mudança permanente de domicílio, quando for designado para ter exercício em nova sede; *diárias*, para enfrentamento de gastos com deslocação transitória eventual, a serviço, para outro ponto do território; e *transporte*, para suprir dispêndios do servidor que, em veículo próprio, deve realizar serviço externo, por força das atribuições próprias do cargo (arts. 53, 54, 58 e 60 da Lei 8.112/90).

As *gratificações* compreendem duas espécies de acréscimos: a) pelo exercício de *função de direção, chefia ou assessoramento*, conferida segundo percentuais estabelecidos em lei; e b) *natalina*, a qual corresponde ao 13º salário do servidor público, na proporção de 1/12 da remuneração a que o servidor fizer jus no mês de dezembro, por mês de exercício no respectivo ano (arts. 61, I e II, 62 e 63 da Lei 8.112/90).

Os *adicionais* são: a) *por tempo de serviço*; b) *pelo exercício de atividades insalubres, penosas ou perigosas*; c) *por serviço extraordinário*; d) *por trabalho noturno*; e) *de férias*; f) *outros adicionais* relativos ao local ou à natureza do trabalho (art. 61, III-VIII, da Lei 8.112/90) (in Maurício Antônio Ribeiro Lopes, *Comentários à Reforma Administrativa*, São Paulo, Ed. RT, 1998, pp. 168 e 169).

9. Lucia Valle Figueiredo, artigo cit., pp. 422 e 423.

"O fato de ter o seu trabalho remunerado por subsídio, que deve ser versado em parcela única, não impede o servidor de receber dos cofres públicos outras importâncias, *sem caráter remuneratório do específico exercício de seu cargo*. São exemplos: uma indenização por gastos de transporte, uma bolsa de estudos para completar sua formação, um *prêmio* em concurso de monografias, um *abono* pela apresentação de idéia que gere economia de recursos públicos, uma *gratificação* pela participação em banca de concurso universitário, um *adicional* pelo comparecimento em sessão do 'Conselho de Cidadãos', uma *verba de representação* pela atuação em jogo esportivo, como integrante de time formado pelos servidores do órgão; bem assim um subsídio, um salário ou um vencimento pelo exercício, em regime de acumulação (lícita, evidentemente), de outro cargo ou emprego; ou um provento de aposentadoria ou uma pensão.

"As expressões empregadas pelo art. 39, § 4º, da Constituição, ao arrolar 'parcelas' que não podem ser acrescidas à 'parcela única' que constitui o subsídio, foram marcadas com itálico com o propósito de 'chamar atenção para a *irrelevância dos termos*. Nenhum recebimento fica *proibido* pelo simples fato de ter sido denominado como 'gratificação, adicional, abono, prêmio ou verba de representação'; tampouco *permitido* por, em esforço de criatividade, haver-se nomeado diferentemente.

"A exemplificação feita pretende, de outra parte, deixar bem vincado o sentido da enumeração contida na norma do art. 39, § 4º. O que não pode ser acrescido ao 'subsídio único' é uma outra parcela *remuneratória*, vale dizer, uma quantia destinada a compensar o agente pelo específico exercício do cargo em causa. Mas seria ridículo confundir a regra do dispositivo com a interdição, genérica e indiscriminada, ao recebimento de dinheiro estatal a qualquer título."[10]

Vale ainda registrar que no art. 39, § 3º, houve supressão da referência ao inciso XXIII, pertinente ao "adicional de remuneração para atividades penosas, insalubres ou perigosas, na forma da lei".

Poder-se-ia indagar se o fato de não mais constar a obrigação na Constituição torna inconstitucionais as leis que dispõem ou venham a dispor sobre esses adicionais, promulgadas pela própria União, pelos Estados, pelo Distrito Federal ou pelos Municípios.

3. Previsão orçamentária na lei de diretrizes para as alterações

De acordo com o § 1º do art. 169 da CF,[11] com a redação dada pela EC 19/98, "a concessão de qualquer vantagem ou aumento de remuneração, a criação de cargos, empregos e funções ou alteração de estrutura de carreiras, bem como a admissão ou contratação de pessoal, a qualquer título, pelos órgãos e entidades da Administração direta ou indireta, inclusive fundações instituídas e mantidas pelo Poder Público, só poderão ser feitos se houver: I – prévia dotação orçamentária suficiente para atender às projeções de despesa de pessoal e aos acréscimos dela decorrentes; II – autorização específica na lei de diretrizes orçamentárias, ressalvadas as empresas públicas e as sociedades de economia mista".

4. Limitações quanto à remuneração

A Constituição estabelece algumas limitações ao legislador em termos de fixação de remuneração.

10. Cf. parecer publicado no "Caderno Especial" da revista *Reforma Administrativa* da Associação dos Procuradores do Estado de São Paulo, pp. 23-28.

11. O parágrafo único do art. 169 da CF/88, em sua redação original, foi renumerado, com a EC 19/98, como § 1º e teve ampliado o seu alcance, ficando a proibição de criação de cargos estendida também a empregos e funções.

4.1 Vedação de equiparações e vinculações

A vedação de equiparações e vinculações de qualquer natureza para o efeito de remuneração do pessoal do serviço público é uma norma moralizadora que figura no texto constitucional desde 1967 (art. 96). Tal proibição constou do *art. 37, XIII, da CF/88*, ressalvadas, unicamente, as hipóteses previstas no próprio texto constitucional. Era o caso da isonomia de vencimentos para cargos de atribuições iguais ou assemelhados dentro ou fora do mesmo Poder, prevista no art. 39, § 1º, com as limitações do art. 37, XI, como era também (parcialmente) o da remuneração dos magistrados (art. 93, V), e, ainda da disposição do art. 135, complementada pelo art. 241, ambos referidos ao pessoal necessariamente dotado do título de bacharel em Direito. A proibição está destinada ao legislador ordinário, que não pode "amarrar" remunerações de diferentes servidores, de maneira a fazer com que a alteração de uma acarrete, automaticamente, a alteração de outras, em um processo às vezes até mesmo incontrolável.

A *equiparação iguala* cargos, empregos ou funções com nomes e atribuições diferentes para fins de remuneração. A *vinculação subordina* um cargo a outro, dentro ou fora do mesmo Poder, ou a qualquer fator que funcione como índice de reajustamento automático, como o aumento do salário mínimo, o aumento da arrecadação ou qualquer outro.

O que se visa a impedir, com esse dispositivo, são os reajustes automáticos de vencimentos, o que significa que não está o legislador proibido de fixar remunerações idênticas para cargos diferentes, desde que não condicione uma à outra.[12]

Nem está o legislador ordinário proibido de estabelecer vinculações e equiparações nos cargos em que a própria Constituição Federal assim autoriza ou determina.

O inciso XIII do art. 37 da CF, com a redação dada pela Emenda Constitucional, ampliou o alcance do dispositivo, ao fazer referência a quaisquer espécies remuneratórias, em lugar de vencimentos. Além disso, *removeu a remissão ao art. 39, § 1º*, que tratava da isonomia de vencimentos para cargos de atribuições iguais ou assemelhados do mesmo Poder ou entre servidores dos Poderes Executivo, Legislativo e Judiciário, ressalvadas as vantagens de caráter individual e as relativas à natureza ou ao local de trabalho. Embora a doutrina[13] entendesse que, não obstante o dispositivo em questão mencionasse apenas "servidores da Administração direta", ele abrangia também os servidores das autarquias e das fundações públicas, pois, se não se desse tal interpretação, estar-se-ia atribuindo verdadeiro contra-senso à Constituição, tanto mais porque o § 1º do artigo em apreço previa regime jurídico único e planos de carreira para os servidores da Administração direta,

12. Nesse sentido, a jurisprudência do STF tem decidido:

"(...). A outorga, em valores absolutos, de vantagem pecuniária a certa categoria funcional, ainda que nas mesmas bases já deferidas a determinados estratos do funcionalismo público, não transgride o princípio constitucional inscrito no art. 37, XIII, da Carta Política, desde que a norma legal que a tenha concedido não viabilize majorações automáticas pertinentes a benefícios futuros.

"A jurisprudência do Supremo Tribunal Federal, atenta ao postulado constitucional que veda equiparações e vinculações no serviço público, tem repelido a legislação comum, sempre que esta permitir que futuros aumentos em favor de determinada categoria funcional repercutam, de modo instantâneo, necessário e automático, sobre a *remuneração* devida a outra fração do funcionalismo público, independentemente de lei específica que os autorize" (Tribunal Pleno, ADIn/MC 1.096-RS, rel. Min. Celso de Mello, j. 16.3.1995, *DJU* 22.9.1995, p. 30.589, *Ement.* 01801-01/00085).

13. Celso Antônio Bandeira de Mello, *Curso de Direito Administrativo*, 10ª ed., São Paulo, Malheiros Editores, 1998, p. 166; Adílson Abreu Dallari, *Regime Constitucional dos Servidores Públicos*, 2ª ed., São Paulo, Ed. RT, p. 63, entre outros.

autarquias e fundações públicas, no que revelava o propósito de parificá-los, o STF, na ADIn/MC 1.434-SP,[14] ao analisar o art. 101 da Constituição do Estado de São Paulo, pertinente à equiparação, em vencimentos e vantagens, entre procuradores do Estado e procuradores autárquicos, entendeu excluídos do alcance normativo da cláusula constitucional os servidores vinculados às entidades que integram a Administração indireta ou descentralizada.

A Emenda acabou com a isonomia interna, externa e a de carreiras. Assim, poderá haver remuneração diferenciada dentro da carreira.

Isto é, houve supressão do dispositivo sobre a isonomia remuneratória do texto constitucional como princípio expresso para a política remuneratória, passando a ser simples diretriz de política remuneratória.

O Min. Bresser Pereira tem frisado que o termo "isonomia" não poderia continuar na Constituição, pois "cria um direito e estimula uma cadeia de reivindicações que acabam provocando exatamente o efeito contrário: uma 'desisonomia'".

Convém, porém, reconhecer que *a disciplina constitucional da remuneração do servidor público não deriva de um específico dispositivo, mas decorre da conjugação harmônica e sistemática de todos os dispositivos constitucionais pertinentes à figura do servidor e de sua remuneração.* Convém ainda recordar que o princípio da isonomia mereceu a atenção do Constituinte em diversos outros dispositivos, aplicáveis a todas as esferas de governo (art. 5º, *caput* e inciso I), tendo sido ainda mantidas, com relação aos servidores, normas que visam a preservar tal princípio, em termos de remuneração (por exemplo, art. 37, X).

Conseqüentemente, restará a indagação sobre se a retirada da isonomia de vencimentos do art. 39, § 1º, da CF/88 acarretará a cessação das demandas com fulcro no referido princípio.

Por sua vez, foi também retirada do texto constitucional a isonomia de vencimentos entre as carreiras consideradas essenciais à Justiça, constante do art. 135, complementada pelo art. 241.

A propósito, destacou a Profa. Maria Sylvia Zanella Di Pietro: "Embora todos saibam que esse dispositivo foi incluído na Constituição com o objetivo de assegurar isonomia de vencimentos entre juízes, promotores, procuradores do Estado e defensores públicos, além de delegados de polícia (estes últimos pela norma do art. 241), houve uma resistência de determinados Estados em dar cumprimento à norma", pois a aplicação do preceito constitucional traria pesados ônus financeiros aos cofres públicos.

Alegam os que a ela se opõem que a isonomia, nos termos do art. 39, § 1º, só existe quando haja identidade ou semelhança de atribuições, o que não ocorre entre as carreiras mencionadas.

Identidade de funções não existe, realmente, pois, se assim fosse, não haveria necessidade de serem criadas carreiras diversas; semelhanças podem existir em alguns pontos, mas a elas corresponderão outras tantas diferenças". "Porém, essa isonomia é direito que decorre da norma constitucional; se esta não tiver esse sentido, constituirá letra morta na Constituição."[15]

O art. 135 teve sua redação alterada para incluir no regime de subsídios os servidores integrantes da Advocacia-Geral da União, os procuradores dos Estados e do Distrito Federal e os defensores públicos. E o art. 144, § 9º, estabeleceu a adoção obrigatória do subsídio para os servidores públicos policiais. E a isonomia de vencimentos das carreiras jurídicas foi definitivamente sepultada.

14. Tribunal Pleno, rel. Min. Celso de Mello, j. 20.8.1996, *DJU* 22.11.1996, p. 45.684, *Ement.* 01858-01/00141.

15. Maria Sylvia Zanella Di Pietro, *Direito Administrativo*, 8ª ed., São Paulo, Atlas, 1997, pp. 363 e 364.

A Emenda contemplou uma exceção à proibição de vinculação pertinente à remuneração dos magistrados, no art. 93, V, que teve sua redação alterada: "o subsídio dos ministros dos tribunais superiores corresponderá a 95% (noventa e cinco por cento) do subsídio mensal fixado para os ministros do Supremo Tribunal Federal e os subsídios dos demais magistrados serão fixados em lei e escalonados, em nível federal e estadual, conforme as respectivas categorias da estrutura judiciária nacional, não podendo a diferença entre uma e outra ser superior a 10% (dez por cento) ou inferior a 5% (cinco por cento), nem exceder a 95% (noventa e cinco por cento) do subsídio mensal dos ministros dos tribunais superiores, obedecido, em qualquer caso, o disposto nos arts. 37, XI, e 39, § 4º".

4.2 Vencimentos do Executivo como paradigma para o Legislativo e o Judiciário

Outro dispositivo concernente à isonomia de vencimentos é o contido no art. 37, XII, segundo o qual os vencimentos dos cargos do Poder Legislativo e do Judiciário não poderão ser superiores aos pagos pelo Poder Executivo; por outras palavras, os vencimentos pagos aos servidores do Poder Executivo servem de teto para os servidores dos demais Poderes – norma, essa, que não foi revogada pela Emenda. Tal dispositivo repete o que figurava no art. 98 da Carta de 1969, mas o faz de maneira incompleta e defeituosa, por não ter feito referência à parte faltante, que constava do texto anterior: "para cargos de atribuições iguais ou assemelhadas".

Quando da promulgação da Constituição registrava o Prof. Adílson Abreu Dallari: "O que se tem, em síntese, no inciso XII, é um parâmetro, um limite necessário e indispensável para dar sentido à regra da paridade, prevista no art. 39, § 1º. Sem esse referencial, seria impossível saber qual a remuneração a ser tomada como paradigma para o estabelecimento da paridade".[16]

A seu turno, destacava a Profa. Maria Sylvia Zanella Di Pietro que, "para que esta norma não conflite com a do inciso XII, é necessário interpretá-la no sentido de que os membros do Congresso Nacional e os ministros do STF não podem ganhar mais do que ganham os ministros de Estado e, na esfera estadual, deputados e desembargadores não podem ganhar mais do que os secretários de Estado".[17]

Mas, agora, como vemos, não há mais a regra da paridade e o teto é único. Qual o sentido da aplicação dessa norma? Cremos que a aplicação do dispositivo ficará restrita aos demais cargos.

4.3 Uniformidade na data e nos índices para revisão geral anual da remuneração dos servidores públicos e dos subsídios

Apesar da retirada da equiparação por isonomia do texto constitucional, salientamos que o Constituinte manteve, com relação aos servidores públicos, normas que visam a preservar o princípio da isonomia, em termos de remuneração. É o caso do inciso X do art. 37, que assegura a revisão geral anual da remuneração dos servidores públicos e dos subsídios, em cada nível de governo, sempre na mesma data e sem distinção de índices. O intuito do Constituinte é claro: garantir as ***revisões gerais*** *anuais das remunerações dos servidores públicos e dos subsídios, tendo por objetivo a sua atualização, de modo a acompanhar a evolução do poder aquisitivo da moeda*; se assim não fosse, não haveria razão para tornar obrigatória a sua concessão anual, no

16. Adílson Abreu Dallari, *Regime Constitucional dos Servidores Públicos*, 2ª ed., São Paulo, Ed. RT, pp. 59 e 60.

17. Maria Sylvia Zanella Di Pietro, *Direito Administrativo*, cit., p. 362.

mesmo índice e na mesma data para todos. *Essa revisão anual constitui direito dos servidores*, o que não impede a Administração de proceder a outras revisões parciais, com vistas a alterar a situação remuneratória de determinadas categorias profissionais, seja para corrigir injustiças, seja para proceder a uma melhor adequação ao mercado de trabalho ou para reestruturações de carreira. Nesses casos, tais revisões não terão que ser anuais, não terão que ser na mesma data e pelos mesmos índices, nem terão que alcançar todas as categorias de servidores.[18]

4.4 Proibição de repique de benefícios

O inciso XIV do art. 37 da CF estabelece também uma limitação ao Poder Público em termos de remuneração de seus servidores, ao determinar que "os acréscimos pecuniários percebidos por servidor público não serão computados nem acumulados, para fins de concessão de acréscimos ulteriores, sob o mesmo título ou idêntico fundamento". Esse dispositivo teve por objetivo impedir taxativamente o cômputo de vantagens sobre vantagens, a incidência recíproca de vantagens, o chamado "repique" de benefícios sob o mesmo título ou idêntico fundamento, que produziam um extraordinário efeito multiplicador sobre a remuneração, e que contribuiu para o surgimento da figura do "marajá".

18. O Prof. Celso Antônio Bandeira de Mello, à luz da redação anterior, sustentava que o dispositivo só abrangia os servidores ocupantes de cargos na Administração direta, autarquias e fundações públicas, não se aplicando aos empregados revisão remuneratória igual e na mesma data, pois os dissídios coletivos hão de levar (ou ao menos podem levar) a índices distintos e a revisões em épocas diferentes. Então, além de contarem com as revisões daí decorrentes, deveriam, ainda, beneficiar-se das que são pressupostas no inciso? (*Regime dos Servidores da Administração Direta e Indireta*, 3ª ed., São Paulo, Malheiros Editores, 1995, pp. 77 e 78).

A Emenda Constitucional manteve a redação do inciso XIV, mas suprimiu a exigência de serem os acréscimos ulteriores "sob o mesmo título ou idêntico fundamento", que acabava por reduzir a eficácia do disposto na Constituição e permitir a gratificação em cascata.

Dessa forma, foram reforçadas as restrições à concessão de parcelas ou adicionais de remuneração com incidência recíproca. Configura proibição abrangente aplicável somente aos servidores que estejam em regime de vencimentos (não subsídios), para que os acréscimos pecuniários percebidos por servidor público sejam acumulados para fins de concessão de acréscimos ulteriores.

Assim, a sexta-parte (vantagem concedida ao servidor municipal a partir da data em que completar 20 anos de exercício, calculada sobre o padrão mais vantagens) será diretamente atingida por esse dispositivo. Doravante terá que haver uma referência numérica, terá que haver um valor absoluto. Também, o Regime de Dedicação Profissional Exclusiva-RDPE no Município de São Paulo. A rigor, o cálculo é 100% sobre o padrão. Mas o valor constante do *hollerith* é 100% do padrão, ao qual estão incorporados padrão mais adicionais por qüinqüênios, nível superior, adicional de função.

No Município de São Paulo muitas carreiras foram reestruturadas, a partir de 1994, com o espírito, a preocupação, de acabar com os "penduricalhos", que restaram absorvidos no padrão. Restaram apenas algumas gratificações para exercício de cargos de chefia, direção e gabinete, que constituem um percentual sobre um valor absoluto. Agora faltam os procuradores, que têm benefícios calculados sobre outros benefícios. É uma ordem de cálculo que acaba nesse problema de vedação constitucional.

4.5 Fixação de teto de remuneração

A CF/88 procurou enfrentar o problema das distorções do sistema remuneratório no art. 37, XI, estabelecendo um teto diverso para cada Poder, a saber: para o Legislativo, os valores percebidos como remuneração, "a qualquer título", pelos membros do Congresso Nacional; para o Executivo, o que percebem os ministros de Estado; e para o Judiciário, o que percebem os ministros do STF. Na esfera estadual os vencimentos dos cargos correspondentes, ou seja, deputado, secretário de Estado e desembargador. Na esfera municipal serve de teto o valor percebido pelo prefeito.

A expressão "a qualquer título", reportada às remunerações definidas como teto, consoante interpretações doutrinárias e jurisprudenciais, permitiu que esse teto fosse contornado, prevalecendo a orientação de que nele estava abrangida a totalidade da retribuição pertinente ao cargo ocupado pelas autoridades referidas, ainda quando o correspondente pagamento seja feito sob rubricas distintas, como, por exemplo, vencimento-base, mais "adicional de representação", "nível universitário" ou outras fórmulas concebíveis. De outro lado, o teto passou a não compreender o que os ocupantes dos sobreditos cargos percebam como vantagem pessoal; *v.g.*, o adicional por tempo de serviço, sexta-parte etc., objeto de inúmeras decisões judiciais,[19] bem como as vantagens relativas à natureza ou ao local de trabalho. Assim também, os servidores (cuja remuneração há de se conter em tal balizamento) não poderão, "a qualquer título", perceber acima do patamar indicado, adotando-se, como é lógico, idêntico critério para caracterizar o que deverá ser entendido como tal.

A propósito, já se manifestou o Ministério da Administração Federal e Reforma do Estado: "o sistema da Constituição de 1988 é complexo e comporta brechas que o tornam ineficaz. A exclusão das 'vantagens pessoais' deu origem a grandes distorções no sistema de remuneração e formação dos famosos 'marajás'. Nos casos em que são permitidas acumulações de proventos de aposentadoria, de proventos de aposentadoria com a remuneração de cargo, ou de duas ou mais remunerações de cargos efetivos ou em comissão, o teto é calculado sobre cada retribuição, não sendo os valores somados para fim de abatimento".

Da leitura do art. 37, XI, da EC 19, que estabelece o teto da remuneração, infere-se:

a) No novo sistema simplifica-se a fixação de limites de remuneração. É estabelecido um teto nacional. O limite de remuneração passa a se referenciar num único valor, para os três Poderes e para as esferas federal, estadual e municipal, equivalente ao subsídio de ministro do STF. O presidente da República, governadores, prefeitos, ministros de Estado, deputados federais e senadores não podem receber mais do que for definido como subsídio dos ministros do STF.

Essa norma, todavia, deve ser conjugada com as dos arts. 27, § 2º, e 29, VI, que estabelecem para os deputados estaduais e vereadores limite inferior para os subsídios; para os primeiros o subsídio não pode ultrapassar o limite de 75% daquele estabelecido, em espécie, para os deputados federais, e para os segundos não pode ultrapassar o limite de 75% do estabelecido para os

19. "Vantagem pessoal" é aquela que o servidor perceba em razão de circunstância ligada à sua própria situação individual – e não ligada pura e simplesmente ao cargo. Além do adicional por tempo de serviço, podem ser citados como exemplo os adicionais pela prestação de serviço extraordinário ou pelo trabalho noturno (o efetuado entre 22h e 5h do dia seguinte) que o servidor desempenhe. Contrapõem-se às vantagens pessoais as denominadas (ainda que inadequadamente) "vantagens de carreira". Opostamente às anteriores, sua percepção corresponde a um acréscimo que está associado pura e simplesmente ao cargo ou à função. Qualquer que neles esteja preposto as receberá pelo só fato de exercê-los, sem que, para tanto, tenha que concorrer alguma circunstância ou incidente associável aos particulares eventos da vida funcional do agente ou às invulgares condições de trabalho em que preste sua atividade (Celso Antônio Bandeira de Mello, *Curso de Direito Administrativo*, cit., p. 159, nota de rodapé 5).

deputados estaduais (subteto parlamentar). É isto que consta da Emenda, não se podendo restringir além das hipóteses ali contempladas.

Ao contrário da redação original, que remetia a fixação do teto à lei, permitindo que Estados e Municípios fixassem o subteto, na redação dada pela Emenda o dispositivo já define o teto, que será igual para todos os servidores, em todos os níveis de governo.

Há quem sustente a possibilidade de estabelecer um subteto em face do art. 39, § 5º, segundo o qual "lei da União, dos Estados, do Distrito Federal e dos Municípios poderá estabelecer a relação entre a maior e a menor remuneração dos servidores públicos, obedecido, em qualquer caso, o disposto no art. 37, XI".

No entanto, não é esse o sentido do dispositivo. Como bem registra a Profa. Maria Sylvia Zanella Di Pietro, "na redação original do inciso XI contemplam-se duas normas diversas: uma que autoriza o legislador a fixar o 'limite máximo' e a 'relação de valores entre a maior e a menor remuneração dos servidores públicos'; e outra que já define um teto acima do qual o legislador de cada nível não poderá definir o limite máximo. Na Emenda observam-se as seguintes diferenças de tratamento dado à matéria: a) o inciso XI cuida apenas do teto e não mais remete a sua definição ao legislador infraconstitucional, o que significa que a Constituição já definiu, de forma uniforme para todos os níveis de governo, o limite máximo de remuneração ou subsídio dos servidores; b) foram separados os preceitos em dois dispositivos diferentes: no inciso XI do art. 37 está definido o teto, e no art. 39, § 5º, remete-se ao legislador a definição (facultativa) da relação entre a maior e a menor remuneração paga aos servidores públicos de cada nível de governo. Ainda que se entenda possível a definição de um limite máximo de remuneração ou subsídio inferior ao teto do art. 37, XI, para fins de aplicação do princípio da irredutibilidade de vencimentos, tem de prevalecer o teto do art. 37, XI, expressamente mencionado no art. 37, XV, e no art. 39, § 4º".[20]

b) O teto abrange tanto os que continuam sob o regime remuneratório atualmente em vigor como os que passam para o regime de subsídio.

c) O teto independe do regime jurídico, estatutário ou trabalhista, a que se submete o servidor, pois abrange os servidores públicos, ocupantes de cargos, funções e empregos públicos.

d) O novo teto proposto é aplicável apenas para a Administração direta, autárquica e fundacional, somente incidindo sobre as empresas públicas e sociedades de economia mista, ou suas subsidiárias, quando estas entidades recebem recursos da União, dos Estados, do Distrito Federal ou dos Municípios para pagamento de despesas de pessoal ou de custeio em geral (art. 37, § 9º); conseqüentemente, estarão liberadas as estatais que recebam investimentos, o que configurará a consagração da regra antieconomicidade.

e) O limite passa a se aplicar expressamente aos proventos de inatividade e à pensão devida aos dependentes do servidor falecido.

f) Nas hipóteses de acumulação, seja de provento, seja de remuneração, as parcelas serão somadas e consideradas como um todo para fins de abatimento. O servidor que esteja em regime de acumulação está sujeito a um teto único que abrange a soma da dupla retribuição pecuniária. O dispositivo é bastante problemático e gera situações de verdadeira perplexidade, porque vão existir situações em que o servidor, em um dos cargos, empregos ou funções, prestará serviço sem receber a correspondente retribuição pecuniária (é o caso dos ministros do STF que são professores); "ele conflita com o princípio que veda o enriquecimento ilícito, com o princípio da responsabilidade

20. Artigo cit., pp. 425 e 426.

civil que incumbe a quem causar dano a outrem, com o art. 39, § 3º, que manda estender determinados benefícios do art. 7º da Constituição, dentre os quais o que prevê salário mínimo, garantia de salário, nunca inferior ao mínimo, para os que percebem remuneração variável, 13º salário, remuneração do trabalho noturno superior à do diurno, salário-família, repouso semanal remunerado etc.".[21]

g) O limite passa a englobar, no seu valor, todas as importâncias percebidas pelo servidor, "incluídas as vantagens pessoais ou de qualquer outra natureza". A inclusão dessa expressão foi feita com o propósito de afastar a interpretação doutrinária e jurisprudencial de que as vantagens pessoais e as relativas à natureza ou local de trabalho, referidas no art. 39, § 1º, em sua redação original, ficavam fora do teto.

h) O dispositivo faz referência também a "outra espécie remuneratória", visando a impedir a instituição de alguma outra forma de remuneração cujo objetivo seja o de escapar do teto.

i) A norma inserta no inciso XI do art. 37 da CF, no nosso entender, é de eficácia plena e aplicabilidade imediata, não dependendo, relativamente ao teto, de regulamentação.[22] Com a promulgação da Emenda converte-se automaticamente em subsídio a soma das parcelas percebidas pelos ministros do STF para efeito do teto. O STF, no entanto, reunido em Sessão Administrativa, por maioria (7 votos a 4), vencidos os Mins. Sepúlveda Pertence, Carlos Velloso, Marco Aurélio e Ilmar Galvão, deliberou que "não são auto-aplicáveis as normas dos arts. 37, XI, e 39, § 4º, da Constituição, na redação que lhes deram os arts. 3º e 5º, respectivamente, da Emenda Constitucional n. 19, de 4.6.1998, porque a fixação do subsídio mensal, em espécie, de ministro do Supremo Tribunal Federal – que servirá de teto –, nos termos do art. 48, XV, da Constituição, na redação do art. 7º da referida Emenda Constitucional n. 19, depende de lei formal, de iniciativa conjunta dos Presidentes da República, da Câmara dos Deputados, do Senado Federal e do Supremo Tribunal Federal. Em decorrência disso, o Tribunal não teve por auto-aplicável o art. 29 da Emenda Constitucional n. 19/98, por depender, a aplicabilidade dessa norma, da prévia fixação, por lei, nos termos acima indicados, do subsídio do ministro do Supremo Tribunal Federal. Por qualificar-se, a definição do subsídio mensal, como matéria expressamente sujeita à reserva constitucional de lei em sentido formal, não assiste competência ao Supremo Tribunal Federal para, mediante ato declaratório próprio, dispor sobre essa específica matéria".[23]

O STF, nessa mesma Sessão Administrativa, entendeu que, até que se edite a lei definidora do subsídio mensal a ser pago a ministro do STF, prevalecerão os três tetos estabelecidos para os três Poderes da República no art. 37, XI, da CF, na redação anterior à que lhe foi dada pela EC 19/98; vale dizer: no Poder Executivo da União o teto corresponderá à remuneração paga a ministro de Estado; no Poder Legislativo da União o teto corresponderá à remuneração paga aos membros do Congresso Nacional; e no Poder Judiciário o teto corresponderá à remuneração paga, atualmente, a ministro do STF.[24]

21. Cf. Maria Sylvia Zanella di Pietro, artigo cit., p. 425.

22. O STF já se manifestou sobre a eficácia plena e a aplicabilidade imediata do art. 37, XI, da CF/88 (2ª T., RMS 21.840-DF, rel. Min. Marco Aurélio, j. 8.9.1994, *DJU* 4.11.1994, p. 29.831, *Ement.* 01765-02/00223; Tribunal Pleno, ADIn/MC 1.590-SP, rel. Min. Sepúlveda Pertence, j. 19.6.1997, *DJU* 15.8.1997, p. 37.034, *Ement.* 01878-01/00092).

23. Extrato parcial da Ata da 3ª Sessão Administrativa do STF de 24 de junho de 1998.

24. Segundo a sistematização das normas constitucionais, quanto à eficácia e à aplicabilidade, de José Afonso da Silva a norma pode ser: a) norma de eficácia plena e aplicabilidade direta, imediata e integral; b) norma de eficácia contida e aplicabilidade direta, imediata, mas possivelmente

Observe-se que é uma deliberação tomada numa sessão administrativa. Não é uma decisão judicial. É um embrião disso.

j) Estão excluídas do teto as vantagens que têm caráter indenizatório, já que se trata de compensar o servidor por despesas efetuadas no exercício do cargo; é o caso das diárias, das ajudas de custo e despesas de transporte. Como anteriormente salientado, o servidor que realiza gastos indispensáveis ao exercício de suas atribuições deve receber a devida compensação pecuniária, em decorrência da aplicação de um princípio geral de Direito que impõe o dever de indenizar a quem quer que cause prejuízo a outrem.

Este entendimento se confirma com a regra do art. 57, § 7º, referente à sessão legislativa extraordinária do Congresso Nacional. Embora todos os parlamentares recebam, nos termos do art. 39, § 4º, o subsídio, está prevista parcela indenizatória, não superior à do subsídio mensal, em caso de convocação para sessão legislativa extraordinária.

4.6 Relação entre a maior e a menor remuneração

Por sua vez, o art. 39, § 5º, ao estabelecer que "lei da União, dos Estados, do Distrito Federal e dos Municípios poderá estabelecer a relação entre a maior e a menor remuneração dos servidores públicos, obedecido, em qualquer caso, o disposto no art. 37, XI", reposiciona, no texto constitucional, o conteúdo do art. 37, XI, cuja redação foi alterada, pois o que antes constituía uma obrigatoriedade passou a ser uma faculdade, sempre a partir de lei ordinária e considerada a iniciativa privada em cada caso, obedecido o limite máximo constitucional.

O objetivo dessa relação é evitar discrepâncias muito acentuadas entre os que ganham mais e os que ganham menos, estabelecendo-se, assim, entre os distintos níveis de retribuição, intervalos comedidos.

não integral; c) norma de eficácia limitada (*Aplicabilidade das Normas Constitucionais*, 3ª ed., 2ª tir., São Paulo, Malheiros Editores, 1999, p. 82). São de eficácia plena as normas constitucionais que, "desde a entrada em vigor da Constituição, produzem, ou têm a possibilidade de produzir, todos os efeitos essenciais, relativamente aos interesses, comportamentos e situações, que o legislador constituinte, direta e normativamente, quis regular". São de aplicabilidade imediata, direta e integral, 'porque dotadas de todos os meios e elementos necessários à sua executoriedade", não comportando normatividade alguma ulterior para sua aplicação (ob. cit., pp. 101 e 102).

As normas de eficácia contida "são aquelas em que o legislador constituinte regulou suficientemente os interesses relativos a determinada matéria, mas deixou margem à atuação restritiva por parte da competência discricionária do Poder Público, nos termos que a lei estabelecer ou nos termos de conceitos gerais nelas enunciados". "São elas normas de aplicabilidade imediata e direta. Tendo eficácia independente da interferência do legislador ordinário, sua aplicabilidade não fica condicionada a uma normação ulterior, mas fica dependente dos limites (daí: eficácia contida) que ulteriormente se lhe estabeleçam mediante lei, ou de que as circunstâncias restritivas, constitucionalmente admitidas, ocorram (atuação do Poder Público para manter a ordem, a segurança pública, a defesa nacional, a integridade nacionaletc., na forma permitida pelo Direito Objetivo)" (ob. cit., p. 116).

Por fim, normas de eficácia limitada são todas as que dependem de uma providência ulterior (lei integrativa, processo especial etc.) que lhes complete a eficácia e disponha sobre sua aplicação. São de dois tipos: a) as definidoras de princípios institutivos ou organizativos; b) as definidoras de princípios programáticos (ob. cit., p. 118). As primeiras são "aquelas através das quais o legislador constituinte traça esquemas gerais de estruturação e atribuições de órgãos, entidades ou institutos, para que o legislador ordinário os estruture em definitivo, mediante lei" (ob. cit., p. 126). As últimas (programáticas) são aquelas normas "através das quais o constituinte, em vez de regular, direta e imediatamente, determinados interesses, limitou-se a traçar-lhes os princípios para serem cumpridos pelos seus órgãos (legislativos, executivos, jurisdicionais e administrativos), como programas das respectivas atividades, visando à realização dos fins sociais do Estado" (ob. cit., p. 138).

Revela-se nisto, aliás, a mesma índole de preocupação manifestada especificamente em relação à carreira da Magistratura e para ela resolvida, no título próprio, com a fixação de diferença não superior a 10% ou inferior a 5% entre os patamares da carreira (art. 93, V).

No caso dos servidores em geral, a lei que fixará a relação de valor não significa vinculação por força da qual todas as vezes em que se elevem as retribuições mais modestas estejam também elevadas as mais altas, e vice-versa. Isto pode ou não ocorrer, dependendo da forma como a lei regule tal relação.[25]

25. Assim, como destacou o Prof. Celso Antônio Bandeira de Mello, se a lei dispuser, por exemplo, "que a remuneração máxima será 12 vezes superior à mínima, todas as vezes em que uma delas for incrementada *ipso facto*, incrementar-se-á a outra. Entretanto, se, diversamente, vier a estatuir que a remuneração máxima será até 12 vezes superior à mínima, não haverá atrelamento acarretador das mesmas conseqüências. Neste caso, a elevação das remunerações mais modestas não determinará a elevação das mais altas. Reversamente, a elevação das maiores poderá acarretar a elevação das menores. É o que irá suceder se – e apenas se –, por força do incremento retributivo do escalão máximo, superar-se a diferença de 12 vezes, suposta no exemplo".

"Não se diga que esta conclusão é equivocada porque a elevação das remunerações mais altas representaria a ruptura da correlação anterior e a instituição implícita de uma nova correlação entre ambas, como simples fruto do princípio comezinho de que lei posterior revoga a anterior.

"É certo que lei posterior modifica, e em qualquer aspecto, a anterior. Certo também é, entretanto, que uma lei precedente não se considera revogada senão quando entre ambas seja impossível o convívio. A regra é a harmonia; não a desarmonia entre leis sucessivas. Não se suporá, então, que o incremento das remunerações maiores descompõe sua relação com as menores, dantes professadamente estabelecida. Descaberia, pois, admitir que a lei nova, casualmente, alterou o vínculo entre ambos os patamares retributivos, ou – pior que isto – que almejava alcançar tal resultado, mediante vias transversas, graças a subterfúgios, por não ousar dizê-lo às claras. Assim, elevadas as remunerações maiores, haver-se-á de concluir que elevadas estarão automaticamente as menores, sempre que necessário para preservar-se a relação estabelecida entre umas e outras.

"Do exposto verifica-se que no inciso XI está contida hipótese de que pode resultar vinculação de remuneração e, pois, de 'vencimentos', inobstante o inciso XIII, já referido, proíba ditas vinculações, com ressalva apenas das que ali menciona" (*Regime dos Servidores da Administração Direta e Indireta (Direitos e Deveres)*, 3ª ed., São Paulo, Malheiros Editores, 1995, pp. 82 e 83).

4.7 Irredutibilidade de vencimentos, subsídios e salários

Ainda com relação a vencimentos, a Emenda manteve, no inciso XV do art. 37, a regra da irredutibilidade, como garantia para o servidor, que já constava da redação original, apenas modificando a redação para adaptá-la às alterações por ela introduzidas, aplicando-a ao subsídio e aos vencimentos dos ocupantes de cargos e empregos públicos. A supressão, no art. 39, § 3º, da referência ao inciso VI do art. 7º na relação de direitos aplicados aos servidores ocupantes de cargo público constitui aperfeiçoamento de redação, posto que o inciso se refere a situações aplicáveis somente aos trabalhadores contratados pelo regime celetista (irredutibilidade de salários, salvo convenção ou acordo coletivo de trabalho).

As ressalvas contidas na parte final do inciso XV do art. 37 (incisos XI e XIV do art. 37 e arts. 39, § 4º, 150, II, 153, III, e 153, § 2º, I) têm por objetivo assegurar:

a) O cumprimento do teto de remuneração estabelecido num único valor para os três Poderes (art. 37, XI). Vale dizer que não se poderá invocar a irredutibilidade de vencimentos para manter remunerações que hoje superam o teto. A norma se reforça com a do art. 29 da Emenda, segundo a qual "os subsídios, vencimentos, remuneração, proventos da aposentadoria e pensões e quaisquer outras espécies remuneratórias adequar-se-ão, a partir da promulgação desta

Emenda, aos limites decorrentes da Constituição Federal, não se admitindo a percepção de excesso a qualquer título". A norma traz à baila a discussão sobre a possibilidade ou não de uma emenda à Constituição ferir direitos adquiridos.

No entanto, forçoso é reconhecer, pela interpretação pura e simples dos dispositivos citados e pela postura governamental, que a idéia é a de não respeitar os direitos adquiridos, no que diz respeito às importâncias que superam o teto fixado pelo inciso XI do art. 37.

Destaque-se que o STF não teve por auto-aplicável o disposto no art. 29 da Emenda, por depender a aplicabilidade dessa norma da prévia fixação, por lei, do subsídio do ministro do STF (Sessão Administrativa de 24 de junho de 1998, cit.).

Doutrinariamente já temos perfeitamente delimitadas duas correntes.

1ª. Uma sustentada pelos Profs. Carlos Ayres Britto, Valmir Pontes Filho,[26] Lucia Valle Figueiredo, Maria Sylvia Zanella Di Pietro e outros, que defendem a tese de que a emenda à Constituição tem que respeitar os direitos adquiridos, já que "a exigência de respeito foi incluída na própria Constituição, entre os direitos que o Constituinte originário considerou fundamentais. Se são fundamentais, é porque devem ser respeitados pelo legislador, qualquer que seja a natureza da norma a ser promulgada. Trata-se de princípio geral de Direito, que diz respeito à segurança jurídica e que existiria ainda que não previsto no corpo da Constituição".[27]

A propósito da matéria, vale a pena registrar que a norma do art. 37, XI, combinada com o art. 17 do ADCT, já foi uma medida extremada, pois negou a proteção aos direitos adquiridos e a irredutibilidade de vencimentos (art. 37, XV), que somente encontrou legitimação porque proveio da soberania do poder constituinte originário. Não há, nem poderia haver, direito adquirido contra a Constituição.

Todavia, o poder de emendar não tem a mesma amplitude do poder de constituir. As emendas estão compreendidas dentro do processo legislativo comum (art. 59), além de se sujeitarem às restrições do § 4º do art. 60. Por isso, o professor e deputado federal Michel Temer sustenta que a emenda constitucional é lei de ato normativo: "Tem apenas maior força (eficácia) que as demais. Mas, tal como os demais atos normativos, submete-se à Constituição. É ato subordinado, secundário, subsidiário, subalterno da Lei Magna. Portanto, obediente a ela. Se violar direito imutável, será declarada inconstitucional".[28]

Se assim é, simplesmente inadmissível supor que a Emenda tenha sido aquinhoada com o poder de reduzir vencimentos legais, abolir a irredutibilidade de vencimentos e desrespeitar os direitos adquiridos.

2ª. Outra que entende que, nada obstante esteja o poder constituinte reformador impedido de suprimir a garantia do direito adquirido, ou alterá-la, por força do § 4º, IV, do art. 60 da CF, "a referida garantia não impede o poder reformador de impor, por si, e diretamente, alterações em direitos e obrigações constitucionais, pois a garantia visa a obstar à eficácia imediata de inovação introduzida pelo legislador infraconstitucional, não pelo Constituinte, originário ou derivado". Nesse sentido José Eduardo Martins Cardozo[29] e Paulo Modesto.[30]

b) A aplicação da norma do inciso XIV do art. 37, que prevê a suspensão de acrésci-

26. "Direito adquirido contra as emendas constitucionais", *RDA* 202/75-80, outubro-dezembro de 1995.

27. Maria Sylvia Zanella Di Pietro, artigo cit., p. 420.

28. *Idéias e Ação – Informe Parlamentar* 2/1, ano I.

29. *Da Retroatividade da Lei*, São Paulo, Ed. RT, 1995, pp. 313 e 314.

30. "Reforma Administrativa e direito adquirido ao regime da função pública", *RTDP* 14/218, 1996.

mos decorrentes de incidências recíprocas entre parcelas, segundo a qual "os acréscimos pecuniários percebidos por servidor público não serão computados nem acumulados para fins de concessão de acréscimos ulteriores". Quer dizer, quem estiver recebendo em desacordo com esse dispositivo poderá ter a remuneração reduzida, sem poder invocar o princípio da irredutibilidade.

c) A referência ao art. 39, § 4º, pode gerar duas interpretações: uma no sentido de que sua menção é desnecessária, porque ele manda respeitar o disposto no art. 37, X e XI; o primeiro cuida da fixação dos subsídios por meio de lei, e o segundo cuida do teto, já referido com a menção ao inciso XI; outra que assegura a suspensão da percepção de vantagens cuja incorporação passa a ser proibida, ou seja, no caso do subsídio.

Observa a Profa. Maria Sylvia Zanella Di Pietro: "a referência ao art. 39, § 4º, cria dúvida de interpretação – a qual parte do dispositivo quis se referir o legislador: àquela que se refere ao subsídio como parcela única, vedada a percepção de qualquer outra vantagem, ou àquela que manda respeitar o disposto no art. 37, X e XI? Teria sido intenção do legislador afirmar que a irredutibilidade dos subsídios não impede a diminuição ou mesmo extinção das vantagens hoje percebidas? Parece-me que não pode ser essa a interpretação cabível, porque, se assim fosse, estaria a norma contemplando diversidade de solução: para os que percebem pelo sistema atual, a irredutibilidade teria de respeitar as vantagens pecuniárias; para os que passarem para o sistema de subsídios não haveria necessidade de respeitar o montante hoje percebido a título de vantagens pecuniárias. A norma conflitaria com o princípio da isonomia, consagrado no art. 5º, *caput* e inciso I, da Constituição. A conclusão, portanto, é no sentido de que a regra da irredutibilidade tem de respeitar o disposto no art. 37, X e XI".[31]

31. Artigo cit., pp. 426 e 427.

Todavia, segundo consta do quadro comparativo do MARE, publicado na Internet, com a redação da Emenda, as hipóteses de redução no valor do subsídio ou de vencimentos passam a contemplar, ainda, as de suspensão de percepção de acréscimos pecuniários que estejam em desacordo com o art. 37, XIV, e a conversão de remunerações para a nova forma de subsídio, prevista no art. 39, § 4º.

d) A igualdade de tratamento tributário, sem discriminação em razão de ocupação profissional ou função. Não fere a regra da irredutibilidade de vencimentos ou subsídios a aplicação do art. 150, II, da CF, que veda à União, Estados, Distrito Federal e Municípios "instituir tratamento desigual entre contribuintes que se encontrem em situação equivalente, proibida qualquer distinção em razão de ocupação profissional ou função por eles exercida, independentemente da denominação jurídica dos rendimentos, títulos ou direitos".

e) O desconto do imposto de renda e proventos de qualquer natureza. Não conflitam com a irredutibilidade a incidência do imposto de renda, previsto no art. 153, III,[32] ou a aplicação da norma do § 2º, I, do art. 153, segundo a qual o imposto de renda será informado pelos critérios da generalidade, da universalidade e da progressividade, na forma da lei. Por outras palavras, o teto de remuneração corresponde ao valor bruto, não impedindo que o valor líquido seja inferior ao teto, em decorrência da incidência do imposto de renda.

5. Adaptação do sistema remuneratório atual ao regime de subsídio

Como adaptar a atual forma de remuneração do servidor público (padrão fixado

32. O que se quer evitar, sem sombra de dúvida, é a interpretação que durante muito tempo foi adotada, no sentido de que os membros da Magis-

em lei, mais vantagens pecuniárias variáveis) à nova sistemática de subsídios, observando-se a regra de irredutibilidade e vencimentos e subsídios?

A garantia constitucional da irredutibilidade de vencimentos assegura aos atuais servidores públicos a percepção de remuneração não inferior à atualmente percebida, desde que respeitado o teto, único fator determinante de possível redução.

E aí está a dificuldade para a sua operacionalização, havendo mais de uma possibilidade, à escolha do legislador de cada ente federativo, de vez que a Constituição não estabelece normas a esse respeito. Aponta a Profa. Maria Sylvia Zanella Di Pietro que, "como não é possível criar um subsídio diferente para cada servidor, em função das vantagens que já conquistaram pelo exercício do cargo, emprego ou função, terá a lei de fixar os subsídios que pretende conceder aos que ingressarem a partir da entrada em vigor da nova lei e manter, para os que já eram servidores antes da nova lei, a diferença entre o subsídio e o valor que já está incorporado aos vencimentos. Como a Emenda impede a percepção de 'qualquer gratificação, adicional, abono, prêmio, verba de representação ou outra espécie remuneratória', a diferença que for assegurada para impedir a redução dos vencimentos deverá ser fixada também em parcela única, que absorva as vantagens anteriormente asseguradas por lei".

Não há, aparentemente, o risco de essa diferença ficar congelada, tendo em vista que o inciso X do art. 37 estabelece que a revisão geral anual da remuneração e dos subsídios, a ser feita por lei, será "sempre na mesma data e sem distinção de índices".

tratura, tendo a garantia da irredutibilidade de vencimentos, não estavam sujeitos ao imposto de renda. Também para estes a Constituição repetiu a regra da irredutibilidade, ressalvado o disposto nos arts. 37, X e XI, 39, § 4º, 150, II, 153, III e § 2º, I (art. 95, III); o mesmo se diga com referência aos integrantes do Ministério Público (art. 128, § 5º, I, "c").

Em decorrência, o atual servidor acabará por perceber duas "parcelas únicas" e, fruto dessa necessidade de adaptação do sistema remuneratório atual ao regime de subsídio, a regra da "parcela única" também terá de ser excepcionada em determinadas circunstâncias.

A Profa. Maria Sylvia Zanella di Pietro também aventa que "outra possibilidade seria a lei estabelecer o valor do subsídio para os que ingressarem após a lei e para os demais simplesmente determinar que os respectivos subsídios corresponderão, em parcela, à soma dos valores que hoje recebem pelo padrão mais as vantagens pecuniárias".[33]

A propósito dos critérios para fixação dos subsídios atuais integrantes da carreira de procurador do Estado diante do princípio da irredutibilidade de vencimentos consagrado pelo texto constitucional, observa o Prof. Carlos Ari Sundfeld:

"O critério para fixação dos subsídios é político. Ela é feita por 'lei específica', da iniciativa do chefe do Executivo (arts. 37, X, e 61, § 1º, II, 'a').

"O princípio da irredutibilidade dos vencimentos – que permanece previsto no art. 37, inciso XV, da Constituição, agora com nova redação para abranger também os subsídios – não tem a mínima interferência nessa fixação. É facílimo entender por quê.

"A definição, por lei, dos subsídios devidos a cada categoria de agentes públicos é medida genérica, produção normativa dirigida para o futuro. Não existe qualquer norma constitucional proibindo a edição de lei que, para o porvir, confira, a uma *carreira* ou *classe* abstratamente considerada, remuneração inferior àquela até então vigente.

"O princípio da irredutibilidade dos vencimentos não é cláusula de bloqueio do poder de legislar. É, tão-somente, mecanismo de proteção, contra a *aplicação* imediata da lei, em favor de sujeitos determinados, relativamente a posições patrimoniais

33. Maria Sylvia Zanella Di Pietro, artigo cit., pp. 427 e 428.

individualmente constituídas. O legislador, ao determinar, por lei, abstratamente e para o futuro, o subsídio devido a certa categoria, não é limitado pelo passado. O aplicador dessa lei, contudo, vê-se vinculado a ele, que corta parcialmente a incidência da norma nova, naquilo em que importe a diminuição dos valores até então percebidos pelo trabalho."[34]

E, mais adiante, destaca:

"Como o princípio da irredutibilidade da remuneração permaneceu vigorando, sem qualquer solução de continuidade, segue-se que, uma vez fixado por lei o montante dos subsídios de cada categoria – instaurando-se, assim, o seu novo regime remuneratório – e passando-se à etapa de sua concreta aplicação, haverá necessidade de respeitar os *direitos individuais* decorrentes da incidência desse princípio, observadas, apenas, as ressalvas contidas no próprio dispositivo.

"Como ficam as vantagens pessoais em face da irredutibilidade de subsídios? Poderão ser incorporadas aos subsídios?

"Implantado o novo sistema remuneratório, e passando, por exemplo, os procuradores a perceber o subsídio fixado em lei, poderá eventualmente ocorrer de seu valor ser menor do que o dos vencimentos a que até então alguns deles tinham direito.

"A diferença entre o valor do subsídio e o montante protegido pelo princípio da irredutibilidade deverá ser paga ao interessado não a título de subsídio, mas de parcela devida em aplicação direta do inciso XV do art. 37 da Constituição, observadas as ressalvas que ele contém.

"Não haverá incorporação dessa 'diferença' aos subsídios."[35]

6. A organização dos servidores em carreira

A modificação introduzida pela EC 19 no art. 39 da CF não se constitui em impeditivo constitucional à organização dos servidores públicos em carreira. Assim:

"O art. 39, *caput*, com a redação da Emenda Constitucional, determina que a União, Estados, Distrito Federal e Municípios instituirão conselhos, com participação dos servidores designados pelos respectivos Poderes, para a definição da política de administração e remuneração de pessoal, em cada esfera de governo.

"Nos termos do § 1º do art. 39:

'A fixação dos padrões de vencimento e dos demais componentes do sistema remuneratório observará:

'I – a natureza, o grau de responsabilidade e a complexidade dos cargos componentes de cada carreira;

'II – os requisitos para a investidura;

'III – as peculiaridades dos cargos'."[36]

A isonomia em termos de remuneração foi resguardada ao se colocar certos parâmetros ao sistema remuneratório: a fixação de patamares de remuneração baseados em critérios objetivos, visando a dar maior racionalidade ao sistema e à correção de distorções; a relação direta entre remuneração e grau de complexidade, responsabilidade e exigências pertinentes a cada cargo.

Vários outros dispositivos (como, por exemplo: arts. 37, § 8º; 39, § 2º; 93; 128, § 1º; 131, § 2º; 132; e 134, parágrafo único) atestam a não-existência de óbices constitucionais à organização em carreira dos servidores públicos, independendo da forma de retribuição adotada (remuneração ou vencimento e subsídio).

Como a organização em carreira significa que os cargos estejam encartados em uma série de "classes" (é o conjunto de cargos da mesma natureza de trabalho) escalonada em função do grau de responsabilidade e nível de complexidade das atribuições, "é evidente que a remuneração corres-

34. Carlos Ari Sundfeld, parecer in *Reforma Administrativa*, Caderno Especial, APESP, p. 26.

35. Parecer cit., p. 27.

36. Maria Sylvia Zanella Di Pietro , "Pareceres", in *Reforma Administrativa*, caderno especial, APESP, p. 19.

pondente a cada nível também sobe à medida que o servidor é promovido de um nível a outro; se assim não fosse, não teria sentido prever-se a organização em carreira, nem a promoção".

"Em conseqüência, os subsídios terão de ser fixados em valores diferentes para cada nível da carreira, observada a exigência de 'parcela única'. Não se pode, para diferenciar um nível do outro, conceder acréscimos pecuniários que constituam exceção à regra do subsídio como 'parcela única'."[37]

7. Situação dos aposentados e pensionistas

A redação do art. 40, §§ 4º e 5º, da CF, que trata da fixação dos proventos dos aposentados e da pensão dos dependentes do servidor, não foi alterada pela EC 19.

Dessa forma, os critérios de remuneração adotados para os servidores em atividade serão extensivos aos aposentados e pensionistas, salvo futuras modificações que possam vir a ser implementadas pela Reforma da Previdência.

Da mesma forma, o art. 29 da EC estende aos proventos da aposentadoria e das pensões a obrigatoriedade da sujeição ao teto constitucional.

8. Aplicação da Emenda da Reforma Administraiva no âmbito estadual e municipal

Como as normas da Emenda em sua maior parte são cogentes para União, Estados, Distrito Federal e Municípios, remetendo a disciplina legal à lei de cada um do níveis de governo, essas leis independem de alteração das Constituições estaduais e das leis orgânicas municipais, até porque estas não podem estabelecer nada diferente do que se contém na Emenda.

37. Maria Sylvia Zanella Di Pietro, artigo cit., p. 427.

9. Os subsídios dos agentes políticos

Os arts. 27, § 2º, 28, § 2º (incluído), 29, V e VI, e 49, VII e VIII, tiveram sua redação alterada para aplicar o "subsídio" à remuneração dos deputados estaduais (art. 27, § 2º), do governador, vice-governador e secretários estaduais (art. 28, § 2º), do prefeito, vice-prefeito e dos secretários municipais (art. 29, V), vereadores (art. 29, VI), deputados federais e senadores (49, VII), presidente da República e ministros de Estado (art. 49, VIII).

A remuneração dos parlamentares (e aí vai também a dos prefeitos e vereadores) deixou de ser feita, como era anteriormente, observando o princípio da anterioridade. A Reforma quebrou o princípio da anterioridade, que era salutar. Ninguém fixava a própria remuneração. Com a Reforma a remuneração pode ser fixada pelos parlamentares no curso da legislatura.

Convém também observar que o art. 38, com a redação da Emenda, passou a se aplicar, de forma expressa, somente aos servidores da Administração Pública direta, autárquica e fundacional. Ou seja, as prerrogativas de opção pela remuneração de cargo, emprego ou função e de contagem de tempo de serviço, durante o exercício de mandato eletivo, deixam de se aplicar aos empregados de estatais.

10. Observações finais

Como salientado já no início da exposição, a Emenda está cheia de impropriedades.

São muitas as discussões, imensas as dúvidas. Há vários pontos polêmicos. Existem questões constitucionais sérias. Muitas alterações efetuadas ferem cláusulas pétreas e o Congresso não tem poder para alterálas. As emendas à Constituição, por provirem do poder derivado, não podem modificar a própria Constituição naquilo que ela é imodificável. E aí entram o direito adquirido e a coisa julgada. Isto constituirá fonte geradora de ações judiciais caras para o Judiciário, já tão abarrotado de processos, movidas por agentes políticos e servidores públicos procurando o reconhecimento do direito adquirido (art. 5º, XXXV, da CF) ou, pelo menos, de permanência das suas vantagens pessoais atuais, pelos valores hodiernos, interpretando a nova redação do inciso XIV do art. 37 da CF.

Após a análise do texto consagrado na EC 19, podemos afirmar que aplica-se à Emenda aquilo que se diz em linguagem popular: "a emenda é pior do que o soneto". O pior mesmo é a inexistência de disposições transitórias na Emenda. A meu ver, nada disto era necessário... Tenho receio de que a Reforma está a desmantelar os alicerces em que a Constituição foi erigida.

A QUADRATURA DOS DIREITOS FUNDAMENTAIS NOS DIFERENTES CÍRCULOS JUDICIAIS DE EFICÁCIA: BRASIL-ALEMANHA[1]

GEORGHIO ALESSANDRO TOMELIN

Professor de Introdução ao Estudo do Direito na Universidade Paulista-Santos — Mestrando em Direito Administrativo na PUC-SP

1. Introdução — 2. A importância do esquadrinhamento constitucional dos direitos fundamentais — 3. A cidadania útil — 4. Os diferentes círculos de eficácia dos mecanismos de guarda da Constituição: no Brasil e em Alemanha — 5. Conclusão — 6. Bibliografia.

1. Introdução

Intriga-nos sobremaneira a *quadratura do círculo*. Afastada uma possível abordagem transcendental ou maniqueísta, o entrelaçamento de quaisquer institutos jurídicos envolve o equilíbrio dinâmico entre universalismos e particularismos. O traçado das formas ideais *(eidos),* teleologicamente afetado *(telos)*, deve necessariamente operar sobre os fatos, intervindo no mundo e conformando a realidade.[2]

Entre o *eidos* e o *telos* dos direitos fundamentais encontraremos sua operacionalidade. Os direitos fundamentais devem dotar de conteúdo o Estado de Direito, pela distribuição das funções entre Estado e Sociedade (Lopez Pina).[3] Uma vez insculpidos no texto constitucional, tais direitos servem de anteparo para qualquer dissonância estatal. Geram direito público subjetivo constitucionalmente "*assegurado*" ao cidadão.

Se é verdade que o Estado é o *lugar geométrico da positividade jurídica* (Miguel Reale),[4] não menos certo é que os direitos fundamentais são *poliédricos* (Häberle).[5] Suas dimensões se alteram e se definem em direta proporção com a diversidade cultu-

1. Texto apresentado como monografia de conclusão do "Gabinete de Leitura em Direito Constitucional Comparado", promovido pela Sociedade Brasileira de Direito Público-SP, oportunidade na qual foi laureado com o "Premio J. H. Meirelles Teixeira".

2. A idéia central desta frase é desenvolvida logo nas primeiras páginas do *Tratado da Eficácia*, obra do filósofo François Jullien (trad. de Paulo Neves, Editora 34, 1998).

3. Cf. *La Garantia Constitucional de los Derechos Fundamentales — Alemania, España, Francia e Italia*. Vários Autores, Director de la edición Antonio Lopez Pina, Servicio de Publicaciones de la Facultad de Derecho Universidad Complutense Madrid, Editorial Civitas, 1991, p. 19.

4. In *Filosofia do Direito*, Saraiva, 2ª ed. rev. e aumentada, São Paulo, 1957, p. 616.

5. Id ibidem, p. 109.

ral, consubstanciada na escala de valores sociais.

São *estáticos* e *dinâmicos, sincrônicos* e *diacrônicos* (Saussure)[6] pois a análise do campo de incidência da norma representa somente parte do seu processo de concretização (Friedrich Müller).[7]

Impõe-se, assim, o gizamento do plexo de direitos fundamentais que uma dada sociedade consagra num dado momento histórico. Sua *quadratura* exige a *perfeição,* a estabilidade. O *quadrado* é figura antidinâmica, implicando a idéia de *solidificação.* A *estabilização na perfeição.*[8] Na escala de valores a sociedade traça os limites dos direitos que acumulam maior ou menor carga axiológica.

Inútil, todavia, a delimitação formal sem a eleição de mecanismos prestadios à efetivação dos direitos. Frente aos diferentes casos concretos — e uma realidade multifacetada garante que serão estes infinitos — é imprescindível a isocrônica incidência dos correlatos *círculos de eficácia.*[9] Para cada categoria do mundo do ser, *círculos concêntricos* hierarquizam os instrumentos que se decidam aplicáveis dentro do espectro jurídico.

Assim, o Poder Judiciário é provocado a aplicar pertinentes direitos fundamentais aos respectivos casos concretos. Aqui os sistemas brasileiro e alemão diferenciam-se no concernente ao legítimo interesse que outorgam ao cidadão para a conservação dos direitos fundamentais de que é destinatário.

No Brasil, à medida que os círculos de eficácia se superpõem, restringem-se os legitimados ativos. Em Alemanha, o instrumental jurídico para a defesa dos direitos fundamentais — coletivamente considerados[10] — se hierarquiza tão-somente no que se refere às relações de causa e efeito. Um único cidadão está legitimado para ajuizar *recurso constitucional.*

Num e noutro sistema, os círculos de eficácia dos direitos fundamentais conformam quadratura em diferentes graus de aplicação. Todavia, se de um lado a cidadania poderia, ao menos em tese, ser a mesma, de outro, os sistemas jurídicos diferem na efetivação por meio da aplicação da regra de direito. O só fato de o *plano estrutural básico* traçado por ambas constituições ser muito parecido não habilita seus usuários a extrair da realidade jurídica iguais benefícios, pelo menos no que se refere à guarda direta da Constituição.[11] Pelo enlace entre a

6. Cabe lembrar, ainda, o caráter arbitrário do signo definido pela Lingüística Estrutural. Tem a palavra Ferdinand de Saussure: "a arbitrariedade do signo nos faz compreender melhor por que o fato social pode, por si só, criar um sistema lingüístico. A coletividade é necessária para estabelecer os valores cuja única razão de ser está no uso e no consenso geral: o indivíduo, por si só, é incapaz de fixar um que seja". In *Curso de Lingüística Geral*, Cultrix, p. 132 (cap. IV, § 1º).

7. Cf. Friedrich Müller, in *Discours de la Méthode Juridique*, Presses Universitaires de France, Paris, 1996, p. 357 (traduzido do alemão por Olivier Jouanjan).

8. Todas as locuções em itálico foram colhidas de Champeaux (*Introduction au Monde de Symboles*, Paris, 1966) citado por Jean Chevalier e Alain Gheerbrant, no excelente *Dicionário de Símbolos*, José Olympio, 12ª ed., 1998.

9. Nestes itálicos, agora as lições diretas de Jean Chevalier e Alain Gheerbrant. Ob. cit., em especial nas pp. 250-251.

10. Nos termos da lei de regência do Tribunal Constitucional, pode ser afastada a exigência de prévio exaurimento das vias judiciais "quando o recurso constitucional é de significado geral ou suceder ao promovente um prejuízo grave e inevitável, caso ele for remetido primeiro à via judicial". Cf. Luís Afonso Heck, no artigo "O recurso constitucional na sistemática jurisdicional-constitucional alemã", publicado na *Revista de Informação Legislativa*, n. 124, out.-dez./94, Brasília, p. 125.

11. Em outro trabalho de maior fôlego poder-se-ia estudar todos os institutos de tutela coletiva a que tem acesso o cidadão, individualmente ou associado, como por exemplo, a *ação popular*, o *mandado de segurança coletivo* e a *ação civil pública.* Pelo corte espistemológico aqui aplicado estudaremos somente as hipóteses de acesso direto

Constituição aberta e o *cidadão responsável* se solucionará a multiplicidade de problemas reais decorrentes da convivência (Hesse).[12] "*Urge, portanto, restaurar a confiança na liberdade, o amor à liberdade, através da igualdade, isto é, da justiça distributiva, da socialização do Direito*" (Meirelles Teixeira).[13]

O célebre problema geométrico da *quadratura do círculo* — que na Idade Média representou também a integração do indivíduo na universalidade do cosmos — evoca uma situação de *infinito movimento* pela combinação das formas do círculo e do quadrado. Ousamos cotejar tal problema insolúvel com a eterna tensão dialética entre *lei* e *sociedade*,[14] ínsita à clássica idéia de *Jurisprudentia.*[15]

2. A importância do esquadrinhamento constitucional dos direitos fundamentais

Os direitos fundamentais conformam o arcabouço lógico-sistemático dentro do qual está inserido o Estado de Direito. O texto constitucional tem por função precípua traçar o plano estrutural básico do Estado e, neste, os vetores axiológicos que direcionarão o atuar dos agentes estatais — sejam administradores, juízes ou legisladores.[16]

Textos constitucionais sintetizam a escala de valores sociais de um povo num dado momento histórico. "La Constitución no es un orden jurídico exclusivamente dirigido a juristas a fin de ser interpretado conforme a antiguas y nuevas reglas; esencialmente opera como *referencia* para quienes no son juristas, *para el ciudadano.* La Constitución no es sólo un texto jurídico o un código normativo, sino asimismo *expresión de un nivel de desarollo cultural, instrumento de la automanifestación cultural popular, reflejo de su legado histórico y fundamento de sus esperanzas*".[17]

Assim, para que se afaste o vezo da falsa imutabilidade — pois sabemos que os valores sociais estão em constante mutação — é inobjurgável o entrechoque da *constituição real* com a *constituição positiva.* Se estivermos com Lassalle a tônica recairá sobre os *fatores reais de poder.* Seguindo Hesse, importará, maiormente, *a força normativa da Constituição.*[18]

à suprema corte pelo cidadão individualmente considerado.

12. Cf. Hesse *et alii*, in *Manual de Derecho Constitucional.* Marcial Pons, Ediciones Jurídicas y Sociales, Madrid, 1996, capítulo primeiro.

13. No *Curso de Direito Constitucional*, atualizado e organizado pela professora Maria Garcia da Pontifícia Universidade Católica de São Paulo, Forense Universitária, 1991, p. 750.

14. Com maioria de razão, quando se tratar da Lei Maior: "A justiça constitucional expressa (...) a própria vida, a realidade dinâmica, o vir a ser das 'Leis Fundamentais'" (cf. Mauro Cappelletti, em *O Controle Judicial de Constitucionalidade das Leis no Direito Comparado*. Trad. de Aroldo Plínio Gonçalves, Sergio Antonio Fabris Editor, Porto Alegre, 1984).

15. O vocábulo *Jurisprudentia,* grafado com maiúscula, está aqui utilizado no sentido clássico de *ciência do direito*, modernamente muito aproximado do conceito alemão de *Jurisprudenz.*

16. A visão aqui esboçada — ontologicamente considerada — em nada conflita com a clássica divisão de tarefas proposta por Seabra Fagundes: feita a lei pelo Legislativo, o Executivo a aplica de ofício e o Judiciário o faz contenciosamente. Em *O Controle dos Atos Administrativos pelo Poder Judiciário*, Forense, 4ª ed., Rio de Janeiro, 1967.

17. Cf. Peter Häberle, em *La Garantia Constitucional de los Derechos Fundamentales — Alemania, España, Francia e Italia.* Vários Autores, Director e traductor de la edición Antonio Lopez Pina, Servicio de Publicaciones de la Facultad de Derecho Universidad Complutense Madrid, Editorial Civitas, 1991, pp. 99-100, grifos da transcrição.

18. "A dinâmica existente na interpretação construtiva constitui condição fundamental da força normativa da Constituição e, por conseguinte, de sua estabilidade", é o recorte sintético da visão de Konrad Hesse. Em *A Força Normativa da Constituição*, trad. de Gilmar Ferreira Mendes, Sergio Antonio Fabris Editor, Porto Alegre, 1991, p. 23.

Questionamos. Até que ponto o engessamento, por meio da regra de direito, é salutar? "Reencontramos, aí, o problema jurídico-político mais crucial de todos os tempos, o problema que representa bem aquela *crux* escatológica, diante da qual se decide a perdição ou a salvação da humanidade: — *Como pôr o Direito acima da vontade dos homens?*"[19]

À medida que as sociedades "evoluem" perde importância a minudência da lei, pois a legitimação democrática deixa de ser mero *flatus vocis.* Até porque *cidadania participativa*[20] e *cooptação legitimadora*[21] são idéias antitéticas.

Ouçamos a lição do filósofo alemão Friedrich Müller: "A democracia moderna avançada não é simplesmente um determinado dispositivo de técnica jurídica sobre como colocar em vigor textos de normas..."

"(...*omissis*...)

"É o dispositivo organizacional para que impulsos de normatização democraticamente mediados configurem aquilo para que eles foram textificados e postos em vigor com tanto esforço: a realidade social cotidiana (e com isso também a realidade individual)".[22]

No Direito alemão se procurou conferir aos direitos fundamentais fluidez máxima. A Lei Fundamental Alemã (*Grundgesetz*) principia por dizer que a dignidade humana é intangível (*Die Würde des Menschen ist unantastbar*). Já a Constituição brasileira abre o texto lembrando a República Federativa, ou seja, a estrutura antes dos homens que lhe deram causa.

Nessa toada, válida a observação de Luís Afonso Heck: "Na Alemanha Ocidental, diferentemente do Brasil, a Lei Fundamental não tem um valor 'em si', platônico. metafísico. Ela contém, isso sim, valores 'em si', que os tribunais interpretam e a doutrina disseca. Dessa forma, os direitos fundamentais têm um sentido prático, transpirado pelas decisões dos Tribunais Superiores, máxime pelo 'Bundesverfasstingsgericht' (Tribunal Federal de garantias constitucionais)".[23]

Logo, é de se concluir que os direitos fundamentais representam os princípios jurídicos irretrotraíveis, que consagram avanços *nascidos da luta e da experiência de muitas gerações* (Hesse).[24] Pairam sobranceiros acima de todos os gestores da coisa pública, lembrando-lhes em cada atuar a reta razão insculpida na Constituição.

Parece-nos lapidar a conclusão de Konrad Hesse quando trata do *significado dos direitos fundamentais,* no *Manual de Direito Constitucional*: "Historicamente y en su significado actual son los derechos fundamentales sobre todo derechos humanos: lo que con ellos se pone en juego son las condiciones esenciales de la vida individual y comunitaria en libertad y de la dignidad humana, una tarea que nada ha perdido, en las circunstancias presentes, de su importancia para nuestro tiempo. Si los derechos fundamentales han de asegurar eficazmente esas condiciones esenciales, no

19. Cf. Fábio Konder Comparato, no prefácio aposto à obra *Quem é o Povo? A Questão Fundamental da Democracia*, do professor Friedrich Müller, trad. de Peter Naumann, Max Limonad, 1998, p. 28.

20. A participação do brasileiro na gestão da coisa pública, precisamos admitir, tem sido realmente muito pequena. Mas não faltam exemplos para o mundo. Consulte-se o excelente artigo de Bernard Cassen: "Democratie participative à Porto Alegre", publicado no jornal mensal *Le Monde Diplomatique*, agosto de 1998.

21. Emprestamos a locução do professor Clèmerson Merlin Clève (artigo citado, *RIL* n. 106. p. 93).

22. Em *Quem é o Povo? A Questão Fundamental da Democracia*, do professor Friedrich Müller, trad. de Peter Naumann, Max Limonad, 1998, pp. 114-115.

23. Em "Os direitos fundamentais na Lei Fundamental de Bonn", *Revista de Informação Legislativa* n.109, jan.-mar./91, Brasília, p. 322.

24. Cf. Konrad Hesse, no *Manual de Derecho Constitucional*, Marcial Pons, Ediciones Jurídicas y Sociales, Madrid, 1996, pp. 4-5.

deben obstaculizar los cambios sociales; a la vez, deberán ser mantenidos y protegidos en su esencia sin reserva ni restricción alguna. Esto presupone que no se dilaten de modo inflacionario ni sean *reducidos a calderilla.** De ahi lo esencial y rico en consecuencias de la elaboración de su vertiente objetiva: es cometido de esa interpretación reforzar la validez de los derechos fundamentales como derechos humanos; su significado como principios objetivos nunca deberá ser disociado de esa idea nuclear".[25]

Esta a razão de institutos jurídicos que consubstanciam princípios com tamanha carga axiológica estarem lançados na Lei Maior. Ouçamos a lição esclarecedora do professor Clèmerson Merlin Clève: "A compreensão da Constituição como norma, aliás norma dotada de superior hierarquia; a aceitação de que tudo que nela reside constitui norma jurídica, não havendo lugar para lembretes, avisos, conselhos ou regras morais; por fim, a compreensão de que o cidadão tem acesso à Constituição, razão pela qual o Legislativo não é o seu único intérprete, são indispensáveis para a satisfação da supremacia constitucional.

"A supremacia constitucional deve vir acompanhada, também, de uma certa 'consciência constitucional', ou como prefere Hesse, de uma 'vontade de constituição'. Ela reclama a defesa permanente da Constituição e dos valores plasmados pelo Poder Constituinte no documento constitucional. Afinal, sem 'consciência constitucional' ou sem 'vontade de constituição', nenhuma sociedade consegue realizar satisfatoriamente sua Constituição ou cumprir com seus valores."[26]

* A expressão em itálico poderia ser traduzida por "*reduzidos a una ninharia*"; *calderilla*, em espanhol, é qualquer conjunto de moedas de pouco valor.

25. Id ibidem, p. 115.

26. Em *A Fiscalização Abstrata de Constitucionalidade no Direito Brasileiro*, Ed. RT, 1995, p. 27.

3. A cidadania útil

A idéia de cidadania está ligada à de limitação.[27] Outorgam os concidadãos, enquanto "colegisladores", porções de subjetividade ao ente supra-individual para a garantia da convivência harmônica. Mas não é só. Santi Romano alerta que "a cidadania e a sujeição implicam além da posição de dependência ao Estado, um vínculo entre os indivíduos que têm a mesma cidadania (e que são, por isso, entre si concidadãos) ou a mesma sujeição".[28]

Com efeito, o indivíduo não é soberano *de per si*. A idéia de *soberania* de um ente supra-individual implica a de *cidadania*. É ínsito a esta última, repita-se, o fato de que o indivíduo não pode ser soberano em si mesmo. O atuar de um poder estatal ordenador da vida em sociedade é isocrônico às pequenas derrogações da subjetividade de seus partícipes preservada sempre a teia de expectativas que os entrelaça para além (ou "para aquém") do Estado.[29]

27. A limitação somente ocorrerá em virtude de lei — único instrumento prestante a criar regras gerais e abstratas que obriguem a todos — pois, ao adquirir a *"libertad civil, limitada por la voluntad general,* el individuo no pierde *toda* libertad natural. Porque, congruentemente, tampoco en Rousseau puede la voluntad general convertida en ley limitar la libertad del individuo sino *en cuanto pueda perjudicar a la de outro*, como literalmente dice en su *Economia Política.* Como es el caso ya en Hobbes, sólo la *libertad perjudicial* para outro, pero no así la libertad inocua del individuo, puede ser estatalmente limitada mediante ley, com todas las consecuencias que de ello se derivan para los *requisitos de la legalidad*: el carácter *necessario y claro* de las leyes" (cf. Werner Maihofer *et alii*, in *Manual de Derecho Constitucional*, Marcial Pons, Ediciones Juridicas y Sociales, Madrid, 1996, p. 223, itálicos do original).

28. In *Princípios de Direito Constitucional Geral* (trad. de Maria Helena Diniz), Ed. RT, São Paulo, 1977, p. 247.

29. "La fuerza integradora de una comunidad — también de la del Estado — no depende en primer lugar de su capacidad para distribuir o garantizar

Não falta quem defenda uma homologia entre *sociedade e personalidade*.[30]

Estes concidadãos convivem como homens livres associados, os quais no espaço coletivo tentam encontrar a maneira subjetiva de atingir a felicidade. Tem o cidadão, destarte, dentro da sua esfera de liberdade, o direito subjetivo ao desenvolvimento do seu foro íntimo naquilo que não desborde os limites do foro externo, representado pelo Direito, aos quais ele mesmo anuiu enquanto colegislador. Tudo isto para que, "segundo a definição kantiana de Direito, cada um possa coexistir com os outros segundo uma lei universal de liberdade".[31]

A mesma interpretação aparece no sentir do constitucionalista Werner Maihofer: "una *comunidad fundada en leyes de libertad,* si bien tiene que estar constituida sobre *principios universales,* a los que Kant llama *principios de racionalidad pura del Derecho humano externo,* simultáneamente debe mantenerse abierta a una *determinación plural de los fines* por parte de este *conjunto de hombres asociados en un Estado*, puesto que sólo asi cabe garantizar que también bajo leyes jurídicas el hombre sea un hombre libre, que pueda, como fin en sí mismo, desarrollar sus facultades naturales y espirituales, y realizarse en orden a su propia perfección y felicidad. En esta unión de *universalismo y pluralismo,* de fundamentación en principios de la Humanidad en general y apertura a fines personalísimos, radica lo distinto y nuevo de esta concepción del Estado como una *república de la Modernidad*".[32]

O conteúdo jurídico do signo representado pela *cidadania* foi conseguido a duras penas e não pode ser vergastado pelo simplório campo semântico representado, por exemplo, pelo conceito de *consumidor.* A cidadania é a maior proteção do administrado contra os desmandos[33] e inações dos aboletados dos cobres públicos. O interesse público secundário do administrador omisso não tem o condão de emascular o interesse público primário traçado no texto da lei. "A majestade da lei, assim concebida, é a garantia suprema da dignidade humana".[34]

bienes materiales. Tan importante cuando menos es que dé lugar a una vinculación emocional disociada de cualquier planteamiento reivindicatorio material". Esta a observação de Ernesto Benda, in *Manual de Derecho Constitucional*, p. 547.

30. O tema é candente. Ouçamos a discordância do prof. de Sociologia da Universidade de Cambridge, Anthony Giddens: "Tenho fortes reservas a respeito da tese da homologia entre sociedade e personalidade, que acabou por se constituir em uma suposição explícita nos últimos escritos de Habermas. Apesar de reconhecer as dificuldades dessa concepção, encarada fenotipicamente, é claro que não se pode adotá-la sem reter a idéia geral de que 'a infância da sociedade' é como a infância do indivíduo, uma é a versão mais rudimentar da outra. Mas as linguagens de todas as 'sociedades primitivas' conhecidas são tão complexas e tão sofisticadas quanto as das sociedades economicamente avançadas, e todas possuem ricos conteúdos simbólicos e de representação" (in *Política, Sociologia e Teoria Social*, Unesp, 1997, trad. de Cibele Saliba Rizek, p. 310).

31. Cf. Norberto Bobbio, *Diritto e Stato nel Pensiero di E. Kant*, Turim, Ed. G. Giappinchelli, 1969, *apud* Claudio De Cicco, in "Kant e o Estado de Direito: O problema do fundamento da cidadania", na obra *Direito, Cidadania e Justiça — Ensaios sobre Lógica, Interpretação, Teoria, Sociologia e Filosofia jurídicas*, vários autores, Ed. RT, 1995, p. 184. Mais adiante esclarece ainda o prof. De Cicco que "Kant aderiu a esta idéia dos foros externo e interno, fazendo dela a distinção prática entre Moral (que cuida do foro íntimo) e Direito (que cuida do foro externo)".

32. Cf. Benda, Maihofer, Vogel, Hesse, Heyde, in *Manual de Derecho Constitucional*. Marcial Pons, Ediciones Jurídicas y Sociales, Madrid, 1996, p. 246 (grifos do original).

33. "Na relação entre o Estado e as pessoas que compõem a sociedade sob a tutela daquele, há uma tendência natural abusiva, autoritária e arbitrária, durante a ação de imperar sobre toda a comunidade" (cf. Jussara de Fátima Amaral, in "A eficácia da cidadania", *Cadernos de Direito Constitucional e Ciência Política* 14, Ed. RT, p. 206.

34. Cf. Fábio Konder Comparato. Em "Precisões sobre os conceitos de lei e de igualdade jurídica", *RT* 750/17. No mesmo estudo assevera: "Em

Na mesma linha segue o constitucionalismo alemão, segundo a lição de Ernesto Benda: "La imagen del hombre plasmada en la Ley Fundamental no es la de un individuo soberano en sí mismo; más bien há decidido *resolver la polaridad individuo-comunidad refiriendo y vinculando la persona a esa comunidad*, sin que por ello aquélla vea menoscabada su substantividad".[35]

E não é outra a solução do constituinte brasileiro. Assim, o Estado Democrático de Direito (art. 1º, *caput,* CF) está adstrito a contemplar sempre a vontade coletiva, pelo meneio de seus poderes — os quais são instrumentais (art. 1º, parágrafo único, CF) — para o cumprimento dos fundamentos da República: soberania; *cidadania;* dignidade da pessoa humana; valores sociais do trabalho e da livre iniciativa; e o pluralismo político (art. 1º, incisos, CF).

Ora, de nada valerá o preciso traçado constitucional de instituto tamanhamente basilar, se os operadores do Direito não lhe proporcionarem utilidade. A administração é senhora em desmandos, e não há dia em que direitos públicos subjetivos não sejam lesados. À socapa se tenta substituir o conceito de cidadão pelo de consumidor.

Assim, se estimula o surgimento uma nova raça de *homens consumidores,* os quais transitam sempre à margem de qualquer preceito democrático. Tudo em nome de uma cultura globalizante que rotula de reacionários todos os que defendam a diversidade cultural.[36] O falso universalismo engole os particularismos, e a tão sonhada "*participação direta do cidadão no universo decisional do Estado*"[37] não ocorre.

Nessa toada, valorosa a observação do constitucionalista Clèmerson Merlin Clève, que argutamente pontifica, *in verbis:* "Tudo se passa de tal forma que parece existir o cidadão no universo político, mas no universo administrativo há apenas o administrado, o usuário, o jurisdicionado".[38]

E acrescentamos: trata-se de mais uma prova da fragmentação de uma cultura que se pretende dominante. Atomizando conceitos se consegue neutralizá-los à luz do dia. Como já afirmado *ninguém é soberano em si mesmo* (Benda), sendo esta a razão de os aboletados do poder precisarem neutralizar o instituto da cidadania. O poder que emana do povo é esterilizado antes que em seu nome possa ser exercido. A falta de um pro-

regime democrático, lei é somente a norma geral emanada, direta ou indiretamente, da vontade popular e editada no interesse do povo. Temos aí, portanto, duas notas essenciais do conceito de lei numa democracia: a fonte, que é a vontade do povo, efetiva ou presumida, e a finalidade, que é o interesse popular ou bem comum do povo coletivamente considerado" (*RT* 750/12).

35. Cf. Benda, Maihofer, Vogel, Hesse, Heyde, in *Manual de Derecho Constitucional*, Marcial Pons, Ediciones Jurídicas y Sociales, Madrid, 1996, p. 119 (grifamos).

36. A idéia desenvolvida nestas duas últimas frases foi objeto de artigo publicado por Benjamin Barber, na edição n. 533, de agosto de 1998, do jornal *Le Monde Diplomatique*, intitulada "Culture do McWorld contre démocratie — vers une société universelle de consommateurs", pp. 14-15. Neste ponto, oportuna a lição do filósofo Renato Janine Ribeiro, segundo quem: *"não há democracia sem formas de sociabilidade, ou socialidade, que valorizem a liberdade, a igualdade, a fraternidade. Sem este caldo de cultura, a democracia não vigirá como regime"*. Em "Por uma sociedade democrática: o problema dos direitos humanos", na obra *Cidadania verso e Reverso*, vários autores, publicada pela Secretaria da Justiça e da Defesa da Cidadania, Governo do Estado de São Paulo, Imprensa Oficial, 1997/1998, p. 50.

37. Cf. Clèmerson Merlin Clève. Em "O cidadão, a administração pública e a nova Constituição", *Revista de Informação Legislativa* a. 27, n. 106, abr.-jun./90, pp. 81-98. Neste mesmo estudo leciona: "A cidadania vem exigindo a reformulação do conceito de democracia, radicalizando, até, uma tendência, que vem de longa data. Tendência endereçada à adoção de técnicas diretas de participação democrática. Vivemos, hoje, um momento em que se procura somar a técnica necessária da democracia representativa com as vantagens oferecidas pela democracia direta. Abre-se espaço, então, para o cidadão atuar, direta e indiretamente, no território estatal" (p. 83).

38. Idem, p. 91.

cesso de maturação dos direitos fundamentais acaba lhes inculcando mero *significado retórico*.[39]

Estamos no vetor inverso. Jean-François Revel, na sessão pública de encerramento das atividades da Academia Francesa, em 1998, elogiando a virtude, constatou: "Já que todos os cidadãos são iguais perante a lei na democracia, eu jamais estou sozinho na conquista de um novo direito. Se o tenho é porque os outros também o têm".[40]

Para tanto, grande passo seria conferir legitimação difusa para que todos os cidadãos pudessem questionar quaisquer atos de autoridade em sede, por exemplo, de *recurso constitucional para a proteção de direitos fundamentais*. Que no Direito brasileiro haja prerrogativa de foro para alguns parece logicamente aceitável dentro do sistema. Inadmissível é que instrumentos jurídicos preciosos somente sejam utilizáveis por alguns poucos legitimados. Neste ponto específico, o sistema alemão[41] se nos afigura infinitamente mais evoluído que o proposto pelo constituinte brasileiro.

4. Os diferentes círculos de eficácia dos mecanismos de guarda da Constituição: no Brasil e em Alemanha

Pretendemos agora estabelecer um breve esboço das vantagens existentes no regime do *recurso constitucional*[42] (em alemão: *Verfassungsbeschwerde;* em espanhol: *recurso de amparo*) previsto na Lei Fundamental alemã (*Grundgesetz*), em face da *ação direta de inconstitucionalidade* prevista pela Constituição Federal brasileira, especialmente no concernente ao tema da legitimação ativa.

O *recurso constitucional* é a figura processual que "ofrece al titular de derechos fundamentales (es decir, cualquier individuo) la possibilidad de alegar la violación de esos mismos derechos".[43] O recurso constitucional está previsto no art. 93, alínea 1, n. 4a, da Lei Fundamental:

"Art. 93.

"1. El Tribunal Constitucional federal conoce:

"(... *omissis* ...)

"*4a.* De recursos de amparo que pueden ser interpuestos por cualquiera que se crea lesionado por los poderes públicos en alguno de sus derechos fundamentales o de sus derechos contenidos en los arts. 20.4, 33, 38, 101, 103 y 104."[44]

Já no sistema brasileiro o controle de constitucionalidade pode somente ser feito, na forma direta, pelos legitimados ativos,

39. Sem muitas ressalvas esta é a posição de Häberle. Na já mencionada obra *La Garantia Constitucional de los Derechos Fundamentales*..., p. 123.

40. Cf. Jean-François Revel, em discurso publicado pelo jornal *O Estado de S. Paulo*, de 2.1.99, p. D1.

41. Luís Afonso Heck, exaltando a sistemática do Direito alemão assevera: "O recurso constitucional apresenta-se, assim, como o coroamento da idéia do Estado de Direito". No artigo "O recurso constitucional na sistemática jurisdicional-constitucional alemã", publicado na *Revista de Informação Legislativa* n. 124, out.-dez./94, Brasília, p. 116.

42. A expressão alemã é passível de ser traduzida em português por *mandado de segurança constitucional*. Todavia, preferimos a locução *recurso constitucional* uma vez que as decisões do Tribunal Constitucional, nesta sede, nem sempre são mandamentais — assim entendidas aquelas que trazem no próprio bojo a sua forma de execução (Pontes de Miranda). Ou seja, em muitas hipótese são tão-somente declaratórias.

43. Cf. Hans G. Rupp, ex-Juiz do Tribunal Constitucional Federal. Em "El Tribunal Constitucional Federal Aleman", texto publicado na obra *Tribunales Constitucionales Europeos y Derechos Fundamentales*. Vários autores, traduções de Luis Aguiar de Luque e Maria Gracia Rubio de Casas, ed. do Centro de Estudios Constitucionales, Madrid, 1984, p. 319.

44. Aqui nos utilizamos da tradução segura de Antonio Lopez Pina, in *Manual*...

mencionados, em *numerus clausus,* no art. 103 da Constituição Federal.

"Nas Constituições anteriores apenas o Procurador-Geral da República dispunha de legitimidade para a propositura da ação de inconstitucionalidade. O Constituinte de 1988 ampliou consideravelmente o número de legitimados. Mas não chegou ao ponto de fazer da ação direta de inconstitucionalidade uma *actio popularis*".[45] Vale dizer: o constituinte não facultou ao cidadão brasileiro ajuizar diretamente recurso na Suprema Corte, com vistas a controlar a interpretação que os agentes públicos deverão conferir aos direitos fundamentais.

O instituto do *recurso constitucional*, tal como disposto na *Grundgesetz*, permite dar excelente cumprimento ao sistema de *freios e contrapesos,* inerente à interdependência recíproca entre os Poderes, até pela maneira como está composto o Tribunal Constitucional Federal Alemão.[46] Uma vez provocado pelo cidadão, o Tribunal fixa o entendimento acerca dos *valores em si* atribuídos aos direitos fundamentais. Diferentemente do nosso Supremo Tribunal Federal, o *Bundesverfassungsgericht* não é uma superinstância de revisão. É poder de Estado afetado a dirimir quaisquer controvérsias acerca dos direitos fundamentais. Donde, acompanhamos *in totum* a conclusão de que a "*Verfassungsbeschwerde* não pode...., sem mais, ser transplantada para o Brasil" (Clèmerson Merlin Clève).[47]

Apesar de ser impossível a imediata transposição do *recurso constitucional* para o Direito brasileiro, não nos furtamos de afirmar que seria de grande valia, até pelo caráter pedagógico que a ele se tem atribuído. De efeito, o só fato de que a "Ley Fundamental ponga a disposición de los ciudadanos el medio jurídico del recurso de amparo para proteger del poder público sus derechos fundamentales tiene un efecto 'educativo' considerable (*Edukationseffekt*): el recurso de amparo cuelga permanentemente como una *espada de Damocles** sobre la cabeza de los detentadores del poder público" (Hans Rupp).[48]

5. Conclusão

O Estado da modernidade vive uma crise de eficiência. Com o agigantamento dos investimentos na esfera privada, grande parte da intelectualidade formadora de opinião deixa de ver no ente supra-individual a solução para inevitáveis mazelas advindas da convivência. Por mais faraônicas que possam ser as obras públicas que se julguem necessárias, tudo leva a crer que o Estado deixa de ser o seu gestor mais eficiente.

O plexo de direitos fundamentais inseridos no texto constitucional, todavia, lhe atribui toda uma gama de deveres inafastáveis. Deve cumpri-los. Neste sentido é que se faz imprescindível um mecanismo de guarda de referidos direitos diretamente exercitável pelo cidadão destinatário. A visão pré-moderna de que a política ocupa

45. Cf. Clèmerson Merlin Clève, em *A Fiscalização Abstrata de Constitucionalidade no Direito Brasileiro*, Ed. RT, 1995, pp. 119-120.

46. A metade dos membros do *Bundesverfassungsgericht* é eleita pelo *Bundesrat* (conselho federal, formado por membros dos *Länder),* sendo o restante escolhido pelo *Bundestag* (câmara federal, cujos membros são eleitos diretamente pelo povo), nos exatos termos do artigo 94, da Constituição alemã. Logo, seu atuar busca o consenso entre os cidadãos e os poderes constituídos. "La Jurisdicción Constitucional sensibiliza en el espiritu constitucional a órganos y ciudadanos y desempeña, mediante su interpretación y aplicación en los procesos pluralistas de composición de intereses, una función pacificadora mantenedora y desarolladora de consenso", afirma Helmut Simon, no já citado *Manual de Derecho Constitucional*, p. 846.

47. Ob. cit., p. 278.

* Denys, tirano de Siracusa, para fazer Dâmocles entender como a felicidade dos reis é frágil, fez suspender sobre sua cabeça (dele), durante um banquete, uma pesada espada a qual pendia por uma crina de cavalo.

48. Ob. cit., p. 321.

sempre posição central nas decisões sociais deve ser afastada.[49]

A forma como foi composto em 1988 o Supremo Tribunal Federal carreou para o período pós-castrense ranços de autoritarismo. As decisões políticas que traçaram na Constituição Federal os direitos fundamentais — para a garantia do cidadão, em nome dos valores sociais — devem agora ser transplantadas para o campo da técnica jurídica.

A composição e a conformação do Supremo Tribunal Federal devem ser revistas. O povo brasileiro não necessita de uma superinstância de revisão mas de um tribunal preparado e afetado à proteção dos direitos fundamentais gizados no texto constitucional.

A atual ação direta de inconstitucionalidade, ainda que em alguns casos possa cumprir esta função, não é garantia do cidadão. É necessitante a criação de um recurso direcionado à proteção dos direitos que diariamente são lesados por juízes, administradores e legisladores pelo mau uso da hermenêutica constitucional.

Se em Alemanha, a *espada de Dâmocles* paira permanentemente sobre a cabeça dos detentores do poder público, no Brasil, ao revés, pende sobre a cabeça do cidadão — este, sim, eternamente perdido no labirinto da ineficiência estatal. Socorramo-lo com *o fio de Ariadne*.[50]

6. Bibliografia

AMARAL, Jussara de Fátima. "A eficácia da cidadania", *Cadernos de Direito Constitucional e Ciência Política* 14, Ed. RT.

49. Para um maior aprofundamento desta idéia consulte-se o excelente artigo "Crise do Estado: da modernidade central à modernidade periférica — anotações a partir do pensamento filosófico e sociológico alemão", do professor Marcelo Neves (*RTDP* 05/49).

50. *Fio* utilizado pela personagem de mesmo nome com a finalidade de salvar Teseu do labirinto de Creta, local onde ficava aprisionado o minotauro.

BARBER, Benjamin R. "Culture do McWorld contre démocratie — Vers une société universelle de consommateurs", publicado no *Le Monde Diplomatique* 533, ago./98.

BENDA, MAIHOFER, VOGEL, HESSE, HEYDE (Helmut Simon). *Manual de Derecho Constitucional*, Marcial Pons, Ediciones Jurídicas y Sociales, Madrid, 1996.

CAPPELLETTI, Mauro. *O Controle Judicial de Constitucionalidade das Leis no Direito Comparado*, trad. de Aroldo Plínio Gonçalves, Sergio Antonio Fabris Editor, Porto Alegre, 1984.

CHEVALIER, Jean e GHEERBRANT, Alain. *Dicionário de Símbolos*, 12ª ed., Editora José Olympio, 1998.

CLÈVE. Clèmerson Merlin. *A Fiscalização Abstrata de Constitucionalidade no Direito Brasileiro*, Ed. RT, 1995.

___ "O cidadão, a administração pública e a nova Constituição", *Revista de Informação Legislativa* a. 27, n. 106 abr.-jun/90.

COMPARATO, Fábio Konder. "Precisões sobre os conceitos de lei e de igualdade jurídica", *RT* 750.

DE CICCO, Claudio. "Kant e o Estado de Direito: o problema do fundamento da cidadania", na obra *Direito, Cidadania e Justiça — Ensaios sobre Lógica, Interpretação, Teoria, Sociologia e Filosofia Jurídicas*, vários autores, Ed. RT, 1995.

GIDDENS, Anthony. *Política, Sociologia e Teoria Social*, Unesp, 1997.

HÄBERLE. Peter. *La Garantia Constitucional de los Derechos Fundamentales — Alemania, España, Francia e Italia*. Vários Autores, Director de la edición Antonio Lopez Pina, Servicio de Publicaciones de la Facultad de Derecho Universidad Complutense Madrid, Editorial Civitas, 1991.

HECK. Luís Afonso. "O recurso constitucional na sistemática jurisdicional-constitucional alemã", publicado na *Revista de Informação Legislativa* n. 124, out.-dez./94, Brasília, p. 125.

___ "Os direitos fundamentais na Lei Fundamental de Bonn", *Revista de Informação Legislativa* 109, jan.-mar./91, Brasília.

HESSE, Konrad. *A Força Normativa da Constituição*, trad. de Gilmar Ferreira Mendes. Sergio Antonio Fabris Editor, Porto Alegre, 1991.

JULLIEN, François. *Tratado da Eficácia*, tradução de Paulo Neves, Editora 34, 1998.

MEIRELLES TEIXEIRA, J. H. *Curso de Direito Constitucional*. Atualizado e organizado pela professora Maria Garcia da Pontifícia Universidade Católica de São Paulo, Forense Universitária, 1991.

MÜLLER, Friedrich. *Discours de la Méthode Juridique*, traduzido do alemão por Olivier Jouanjan, Presses Universitaires de France, Paris, 1996.

____ *Quem é o Povo? A Questão Fundamental da Democracia*, tradução de Peter Naumann, Editora Max Limonad, 1998.

NEVES, Marcelo. "Crise do Estado: da modernidade central à modernidade periférica — anotações a partir do pensamento filosófico e sociológico alemão", *RTDP* 05/49, Malheiros Editores.

PINA, Antonio Lopez. *La Garantia Constitucional de los Derechos Fundamentales — Alemania, España, Francia e Italia*. Vários Autores. Director de la edición Antonio Lopez Pina, Servicio de Publicaciones de la Facultad de Derecho Universidad Complutense Madrid, Editorial Civitas, 1991.

REVEL, Jean-François. "Discurso", jornal *O Estado de S. Paulo*, de 2.1.99, p. D1.

REALE, Miguel. *Filosofia do Direito*, 2ª ed. revista e aumentada, Saraiva, São Paulo, 1957.

RIBEIRO, Renato Janine. "Por uma sociedade democrática: o problema dos direitos humanos", na obra *Cidadania Verso e Reverso*, vários autores, publicada pela Secretaria da Justiça e da Defesa da Cidadania, Governo do Estado de São Paulo, Imprensa Oficial, 1997/1998.

RUPP Hans G. "El Tribunal Constitucional Federal Aleman", texto publicado na obra *Tribunales Constitucionales Europeos y Derechos Fundamentales*. Vários autores, traduções de Luis Aguiar de Luque e Maria Gracia Rubio de Casas, edição do Centro de Estudios Constitucionales, Madrid, 1984.

SANTI ROMANO. *Princípios de Direito Constitucional Geral*, tradução de Maria Helena Diniz, Ed. RT, São Paulo, 1977.

SAUSSURE, Ferdinand de. *Curso de Lingüística Geral*, Cultrix.

SEABRA FAGUNDES, Miguel. *O Controle dos Atos Administrativos pelo Poder Judiciário*. 4ª ed., Forense, Rio de Janeiro, 1967.

TEBET, Simone Nassar. "O Princípio da Democracia e o Exercício da Cidadania: Realidade ou Ficção?", *Cadernos de Direito Constitucional e Ciência Política* 14, Ed. RT.

DO VÍCIO FORMAL DA EMENDA 20/98

MARCOS JOAQUIM GONÇALVES ALVES

Advogado em São Paulo

I — Considerações preliminares

Impregnado, infelizmente, na cultura dos nossos operadores do Direito, o estudo das leis, na seara jurídica, só se inicia com a lei posta, publicada nos *Diários Oficiais*, tida como válida, desprendida do seu autor, Poder Legislativo, e adquirindo uma existência objetiva.

Contudo, em nenhum momento, ou em poucos momentos, seja no estudo científico da lei ou nas demandas dos tribunais, os operadores de nosso direito preocupam-se com o processo de formação da lei, de crucial importância para a vida da norma, pois é dele, processo regular de formação, que decorre a validade para que uma norma ocupe o seu assento no ordenamento jurídico.[1]

Miguel Reale nos ensina que "Não basta que o poder seja competente e nem basta que a matéria objeto da lei se contenha na competência do órgão. *É necessário um terceiro requisito; que o poder se exerça, também, com obediência às exigências legais: é a legitimidade do procedimento, o que, na técnica do Direito norte-americano, se denomina* 'due process of law'"[2] (grifo nosso).

E é preocupado com o *due process of law* no processo de formação de nossas leis, que o presente estudo se desenvolve, tomando, como instrumento de análise, a polêmica Emenda da Reforma da Previdência Social, a de n. 20, publicada aos 16.12.98, desvendando, nela, todas as fases de seu processo legislativo, para, posteriormente, concluir, ao nosso arrepio, a melancólica assertiva de que o processo de formação da Emenda Constitucional 20, de 1998, não obedeceu os regulares percursos preconizados pelos dispositivos constitucionais reguladores da matéria.

De início, veremos a evolução do processo de formação da Emenda Constitucional 20, de 1998, procurando, ao máximo, ater-nos, sucintamente, aos aspectos mais importantes e relevantes do seu percurso no Parlamento, a fim de que possamos, fácil e visivelmente, identificar os seus problemas de formação, sendo fornecidos, assim, os instrumentos necessários para a construção de uma análise jurídica sobre a validade da referida Emenda.

1. É claro que vários são os fatores que corroboram para o desprestígio do estudo do processo legislativo no Brasil, desde o problema geográfico, oriundo da sede do Poder Legislativo localizar-se em Brasília, distante, portanto, dos principais centros de debates jurídicos do País, até a burocracia em se obter cópia dos documentos que informam o processo legislativo.

2. Miguel Reale, *Lições Preliminares de Direito*, 19ª ed., São Paulo, Saraiva, 1991.

II — Evolução do processo legislativo

A Emenda Constitucional 20, promulgada em 15.12.98 e publicada nos *Diários Oficiais* da União e do Senado Federal em 16 de dezembro desse mesmo ano, modificou o sistema de previdência social e estabeleceu normas de transição, dando outras providências, tendo sua origem na Proposta de Emenda Constitucional — PEC 33/95, encaminhada pelo Poder Executivo, mediante a Mensagem 306, de 17.3.95, à Câmara dos Deputados.

A PEC 33/95, após discussões e emendas, foi aprovada na Câmara dos Deputados, em segundo turno, na sessão plenária realizada em 17.7.96, sendo encaminhada nessa mesma data ao Senado Federal para revisão, por meio do Ofício SGM-P-650, nos termos do art. 65, da CF.

No Senado Federal, a PEC 33/95 recebeu inúmeras emendas, sendo que, por esse motivo, o Senador Beni Veras, relator designado para apreciar essa PEC na Comissão de Constituição, Justiça e Cidadania, apresentou, em 17.7.97, substitutivo à PEC 33/95, sendo aprovado pela Comissão como Substitutivo à Proposta Emenda à Constituição da Câmara dos Deputados 33/96, iniciando-se, portanto, nova proposta de emenda à Constituição.

Em 8.10.97, o Senado Federal aprovou a redação final do Substitutivo à PEC 33/96, despachando-o, nessa mesma data, à Câmara dos Deputados.

Na Câmara dos Deputados, após a votação favorável em primeiro turno, ressalvando os destaques, o Substitutivo do Senado à PEC 33/96 foi substancialmente alterado por emendas de redação, adição, substituição e supressão, seja em artigos, parágrafos, alíneas, ou em importantes expressões e palavras que terminaram modificando o conteúdo do Substitutivo do Senado à PEC 33/96 da Câmara.

Logo após a votação do último Destaque de Votação em Separado-DVS, o de 5, o Presidente da Câmara dos Deputados, em 10.11.98, tendo em vista as modificações introduzidas por aquela Casa ao Substitutivo do Senado Federal, decidiu encaminhar para redação final e posterior promulgação parte da proposta votada e aprovada, ou seja, aquela Presidência decidiu que a matéria em desconformidade entre as duas Casas Legislativas seria enviada novamente ao Senado Federal e o restante promulgado.

Em 15.12.98, o Substitutivo, ou melhor, parte do Substitutivo à Proposta de Emenda à Constituição 33/96 foi promulgada pelo Congresso Nacional.

III — Das alterações da Câmara no Substitutivo do senado à PEC 33/96

Pelo Ofício SGM-P-830/98, o Presidente da Câmara dos Deputados comunicou ao Senado Federal os dispositivos e expressões constantes no Substitutivo do Senado não aprovados por aquela Casa Legislativa.

São os seguintes os dispositivos e expressões não aprovados, informados pelo Ofício SGM-P-830/98:

(i) § 1º do art. 40 da CF, constante do art. 1º do Substitutivo;

(ii) a expressão "incluídos os resultantes de acidente do trabalho", contida no inc. I do art. 201 da CF, constante do art. 1º do Substitutivo;

(iii) a expressão "do Decreto-lei 158, de 10.2.67", constante do art. 15 do Substitutivo do Senado Federal;

(iv) a expressão "obedecerão ao disposto no art. 201, § 4º", constante da redação dada ao art. 247 da CF pelo art. 2º do Substitutivo;

(v) a expressão "sessenta anos de idade" e "cinqüenta e cinco anos de idade", constante na redação dada ao inc. I do § 7º do art. 201 da CF pelo art. 1º do Substitutivo;

(vi) a expressão "no caso de ser igual ou inferior ao limite máximo estabelecido para os benefícios do regime geral de previdência social de que trata o art. 201", constante da redação dada ao inc. I do § 3º, e o inc. II do § 3º do art. 40 da CF, proposto pelo art. 1º do Substitutivo;

(vii) a expressão "exclusivamente", constante da redação dada ao § 1º do art. 201 da CF pelo art. 1º do Substitutivo; e

(viii) a expressão *caput*, constante do § 2º do art. 42 e do inc. IX, § 3º do art. 142 (Emendas de redação ns. 10, 11,12 e 14).

No entanto, as matérias divergentes das Casas do Parlamento não se esgotaram somente nos itens acima transcritos, foram além, conforme se pode depreender da análise dos dois textos — do Substitutivo do Senado e da Emenda Constitucional promulgada — denota-se que existiram mais modificações da Câmara dos Deputados ao texto do Substitutivo do Senado do que as modificações informadas pelo Presidente daquela Casa ao Senado. E mais, foram adicionados novos dispositivos não constantes no Texto do Senado e, portanto, não revistos por essa Casa. Vejamos:

(i) Adição do art. 142 na redação do § 10, do art. 37, da CF;

(ii) Exclusão, no texto do Substitutivo do Senado (art. 1º), do § 10 do art. 42 da CF, e adição, nesse mesmo artigo, de novas redações aos parágrafos 1º e 2º, alterando, substancialmente, o conteúdo desses dois parágrafos;

(iii) Adição de nova redação, modificando o conteúdo, do inc. IX, do art. 142, da CF, não previsto no Substitutivo do Senado Federal;

(iv) Redação alterada pela Câmara dos Deputados no § 8º do art. 201, da CF, constante no art. 1º do Substitutivo do Senado Federal;

(v) No art. 3º do Substitutivo do Senado Federal, as redações do *caput* e do § 2º foram modificadas, sendo que o § 3º, desse mesmo artigo, foi suprimido; e

(vi) Exclusão do § 6º, do art. 8º, do Substitutivo do Senado Federal.

Ora, *(i)* o encaminhamento de parte da proposta de emenda à Constituição à redação final e, posterior promulgação; *(ii)* a extração de expressões e palavras do texto do Substitutivo do Senado pela Câmara dos Deputados; e *(iii)* as modificações feitas pela Câmara dos Deputados ao texto do Substitutivo do Senado, não revisadas por esta última Casa Legislativa, redundam na assertiva de que o processo legislativo de formação da Emenda Constitucional referenciada não caminhou pelas vias regulamentares previstas na Constituição Federal e, por isso, essa Emenda, a de n. 20, de 1998, falece de pressupostos de validade, pois está profundamente eivada de vícios insanáveis que a comprometem no sistema normativo, como a seguir será demonstrado.

IV — Da atividade vinculante do legislador brasileiro

Antes de iniciarmos a análise dos procedimentos adotados pelo legislador brasileiro no caso em exame, é necessário lembrar que, no direito brasileiro, a vontade do legislador só reside no conteúdo da norma, não sendo encontrada, por conseguinte, a mesma liberdade de vontade, nos procedimentos de formação das normas.

Esses procedimentos de formação das normas são revestidos de legalidade suficiente para delimitar os deveres — poderes dos parlamentares no exercício de sua atividade legiferante. Logo, no processo formal de criação de normas, não encontramos a vontade do legislador e sim a vontade da lei.

E assim quis o constituinte originário, delimitando o campo de atuação do constituinte derivado (em matéria de proposta de emenda à Constituição) e do legislador infraconstitucional (projetos de lei ordinário e complementar), tornando-os, quanto aos atos de procedimento, vinculados aos preceitos da lei (princípio da legalidade), garantido-se, pela via formal, a manutenção das liberdades conquistadas e defendidas pelo Estado Democrático de Direito.

Assim sendo, a atividade legiferante do legislador pátrio é uma atividade vinculada aos preceitos da lei, nos exatos termos do princípio da legalidade, donde só lhe é permitido fazer aquilo que a Lei expressamente o autorize.

Celso Antônio Bandeira de Mello nos ensina que: "O princípio da legalidade explicita a subordinação da atividade administrativa à lei e surge como decorrência natural da indisponibilidade do interesse público, noção esta que, conforme foi visto, informa o caráter da relação de administração. No Brasil o art. 5º, II, da CF, dispõe: "Ninguém será obrigado a fazer ou deixar de fazer alguma coisa senão em virtude de lei".

Hely Lopes Meirelles ensina que: "*A legalidade, como princípio de administração, significa que o administrador público está, em toda sua atividade funcional, sujeito aos mandamentos da lei*, e às exigências do bem comum, e deles não se pode afastar ou desviar, sob pena de praticar ato inválido e expor-se à responsabilidade disciplinar, civil e criminal, conforme o caso".

O autor citado não quis, certamente, restringir o princípio da legalidade ao agente, isto é, ao administrador, embora haja se referido expressamente a ele. O princípio, que formulou com tanta clareza, diz respeito à Administração em si, à atividade administrativa como um todo, englobando, é certo, seus agentes. Tanto isto é verdade que o mesmo doutrinador com precisão assinalou: "A eficácia e a validade de toda atividade administrativa estão condicionadas ao entendimento da lei. Na Administração Pública, não há liberdade pessoal. *Enquanto na administração particular é lícito fazer tudo o que a lei não proíbe, na Administração Pública só é permitido fazer o que a lei autoriza*'. Esta última frase sintetiza, excelentemente, o conteúdo do princípio da legalidade"[3] (grifo nosso).

3. Celso Antônio Bandeira de Mello, *Curso de Direito Administrativo*, 8ª ed., Malheiros Editores, 1996, p. 34.

Estribado em lições de Seabra Fagundes (*Controle Jurisdicional dos Atos Administrativos*, Editora Forense, 1979, 5ª ed., pp. 4-5) e Georges Vedel (*Droit Administratif*, pp. 33 e 34, 1958), Celso Antônio Bandeira de Mello conclui que: "*A atividade administrativa deve não apenas ser exercida sem contraste com a lei, mas, inclusive, só pode ser exercida nos termos de autorização contida no sistema legal*. A legalidade na Administração não se resume à ausência de oposição à lei, mas pressupõe autorização dela, como condição de sua ação. 'Administrar é aplicar a lei de ofício'.

"Em suma, a lei ou mais precisamente o sistema legal é o fundamento jurídico de toda e qualquer ação administrativa. A expressão legalidade deve, pois, ser entendida como '*conformidade ao direito*', adquirindo então um sentido mais extenso"[4] (grifo nosso).

E mais precisamente sobre a atividade legiferante do legislador, o Ministro Celso de Mello, em voto proferido na ADIn 574-DF, foi contundente ao pontificar que: "O Congresso Nacional, *na elaboração dos atos legislativos, está necessariamente vinculado*, pois, ao modelo jurídico que, fundado no texto constitucional, condiciona a atividade legiferante desse órgão da soberania do Estado. Em tema de processo e formação das leis, pois, não há espaço para o arbítrio institucional do Poder Legislativo" (grifo nosso).

Assim sendo, no Direito brasileiro, o parlamentar é um agente público, vinculado ao dever-poder de exercer a atividade legiferante nos termos preconizados pela lei. Sua função legislativa é uma função vinculada aos dispositivos legais, não podendo, por conseqüência, exercer nenhum ato processual que não esteja prévia e expressamente autorizado em lei.

A par disso, pode-se, com tranqüilidade e acerto doutrinário, debruçar-se sobre a

4. Celso Antônio Bandeira de Mello, ob. cit., p. 34.

análise do processo de formação da Emenda Constitucional 20, de 1998, aplicando-se o conceito de que todas as fases do seu processo legislativo devem estar vinculadas aos dispositivos reguladores da matéria processual legislativa no que diz respeito às propostas de emenda à Constituição, quais sejam: arts. 59, I, 60, II, § 2º, e 65, parágrafo único da Carta Política de 1988.

V — Da promulgação de parte da Proposta de Emenda à Constituição

A Presidência da Câmara dos Deputados, decidindo pela redação e promulgação de *parte* da Proposta de Emenda à Constituição, sem nenhum embasamento constitucional ou regimental para tal iniciativa, ofendeu o devido processo legislativo, em matéria de proposta de emenda à Constituição, insculpido nos arts. 59, I, 60, II, § 2º, e 65, parágrafo único da Carta Política de 1988. Vejamos.

Com efeito, nos termos do art. 59, I, da Constituição Federal: "(...) O processo legislativo compreende a elaboração de: (...) I — emendas à Constituição".

Em seguida, o art. 60 estabelece, em seus parágrafos, que: "Art. 60. A Constituição poderá ser emendada mediante proposta: (...) II — do Presidente da República; (...) § 2º. *A proposta será discutida e votada em cada Casa do Congresso Nacional, em dois turnos, considerando-se aprovada se obtiver, em ambos, três quintos dos votos dos respectivos membros.* § 3º. A emenda à Constituição será promulgada pelas Mesas da Câmara dos Deputados e do Senado Federal, com o respectivo número de ordem".

Mais adiante, no art. 65, parágrafo único, quis o constituinte originário dispor sobre o princípio da emendabilidade: "Art. 65. O projeto de lei aprovado por uma Casa será revisto pela outra, em um só turno de discussão e votação, e enviado à sanção ou promulgação, se a Casa revisora o aprovar, ou arquivado, se o rejeitar. Parágrafo único. Sendo o projeto emendado, voltará à Casa iniciadora".

Fica claro que a CF/88, pelos dispositivos constitucionais supramencionados, determinou que a proposta de emenda à Constituição aprovada por uma Casa fosse revista pela outra (princípio do bicameralismo) e, uma vez modificada por esta, através de emendas (princípio da emendabilidade), retornasse à Casa iniciadora.

Por conseqüência, o constituinte originário não previu a possibilidade de uma Casa do Parlamento remeter à promulgação parte de um projeto de lei ou de uma proposta de emenda à Constituição, por mais que tal parte seja convergente da vontade conjunta das duas Casas do Parlamento, e a outra não.

Ora, mesmo em casos de emendas de supressão, uma vez adotadas por uma das Casas em projetos de lei ou de propostas de emenda à Constituição, rezam os dispositivos constitucionais acima mencionados, que os projetos ou propostas deverão retornar à outra Casa. O que se diz então de uma "super" emenda de supressão, adotada por ato único do Presidente da Câmara dos Deputados, que retira de uma vez só uma parte considerável da proposta de emenda à Constituição, votada e discutida por toda aquela Casa, por ele presidida, sem que o Senado fosse ouvido?

Quis o constituinte originário, na verdade, adotando o princípio do bicameralismo, assegurar que tais situações não ocorressem, ou seja, que o texto publicado, na sua totalidade, fosse, realmente, oriundo da vontade das duas Casas do Parlamento, a que representa o povo e a que representa os Estados.

Manoel Gonçalves Ferreira Filho, comentando as inovações advindas com a nova Ordem Constitucional em comparação com a Constituição passada, especialmente no que tange ao princípio da emendabilidade, preconizado pelo art. 65, parágrafo único, da Constituição, fez importantes ressalvas que corroboram com a compreensão da irregularidade praticada pelo Presidente da Mesa da Câmara dos Deputados, ao esfacelar a proposta de emenda à Constituição. Vejamos.

"A Câmara revisora pode, porém, aprovar o projeto sem o fazer nos exatos termos em que o recebeu. Ou seja, pode fazê-lo com emendas. Caso isso suceda, o projeto volta à Casa iniciadora para que esta aprecie as emendas.

"Está aqui uma diferença em relação ao direito constitucional anterior. Neste, a Casa iniciadora manifestava-se sobre as emendas da Casa revisora. Esta manifestação era terminativa: o projeto era dado por aprovado como resultasse da deliberação — emendado, se as emendas da Casa revisora fossem acolhidas; sem elas, se estas fossem rejeitadas.

"Em conseqüência, a Casa revisora — normalmente o Senado, uma vez que os principais projetos são os de iniciativa presidencial, cuja tramitação se inicia na Câmara dos Deputados — ficava numa posição de inferioridade.

"*Isto desapareceu na Constituição vigente*. Depreende-se do texto em exame *que o projeto e não apenas as emendas*, segundo dizia o art. 58 da Emenda 1/69, *voltarão à apreciação da Casa iniciadora*, pressupondo-se que, *se esta não o aprovar nos mesmos termos em que o fez a Casa revisora, o texto volverá a esta.* E assim até que haja aprovação coincidente por parte de ambas. É o sistema que os franceses chamam de *navette. Este põe em pé de igualdade as Casas do Congresso Nacional,* mas pode retardar a tramitação dos projetos relativamente aos quais haja divergências entre as Câmaras"[5] (grifos nossos).

Além de concordarmos com a posição de Manoel Gonçalves Ferreira Filho, no tocante a impossibilidade de promulgar parte de um projeto de lei de uma proposta de emenda à Constituição, por inobservância dos preceitos constitucionais dos arts. 59, I, 60, II, § 2º, e 65, parágrafo único da Constituição, entendemos, também, que, sendo a atividade do legislador (agente público com função legislativa) uma atividade vinculada aos preceitos expressos na norma de direito, não há no ordenamento jurídico dispositivo constitucional que autorize o Presidente da Câmara dos Deputados a dividir os projetos de lei ou de propostas de emenda à Constituição.

Logo, seja pela ofensa a dispositivos constitucionais ou pela ausência de fundamento legal para a promulgação de parte da proposta de emenda à Constituição, o ato administrativo do Presidente da Câmara dos Deputados deixou de fornecer pressuposto de validade à Emenda Constitucional promulgada.

VI — Da exclusão de expressões e palavras da Proposta de Emenda

E mais. O que foi excluído do Substitutivo à PEC 33/96 não foram capítulos, seções, artigos, parágrafos (com exceção do § 1º, do art. 40, da CF) ou alíneas — como também não poderia por ausência de fundamento constitucional, como depreendido acima.

Longe disso!

Foram excluídos do Substitutivo à PEC 33/96 expressões (como, p. ex.: "incluídos os resultantes de acidente do trabalho", contida no inc. I do art. 201 da CF, constante do art. 1º do Substitutivo, entre outras expressões) e a palavra "exclusivamente", constante da redação dada ao § 1º do art. 201 da CF pelo art. 1º do Substitutivo.

Ou seja, ao se excluírem expressões e palavras do texto votado, modificou-se *substancialmente* o conteúdo de suas proposições (artigos, parágrafos e alíneas).

5. Manoel Gonçalves Ferreira Filho, *Comentários à Constituição Brasileira de 1988*, v. 2, Saraiva, 1992.

Buscando-se, uma vez mais, as lições de Manoel Gonçalves Ferreira Filho, quando apreciando os limites do veto parcial do Chefe do Executivo a projeto de lei aprovado no Legislativo, encontramos importantes ponderações quanto às exclusões de expressões e palavras desses projetos de lei. Vejamos. "O veto parcial suscita um importante problema que é o da extensão que deve, ou pode, ter a impugnação. Em outras palavras, na intenção dos constituintes, o veto parcial não podia servir para subverter o sentido e o alcance do texto vetado pelo Legislativo. *Não poderia, por isso, colher palavras ou frases isoladas no seu corpo, de modo a alterar profundamente a sua significação*".[6]

Assim sendo, mesmo em relação ao veto parcial do Chefe do Executivo, constante no art. 66, § 2º, da CF,[7] não se admite, no direito brasileiro, a possibilidade de se excluírem expressões e palavras de texto de projeto de lei ou de proposta de emenda à Constituição; muito menos quando essas exclusões se operaram por decisão única da Presidência da Câmara dos Deputados, sem, repetimos, embasamento legal para tanto, logo após, repita-se, todo o Substitutivo à Proposta de Emenda à Constituição, com seus destaques, já ter sido votado na Câmara dos Deputados.

VII — Das modificações introduzidas pela Câmara dos Deputados ao Substitutivo do Senado não informadas a essa Casa pelo Ofício SGM-P-830/98 e promulgadas pela Emenda 20, 1998

Surpreendentemente, as irregularidades no processo legislativo não terminaram aí; o texto levado à promulgação continha ainda *adições* (como, p. ex., art. 142 na redação dada ao § 10, do art. 37, da CF), *subtrações* (exclusão, no texto do Substitutivo do Senado — art. 1º do § 10 do art. 42 da CF) e *alterações de redação* (novas redações aos §§ 1º e 2º do art. 42, alterando, substancialmente, o conteúdo desses dois parágrafos; adição de nova redação, modificando o conteúdo, do inc. IX, do art. 142, da CF, não previsto no Substitutivo do Senado Federal etc.) de dispositivos feitas pela Câmara dos Deputados ao Substitutivo do Senado Federal.

Contudo, desobedecendo os preceitos do devido processo legislativo, em especial dos arts. 60, II, § 2º, e 65, parágrafo único da Carta Política de 1988, tais adições, subtrações e alterações de redação *não foram levadas a análise, apreciação e decisão do Senado Federal.*

Evidencia-se, com isso, a existência de dispositivos na Emenda Constitucional 20 que não são frutos da vontade das duas Casas do Poder Legislativo, ofendendo, sobremaneira, o princípio do bicameralismo que vige na História Política do País desde os tempos do Império.

Celso Ribeiro Bastos nos ensina que "O Poder Legislativo se manifesta pela *conjunção das vontades das duas Casas do Congresso* ou Parlamento (...) Um dos argumentos favoráveis ao bicameralismo é que em virtude da duplicidade de órgãos há também uma duplicidade de discussão e votação dos projetos de lei, fazendo com que a lei produzida seja tecnicamente mais correta e aperfeiçoada"[8] (grifo nosso).

Logo, sendo o Senado Federal a representação dos Estados no Poder Legislativo, denota-se que a Emenda Constitucional 20/

6. Manoel Gonçalves Ferreira Filho, *Curso de Direito Constitucional*, Saraiva, pp. 131 e 132.

7. "Art. 66. A Casa na qual tenha sido concluída a votação enviará o projeto de lei ao Presidente da República, que, aquiescendo, o sancionará. (...) § 2º. O veto parcial somente abrangerá texto integral de artigo, de parágrafo, de inciso ou de alínea."

8. Celso Ribeiro Bastos, *Curso de Direito Constitucional*, 18ª ed., Saraiva, 1997, pp. 345 e 346.

98 possui dispositivos que não foram gerados pela vontade dessa Casa e, portanto, os Estados foram privados de participarem, por meio de seus representantes, da elaboração de dispositivos que modificaram substancialmente o conteúdo da Ordem Constitucional.

E, em se falando de adições — como ocorreu com adição da expressão do "art. 142" na redação do § 10, do art. 37, da CF, que não foi encaminhada à revisão do Senado — o Supremo Tribunal Federal teve oportunidade de se manifestar sobre o tema, onde o vício formal em matérias de processo legislativo de algumas leis foi a tônica da declaração de inconstitucionalidade desses diplomas legais. Dessas decisões destacamos a Ação Direta de Inconstitucionalidade 574-DF:

"*Ação direta de inconstitucionalidade 574-DF* (Tribunal Pleno), rel. Sr. Ministro Ilmar Galvão

"Ação Direta de Inconstitucionalidade. Nova redação dada pelo art. 29 da Lei 8.216, de 1991, ao art. 7º e seus incs. da Lei 3.765, de 1960. Impugnação do *caput* e do inc. I, *em razão de emenda aditiva, feita pelo Senado, no texto deste último, com a qual sancionada a lei, sem que o projeto houvesse retornado à Câmara Federal, onde teve origem, para a devida reapreciação, como imposto no art. 65, parágrafo único, da Constituição Federal.*

"***Flagrante inconstitucionalidade formal*** da referida emenda, por sua absoluta impertinência, em face do texto do projeto, originário do Chefe do Poder Executivo, já que pretendeu introduzir matéria relativa a pensão militar, onde se cuidava de antecipação dos efeitos de revisão de vencimentos. (...) Procedência da ação" (negrito e grifo nossos).[9]

Com efeito, assim como a Lei 8.216, de 1991, a Emenda Constitucional da Reforma da Previdência Social, a de n. 20, de 1998, também possui *flagrante inconstitucionalidade formal*, maculando não apenas os dispositivos que não foram objeto de apreciação das duas Casas Legislativas, mas também a Emenda na sua *totalidade*.

VIII — Do absurdo maior: o grave equívoco cometido em torno da exclusão da expressão "incluídos os resultantes de acidente do trabalho", contida no inc. I do art. 201 da CF, constante do art. 1º do Substitutivo

O art. 7º, XXVIII, da CF/88, assegura aos trabalhadores urbanos e rurais o direito ao seguro contra acidentes de trabalho, vejamos: "Art. 7º. São direitos dos trabalhadores urbanos e rurais, além dos outros que visem à melhoria de sua condição social: (...) XXVIII — *seguro contra acidentes de trabalho*, a cargo do empregador, sem excluir a indenização a que este está obrigado, quando incorrer em dolo ou culpa" (grifos nossos).

O art. 201, I, da CF/88, *antes* da promulgação da Emenda Constitucional 20/98, prescrevia: "Art. 201. *Os planos de previdência social*, mediante contribuição, atenderão, nos termos da lei, a: I — cobertura dos eventos de doença, invalidez, morte, incluídos os resultantes de *acidentes do trabalho*, velhice e reclusão" (grifos nossos).

Por meio de um Destaque de Votação em Separado, o de n. 104, apresentado na Câmara dos Deputados, no início dos trabalhos da PEC 33/95, a expressão "incluídos os resultantes de acidente do trabalho" foi suprimida do art. 201, I, da CF.

A Câmara dos Deputados aprovou a Proposta de Emenda Constitucional 33, em 17.7.96, suprimindo a referida expressão.

No Senado Federal, a Senadora Júnia Marise apresenta Emenda Substitutiva à Comissão de Constituição e Justiça, a de n.

9. Decisão publicada no *Diário da Justiça* aos 11 de março de 1994.

6, restaurando a expressão "incluídos os resultantes de acidente do trabalho", justificando, para tanto, "A redação acima constou da Emenda do Dep. Michel Temer. O Plenário da Câmara dos Deputados, no entanto, aprovou DVS privatizando os seguros dos acidentes de trabalho. A presente Emenda restaura o texto constitucional, mantendo a cobertura dos acidentes de trabalho na Previdência Pública. Caso isso não ocorra a Previdência deixará de arrecadar mais de meio bilhão de reais por mês, e, a privatização pretendida terá por conseqüência, seguramente, uma maior marginalização dos trabalhadores vítimas de acidentes laborais".

O Senador Beni Veras, relator do Substitutivo à PEC 33/95 na Comissão de Constituição e Justiça do Senado, após discorrer em seu parecer sobre a importância de se manter o seguro de acidente do trabalho na Previdência Social, com a participação complementar da iniciativa privada, votou favoravelmente a Emenda Substitutiva 6 da Senadora Júnia Marise, sendo que, posteriormente, a expressão "incluídos os resultantes de acidente do trabalho" foi encaminhada à votação no Plenário do Senado pelo DVS 46 do Senador José Ignácio Ferreira, sendo aprovada por 56 votos contra 13 votos e 2 abstenções.

Aprovado no Senado Federal o Substitutivo à PEC 33/96, a proposta foi encaminhada para Câmara dos Deputados, onde, em votação realizada em 18.3.98, a pedido do DVS 3, do Deputado Afonso Camargo, a expressão "incluídos os resultantes de acidente do trabalho" foi *novamente* excluída do texto do Substitutivo.

Com a decisão da Presidência da Câmara dos Deputados de promulgar, repetimos, sem fundamento legal, parte do Substitutivo à PEC 33/95, a expressão "incluídos os resultantes de acidente do trabalho" também foi retirada do texto que foi levado à redação final e promulgação.

Com efeito, a Emenda Constitucional 20/98 foi promulgada sem a expressão "incluídos os resultantes de acidente do trabalho".

Melhor explicitando:

— Na Câmara dos Deputados: a expressão *foi retirada.*

— No Senado: *foi restabelecida.*

— Na Câmara dos Deputados: *foi retirada novamente.*

— *Logo*: *a expressão deveria permanecer como estava no Texto Constitucional*, eis que não havia convergência sobre este ponto entre as duas Casas Legislativas.

Assim sendo, equivocou-se, mais uma vez, a Presidência da Câmara dos Deputados, eis que, por mais que haja, a título de argumentação, a possibilidade jurídica de se promulgar apenas parte do Substitutivo, a expressão "incluídos os resultantes de acidente do trabalho" *já constava na Constituição Federal* de 1988, antes da Emenda 20/98, isto é, a referida expressão *não era nova no direito positivo constitucional*, não nasceu de nenhuma emenda que tenha sido apresentada à PEC 33/95.

Ou seja, no Substitutivo à PEC 33/96 enviado pelo Senado Federal à Câmara dos Deputados, *constava a redação original da Constituição Federal de 1988*, eis que apesar de inicialmente excluída a expressão "incluídos os resultantes de acidente do trabalho", a mesma foi novamente incluída pelo Substitutivo do Senador Beni Veras, aprovado pelo Senado.

Em outras palavras, por decisão única e exclusiva da Presidência da Câmara dos Deputados, em manifesta oposição do Senado Federal a expressão "incluídos os resultantes de acidente do trabalho" foi retirada da Constituição Federal de 1988, excluindo-se, por conseqüência, um direito do trabalhador brasileiro, garantido pelo art. 7º, XXVIII, da CF.

IX — Conclusão

A Emenda Constitucional 20, de 1998, estando eivada de vícios formais, falece de pressupostos de validade, isto porque:

(i) sua proposta de emenda foi esfacelada por ato arbitrário do Presidente da Câmara dos Deputados, não possuindo, tal ato, fundamento de validade em nenhum dispositivo constitucional que o sustente no mundo jurídico;

(ii) o cogitado ato de mutilação da proposta de emenda à Constituição ofende dispositivos constitucionais — arts. 59, I, 60, II, § 2º, e 65, parágrafo único da Constituição;

(iii) ademais, não há base legal que permita a exclusão de expressões e palavras de projetos de lei ou de proposta de emenda à Constituição sem que, após as exclusões, tais textos retornem à Casa iniciadora da proposta;

(iv) e, por fim, as modificações introduzidas pela Câmara dos Deputados na proposta de emenda à Constituição 33, de 1996, sem o retorno dessa proposta à sua Casa de origem, Senado Federal, onde foi iniciada, não obedeceu o devido processo legislativo.

Em suma, todos os vícios, supramencionados, constantes no processo de formação da Emenda Constitucional 20, de 1998, ofendem, sobremaneira, os princípios mais basilares do nosso Estado Democrático de Direito: o bicameralismo, o devido processo legislativo, a legalidade e, principalmente, a probidade administrativa na condução da função legislativa.

Com efeito, a Emenda Constitucional da Reforma da Previdência Social, a de n. 20, *não* nasceu da vontade conjunta das Casas do Parlamento.

Ressalte-se que, jamais, em nenhum momento da história legiferante do nosso Parlamento, viu-se tamanho desdenho com a coisa pública; nunca pensou-se ou imaginou-se que o legislador pátrio, agente público do Estado, detentor da função legislativa, delimitado pelo dever-poder, por atos vinculados a dispositivos legais, no âmbito formal dos processos de formação das leis, pudesse deflagrar umas das mais tristes histórias do processo legislativo brasileiro.

A Emenda Constitucional da Reforma da Previdência Social, a de n. 20, de 1998, falece de pressupostos de validade, diante dos vícios formais nela constantes. E, em face do controle jurisdicional da constitucionalidade do processo legislativo, desempenhado pelo Poder Judiciário, a polêmica Emenda deverá ser declarada *nula*, devendo, por conseqüência, ser banida do nosso ordenamento jurídico, com efeito *ex tunc*, por Resolução do Senado Federal.

ESTUDOS E COMENTÁRIOS

A CONTRATAÇÃO DE PARTICULARES PARA SUPORTE DE ATIVIDADE REGULATÓRIA ESTATAL

FLORIANO DE AZEVEDO MARQUES NETO

Professor da Faculdade de Direito da Pontifícia Universidade Católica de São Paulo — Advogado

A natureza das atividades estatais. A indelegabilidade do poder de polícia. O caráter insubstituível das carreiras públicas. As fronteiras do serviço público.

1. Procurarei no presente texto enfocar a questão da contratação de empresas privadas de engenharia consultiva para a prestação de serviços de gerenciamento, acompanhamento e apoio à fiscalização das concessionárias de sistemas rodoviários.

O interesse em enfocar tal tema advém, imediatamente, do crescente interesse que o poder concedente destes serviços tem de lançar mão de empresas especializadas para apoiá-lo nas suas funções e da emergência (melhor seria ressurgimento) de questionamentos relacionados à suposta impossibilidade de contratação destas atividades, porquanto seriam elas intransferíveis aos particulares.

Porém, o interesse também é suscitado, de forma mediata, pelo fato de que o tema permite-nos palmilhar questões sempre candentes para os administrativistas.

2. Voltar à discussão acerca da legalidade da contratação de empresas privadas para gerenciar empreendimentos do Poder Público é sempre uma irresistível oportunidade para tangenciar (sem pretender esgotá-lo, por impossível) o manancial polêmico destas questões. É o que pretendo fazer, tendo por vetor a contratação cogitada no item 1 *supra*.

I — Introdução

3. Muito já se controverteu acerca da contratação de terceiros (empresas privadas) para a execução de obras ou serviços públicos. Tempo houve em que todos os cometimentos de interesse público (da abertura de estradas ao calçamento de ruas com paralelepípedos) eram executados por funcionários do Estado. O próprio instituto da concessão de serviços públicos foi precedente à simples contratação de empresa para mera execução de obras e serviços, afigurando-se, ainda no século passado, como uma primeira iniciativa para ensejar a participação de particulares na realização de intervenções necessárias à coletividade, mormente nas áreas de ferrovias, fornecimento de gás e eletricidade.

1. Cf. Arnoldo Wald, Luiza R. Moraes e Alexandre Wald, *O Direito de Parceria e a Nova Lei de Concessões*, Ed. RT, 1996, pp. 57 e ss.

4. O fato é que nem o mundo, nem o Direito são estáticos. No curso do desenvolvimento humano, crescem as demandas de provimento de necessidades coletivas pelo Poder Público. Cresce a complexidade das atividades necessárias a este atendimento. Incrementam-se as técnicas e as especializações aptas a realizar tais atividades.

Remodela-se o desenho e a estrutura dos entes estatais. Torna-se inconveniente, quando não inviável, para o Estado absorver os recursos humanos, tecnológicos e financeiros necessários à realização direta, por prepostos seus, de todas as atividades que lhe são impostas pela coletividade.

5. Neste sentido, a Lei e, posteriormente, a própria Constituição passam a prever expressamente a possibilidade de contratação pelo Estado de terceiros para executar obras e serviços, bem como para fazer fornecimentos, que sejam demandados pela atividade administrativa. A partir daí, o gestor da coisa pública exerce sua margem de discricionariedade[2] para, a partir de critérios políticos e administrativos, se optar por realizar uma dada atividade direta ou indiretamente voltada ao atendimento do interesse público — pois que se interdita a utilização de recursos públicos para a consecução de atividades que não se prestem, mediata ou imediatamente, a estes fins — ou por pessoas físicas (indivíduos que se tornam genericamente servidores) recrutadas para este fim, ou por pessoas jurídicas (empresas).

6. A verificação de uma crescente tendência dos administradores preferirem a segunda alternativa (contratação de pessoas jurídicas) em detrimento da primeira (contratação de pessoas físicas) decorre menos de questões de Direito, e mais do emergente consenso acerca das dificuldades e das contra-indicações geradas pelo inevitável crescimento dos quadros de servidores. A ciência da administração se enreda desde sempre na discussão das teorias sobre a melhor forma de administrar a máquina pública. Digno de nota, este debate, contudo, aqui não cabe. Apenas, a título de referência, pelo respeitável resumo dos debates mais recentes, vale citar o vasto material que vem sendo ventilado pela *Revista de Serviço Público*, órgão de divulgação da Escola Nacional de Administração Pública.[3]

A propósito dessa tendência, cabe trazer à colação, com objetivo de enfatizar a necessidade do aperfeiçoamento da ação fiscalizatória do Poder Público (carente de pessoal especializado para atender à demanda sempre crescente de melhoramentos públicos), os contratos de gerenciamento firmados por diversos órgãos públicos para o acompanhamento das obras integrantes de programas e objeto de financiamento de agências internacionais de fomento, mormente o Banco Interamericano de Desenvolvimento-BID.

O elenco de encargos previstos nos contratos do BID demonstra, de maneira inequívoca, que os órgãos públicos, sem prejuízo de suas atribuições legais, adotaram um sistema de fiscalização e acompanhamento de obras condizente com a importância, a complexidade e o vulto do empreendimento, entendendo o órgão financiador que não seria conveniente a utilização de pessoal e estrutura das unidades que integram a Administração Pública.

7. O Estado, é cediço, é ente personalizado apenas para fins jurídicos. A partir

2. Ensina Carlos Pinto Coelho Motta: "Cumpre, neste ínterim, mencionar que foge à competência institucional do Tribunal de Contas julgar a oportunidade e a conveniência das decisões administrativas destinadas a viabilizar a licitação e o correspondente contrato de terceirização. É sua competência (art. 76, XIV, da Constituição do Estado) examinar a legalidade do contrato" ("Terceirização e funcionalização: conflito ou complementariedade", *Boletim de Direito Administrativo*, v. 12/97, Ed. NDJ, dez. 97, p. 805.

3. Dentre todos, cite-se L. C. Bresser Pereira: "Da Administração Pública burocrática à gerencial", *Revista do Serviço Público*, v. 120, n. 1, ano 47, jan.-abr. 96.

da separação público e privado (subjacente à idéia de República[4]) faz-se necessário dotar a idéia de Estado de mecanismos jurídicos que lhe permitam ser sujeito de direitos e obrigações. Em última instância, o que caracteriza o estado é o monopólio do poder decisório, a capacidade de decidir quando, como e por que meios serão alocados recursos coletivos para exercer função pública[5] com vistas ao atendimento de necessidades comuns à coletividade. Daí porque, sempre, a consecução de uma finalidade pública dependerá do concurso de pessoas (físicas ou jurídicas).

8. Assim, a viabilização das atividades estatais sempre dependerá, em última instância, do estabelecimento de vínculo com particulares. Afinal, os agentes públicos nada mais são do que pessoas privadas que travam relacionamento obrigacional com o Estado para executar uma dada atividade ou função públicas. Afora aqueles que exercem o poder estatal, recebendo a atribuição (mandato ou investidura) para exercer função pública (*v.g.*, os detentores de mandato parlamentar, os governantes eleitos, os magistrados), os demais servidores estatais firmam com o estado um vínculo de contraprestação obrigacional, pelo qual executam um trabalho (subjacente ao exercício da função) recebendo por isso.

9. O que difere uma da outra hipótese de contratação de particulares é o tipo de relacionamento do ente estatal (personificado juridicamente como centro de direitos e obrigações) com estas pessoas físicas ou jurídicas. O recurso do Estado às pessoas físicas (servidores) para o exercício de suas atividades estabelece um vínculo contínuo e permanente (o *funcionário* é contratado, via de regra após concurso público, para exercer uma dada função pelo tempo em que permanecer na carreira). Já o concurso de pessoas jurídicas é estatuído de forma pontual e segmentada (a empresa é contratada, no mais das vezes após licitação pública, para executar um dado cometimento, certo, determinado e aprazado). Isso porque, ao contrário do que ocorre com a contratação de empresas, a execução de atividades públicas por indivíduos (servidores) leva, necessariamente, à mantença do vínculo.

10. A partir desta diferença essencial, pode-se lobrigar os limites à discricionariedade referida no item 5 acima. Haverá algumas atividades que, por previsão implícita ou explícita no texto constitucional, não se coadunam com a realização através de particulares pessoas jurídicas. Aqui estamos diante das funções essenciais do Estado que envolvem, necessariamente, uma margem de exercício do poder decisório ou que envolvem, indelevelmente, o exercício do poder de coerção. Refira-se, desde já (e ao tema voltarei mais adiante para nele me aprofundar), que aquelas atividades que o Estado executará apenas através de pessoas físicas (seus servidores ou mesmo empregados públicos) são apenas aquelas que consubstanciam, concretamente, o poder decisório ou o poder coercitivo, não atingindo outras atividades preparatórias, instrumentais, incrementais ou de suporte que possam (ou que, dentro daquela margem de discricionariedade de que falava há pouco, devam) ser efetivadas por meio de pessoas jurídicas privadas.

4. V. Geraldo Ataliba, ***República e Constituição***, 2ª ed. atualizada por Rosoléa Miranda Folgosi, Malheiros Editores, 1998, pp. 19 e ss.

5. Aqui é indesviável registrar, já que estou recorrentemente fazendo referência à função pública, a delimitação do princípio da função, um dos eixos fundantes do Direito Público. Aqui servimonos de Carlos Ari Sundfeld que assim o define "a atividade pública — cujo exercício é regulado pelo Direito Público — constitui função. Função, para o Direito, é o poder de agir cujo exercício traduz verdadeiro dever jurídico e que só se legitima quando dirigido ao atingimento da específica finalidade que gerou sua atribuição ao agente. O legislador, o administrador, o juiz, desempenham função: os poderes que receberam da ordem jurídica são de exercício obrigatório e devem necessariamente alcançar o bem jurídico que a norma jurídica tem em mira" (in *Fundamentos de Direito Público*, Malheiros Editores, 1992, p. 153).

11. Em suma, afora aquelas atividades que sejam, desde o texto constitucional, inerentes ao poder estatal (legislar, implementar a jurisdição, cercear as liberdades individuais, p. ex.), será sempre lícito que, para execução destas atividades, o Estado se socorra de particulares pessoas jurídicas e não de pessoas físicas. Aqueles que exercem a chefia da Administração (e que no Estado Democrático de Direito são eleitos para tanto) podem optar por construir uma usina hidrelétrica recorrendo apenas aos seus funcionários, comprando equipamentos e concursando especialistas. Seria uma catástrofe do ponto de vista da gestão da coisa pública, mas nem por isso ilegal. Do mesmo modo, pode o administrador optar por contratar empresas para gerenciar ou subsidiar a atividade de fiscalização de um dado cometimento executado por particulares sem que com isso violente o ordenamento jurídico.

12. Note-se, porém, que quando se faz referência à execução de um determinado serviço ou obra públicos por meio da contratação de particulares, não se está referindo especificamente ao instituto da concessão deste serviço ou obra a particulares. Dentro do gênero (contratação de empresas para cometer estas atividades) situam-se diversas modalidades de execução destes cometimentos. Pode-se ter tal execução por concessão, permissão, empreitada ou tarefa. Destas duas últimas, a concessão se difere porque, nela, o particular executa o serviço por sua conta e risco, conforme prenota a própria definição legal do instituto (cf. art. 2º, II da Lei 8.987/95). Na empreitada (por preço global, unitário ou integral) e na tarefa, não há delegação e a execução é contratada a expensas e sob responsabilidade da Administração (cf. arts. 6º, VIII, e 7º, § 2º, III da Lei 8.666/93). Nuance-se aqui também a distinção, a qual retomarei na seqüência.

13. As notas introdutórias acima servem para, mais que introduzir o tema, mostrar o quão relativas são algumas formulações feitas na doutrina e mesmo por vezes nos Pretórios. A indelegabilidade do poder de polícia, a intransferibilidade da atividade fiscal ou sancionadora, a vedação de contratação de empresa para executar atividades-fim, enfim, as formulações generalizantes que cercam o tema e, inadvertidamente, adquirem peso de sentenças fundamentais, devem ser questionadas para que não nos aprisionemos por sentenças tão peremptórias quanto vazias, que obumbram a complexidade e riqueza do debate. Em torno desta idéia central é que pretendo desenvolver a seguir as questões nodais subjacentes ao tema.

II — Algumas notas sobre os contratos de gerenciamento

14. A contratação em torno da qual gira a presente reflexão envolve várias atividades de engenharia consultiva, todas elas correlacionadas, basicamente, ao gerenciamento dos serviços rodoviários concedidos. De fato, as atividades de "acompanhamento da execução de obras", "aferição do cumprimento das metas contratadas", "suporte técnico na atividade de fiscalização das obrigações contratuais", enfim todas as atividades compreendidas no assessoramento do poder concedente relacionado ao devir das atividades das concessionárias podem bem ser albergadas sob o gênero dos contratos de gerenciamento[6] de obras e programas da

6. Em homenagem ao seu caráter precursor, cite-se Hely Lopes Meirelles, um dos primeiros a tratar do tema, com o didatismo que lhe era peculiar: "Contrato de gerenciamento ("Contract of Management", dos norte-americanos), é aquele em que o contratante, no caso, o Governo, comete ao gerenciador a condução de um empreendimento de engenharia, reservando para si a competência decisória final e responsabilizando-se pelos encargos financeiros da execução das obras e serviços projetados, com os respectivos equipamentos para sua implantação e operação. Nessa moderna modalidade contratual — já escrevemos em estudo anterior — todas as atividades necessárias à implantação do empreendimento são transferidas ao gerenciador (empresa ou profissional habilitado)

Administração Pública. Daí porque creio convir adentrar um pouco nas especificidades desta espécie de contratos.

15. Há quase um lustro, publiquei estudo versante especificamente sobre os contratos de gerenciamento.[7]

Retornando a este texto, verifico que as linhas ali traçadas calham perfeitamente ao que ora sustento. Tomo a liberdade de sumariar o que lá dissera.

Possuem, dizia à época, os contratos de gerenciamento, algumas notas características que lhes são próprias e definidoras de sua especificidade.

15.1 A primeira delas se refere ao caráter eminentemente *acessório* dos contratos de gerenciamento. Como dizia à época "os contratos de gerenciamento não existem de *per si.* Pelo contrário. Os contratos de gerenciamento só encontram razão de ser em virtude das especificidades de outros contratos, estes últimos de obra ou serviço".[8] Deste caráter acessório, temos que os contratos de gerenciamento dependem sempre da realização do contrato principal, cujo objeto é gerenciado. Presta-se, pois, a dar suporte à atividade gerencial da Administração contratante no que toca à boa e plena execução do contrato gerenciado. Se este último se extingue, perde sentido o gerenciamento. Inobstante, se a execução dele se atrasa, automaticamente se protela o contrato de gerenciamento.

15.2 Outro traço peculiar que destacava nestes contratos é o seu caráter de especialização técnica "(o gerenciamento é) um contrato cujo objeto é a execução de um serviço que envolve, fundamentalmente, a posse de uma tecnologia, de conhecimento técnico-científico específico, singular, por parte da empresa gerenciadora".[9] Tanto caracteriza um serviço dotado de uma especialização técnica que a própria Lei 8.666/93 coloca o gerenciamento no rol dos serviços denominados técnico-especializados (cf. art. 13, IV).

15.3 A terceira nota que gizava naquele trabalho se refere ao conteúdo bastante peculiar destes contratos. Disse "em termos teóricos, poderíamos dizer que em tais contratos o particular pode ser encarregado de planejar, coordenar, supervisionar, oferecer subsídios técnicos, fiscalizar execução e produto final e, no caso de programas, prestar contas às entidades de financiamento. Todas estas atividades, imprescindível dizer, devem ser articuladas por um método científico, por um padrão de racionalidade".[10] Todas estas atividades, detectadas no escopo do gerenciamento, devem ser vistas dentro de seu parâmetro de acessoriedade. O gerenciador presta todos estes serviços dentro de um quadrante de suporte e assessoria do órgão contratante da obra, serviço ou programa gerenciado. Aporta, pois, a tecnologia gerencial que desenvolveu e possui para permitir a racionalização, otimização e incremento da atividade de acompanhamento, fiscalização, pagamento e eventual sanção por parte do órgão contratante.

16. Esta tentativa de delimitar o que seja o conteúdo e a natureza mesmo dos contratos de gerenciamento permite-nos focá-los à luz das preocupações que motivam o presente estudo.

Em outros tempos, tais contratos já enfrentaram semelhantes questionamentos aos

pela entidade ou órgão interessado, *que apenas retém o poder de decisão sobre os trabalhos e propostas apresentados, e, uma vez aprovados, passa a responsabilizar-se pelo seu custo, nas condições ajustadas com seus elaboradores e executores*" (*Licitação e Contrato Administrativo*, 1ª ed., São Paulo, Ed. RT, 1991, p. 320).

7. Cf. nosso "Contratos administrativos — Gerenciamento de obras e programas de obras públicas — Conceito e características — Pertinência do gerenciamento externo", in *Revista do Tribunal de Contas do Estado de São Paulo* 75/35 e ss., jan.-fev./94.

8. Ob. cit., p. 38.

9. Ob. cit., p. 40.

10. Ob. cit., p. 40.

que ora se verificam. Imaginava-os superados. Ao que parece, me enganava.

Desde logo deve-se frisar que dado o seu caráter acessório e de especialização técnica, nunca o gerenciador irá substituir a Administração naquilo que é irrenunciável: suas prerrogativas decorrentes da função pública (poder-dever inerente à autoridade e voltado exclusivamente à consecução de uma finalidade pública).

Dito de um outro modo: a Administração, ao firmar um contrato de gerenciamento não se desfaz de suas prerrogativas, nem transfere atividades ínsitas à autoridade. Pretende, isto sim, recorrer ao concurso de uma empresa especializada, reunidora de uma *expertise* que a Administração não possui e nem pretende (ainda dentro daquela margem de opções administrativas) empregar esforços para desenvolver. Antes de importar o gerenciamento na renúncia a qualquer prerrogativa ou atividade inerente ao Poder Público, ele permite — em tese — o aperfeiçoamento desta, a partir da utilização de meios tecnologicamente mais desenvolvidos.

Seja permitido um exemplo um tanto fora de moda, mas ainda assim cabente à espécie. Antigamente era comum as famílias abastadas recorrerem a preceptores, pessoas de cultura e erudição destacada, que se incumbiam da formação dos jovens bem-nascidos. Ora, o trazimento pelo pai de um preceptor para contribuir na formação do seu filho não significaria, nunca, a renúncia ao pátrio poder ou abdicação de sua autoridade paterna sobre seu rebento. Aristóteles foi fundamental na formação de Alexandre, o Grande. Nem por isso deixou o príncipe Alexandre de se curvar à autoridade de seu pai, Felipe da Macedônia.

17. O que importa é que o gerenciador não tem *poder decisório* no tocante à atividade gerenciada. É certo que ele influencia as decisões do Poder Público contratante do gerenciamento. Porém, não adquire, por força de contrato, qualquer laivo de autoridade. Não é difícil demonstrar o que afirmo.

A autoridade, o poder, as prerrogativas intransferíveis do Poder Público decorrem, sempre, da Lei (princípio da reserva legal, decorrência por seu turno do princípio da legalidade[11]). "A atividade administrativa deve ser desenvolvida nos termos da lei. A Administração só pode fazer o que a lei autoriza: todo ato seu deve ter base em lei, sob pena de invalidade".[12] O exercício das atividades inerentes à autoridade pública só existe porque a lei outorgou ao órgão ou agente público a competência para efetivá-lo. Não seria através de contrato que ser-lhe-iam retiradas tais competências.

18. O fato da Administração firmar contrato com empresa privada, para que esta gerencie obra ou serviço executado por outro particular, não representa, nem juridicamente nem na prática, a transferência de qualquer poder.

18.1 Não o é na prática porque é intrínseco ao gerenciamento a distinção entre o dono da obra (ou do serviço, ou do bem, ou do empreendimento) e o gerenciador. Se houver confusão entre os dois papéis, desaparece a figura do gerenciador (já que, por óbvio, dono e gerente não podem ser a mesma pessoa ainda que aquele possa acumular as funções deste) emergindo uma substituição no titular da obra. Se o contratante

11. Celso Antônio Bandeira de Mello assim assevera acerca do princípio da legalidade: "Para avaliar corretamente o princípio da legalidade e captar-lhe o sentido profundo cumpre atentar para o fato de que ele é a tradução jurídica de um propósito político: o de submeter os exercentes do poder em concreto — o administrativo — a um quadro normativo que embargue favoritismos, perseguições ou desmandos. Pretende-se através da norma geral, abstrata e por isso mesmo impessoal, a lei, editada pois pelo Poder Legislativo — que é o colégio representativo de todas as tendências (inclusive minoritárias) do corpo social — garantir que a atuação do Executivo nada mais seja senão a concretização desta vontade geral" (*Curso de Direito Administrativo*, 8ª ed., 1996, p. 57).

12. C. A. Sundfeld, *Fundamentos de Direito Público*, cit., p. 152.

de uma obra ou de um serviço recorre a um gerenciador, é porque quer cometer a outrem a tarefa de gerenciar, preservando para si a capacidade de decidir, em última instância, sobre o devir da contratação gerenciada.

18.2 Juridicamente, tampouco há transferência do poder. Além do já antes dito (acerca da base legal da autoridade) há também o fato de que o contratante não quer ser substituído na titularidade dos direitos e obrigações decorrentes do contrato principal cuja execução será gerenciada. Juridicamente, o plexo de obrigações contraídas pelo Poder Público num contrato de execução de obra, serviços ou mesmo de concessão destes, permanece sempre com o Poder Público.

Ao gerenciador se cometem aquelas atividades de *suporte*, *acessórias* e *técnicas* que referimos no item 15.3. E mesmo assim, tais atividades são executadas como suporte, como auxílio ao exercício das prerrogativas do contratante. Este é quem, em última instância, aprova orçamentos, autoriza pagamentos, anui com o recebimento da obra e, no caso dos contratos administrativos, decide aplicar sanções ou rescindir unilateralmente o ajuste. Ao gerenciador cabe acompanhar, relatar, noticiar, municiar os fatos derivados do contrato, dando subsídio e elementos para o exercício da autoridade.

19. Em suma, o contrato de gerenciamento, pela sua própria definição, já afasta a alegação de que ele representa uma abdicação de função pública. Muito ao revés, ao contratar o gerenciamento externo, a Administração intenta adquirir um apoio técnico e especializado que, assessorando-a, permita-lhe melhor exercer a função pública que lhe é outorgada pela lei. Daí porque marcada, e bem marcada, a característica de acessoriedade intrínseca aos contratos de gerenciamento.

Ninguém duvida do caráter de indelegabilidade da função jurisdicional. Trata-se de exemplo paradigmático de função pública intransferível. Não obstante, ninguém discute a legalidade do juiz se socorrer de peritos para apoiar sua decisão em processos que envolvam alguma complexidade técnica. Certo é que o Judiciário poderia criar cargos e mais cargos de contabilistas, engenheiros, peritos em explosivos, grafotécnicos. Poderia mesmo submeter os magistrados a anos de cursos de especialização nestas áreas do conhecimento humano. Porém, entendendo contraproducente fazê-lo, institui a lei (no caso o Código de Processo Civil) a possibilidade de utilização de técnicos (e muita vez de empresas especializadas) para municiar a decisão judicial (cujo poder permanece nas mãos do juiz competente) do suporte técnico apto a tornar mais descortinado o exercício desta competência jurisdicional.

20. Visto parece-me estar que o recurso pela Administração a empresas de engenharia consultiva, especializadas e capacitadas, para cometer-lhes o gerenciamento de obras, programas, serviços, enfim, empreendimentos que envolvam a relação do ente público com outros agentes privados não caracteriza de forma alguma subtração, redução ou menoscabo do exercício de função pública. Totalmente ao contrário, caracteriza um reforço da capacidade do Poder Público de exercer as funções que lhe são outorgadas pela lei, funções estas que se caracterizam pelo exercício da autoridade, do poder decisório e não pela prática das atividades e providências de suporte. Atenhamo-nos um pouco à dicotomia que subjaz a estas atividades.

III — A imprestabilidade da dicotomia atividade-meio e atividade-fim

21. A doutrina é pródiga em construir dicotomias. Estes recursos, normalmente, se prestam a tornar didáticas as classificações e para desbastar áreas nebulosas do Direito. Porém, trazem efeitos colaterais. O mais grave deles é que, muita vez, as dicotomias adquirem vida própria, autônoma, passando a ser verdades inquestionáveis, dogmas que para simplificar obnubilam o raciocínio do jurista. É o que parece ocorrer com a distinção entre atividade-meio e atividade-fim para estabelecer o que pode e o que não pode ter sua execução transferida a terceiros.

Justiça seja feita, a confusão parece ter sido estabelecida não por nós, administrativistas. Foi-nos emprestada da Justiça Trabalhista. Com efeito, tentando equacionar os crescentes problemas surgidos com a chamada "terceirização de mão-de-obra" o Tribunal Superior do Trabalho editou o Enunciado 331 em que normatizou o tema, consagrando a distinção (que parece hoje desprovida de conteúdo jurídico) para dizer que não estabelece vínculo empregatício a contratação de serviços especializados ligados à atividade-meio do tomador. Por agora, impende demonstrar o quão imprópria é a distinção por atividade.[13]

22. No mundo hodierno, pautado pela especialização e sinergia das atividades econômicas e, de outro lado, pela sofisticação tecnológica, coloca-se praticamente impossível distinguir o que seja e o que não seja atividade-meio. Ninguém desconhece que a atividade-fim de uma instituição financeira seja a captação e venda de disponibilidades financeiras. Porém, cada vez mais, os bancos (principalmente os seus ramos de investimentos) passam a oferecer novos produtos, financiamentos sofisticados que envolvem a participação da sua instituição na gestão da empresa financiada. Assim, a avaliação e posterior co-administração de companhias com os escopos mais diversos tornam-se atividade indissociável dos objetivos principais das instituições financeiras. Em uma palavra, confundem-se com as tais "atividades-fim" dos bancos.

Apenas mais um exemplo. As empresas de transporte, por óbvio, têm por escopo (atividade-fim) transportar cargas. Porém, o avanço tecnológico e a evolução dos métodos industriais de produção *just in time* tornaram imprescindível que estas grandes transportadoras se especializassem no planejamento, organização e estratégia de distribuição dos produtos que lhes são confiados. A tal ponto que esta atividade (genericamente denominada de logística) tornou-se mais importante que o simples transporte. Baralhou-se meio com fins.

23. O fato é que a distinção por atividade em relação ao escopo do ente que contrata terceiros omite pontos relevantes. O principal deles é que não permite divisar com clareza a forma como é executada a atividade para a qual se firmam contratações externas.

O que importa, mormente em sede de direito administrativo, é que o exercício do poder decisório seja conservado com aqueles para quem a lei outorgou competência. Para um órgão exercer a vigilância sanitária faz-se mister a realização de exames laboratoriais. Isso não impedirá que dito órgão (criado exclusivamente para exercer a atividade de vigilância sanitária) contrate uma universidade, um instituto ou um laboratório privado para realizar os testes químicos e biológicos com as amostras. O que

13. Impropriedade que, aliás, é notada pelos próprios estudiosos do Direito do Trabalho. Ricardo Azevedo Leitão perora que "como já analisado acima, muitas vezes, é tênue a distinção entre atividade-meio e atividade-fim da empresa, porém, muito mais característico determinar se há ou não subordinação ou pessoalidade na prestação do serviço. Seja qual for a atividade executada, a partir do momento em que há uma interferência direta do tomador de serviços no trabalho executado, serve o contrato de prestação de serviços apenas como simulação da realidade. Neste sentido, as palavras de Vantuil Abdala, sintetizando a questão "(...) se o tomador de serviços exige quem vai executar os trabalhos sejam sempre pessoas certas e determinadas, comanda, e dirige, e fiscaliza a realização de serviços, descaracteriza-se o contrato de prestação de serviços, para emergir claramente o vínculo de emprego entre o obreiro e o tomador de serviços. É que aí, nesta relação, verifica-se a presença de todos os elementos da definição de empregador e de empregado e, portanto, a relação de emprego'" (cf. "Terceirização e vínculo de emprego", *Revista do Advogado* 54/82-83, Associação dos Advogados de São Paulo, dez. 98).

realmente releva é que, verificadas irregularidades nos alimentos analisados, detectadas falhas puníveis nos exames laboratoriais, as sanções, as penas, as medidas administrativas sejam efetivadas pelos agentes para tanto competentes.

Isso, repita-se, inobstante uma ou mais atividades especializadas integrarem o núcleo das tais "atividades-fim" do órgão público (como ocorre no exemplo com a verificação das condições sanitárias dos estabelecimentos fiscalizados).

24. No direito público, o que me parece relevante é que o cometimento para o qual se quer contratar terceiros não corresponda a atividades intrinsecamente estatais, porquanto caracterizadoras do exercício de função pública assim prevista na Constituição ou em Lei. De outra sorte, essa intransferibilidade é inerente ao poder, não atingindo as atividades que possam ou devam ser exercidas como preparação, suporte ou assessoria ao exercício deste poder.

25. Portanto, parece-me absolutamente irrelevante saber se a atividade para o exercício da qual se contrata uma empresa de gerenciamento caracteriza ou não atividade-fim do órgão ou entidade contratante. O que releva saber é se a atividade em espécie envolve ou não o exercício de função pública (poder-dever ditado pela ordem jurídica para atendimento de uma finalidade de interesse público assumida pelo Estado), intrinsecamente estatal. E, como visto acima, não constitui escopo dos contratos de gerenciamento a assunção deste poder-dever que permanece, sempre, com a autoridade para tanto competente.

IV — A não caracterização das atividades enfocadas como intrinsecamente estatais

26. Como já dito, o móvel de nossa reflexão é a irresignação que se tem verificado no tocante à contratação de empresas para executar o gerenciamento dos contratos de concessão de sistemas rodoviários em implementação pelo país. Não me parece que os escopos compreendidos nestes contratos caracterizariam atividade intrinsecamente estatal.

27. Deveras. O que se intenta — como já disse — é a contratação de empresas que dêem suporte no acompanhamento da execução das obras e serviços objeto do contrato de concessão, monitoramento dos indicadores de qualidade, suporte na fiscalização, depuração e processamento de informações gerenciais, checagem da qualidade das obras de ampliação, recuperação e manutenção eventualmente realizadas, cruzamento do cronograma de investimentos com aqueles contratualmente obrigados, enfim, trata-se de uma série de encargos eminentemente de suporte e apoio ao exercício das prerrogativas de poder concedente. Não se aproxima, nada disso, de atividade típica de Estado.

28. As atividades típicas de Estado são aquelas que correspondem apenas às providências que justificam a existência do poder estatal. Deve, pois, o conjunto destas atividades ser bastante restrito, ligado diretamente àquelas funções que envolvem um caráter de imperatividade.[14] Alude Diogo Figueiredo Moreira Neto, citando a Lei Básica de Bonn (Constituição alemã) que a solução que melhor se coaduna à moderna economia é aquela que reporta tais atividades exclusivamente ao núcleo coercitivo mínimo das atividades sociais. Diz ele que "o diploma constitucional alemão contém o protótipo de uma solução que assim se pode esquematizar: a exclusividade do Estado na imposição de um núcleo coercitivo fundante, combinada com a colaboração do Esta-

14. Ver neste sentido Fábio Giusto Morolli, "A evolução do Direito Público e a parceria com a iniciativa privada — Transferência de serviços públicos de natureza social", *Boletim de Direito Administrativo*, v. 10/97, Ed. NDJ, out. 97, p. 641, e Marcos Juruena Villela Souto, *Desestatização, Privatização, Concessões e Terceirização,* Rio de Janeiro, Lumen Juris, 1997, p. 249.

do com a sociedade em tudo o que possa ser objeto de negociação sem comprometer este núcleo".[15]

Esse núcleo de atividades inerentes ao Estado (e, portanto, indelegáveis, intransferíveis) parece-me cingir-se àquelas atividades para o exercício das quais seja imprescindível o poder político, o poder estatal. Resumem-se elas, ao meu ver, ao exercício último da produção do Direito, do monopólio da força e da imposição dos tributos.[16] Ou seja, cuida-se apenas daquelas atividades que sejam exercidas como inerência do poder de coerção (balizado pela Lei) que justifica a existência do Estado. Nos dizeres de Max Weber, que pressuponham o monopólio da violência (efetiva ou simbólica) legítima.

29. De outro bordo, não há na Constituição da República ou do Estado de São Paulo qualquer dispositivo que concentre as atividades cogitadas exclusivamente na Administração pública, vedando o concurso de terceiros. Mesmo porque, fugiria aos pressupostos da ordem econômica (*v.g.*, art. 170 da CF) a obrigatoriedade de execução direta de tais atividades pelo Estado.

Bem anota Carlos Pinto Coelho Motta que "sob o prisma constitucional, não há qualquer obstáculo ao trespasse de atividades de pessoa jurídica pública ou governamental a particulares que possam desempenhá-las a contento. O inc. XXI do art. 37 da Constituição Federal não distingue os serviços que admitem, ou não, execução por terceiros: não caberia, pois, ao intérprete fazer tal distinção".[17]

15. In "O sistema de parceria entre os setores público e privado — Execução de serviços através de concessões, permissões, terceirizações e outros regimes — aplicação adequada destes institutos", *Boletim de Direito Administrativo*, v. 2/97, Ed. NDJ, fev. 97, p. 76.

16. Ver neste sentido, D. F. Moreira Netto, *O Estado e o Futuro: Prospectiva sobre Aspectos da Instituição Estatal*, São Paulo, Ed. RT, 1995, p. 32, *apud*, Morelli, ob. cit.

17. Ob. cit., p. 806.

29.1 Note-se que as disposições constantes dos arts. 21, 23 ou 25 da Constituição da República não fazem qualquer alusão à competência exclusiva e indelegável para exercer atividades de acompanhamento e mesmo de fiscalização da execução dos ajustes firmados pelo Poder Público. De outro lado, nem o art. 20 nem o art. 26 (que prescrevem os bens da União ou dos Estados) trazem regra que vede a contratação de terceiros para tutelar, zelar ou fiscalizar o uso dos bens públicos. Fosse assim e um dos serviços cuja terceirização é mais comezinha (vigilância patrimonial) tornar-se-ia inconstitucional, pois se presta ele fundamentalmente à fiscalização e zeladoria de bens e patrimônio público.

29.2 Frise-se por demais que o art. 23 da CF arrola competências comuns das três esferas de federação, incluindo no inc. I aquela atinente à conservação do respectivo patrimônio. Ora, lobrigar aí uma competência indelegável ou uma vedação ao concurso de terceiros para o exercício desta competência significaria estender tal vedação para outras competências presentes no art. 23, como, p. ex., a saúde pública, a proteção de obras e bens de valor histórico, o acesso à cultura, proteção do meio ambiente, abastecimento alimentar, atividades para o desempenho das quais o Poder Público se utiliza habitualmente dos serviços de terceiros.

30. Da mesma forma, a Constituição Estadual paulista nada traz no sentido de vedar a contratação de empresas para gerenciar obras, serviços ou empreendimentos públicos. Inclusive, nenhum impedimento contém para que esta contratação envolva o suporte e assessoramento à fiscalização da execução contratual. Aliás, ilustrativo neste ponto é o disposto no art. 115, XX da Carta Bandeirante. Neste dispositivo, encontramos regra segundo a qual *compete privativamente aos agentes fiscais da administração fazendária a fiscalização dos tributos estaduais.* Ora, se o constituinte estadual houve por bem precisar que a atividade de fiscalização tributária é privativa dos seus agentes (servidores públicos portanto) silenciando no que toca à fiscalização da execução de contratos, é lídimo concluir que não intentou o constituinte empecer o trespasse desta atividade, ainda que dele se cogitasse.

31. Resta-me sobremodo claro que as atividades que se têm em vista contratar, mediante procedimentos licitatórios, junto a empresas especializadas, não caracterizam, nem de longe, atividades próprias de Estado. São, muito ao contrário, atividades acessórias, de apoio, desvestidas do caráter de imperatividade, independentes do poder de coerção estatal e, portanto, de realização absolutamente trespassável a terceiros.

V — A absoluta inexistência de burla ao princípio do concurso público

32. Dizer, como faz o Ministério Público Federal, em ação por ele promovida, que a contratação de empresas gerenciadoras da forma como ventilado seria descumprir o art. 37, II, da Carta maior, parece-me, vênia concedida, optar por uma leitura colegial da Constituição. Significa cometer o pecado de "ler a Constituição em tiras, aos pedaços" contra o qual adverte Eros Grau.[18]

33. De fato, o dispositivo em apreço determina que a investidura em cargo ou emprego público dar-se-á por concurso público. Nada mais justo e cediço. Contudo — e a isso voltaremos — o próprio art. 37 prevê (inc. XXI) a possibilidade da Administração pública contratar obras e serviços de terceiros. O que difere a contratação de serviços e obras da simples contratação de mão-de-obra é o fato de que naquela há um objeto claro e determinado.

34. Mesmo se tratando de serviços de natureza continuada (e veja-se que a Lei 8.666/93 admite expressamente a contratação deste tipo de atividades que se prolonga pelo tempo — cf. art. 57, II), não ocorrerá a mera contratação de pessoal se o cometimento avençado se revestir de especialidade e de peculiaridade nitidamente identificáveis. Aqui emerge forte o traço de especialização técnica que é característico dos contratos de gerenciamento, conforme demonstramos no item 15.2 *supra*.

Ademais, a possibilidade da administração "terceirizar" a execução de serviço voltado ao atendimento de necessidades públicas é matéria fora de dúvida. Até mesmo Maria Sylvia Zanella Di Pietro, uma das doutrinadoras mais avessas às diversas modalidades de terceirização na Administração Pública, assevera que "no âmbito da administração pública também é plenamente aceitável a terceirização como contrato de obra, como contrato de serviço, até porque tem fundamento na própria Constituição e está disciplinada pela Lei 8.666".[19]

35. A se levar a sério o argumento, concluiríamos que todas as contratações de serviços de natureza contínua seriam inconstitucionais, na medida em que estaria uma empresa privada colocando pessoas (seus empregados) a executar uma atividade de interesse público. Bobagem. Visando a contratação administrativa à realização de um serviço bem determinado, por período certo, sob a responsabilidade da empresa contratada e com produtos finais identificados no objeto contratual, afasta-se a alegação de burla ao princípio do concurso público.

36. Aqui que se colocam importantes as notas que destacamos no intróito deste trabalho: optar entre executar uma ativida-

18. Cf. neste sentido, *A Interpretação da Ordem Econômica na Constituição de 1988*, São Paulo, Ed. RT, 1990.

19. In "O sistema de parceria entre os setores público e privado — Execução de serviços através da concessão, permissão e terceirização — Aplicação adequada destes institutos", *BDA-Boletim de Direito Administrativo*, v. 9, Ed. NDJ, set. 97, p. 586.

de de interesse ou relevância para a coletividade (e que não se caracteriza como atividade típica de Estado — cf. tópico anterior) por meio de pessoas físicas (base no art. 37, II da CF) ou por pessoas jurídicas (base no art. 37, XXI da CF) é algo que cabe apenas ao administrador, no exercício da sua margem de discricionariedade, impenetrável ao controle externo, mesmo do Judiciário. Parte da doutrina, o Ministério Público, eu ou o leitor podemos, a partir de nossas convicções ideológicas, discordar da opção do administrador. Nem por isso será ela inconstitucional.

VI — A inexistência de ilegalidade pela alegada "delegação do poder de polícia"

37. Outro argumento aparentemente forte para questionar a contratação de empresas para gerenciar a execução dos contratos de concessão tem sido o verdadeiro anátema da "indelegabilidade do poder de polícia". Esta alegação, porém, não serve para invalidar a contratação do gerenciamento de tais contratos. Vejamos.

38. Em primeiro lugar, deve-se fazer uma *distinção entre a detença do poder de polícia e a disponibilidade dos meios para o exercício deste poder*. Se não se pode transferir a autoridade pública ao agente privado, de molde que este imponha sacrifícios ou restrições aos direitos dos outros particulares, nenhum óbice pode haver em se cometer a uma empresa privada o encargo de colocar à disposição do Poder Público recursos materiais e técnicos para efetivar o exercício desta autoridade.

39. Em segundo lugar, mesmo a tese da indelegabilidade deve ser vista dentro de alguns condicionantes. É o que nos ensina Cid Tomanik Pompeu para quem "é clássica a afirmação de que o poder de polícia é indelegável. Convém, entretanto, que, preliminarmente, tal assunto seja estudado sob dois aspectos: o *da delegação genérica* e o da *delegação específica*. (...) De fato seria incompreensível que o Estado, titular do poder de polícia, pudesse delegá-lo *genericamente* às pessoas de direito privado, tanto físicas quanto jurídicas".[20]

E prossegue o autor: "Em casos específicos, entretanto, *a delegação do seu exercício sempre foi aceita, principalmente em relação às pessoas jurídicas de direito privado*, as quais, da mesma forma que as pessoas jurídicas públicas administrativas, são regidas pelo princípio da especialidade, isto é, só podem exercitar as atividades para as quais tenham sido constituídas. A concessão, a permissão *e a delegação para o desempenho de atividades de interesse público, anteriormente a cargo do Estado, são, portanto, exemplos de delegação do exercício do poder de polícia em setores determinados, de há muito tempo aceitos pelo direito*".[21]

Portanto, bem entendido que a titularidade do poder de polícia deve sempre permanecer com a Administração, *nada obsta que as providências para a efetivação deste poder sejam trespassadas ao particular*. E menos óbice ainda há em que os particulares concorram com os meios necessários para o exercício desta atividade.

40. Retomemos, outra vez, as notas que introduziram este estudo. O que define se há ou não violação aos institutos constitucionais no tocante à transferência de atividades intrinsecamente estatais é a abdicação, pela Administração, do poder que a sociedade lhe atribui. Este poder se revela na capacidade de exercer a imperatividade, de exercitar a capacidade de coação administrativa.

Carlos Ari Sundfeld, talvez o mais descortinado dos administrativistas que inte-

20. "O exercício do poder de polícia pelas empresas públicas", *Revista Forense* 248/428 e 439.

21. Ob. e loc. cits. Neste sentido, v., tb., Carlos Ari Sundfeld, "Empresa estatal pode exercer o poder de polícia", *BDA*, v. 2/93, pp. 98 e ss.

gram a Sociedade Brasileira de Direito Público, chega a obtemperar que "é preciso ter presente que poder de polícia e coação administrativa não caminham necessariamente juntos. Um órgão pode exercer atividade de polícia sem que esteja legitimado à coação administrativa".[22]

41. Recorra-se outra vez a um exemplo.

Quem em última instância pode prender um indivíduo é a autoridade policial. Não obstante, qualquer indivíduo pode deter um meliante que pratique crime às suas vistas. A lei faculta mesmo a qualquer do povo prender aquele que flagrantemente pratica delito (cf. art. 301 do Código de Processo Penal). É óbvio que isso não autoriza o sujeito a manter em cárcere privado o criminoso. Porém, confere-lhe a lei autorização para, mesmo que desvestido do poder de polícia, deter o infrator para, tão logo quanto possível, entregá-lo ao agente da autoridade.

42. O ordenamento jurídico tem consagrado a diferenciação entre exatamente o exercício do poder e o concurso dos meios para tanto necessários.

42.1 A Lei 9.472/97 (Lei Geral das Telecomunicações) um dos diplomas mais atuais e hodiernos de que se tem notícia, traz dispositivo bastante interessante para o que aqui se desenvolve. Diz seu art. 59 que a Agência Nacional de Telecomunicações "poderá utilizar, mediante contrato, técnicos ou empresas especializadas, inclusive consultores independentes e auditores externos, para executar atividades de sua competência, vedada a contratação para as atividades de fiscalização, salvo para as correspondentes atividades de apoio".

No art. 22, parágrafo único, vem prevista regra semelhante, lavrada da seguinte maneira: "fica vedada a realização por terceiros da fiscalização de competência da Agência, *ressalvadas as atividades de apoio*".

Vê-se pois que o legislador, aberto à melhor doutrina, consagrou na lei a distinção entre o exercício de uma atividade tida como de polícia (no caso a fiscalização) e outras, consideradas mero suporte para aquelas (as correspondentes atividades de apoio). Releva notar que contra o art. 59, e outros, arvoraram-se os representantes dos partidos de oposição no Congresso Nacional, intentando Ação Direta de Inconstitucionalidade junto ao Supremo Tribunal. Pois em sede de liminar, o STF apenas anotou (dando interpretação conforme a Constituição, sem redução de texto) que tais contratações deverão reger-se pela Lei 8.666/93. Portanto, o próprio Excelso Pretório, indiretamente, anuiu com a distinção entre o que seja o exercício do poder ínsito à Administração e o que seja o oferecimento dos meios para exercício deste poder.

42.2 Igualmente ocorre com a Lei Federal 9.503/97 (Código Nacional de Trânsito). Aqui determinou o legislador que a lavratura do auto de infração de trânsito deverá ser efetuada por servidor civil (em qualquer regime) ou militar (cf. art. 280, § 4º). Inobstante, as providências anteriores à lavratura do auto poderão ser adotadas por terceiros que não servidores. Tanto é assim que se permite que o registro da infração seja feito por aparelho eletrônico ou equipamento audiovisual, os quais inclusive poderão ser fornecidos e operados por empresas especializadas (cf. art. 280, § 2º).

De igual modo, o Código, ao exigir a inspeção veicular (cf. art. 104) em todos os veículos em circulação, admite que tais aferições sejam feitas por entidades privadas, reservando-se por óbvio a adoção da medida administrativa de retenção dos veículos, reprovados na inspeção, para as autoridades competentes. Veja-se que, ao vetar os §§ 1º ao 4º deste artigo, alegou o E. Presidente da República razões meramente de técnica legislativa, não se voltando contra a

22. In "Empresa estatal pode exercer o poder de polícia", *Boletim de Direito Administrativo*, Ed. NDJ, fev. 93, p. 101.

expressa autorização para trespasse de tais atividades aos particulares.

42.3 Há, portanto, fortes precedentes na ordem jurídica a admitir que, para exercer atividade entendida como "poder de polícia", pode a Administração contar com o apoio de empresas privadas que lhe prestem assessoria ou suporte.

43. Ocorre que, ao meu ver, as atividades que se quer cometer no âmbito do gerenciamento dos contratos de concessão sequer podem ser caracterizadas como poder de polícia.[23]

Celso Antônio Bandeira de Mello, em texto de há mais de vinte anos — um clássico na matéria — ensina que a Polícia Administrativa (*v.g.*, que exerce poder de polícia) é "a atividade da Administração Pública, expressa em atos normativos ou concretos, de condicionar, como fundamento em sua supremacia geral e na forma da lei, a liberdade e a propriedade dos indivíduos, mediante ação ora fiscalizadora, ora preventiva, ora repressiva, impondo coercitivamente aos particulares um dever de abstenção ('non facere') a fim de conformar-lhes os comportamentos aos interesses sociais consagrados no sistema normativo".[24]

É o exercício do poder de polícia (polícia geral), portanto, voltado a limitar o exercício da liberdade e da propriedade dos indivíduos quando preordenada a assegurar, especificamente, "a tranqüilidade, a segurança e a salubridade públicas".[25]

No mesmo sentido vem Bénoît, para quem "la tradition de législateur français est de fixer ces limites de la police administrative générale à l'aide de trois mots: tranquillité, sécurité, salubrité. La tranquillité publique, c'est le bon ordre dans les rues et lieux publics, c'est-à-dire un état de faire compatibler avec la distination de ces lieux; la sécurité publique, la limitation des ris-

23. Para adentrar no complexo tema do poder de polícia, vale citar, sem pretender ser exaustivo, as seguintes referências bibliográficas: Adolfo Merkl, *Teoria General del Derecho Administrativo*, Madrid, 1993, p. 323; Alberto Elguera, *Policia Municipal*, Buenos Aires, 1963; Alberto Domíngues, *Policia Sanitaria*, Buenos Aires, 1946; Manuel Maria Díez, *Derecho Administrativo*, t. IV, Buenos Aires, 1969, pp. 17 e ss.; Álvaro Lazzarini e outros: *Direito Administrativo da Ordem Pública*; Bartolome Fiorini, *Manual de Derecho Administrativo*, v. II, pp. 645 e ss., e *Poder de Polícia*, Buenos Aires, 1962; Celso Antônio Bandeira de Mello, *Elementos de Direito Administrativo*, pp. 240 e ss.; Clóvis Beznos, *Poder de Polícia*; Diógenes Gasparini, *Direito Administrativo*, pp. 98 e ss.; Diogo de Figueiredo Moreira Neto, *Curso de Direito Administrativo*, pp. 293 e ss.; Fernando Garrido Falla, *Tratado de Derecho Administrativo*, v. II, pp. 159 e ss.; Francis-Paul Bénoît, *Le Droit Administratif Français*, pp. 739 e ss.; Georges Vedel, *Droit Administratif*, pp. 779 e ss.; H. L. Laferrière: *Cours de Droit Public e Administratif*, v. I, pp. 368 e ss.; Germán J. Bidart Campos, *Derecho Constitucional*, t. II, Buenos Aires, 1966, p. 550; Héctor Eduardo Herraiz, *Poder de Policia*, Buenos Aires, 1970; Hely Lopes Meirelles, *Direito Administrativo Brasileiro*, pp. 113 e ss.; Henry Berthélemy, *Traité Élémentaire de Droit Administratif*, pp. 235 e ss.; Jean Rivero, *Droit Administratif*, pp. 450 e ss.; José Cretella Jr., *Curso de Direito Administrativo*, pp. 521 e ss.; Miguel S. Marienhoff, *Tratado de Derecho Administrativo*, t. IV, Buenos Aires, 1973, pp. 510 e ss.; José Horácio Meirelles Teixeira, *Estudos de Direito Administrativo*, v. I, pp. 153 e ss.; Juan Francisco Linares, *Derecho Administrativo*, pp. 421 e ss.; Marcel Waline, *Manuel Élémentaire de Droit Administratif*, pp. 240 e ss.; Néstor R. Valeri, *Implicancias Constitucionales del Instituto de Policia Santa Fe*, 1961; Otto Mayer, *Derecho Administrativo Alemán*, v. II, pp. 3 e ss.; Pedro Guilhermo Altamira, *Policia y Poder de Policia*, Buenos Aires, 1963; Rafael Bielsa, *Régimen de Policia*, Buenos Aires, 1957; F. Ramón Vásquez, *Poder de Policia*, Buenos Aires, 1957; Roger Bonard, *Précis Élémentaire de Droit Administratif*, pp. 397 e ss.; Renato Alessi, *Sistema Istituzionale del Diritto Amministrativo Italiano*, pp. 461 e ss.; Themístocles Brandão Cavalcanti, *Curso de Direito Administrativo*, pp. 115 e ss.

24. In "Apontamentos sobre o poder de polícia", *RDP* 9/62.

25. Celso Antônio Bandeira de Mello, *Curso de Direito Administrativo*, 8ª ed., São Paulo, Malheiros Editores, 1996, p. 494.

ques d'accident; la salubrité publique, la limitation des risques de maladie".[26]

Trata-se, o poder de polícia, de exercício da supremacia da Administração sobre os particulares para cercear o livre exercício das faculdades (liberdade e propriedade) destes naquelas atividades em que a Administração não seja diretamente responsável.

44. *Inconfundível*, portanto, *exercício de poder de polícia* (que recai sobre todos os particulares apenas no tocante à proteção do trinômio segurança, salubridade e tranqüilidade) com a *aplicação de cláusulas exorbitantes* ou de *prerrogativas de poder concedente* (as quais, obviamente, só atingem o particular que mantém vínculo contratual com o Estado e mesmo assim no âmbito daquela relação contratual).

Segue daí que nenhuma relação existe entre a fiscalização decorrente do poder de polícia (vigilância sanitária, de trânsito, de edificações etc.) com a fiscalização da execução contratual.

E aqui é absolutamente indiferente tratar-se o contrato fiscalizado de uma simples empreitada ou de uma concessão de serviços públicos. Isso porque a fiscalização a ser exercida de parte da Administração tem base contratual e intenta assegurar o pleno atingimento das metas e objetivos contratados. Não guarda relação direta com a salubridade, tranqüilidade ou segurança dos indivíduos.

Bem traçadas, e portanto perfeitas para arrematar este tópico, são as considerações de Celso Bastos,[27] que tomo como se fossem minhas: "Na prestação de serviço público, a Administração cria uma certa utilidade: sua atividade produz algo de fruível pelo indivíduo, quer isoladamente, quer em conjunto com os demais membros da sociedade. De qualquer maneira, não fora a ação administrativa e inexistiria o bem a ser desfrutado. Há, portanto, uma relação de causa e efeito entre as medidas tomadas pelo Poder Público e a aparição de uma utilidade".

E prossegue o autor: "De um lado coloca-se a Administração oferecendo o serviço público, tornando realidade através do seu próprio atuar, e de outro situa-se o cidadão, acrescendo às suas comodidades mais esta, proporcionada pelo Poder Público. No cumprimento, por outro lado, de suas funções de polícia administrativa, o Estado não chega a produzir diretamente uma utilidade pública. De pronto, a sua atuação limita-se a impor um 'não fazer', ou a levantar um óbice para que algo possa ser praticado, como no caso de expedição de autorização para o porte de armas. De qualquer maneira, tomada a sua atuação nas suas repercussões imediatas, dela não resulta nenhum bem à coletividade. A imposição de uma abstenção ao administrado, em hipótese alguma aumenta o rol de conveniências e comodidades à disposição do indivíduo. Ao invés de lhe trazer as mãos a satisfação de uma necessidade qualquer, como acontece na prestação de serviço público, o Estado vai, pelo contrário, infligir-lhe mais um gravame, representado pela regulamentação imposta à atividade a ser praticada".

45. Dessarte, parece claro que o acompanhamento, o monitoramento e a fiscalização da execução dos contratos de concessão de rodovias não caracterizam atividade de polícia, já que são realizados pela Administração na condição de contratante ou de poder concedente, posição bastante diversa do que aquela que ocupa como autoridade de polícia. Fica fora de cogitação, portanto, tratar-se de delegação de poder de polícia (já que este não existe em sede de obrigações contratuais).

De mais a mais, mesmo que se tratasse do exercício de poder de polícia, inexistiria a guerreada delegação pois que se cogita de contratar a execução de simples atividades

26. Francis Paul Bénoît, *Le Droit Administrative Français*, 1968, p. 762. No mesmo sentido, Gabino Fraga, *Derecho Administrativo*, p. 557.

27. In "Repartição constitucional da competência para o exercício do poder de polícia", *RDP* 16/173.

de suporte, de apoio à Administração pública, como prenota a acessoriedade típica do gerenciamento.

Tanto é descabida a alegação de ilegal delegação que, apreciando a tese esposada pelo MPF em ação já referida, o juízo da 13ª Vara — Seção Judiciária Federal de Brasília consignou "a propósito, *data venia*, numa análise perfunctória da matéria, não vislumbrei o pressuposto do *fumus boni juris. Ao contrário, como consta das informações prestadas pelo ... em sua contestação de fls. ..., dos documentos a ela acostados e dos próprios documentos trazidos com a inicial, verifico que não houve tal delegação, razão por que indefiro a liminar*".

46. De outro lado, no caso do Programa de Concessão de Rodovias do Estado de São Paulo, parece-me claro que as competências específicas para fiscalizar os contratos e as metas das concessões está reservada e garantida a órgão público estadual. Efetivamente, dando cumprimento ao prescrito na Lei Estadual Paulista 7.836/92, o Decreto 43.011, de 3.4.98, instituiu a Comissão de Monitoramento das Concessões e Permissões de Serviços Públicos no âmbito da Secretaria dos Transportes. Esta Comissão, na verdade um embrião de um órgão regulador próprio, reúne as competências de acompanhamento pelo poder concedente, do devir das concessões. Contudo, nada obsta nestes diplomas normativos, que tal Comissão se socorra de empresas privadas para que estas lhes dêem apoio no seu mister. Não pretendendo construir uma macroestrutura de servidores, a Administração utilizar-se-á destas empresas para prover-lhes os meios necessários ao exercício de sua competência. Nada mais adequado ao ordenamento jurídico.

Descabe, portanto, também esta ordem de objeções.

VII — A base legal autorizadora da contratação em apreço

47. Chegamos pois ao derradeiro ponto da presente reflexão, atinente à existência ou não de lastro jurídico a permitir a contratação de gerenciamento externo. Fosse este tópico vestibular ao presente trabalho e, talvez, tudo o mais se tornasse despiciendo. Isso porque são fortes e vastas as disposições legais a permitir a contratação de empresas especializadas em gerenciamento para acompanhar o devir dos contratos de concessão.

48. Inicialmente, destaque-se que a Lei 8.666/93 prevê expressamente a hipótese de contratação de serviços técnico-especializados dentre os quais destaca a fiscalização, supervisão e gerenciamento de obras e serviços (cf. art. 13, inc. IV).

Vai além o legislador e reitera tal possibilidade prevendo que (art. 90, § 1º) "é permitida a participação do autor do projeto ou da empresa a que se refere o inc. II deste artigo, na licitação de obra ou serviço, ou na execução, como *consultor ou técnico, nas funções de fiscalização, supervisão ou gerenciamento exclusivamente a serviço da Administração interessada*".

Fosse isto pouco, e a lei federal de licitações escancara a possibilidade da fiscalização da execução dos contratos da Administração ser apoiada e assistida por terceiros contratados. Fá-lo no art. 67 que transcrevo: "Art. 67. A execução do contrato deverá ser acompanhada e fiscalizada por um representante da Administração especialmente designado, *permitida a contratação de terceiros para assisti-lo e subsidiá-lo de informações pertinentes a essa atribuição*".

Diz o brocardo que quando a lei é clara, cessa a interpretação. A ele acrescería-mos que quando a lei é clara e peremptória, a interpretação sequer deveria ser cogitada.

49. Apenas por pertinência com o tema, vale referir o claro escólio de Antônio Roque Citadine que não deixa margem de dúvida quanto ao cabimento da contratação de empresas para gerenciar a execução de contratos complexos. Diz o doutrinador e Conselheiro do Tribunal de Contas do Estado de São Paulo que "*poderá a Administração contratar o gerenciamento do contrato, especialmente quando envolver matéria de maior complexidade, e o objeto do contrato tiver ligações, com outras obras, serviços ou bens, de forma que a fiscalização exercida venha a ter o respaldo técnico adequado, apontando falhas no cronograma contratado, propondo correções etc.* Na contratação de empresa ou pessoal para gerenciar e fiscalizar a execução de contrato, deverá o administrador precaver-se para que não exista ligação, pessoal, familiar, técnica, comercial ou empresarial, *entre quem fiscaliza e gerencia, e quem executa a obra, serviço ou compra* (...)".[28]

49.1 Se nos contratos administrativos em geral é lícita a contratação de empresa especializada para acompanhar, gerenciar e dar suporte à fiscalização de outros contratos administrativos, diverso não ocorre com os contratos de concessão. Afinal, já é bastante firme na doutrina o entendimento de que a concessão tem caráter contratual, em que pese a relevância dos que disso discordam.[29] A própria Constituição assim determina (cf. art. 175, parágrafo único, I).

49.2 Como contrato administrativo, são aplicáveis à concessão, necessariamente, as regras da Lei 8.666/93 que não colidam com aquelas específicas previstas na Lei 8.987/95. Tal aplicabilidade é expressamente determinada pelo art. 2º da Lei de Licitações quando faz referência à regência pelos termos das concessões (art. 2º, *caput*) e quando define que os contratos por ela disciplinados são todos os ajustes que estipulem obrigações recíprocas entre as partes (art. 2º, parágrafo único).

49.3 Portanto, as disposições acima referidas da Lei 8.666/93 são aplicáveis diretamente aos contratos de concessão, o que já demonstra haver sobeja base legal para a contratação do gerenciamento externo destes contratos.

50. Tampouco serviria para impedir tal contratação a disposição constante do art. 30, parágrafo único, da Lei federal 8.987/95, segundo a qual "a fiscalização do serviço concedido será feita por intermédio de órgão técnico do poder concedente ou por entidade com ele conveniado".

Ora, é certo que o poder de fiscalização da execução de um contrato é do ente contratante. Afinal, trata-se de fiscalização de execução contratual e, portanto, o contratado (concessionária) somente está vinculado ao contratante (poder concedente). Isso não quer afastar a possibilidade deste órgão (concedente) se socorrer de suporte técnico para bem exercer seu poder de fiscalização.

É exatamente este o entendimento da melhor doutrina. Eurico de Andrade Azevedo leciona que "a fiscalização deve ser efetuada por intermédio de órgão técnico do poder concedente ou por entidade com ele conveniada (art. 30, parágrafo único). Abre-se uma nova fase para o Estado, que passa de executor de serviços a seu agente controlador (...) *Convém distinguir, contudo, o poder de fiscalização e os serviços técnicos a ela necessários. Nada impede que tais agências venham a contratar os serviços técnicos indispensáveis à sua atuação. O que não podem é delegar as funções públicas que lhes foram atribuídas por lei*".[30]

Marçal Justen Filho é ainda mais enfático ao dizer, comentando este mesmo art. 30, que "ademais, a fiscalização deverá ser efetuada segundo regras técnicas apropriadas, por pessoal capacitado para tanto. Se a Administração não contar com recursos hu-

28. In *Comentários e Jurisprudência sobre a Lei de Licitações Públicas*, São Paulo, Max Limonad, 1997, p. 390.

29. Celso Antônio Bandeira de Mello é hoje o mais forte expoente desta linha doutrinária. Apesar disso, reconhece que "no Direito brasileiro a concessão de serviço público tanto quanto a de obra pública são pura e simplesmente nominadas de contratos administrativo", in *Curso...*, cit., p. 436.

30. In *Concessões de Serviços Públicos*, São Paulo, Malheiros Editores, 1998, p. 122.

manos capacitados para esse fim, caberá recorrer a terceiros especializados. *Não teria sentido a Administração realizar fiscalização meramente formal, através de servidores não habilitados para apurar a regularidade do serviço*".[31]

A citação calha perfeitamente ao que acima perorei acerca da especialidade dos contratos de gerenciamento e do aporte técnico que a eles subjaz. Desnecessário alongar-se no tema.

51. Diga-se apenas que o próprio art. 30, parágrafo único, da Lei de Concessões prevê a possibilidade do poder concedente firmar convênio com entidade (que não diz dever ser pública) para execução das atividades de fiscalização. Tendo a Lei 8.666/93 igualado o convênio ao contrato administrativo (cf. seu art. 116), resta também por isso autorizadíssima a contratação de empresas para realizar o assessoramento do órgão concedente nestas atividades.

Parece-nos, portanto, sobrar amparo legal para a contratação de que aqui se trata.

VIII — Conclusão

52. Creio ter chegado a hora de concluir. Por tudo que afirmei, parece indubitável que o recurso pelo poder concedente a empresas privadas especializadas para que estas gerenciem os contratos de concessão é medida absolutamente ajustada ao ordenamento legal e constitucional. Mais ainda, cuida-se de providência necessária para bem atingir o dever do Poder Público nas concessões, traduzido no cumprimento dos objetivos para os quais se concedeu o bem ou serviço público.

52.1 De outra banda, não há qualquer delegação (de poder de polícia ou de poder de fiscalização) que possa ser tida como írrita à ordem jurídica. Isto porque simplesmente o que se está a contratar são os meios para a atuação do poder concedente, meios estes de que não dispõe.

52.2 Amparo legal há, e bastante claro. A Lei 8.666/93 é pródiga e expressa em admitir tais contratações. E a própria Lei 8.987/95 admite, ainda que de forma indireta, tal contratação (que trata inadvertidamente por convênio).

52.3 Pretender exigir que as atividades de acompanhamento, monitoramento, suporte à fiscalização, enfim que o gerenciamento das concessões seja executado diretamente por servidores ou mesmo empregados públicos importaria em invadir o campo de discricionariedade administrativa, fazendo prevalecer concepção ideológica de Estado (elogiável, mas não única) contra aquela legitimada pelo voto popular para o período que vivemos.

Eram essas as ponderações que me ocorrem, sabendo contudo que o debate certamente prosseguirá.

31. In *Concessões de Serviços Públicos*, São Paulo, Dialética, 1997, p. 301.

ESTUDOS E COMENTÁRIOS

HIPÓTESE DE INCIDÊNCIA CONSTITUCIONAL DO MANDADO DE SEGURANÇA

ANTÔNIO SOUZA PRUDENTE
Juiz Federal – Professor Universitário

A República Federativa do Brasil, na vocação constitucional de constituir-se em *Estado Democrático de Direito* (CF, art. 1º, *caput*), tem como o primeiro de seus objetivos fundamentais a *construção de uma sociedade livre, justa e solidária* (CF, art. 3º, I); e, para tanto, garante às pessoas o *pleno acesso à Justiça*, na determinação de que "são a todos assegurados, independentemente do pagamento de taxas: a) o direito de petição aos Poderes Públicos em defesa de direito ou contra ilegalidade ou abuso de poder" (CF, art. 5º, XXXIV, "a"), sendo que "a lei não excluirá da apreciação do Poder Judiciário lesão ou ameaça a direito" (CF, art. 5º, XXXV), impondo-se, no plano dirigente da legislação ordinária, o dever judicial de resolver com rapidez e eficácia as lides, prevenindo ou reprimindo qualquer ato atentatório à dignidade da Justiça (CPC, arts. 125, I-IV, e 126), velando sempre para que a lei, na materialização dos julgados, atenda aos fins sociais e superiores a que se destina (LICC, art. 5º).

Nessa ótica, afirma Kazuo Watanabe, com inegável razão, que "o princípio da inafastabilidade do controle jurisdicional, inscrito no inciso XXXV do art. 5º da Constituição Federal, não assegura apenas o acesso formal aos órgãos judiciários, mas, sim, o acesso à Justiça que propicie a efetiva e tempestiva proteção contra qualquer forma de denegação da justiça". A garantia constitucional do mandado de segurança individual ou coletivo, para proteção imediata de direitos líquidos e certos, traz, na armadura eficaz da Lei Maior, a sobregarantia da autoaplicabilidade instantânea (CF, art. 5º, LXIX e LXX, "a" e "b" e § 1º), outorgando ao Estado-juiz o poder-dever de antecipação da tutela mandamental sempre que verifique, na sumarização formal do processo devido, o "direito evidente" da parte, a reclamar imediato provimento jurisdicional, na espécie.

Na conjugação das garantias constitucionais da *inafastabilidade da jurisdição* e do *pleno acesso à Justiça* (CF, art. 5º, XXXIV, "a", e XXXV) com a do mandado de segurança individual e coletivo (CF, art. 5º, LXIX e LXX), para *proteção de direitos líquidos e certos*, não amparáveis por *habeas data* ou *habeas corpus*, que tenham sido violados ou estejam ameaçados de agressão por ato ilegal ou abusivo de autoridade pública ou de agente privado no exercício de atribuições do Poder Público, configuram-se os pressupostos do mandado de segurança, como direito fundamental do cidadão, a ser exigido, *liminarmente*, pelo juiz ou tribunal competente, sem mais delongas.

Nesta mira constitucional, vale dizer que o cidadão tem direito líquido, certo e fundamental à segurança, de pronto, se demonstrar em juízo, através de prova documental, pré-constituída, os pressupostos constitucionais da segurança pedida.

Na lição clássica de Lopes Meirelles:

"*Direito líquido e certo* é o que se apresenta manifesto na sua existência, delimitado na sua extensão e apto a ser exercitao no momento da impetração. (...).

"(...). Em última análise, *direito líquido e certo é direito comprovado de plano*. Se depender de comprovação posterior, não é líquido nem certo, para fins de segurança."[1]

Observa, no ponto, com inegável acerto, o eminente processualista Ovídio Baptista que:

"Para compreender o que o legislador brasileiro quer significar com a locução 'direito líquido e certo', a que a Constituição de 1934 referia-se como sendo direito 'certo e incontestável', é necessário ter presente que todo direito, tanto que existente, haverá de ser 'líquido e certo', pois seria um contra-senso lógico supor que alguém pudesse ser titular de um 'direito incerto'. O mesmo se deve dizer da condição de ser o direito 'líquido', no sentido de incontestável. Todo direito, depois de demonstrado, há de ser incontestável. O que o pode tornar 'ilíquido', no sentido de duvidoso ou 'incerto', será a eventual dificuldade em que se encontre seu titular de demonstrar ao juiz que o direito realmente existe. Se ele existir, será invariavelmente 'líquido e certo'. Os direitos, enquanto categorias próprias dos diversos ramos do *Direito Material*, que os estabeleçam, existem ou não existem. O que a Ciência Jurídica costuma indicar como 'direito certo' ou 'direitos verossímeis' são categorias que dizem respeito ao processo. São conceitos próprios do Direito Processual. Na dimensão do processo é que os direitos podem apresentar-se como 'incertos' ou 'ilíquidos', no sentido de controversos.

"A processualidade do conceito de direito 'líquido e certo' pode adquirir importância decisiva para a compreensão do instituto do mandado de segurança. Por duas razões fundamentais: a) se, no plano do Direito Material, todos os direitos são 'certos', dependendo apenas da maior ou menor disponibilidade de *provas dos fatos* que os constituem, de que possa valer-se seu titular, devemos concluir que toda classe de direitos pode ser amparada pelo mandado de segurança desde que o titular seja capaz de demonstrar-lhes a existência, através da *prova dos fatos*, que os tornam *incontroversos*; b) o direito que se revista da condição que o faz 'certo e incontestável' determina o tipo de procedimento *sumário*, próprio do mandado de segurança".[2]

Nesse sentido, impõe-se concluir que nos feitos judiciais onde se comporte a antecipação da tutela jurisdicional, nos termos do art. 273, II, do CPC, com a redação determinada pela Lei 8.952, de 13.12.1994, quando o juiz pode e deve, a requerimento da parte, antecipar, total ou parcialmente, os efeitos da tutela pretendida no pedido inicial, desde que, existindo prova inequívoca, se convença da verosimilhança da alegação e fique caracterizado o abuso de direito de defesa ou o manifesto propósito protelatório do réu, determina-se o julgamento antecipado da lide, com *sumariedade procedimental*, similar à do mandado de segurança, de acordo com a disciplina do art. 330, I, do CPC, que ordena ao juiz conhecer diretamente do pedido, proferindo sentença, "quando a questão de mérito for unicamente de direito, ou, sendo de direito e de fato, não houver necessidade de produzir prova em audiência", ainda que a decisão antecipatória da tutela, no espaço pro-

1. Hely Lopes Meirelles, *Mandado de Segurança, Ação Popular, Ação Civil Pública, Mandado de Injunção, "Habeas-Data"*, 21ª ed., atualizada por Arnoldo Wald, São Paulo, Malheiros Editores, 1999, pp. 34 e 35.

2. Ovídio A. Baptista da Silva, *Curso de Processo Civil*, v. II, Porto Alegre, Sérgio Antônio Fabris Editor, 1990, pp. 272 e 273.

cessual, não se confunda com a sentença que extingue o feito antecipadamente.

Disto resulta que o mandado de segurança, nos termos do comando ordinatório e protetivo-constitucional (CF, art. 5º, LXIX e LXX), comporta, sempre, na tipificação normativa de sua hipótese de incidência, a antecipação da tutela mandamental, por se tratar de uma garantia fundamental, em favor do titular de *direito evidente*, apresentado à proteção judicial.

Cuida-se, pois, de tutela de segurança e de evidência, que reclama a exegese e aplicação do princípio da " justiça adequada", a que se refere Luiz Fux, "porque ao preceito constitucional de que 'nenhuma lesão escapará à apreciação judicial' deve encaixar-se a tutela célere do direito material. O decurso do tempo diante do direito evidente, sem resposta, por si só representa uma 'lesão'. Ademais, a fórmula constitucional foi ditada para 'entrar em ação' tão logo descumprido o direito objetivo. Assim, desrespeitado o direito evidente, incide a garantia judicial, que variará na sua efetivação, conforme a demonstração da lesão seja evidente ou duvidosa. Essa visão constitucional não passou despercebida à doutrina gaúcha de Ovídio e Galeno Lacerda. Ora, se o julgador já tem condições de saber, ao iniciar-se a demanda, que nenhuma contestação séria poderá ser contraposta ao direito líquido e certo, a legitimidade da tutela imediata torna-se um imperativo lógico e até mesmo constitucional (Ovídio, *Curso*, cit. v. 3, p. 296, nota)".[3]

Nesse caso, conclui o eminente Jurista, "a liminar é deferível mediante cognição exauriente, decorrência mesmo da evidência, diferentemente do que ocorre nos juízos de aparência (*fumus boni juris*) peculiares à tutela de urgência cautelar".

Com vistas, assim, na vocação constitucional do mandado de segurança, que tem por finalidade a proteção de *direitos líquidos e certos* e, portanto, *evidentes*, a merecer, de logo, se presentes os pressupostos constitucionais, a tutela jurisdicional antecipada, de urgência e evidência, com natureza *liberatória* ou *inibitória*, na força de sua eficácia mandamental, potenciada constitucionalmente, não vejo como se possa admitir no espaço processual do *mandamus* decisão judicial *in limine litis* com efeito puramente cautelar, baseada em simples aparência do direito pleiteado (*fumis boni juris*), mas tão-somente será cabível, na instrumentalidade luminosa e satisfativa do processo de mandado de segurança, a antecipação dos efeitos da sentença de mérito, que se pretende com natureza mandamental, para realização plena e pronta da garantia fundamental de segurança do direito evidente, demonstrável de plano.

O processo célere do mandado de segurança materializa, sem dúvida, uma *ação especial* de procedimento sumário, cujos elementos formadores e constitutivos estão vinculados e tipificados na hipótese de incidência constitucional, a saber: a) *existência de direito líquido e certo não amparado por "habeas corpus" ou "habeas data"*; b) *violação ou ameaça de lesão a esse direito*; c) *a identificação de autoridade pública ou agente de pessoa jurídica no exercício de atribuições do Poder Público, responsável pelo ato coator*; d) *a ordem mandamental, protetora e auto-aplicável, dirigida ao Estado-juiz, para que exerça o poder-dever de segurança, a que tem direito o impetrante dessa ordem, como garantia fundamental.*

A hermenêutica do mandado de segurança há de partir, assim, necessariamente, do texto constitucional, que o consagrou como garantia fundamental do cidadão, imediatamente auto-aplicável (CF, art. 5º, § 1º), em termo individual ou coletivo (CF, art. 5º, LXIX e LXX, "a" e "b"), com proteção de cláusula pétrea (CF, art. 60, § 4º, IV), contra as intromissões indevidas do poder reformador e do legislador ordinário, a

3. Luiz Fux, *Tutela de Segurança e Tutela de Evidência*, São Paulo, Saraiva, 1996, p. 58.

exemplo das interferências secantes da Lei 1.533, de 31.12.1951, e suas congêneres (Leis 2.770/56; 4.348/64; 4.862/65; 5.021/66; e 9.494/97), a desafiar, no tempo, o comando dirigente de nossa Lei Suprema.

Brasília (DF), 27 de julho de 1999.

ESTUDOS E COMENTÁRIOS

CONSELHO MONETÁRIO NACIONAL, BANCO CENTRAL DO BRASIL E COMISSÃO DE VALORES MOBILIÁRIOS

Considerações acerca de sua natureza jurídica, em face das chamadas "agências administrativas"

EGON BOCKMANN MOREIRA
Advogado em Curitiba – Mestrando em Direito Administrativo da PUC/SP

I – Premissas hermenêuticas. II – As agências administrativas e o Direito brasileiro. III – Conselho Monetário Nacional, Banco Central do Brasil e Comissão de Valores Mobiliários – Natureza jurídica. IV – Função regulamentar. V – Função regulamentar de CMN, BACEN e CVM, em face das agências. V – Conclusão.

O Sistema Financeiro Nacional é integrado pelo Conselho Monetário Nacional e Banco Central do Brasil, ambos criados pela Lei 4.595, de 31.12.1964 (e alterações), e cujas competências relativas ao mercado de capitais estão previstas na Lei 4.728, de 14.7.1965. A Comissão de Valores Mobiliários foi criada pela Lei 6.385, de 7.12.1976.

Tendo em vista as recentes modificações experimentadas no Direito Administrativo pátrio, é de se cogitar se tais entidades podem ser classificadas como "agências independentes", bem como sua eventual diversidade em face das recém-criadas "agências executivas" e "agências reguladoras". Ademais, cabe investigar seu "poder normativo" e os limites derivados dos *standards* estabelecidos pela legislação que criou tais organizações. Ao final, analisaremos se o art. 192 da CF de 1988 estabeleceu alguma reserva de lei que não esteja atendida nos diplomas supracitados.

I – Premissas hermenêuticas

1. A análise das questões acima arroladas pressupõe a fixação de premissas de interpretação claras e, mais do que isso, exige que seja fixado um conceito básico para a realidade normativa "agências", bem como sua razão, conteúdo e limites.

2. Partimos de três regras de hermenêutica jurídica.

Primeira, a de que a interpretação não pode abstrair das finalidades normativas visadas, justamente em face da situação concreta. A lei não pode ser interpretada puramente em abstrato, tal como se não possuísse vínculos e desdobramentos na vida real ou não se dirigisse a determinado objetivo. A relação entre *ratio legis* e situação de fato é essencial às conclusões hermenêuticas. Ainda mais quando estão em análise normas de ordem pública, as quais, no Brasil, devem reger um Estado Democrático de Direito.

Segunda, a interpretação jurídica há de ser sistemática, não analisando somente aqueles preceitos específicos colocados à disposição do intérprete, como se pudessem existir normas avulsas, mas a unidade do sistema. "Em outras palavras, uma consciente interpretação do Direito Administrativo jamais poderá ser isolada ou destituída da necessária conexão com a inteireza do sistema, na sua vocação teleológica para a abertura e para a unidade. Com efeito, toda interpretação juspublicista, mesmo diante das questões mais singelas, há de ser sistemática, principiológica e hierarquizadora (...)."[1]

A terceira regra é a de que a interpretação jurídica não pode orientar-se por aquilo que Luís Roberto Barroso denominou de "uma das patologias crônicas da hermenêutica constitucional brasileira, que é a interpretação retrospectiva, pela qual se procura interpretar o texto novo de maneira a que ele não inove nada, mas, ao revés, fique tão parecido quanto possível com o antigo". Ao definir a "hermenêutica retrospectiva", o autor reporta-se à lição de Barbosa Moreira: "Põe-se ênfase nas semelhanças, corre-se um véu sobre as diferenças e conclui-se que, à luz daquelas, e a despeito destas, a disciplina da matéria, afinal de contas, mudou pouco, se é que na verdade mudou".[2]

Estas são, basicamente, as premissas de hermenêutica que orientarão o presente texto.

1. Juarez Freitas, *A Interpretação Sistemática do Direito*, São Paulo, Malheiros Editores, 1995, p. 151.

2. Luís Roberto Barroso, "Dez anos da Constituição de 1988 (foi bom para você também?)", *RTDP* 20/39.

II – As agências administrativas e o Direito brasileiro

3. O Direito Positivo brasileiro, especialmente o Constitucional e o Administrativo, vem passando por radical série de mudanças.[3] O legislador visou a instalar uma Administração Pública qualificada de flexível e ágil, destinada a corresponder às necessidades pelas quais passa um mundo pós-globalização. Dentre tais alterações está a instalação das chamadas "agências administrativas".

3.1 Como é notório, as agências administrativas têm origem no Direito estadunidense, cujo Direito Administrativo se estruturou em torno de tais entidades.[4-5] Note-se que a primeira agência foi criada ainda no século XIX (*Interstate Commerce Comission*, de 1887).

Naquele país existe lei própria definidora da estrutura normativa das agências

3. Mudanças que tiveram início com a EC 5/95 e que, no que diz respeito à Administração Pública, pretenderam adotar a concepção de "Administração gerencial". Nesse sentido: Luiz Carlos Bresser Pereira, *Reforma do Estado para a Cidadania*, ENAP e Editora 34, 1998.

4. Na definição de Bernard Schwartz, "administrative law deals with the delegation of power to administrative agencies; the manner in wich administrative powers must be exercised (emphasizing primarily the procedural requirements imposed by the law); and judicial review of administrative action" (*Administrative Law*, Little, Brown and Co., 1991, p. 3). Henry Campbell Black é ainda mais incisivo, ao definir *administrative law* como "body of law created by administrative agencies in the form of rules, regulations, orders and decisions to carry out regulatory powers and duties of such agencies" (*Black's Law Dictionary*, West Publishing, 1990, p. 46).

5. Não discorreremos a respeito das flagrantes diferenças entre os sistemas normativos brasileiro e norte-americano, vez que não é da essência do presente trabalho. A respeito de tal diversidade, e por todos, v. René David, *Os Grandes Sistemas do Direito Contemporâneo*, Martins Fontes, 1996.

(*Federal Administrative Procedure Act*, de 1946), bem como de seus genéricos poderes e deveres. Trata-se de lei geral, que fundamenta a criação de agências específicas, no âmbito federal.

Há duas espécies de agências: as "reguladoras" e as "executivas". Estas vinculam-se à pura execução de serviços de ordem social (pensões, previdência social, seguros etc.), enquanto que aquelas atuam disciplinando determinada área de atuação estatal (incluindo-se, aí, direitos e deveres dos particulares).

Tais agências administrativas reguladoras caracterizam-se por ter independência em face do Poder Executivo e não estar submetidas a controle hierárquico. De forma autônoma, emanam normas que regulamentam a matéria de sua competência e decidem litígios, exercitando os denominados poderes *quasi-judicial* e *quasi-legislative*. Na ampla maioria delas, seus dirigentes possuem mandato fixo, há supervisão das comissões do Congresso, possibilidade de controle judicial e "relações políticas" com o Poder Executivo.

3.2 No Brasil inexiste qualquer lei semelhante à norte-americana. Não há qualquer disposição normativa que defina as condições genéricas de existência de uma agência administrativa – seja ela "reguladora", seja "executiva". Mais do que isso, não há qualquer preceito legal que diga o que é uma "agência". Ao contrário, reina a confusão.

De há muito o Direito Positivo brasileiro utiliza-se à larga do termo, ora em sentido vulgar (agência telegráfica, agência do correio, agências das capitanias dos portos),[6] ora em sentido específico (Agência Nacional de Telecomunicações-ANATEL, Agência Nacional de Energia Elétrica-ANEEL, Agência Nacional do Petróleo-ANP e Agência Nacional de Vigilância Sanitária-ANVS),[7] ora em sentido técnico indefinido (Agência Espacial Brasileira e Agências de Água).[8-9]

6. *V.g.*, Lei 3.739/60 ("agência telegráfica"), Leis 2.821/56 e 2.205/54 ("agência do correio"), Decreto 97.536/89 (extinguiu "agências de capitanias dos portos").

7. Lei 9.427, de 26.12.1996 (ANEEL: "autarquia sob regime especial, vinculada ao Ministério de Minas e Energia" – art. 1º); Lei 9.472, de 16.6.1997 (ANATEL: "entidade integrante da Administração Pública Federal indireta, submetida a regime autárquico especial e vinculada ao Ministério das Comunicações, com a função de órgão regulador das telecomunicações" – art. 8º; sendo que "a natureza de autarquia especial conferida à Agência é caracterizada por independência administrativa, ausência de subordinação hierárquica, mandato fixo e estabilidade de seus dirigentes e autonomia financeira." – art. 8º, § 2º); Lei 9.478, de 6.8.1997 (ANP: "entidade integrante da Administração Federal indireta, submetida ao regime autárquico especial, como órgão regulador da indústria do petróleo, vinculado ao Ministério de Minas e Energia" – art. 7º); e Lei 9.782, de 26.1.1999 (ANVS: "autarquia sob regime especial, vinculada ao Ministério da Saúde" – art. 3º; sendo que "a natureza de autarquia especial conferida à Agência é caracterizada pela independência administrativa, estabilidade de seus dirigentes e autonomia financeira" – parágrafo único).

8. Lei 8.854, de 10.2.1994 (Agência Espacial Brasileira: "autarquia federal vinculada à Presidência da República, com a finalidade de promover o desenvolvimento das atividades espaciais de interesse nacional"); e Lei 9.433, de 8.1.1997 (Agências de Água: "exercerão função de secretaria executiva do respectivo ou respectivos Comitês de Bacia Hidrográfica").

9. Isso sem mencionar a tão divulgada Agência Brasileira de Inteligência-ABIN, cujo projeto de lei foi encaminhado ao Congresso Nacional em 19.9.1997, definindo-a como "órgão de assessoramento direto ao Presidente da República, que, na posição de órgão central do Sistema Brasileiro de Inteligência, terá a seu cargo planejar, executar, coordenar, supervisionar e controlar as atividades de inteligência do país, obedecidas a política e as diretrizes superiormente traçadas nos termos desta Lei" (art. 3º). Até a presente data a ABIN não existe de direito, apesar de possuir até seu *site* na Internet (http://www.abin.gov.br).

O texto constitucional contém apenas a expressão "agências financeiras oficiais de fomento" (art. 165, § 2º), e o inciso I do art. 52 do ADCT refere-se a "agências de instituições financeiras". Mesmo depois das EC 8/95[10] e 9/95[11] a Constituição Federal contempla a locução "órgão regulador", não "agência administrativa".

Já a Lei 9.649/98, que "dispõe sobre a organização da Presidência da República e dos Ministérios", adota o termo "órgão regulador", para a ANP e a ANEEL,[12] e cria o qualificativo "agência executiva",[13] a ser outorgado a autarquias ou fundações que tenham cumprido determinados requisitos (plano estratégico e contrato de gestão).

Por fim, os Decretos 2.487/98 e 2.488/98 estabelecem a qualificação das "agências executivas", não declinando o que vêm a ser tais entidades, mas meramente dispondo sobre o procedimento e requisitos necessários a tal atributo – o que levou Celso Antônio Bandeira de Mello à percuciente conclusão de que: "O decreto, curiosamente, não indica quaisquer conseqüências extraíveis do qualificativo 'agência executiva', de sorte que ele apresenta o sabor de uma 'comenda'".[14]

3.3 Além de não haver previsões gerais definidoras do que efetivamente vem a ser uma "agência" no Direito brasileiro, os textos legais em vigor produzem séria confusão dos conceitos. Não há qualquer coerência semântica, que, de imediato, autorize e (ou) facilite a uniformidade na interpretação de tais normas.

Há leis que estabelecem o que vem a ser o "regime especial" ao qual estão submetidas as "agências administrativas", nunca de forma igual às demais, e outras que somente lançam tal locução quando "qualificam" a agência, tal como se houvesse incontrovérsia quanto ao uso do termo e de sua "especialidade". A definição mais precisa está na legislação da ANATEL, que confere exaustiva precisão à palavra utilizada. Resta saber qual o impacto que tal incerteza pode gerar para eventual fixação do verdadeiro sentido do termo "agência", para o Direito brasileiro (se é que isso é possível).

4. Destaque-se que, neste momento histórico, a definição de um ente público como "agência" não envolve pura questão de nomenclatura, mas definição do tipo jurídico e (ou) título competencial detido pelo órgão administrativo. Não se trata de dúvida limitada ao *nomen juris* da entidade, mas à possibilidade da qualificação de sua ação, limites e conteúdo.[15]

Ou seja, o problema enfrentado abrange o verso e o reverso da questão. Não apenas é significativa a especificação normativa dos entes (são ou não são agências), mas também o prévio conteúdo da qualificação atribuída a tais entes (o que é – ou pode ser – uma agência, no Direito brasileiro). Tal como leciona Daniele Coutinho Talamini: "Poder-se-ia pensar, desde logo, que a questão reduz-se à mera terminologia. Todavia, como já advertiu André Gonçalves Pereira, um problema terminológico não é *somente* um problema terminológico. A terminolo-

10. Modificou o art. 21, inciso XI: "Art. 21. Compete à União: (...) XI – explorar (...) os serviços de telecomunicações, nos termos da lei, que disporá sobre a organização dos serviços, a criação de um *órgão regulador* e outros aspectos institucionais" (grifo nosso).

11. Alterou o art. 177, § 2º, inciso III: "§ 2º. A lei a que se refere o § 1º disporá sobre: (...)] III – a estrutura e atribuições do *órgão regulador* do monopólio da União" (grifo nosso). O art. 177 dispõe basicamente sobre petróleo e gás natural.

12. Cap. IV, arts. 35 e 36.

13. Arts. 51 e 52.

14. *Curso de Direito Administrativo*, 11ª ed., São Paulo, Malheiros Editores, 1999, p. 160.

15. Mesmo porque a atribuição deste ou daquele "nome de batismo" não é definidora da natureza jurídica.

gia desempenha uma função, que é a de designar coisas idênticas com o mesmo nome e coisas diferentes com nomes diferentes. E, para a Ciência do Direito, cada termo utilizado deve designar um conceito, o qual, por sua vez, é obtido através da análise jurídica feita a partir da observação do ordenamento jurídico".[16]

5. É certo que a mutação imposta ao regime de Direito Administrativo brasileiro, especialmente no que tange às agências, tem lastro histórico na experiência norte-americana e européia (esta mais imediata ao Direito Positivo pátrio).[17] Pretende-se criar novas figuras de Direito Público, que transbordem os marcos das tradicionais autarquias e, quando menos, adquiram plena autonomia e independência, especialmente em relação ao Poder Executivo. Há essencialmente uma "mutação" do regime jurídico de "pessoas de Direito Público" para "figuras de Direito Público *e* de Direito Privado".[18] Busca-se atribuir maior rapidez na execução das propostas administrativas e, caso necessário, em sua modificação e atualização.

Desde já descartamos análise aprofundada das "agências executivas" emanadas dos Decretos 2.487/98 e 2.488/98. Acreditamos que não se trata de verdadeira inovação, pois tais agências correspondem a autarquias e fundações com a mesma natureza jurídica pretérita, porém "qualificadas". Pouca ou nenhuma importância e (ou) evolução representa esse título administrativamente outorgado a autarquias e fundações.[19]

Assim, ao se pretender qualificar uma pessoa administrativa de "agência reguladora" estar-se-á defendendo a mutação de sua natureza jurídica, mediante ampliação de seu título competencial. Quando menos, com as seguintes conseqüências: a) ausência de vínculo hierárquico formal com a pessoa administrativa central (compreendendo, aí, mandato fixo e impossibilidade de exoneração *ad nutum*); b) conjunto de normas que lhe atribuam independência, entendida como poderes e deveres próprios e típicos (indelegáveis, intransponíveis e inderrogáveis), excluindo o chamado "controle tutelar"; c) possibilidade de emanar normas regulamentares exclusivas; e d) possibilidade de decidir as questões controversas postas à sua apreciação (*ex officio* ou mediante provocação da parte interessada ou terceiro).

Caso contrário, não será uma "agência administrativa reguladora", mas um ente híbrido – com determinado nome de batismo e configuração jurídica diversa daquela caracterizada por tal denominação. Porém, daí até concluir-se que toda e qualquer entidade que detenha o nome "agência" seja uma "agência administrativa" *stricto sensu* existe uma longa – e impossível de ser transposta – distância.

16. "Regulamento e ato administrativo", *RTDP* 21/66.

17. Porém, países como França e Espanha enfrentaram (e enfrentam) problemas semelhantes ao brasileiro, consistentes na modificação/adaptação do sistema jurídico "tradicional" ou "continental" à nova sistemática imposta pelas *autorités administratives indépendantes* e *administraciones independientes* – que, ao seu tempo, também têm origem estadunidense. A esse respeito, consultem-se as obras de Eloísa Carbonell Porras e José Luís Muga Muñoz (*Agencias y Procedimiento Administrativo en Estados Unidos de América*, Marcial Pons, 1996) e Andrés Betancor Rodríguez (*Las Administraciones Independientes*, Tecnos, 1994).

18. Ao nosso ver, talvez seja esse o nó górdio da figura jurídica das agências administrativas frente ao Direito Administrativo brasileiro: a pretensão à transformação/transposição do regime jurídico de Direito Público a um regime jurídico *misto*, que não distingue figuras de Direito Público e Privado.

19. Por essa razão, o texto a seguir tratará unicamente das "agências reguladoras". A expressão "agência executiva" representa uma categoria aqui não enfrentada. Razão pela qual, frise-se, no presente trabalho o termo "agência" não se reporta às "agências" mencionadas nos arts. 51 e 52 da Lei 9.649/98 e Decretos 2.487/98 e 2.488/98.

Mais ainda, e o que é mais sério, é inadmissível a conclusão de que pessoa administrativa criada e disciplinada sob regime jurídico anterior às atuais mutações normativas seja automaticamente "adaptada" às conseqüências jurídicas previstas para as "agências reguladoras". Isso porque reputamos imperiosa previsão normativa integral, límpida e expressa, para que o ente público seja uma agência reguladora típica, com os atributos acima expostos. Afinal, essas são as qualidades detidas pelas agências reguladoras em sentido estrito – que *jamais* existiram na legislação brasileira pretérita.[20]

Por outro lado, não se trata de mera aplicação das teses e normas estrangeiras ao Direito brasileiro. É inegável a influência da experiência lá havida, mas é impossível a pura transposição acrítica. Assim como a doutrina científica do Direito Administrativo moderno teve origem em França e Itália, gerando nítida influência sobre o Direito brasileiro, as variações contemporâneas em nosso ordenamento podem obter subsídios do Direito estrangeiro – porém, sempre com as imperiosas ponderações.

Em suma, o que nos cabe investigar no presente trabalho é o feixe normativo que define as entidades investigadas frente ao Direito Positivo pátrio, para concluir se encaixam-se ou não no conceito de "agência administrativa reguladora", tal como definido pelas legislações que as instalaram no Direito brasileiro.

20. Nem tampouco houve pessoa administrativa indireta que acumulasse, simultaneamente, *todas* estas características. Se ocorreram de fato, trata-se de outra investigação. Não será seqüência de atos administrativos independentes e autônomos (regulamentares ou não), eventualmente irregulares, mas não impugnados, que caracterizará a natureza jurídica da entidade. Inexiste possibilidade de definição da natureza jurídica de uma "agência reguladora" através do conteúdo dos atos por si praticados. Há impossibilidade lógico-jurídica de os provimentos definirem a natureza jurídica das entidades que os emanaram.

III – Conselho Monetário Nacional, Banco Central do Brasil e Comissão de Valores Mobiliários – Natureza Jurídica

6. O Conselho Monetário Nacional (CMN) e o Banco Central do Brasil (BACEN) foram criados pela Lei 4.595, de 31.12.1964. São algumas das entidades que, na letra da lei, constituem o Sistema Financeiro Nacional.

6.1 O CMN é "órgão específico" do Ministério da Fazenda, que integra sua "estrutura básica" (Lei 9.649/98, Seção IV, art. 16, VII). A Lei 4.595/64 disciplina os objetivos de sua "política" (art. 3º) e os limites de sua competência, exercida "segundo diretrizes estabelecidas pelo Presidente da República" (art. 4º).

Alguns dos atos do CMN dependem de "autorização" ou "homologação" pelo Poder Legislativo, sempre "mediante mensagem do Presidente da República" (art. 4º, I). É presidido pelo Ministro da Fazenda (disposição atualmente prevista no art. 8º da Lei 9.069/95, que alterou a composição do Conselho).

Também a Lei 6.385/76 outorga ao CMN competência para definir políticas de organização e funcionamento do mercado de valores mobiliários e regular a utilização de crédito nesse mercado (art. 3º, I e II).

6.2 O BACEN é autarquia federal (art. 8º), com competência definida em lei e "normas expedidas pelo Conselho Monetário Nacional" (arts. 9º e 10).

Nos termos do diploma ora em análise, a diretoria do BACEN será escolhida pelo CMN, que designará seu diretor (art. 14, *caput* e § 1º). Nos termos do Decreto 91.961, de 19.12.1985, todos os membros da diretoria serão "nomeados pelo Presidente da República, (...) sendo demissíveis *ad nutum.*" (art. 1º).

7. A Comissão de Valores Mobiliários (CVM) foi instituída pela Lei 6.385, de

7.12.1976, e se destina a disciplinar e fiscalizar atividades relativas ao chamado mercado de capitais (valores mobiliários e bolsas de valores), segundo política e regulação definidas pelo CMN, muitas delas em coordenação com o BACEN (arts. 1º e 3º).

A CVM é autarquia vinculada ao Ministério da Fazenda, cuja diretoria e presidente são nomeados pelo Presidente da República, podendo ser demissíveis *ad nutum* (arts. 5º e 6º, § 1º).

8. Depois dessa brevíssima exposição a respeito dos aspectos legais que mais interessam ao presente trabalho, poderíamos tentar agrupar algumas das características comuns detidas pelas três entidades.

Em primeiro lugar, são subordinadas à hierarquia (CMN) ou controle (BACEN e CVM) do Poder Executivo central (Presidência da República e Ministérios). Cumprem as determinações da Administração direta – seja de forma imediata (obedecem às diretrizes da Presidência), seja mediatamente (a CMN define política e regula atividades do BACEN e CVM).

Em segundo lugar, os mandatos de seus dirigentes são detidos pela Presidência da República.

Em terceiro lugar, detêm competência para regulamentar, guardando limite decrescente (CMN, BACEN e CVM), os denominados Sistema Financeiro Nacional e mercado mobiliário. Fixam diretrizes, estatuem e baixam normas, disciplinam e coordenam, regulam etc. Variam os verbos, mas a *mens legis* é a mesma: atividade de prescrição de normas regulamentares por parte das três entidades. As únicas variantes são o grau competencial e o conteúdo de tais outorgas.

Em quarto lugar, controlam e fiscalizam as áreas de sua atribuição, podendo apurar irregularidades e impor sanções. Os recursos contra suas decisões poderão atingir o Conselho de Recursos do Sistema Financeiro Nacional.[21]

21. Órgão do Ministério da Fazenda, criado pelo Decreto 91.152/85.

9. Tendo em vista estas rápidas observações, parece-nos inviável atribuir a tais pessoas administrativas o título de "agências reguladoras independentes", pois o vínculo funcional e gerencial com a Administração direta impossibilita tal classificação. Em verdade, nem sequer são "agências administrativas", mas órgãos que se submetem aos tradicionais conceitos de "desconcentração" (CMN) e "descentralização" (BACEN e CVM).

As leis que criaram tais entidades visaram a operacionalizar as diretrizes do Governo Federal e conferir agilidade à sua atuação no que diz respeito à matéria específica a elas outorgada. Porém, não buscaram o verdadeiro conceito contemporâneo de "agências reguladoras" – que, certamente, vai muito além da desconcentração e descentralização. Os limites dos atributos legalmente conferidos a CMN, BACEN e CVM não possibilitam que sejam qualificados de "agências administrativas reguladoras". Caso contrário, o resultado seria duplamente ruinoso: por um lado, a necessidade do conceito de "agência reguladora" cairia por terra, pois não seria em nada inovador e especial. O esforço legislativo desenvolvido nos últimos anos, as definições novidadeiras previstas em lei, a amplitude dos conceitos e competências etc. – tudo isso seria trabalho desnecessário e em vão, pois bastaria eventual nome de batismo e (ou) exercício de fato de determinada atividade administrativa (ainda que num *minus* em relação à atualmente pretendida), durante certo lapso temporal. Por outro lado, também a razão da lei que definiu CMN, BACEN e CVM seria impertinente e estaria "vencida", pelo mero passar do tempo.

9.1 Não se diga que seriam "agências reguladoras" devido à chamada "revogação tácita", nem por derivação de eventual "costume *contra legem*". Este é extremamente complexo e controverso, excepcional em absoluto, além de ser inviável no Direito Público; aquela exige que a lei nova trate de forma exaustiva a matéria tratada pela anterior.[22]

9.2 Tampouco seria o caso de interpretação analógica ou extensiva. Nenhuma das duas técnicas hermenêuticas presta-se a transformar realidades jurídicas postas, mas a colmatar pseudolacunas normativas e a descobrir o real alcance normativo, em razão da própria lei.

Para sua aplicação, a analogia requer verdadeiro vácuo normativo, pois "não é uma técnica interpretativa nem tampouco uma fonte do Direito, mas um procedimento que serve para integrar normas, partindo de um exame comparativo entre duas situações jurídicas, aplicando à *não-legislada* a solução dada para a que tem característica essencial à semelhante".[23]

Já a interpretação extensiva "desenvolve-se em torno de uma norma, para nela compreender casos que não estão expressos em sua letra, mas que nela se encontram, virtualmente, incluídos, atribuindo assim à lei o mais amplo raio de ação possível, todavia sempre dentro de seu sentido literal. Conclui apenas que o alcance da lei é mais amplo do que indicam seus termos".[24] A interpretação extensiva clarifica o sentido da lei, de molde a abranger toda a intenção normativa, pois é "meio de reintegração do pensamento contido na lei, estabelecendo, tão-somente, as legítimas fronteiras da norma, que é distendida apenas para compreender a complexidade da matéria que lhe cabe regulamentar. Não há falta de conteúdo na lei, mas de concordância entre o sentido e a palavra".[25]

9.3 Ora, não serão tais técnicas hermenêuticas meios de atribuir ao CMN, BACEN e CVM qualidades especiais, que a lei de origem nem sequer cogitou. É impossível que, no Direito Público Positivo, a evolução dos fatos venha a criar radical derrogação ou lacuna normativa, a ser preenchida por legislação posterior, nitidamente excepcional. Também não se poderia cogitar de interpretação extensiva, que estendesse tais atributos, originais e excêntricos, a entidades anteriores, construídas com limites e fins diversos dos ora existentes.

10. Não parece haver dúvidas de que CMN é órgão do Poder Executivo central, enquanto que BACEN e CVM são autarquias "ortodoxas".

Resta investigar os limites da competência regulamentar detida por essas entidades.

IV – Função regulamentar

11. Tal como descrito acima, as três entidades em exame possuem função regulamentar (dentre outros atributos). Antes de interpretarmos a possível qualificação de tal prerrogativa, é imperioso enfrentar a noção de atividade regulamentar (e seus limites), no Direito Administrativo brasileiro.

12. Num primeiro momento, deixe-se claro que o exercício dessa atividade não é exclusivo do Presidente da República e Ministros de Estado, como poderia resultar de interpretação dos arts. 84, IV, e 87, II, da CF. De há muito, San Tiago Dantas afirmou: "O poder de baixar regulamentos, isto é, de estatuir normas jurídicas hierarquicamente inferiores e subordinadas à lei, mas que nem por isso deixam de reger coercitivamente as relações sociais, é uma atribuição constitucional do Presidente da República, mas a própria lei pode conferi-la, em assuntos determinados, a um órgão da Administração Pública ou a uma dessas entidades autônomas que são as autarquias. Não só a elaboração de regulamentos, mas a própria ativi-

22. V. Maria Helena Diniz, *Compêndio de Introdução à Ciência do Direito*, São Paulo, Saraiva, 1988, pp. 280-282 e 353.

23. Maria Helena Diniz, *As Lacunas no Direito*, São Paulo, Saraiva, 1989, p. 153 (grifo nosso).

24. Idem, p. 181.

25. Idem, ibidem.

dade legislativa, não se acha hoje enclausurada na competência de um só órgão do governo, mas se desloca, por força da delegação de poderes, para outros órgãos eventualmente mais aptos por se acharem em contato imediato com a matéria regulada, ou disporem de maior rapidez de decisão".[26]

O Presidente da República e os Ministros de Estado são titulares de competência constitucional para expedir decretos, regulamentos e instruções para a fiel execução das leis, mas tal previsão não é exaustiva e supressora de outros títulos competenciais, detidos pelas demais entidades da Administração Pública. Cada qual detém, dentro de seu âmbito de atuação e na medida da competência a si conferida, possibilidade de emanar regulamentos.

A discussão maior reside justamente nos limites do conteúdo da competência regulamentar.

13. Ampla maioria dos doutrinadores pátrios defende a qualificação do poder regulamentar como competência específica e limitada, destinada a criar normas gerais e abstratas, desde que não introduzam novidades no ordenamento jurídico, mas, ao contrário, dêem pura execução às normas previamente existentes.[27] Ou seja, a impossibilidade absoluta de inovações normativas por parte dos regulamentos.

Na lição de Celso Antônio Bandeira de Mello, o regulamento é ato administrativo geral que só pode ter por objeto a "estrita finalidade de produzir as disposições operacionais uniformizadoras necessárias à *execução de lei* cuja aplicação demande atuação da Administração Pública".[28]

14. Ocorre que tal doutrina vem sofrendo oposições, especialmente no ramo jurídico ora examinado.[29-30] Sérgio Ferraz e Eros Roberto Grau realizaram síntese perfeita a esse respeito, razão pela qual analisaremos com mais detença seu pensamento.[31]

14.1 O estudo de Sérgio Ferraz enfrenta com maestria o problema do regulamento, em todos os seus ângulos. A definição proposta logo à primeira linha demonstra seu entendimento a respeito da natureza e limites do regulamento: "O regulamento é um ato administrativo, de *caráter norma-*

26. "Poder regulamentar das autarquias", in *Problemas de Direito Positivo*, Rio de Janeiro, Forense, 1953, pp. 203 e 204.

27. Esposam esse entendimento: Geraldo Ataliba ("Poder regulamentar do Executivo", *RDP* 57-58/184-208); Víctor Nunes Leal ("Lei e regulamento", in *Problemas de Direito Público*, Rio de Janeiro, Forense, 1960, pp. 57-91); Clèmerson Merlin Clève (*Atividade Legislativa do Poder Executivo no Estado Contemporâneo e na Constituição de 1988*, São Paulo, Ed. RT, 1993, pp. 215 e 256); Maria Sylvia Zanella Di Pietro (*Direito Administrativo*, São Paulo, Atlas, 1999, pp. 74-77); Roque A. Carrazza (*O Regulamento no Direito Tributário Brasileiro*, São Paulo, Ed. RT, 1981); Daniele C. Talamini ("Regulamento ..." cit.); e Luciano Ferreira Leite (*O Regulamento no Direito Brasileiro*, São Paulo, Ed. RT, 1986).

28. *Curso* ... cit., p. 240.

29. Além dos Mestres a seguir mencionados, tais exceções podem ser atribuídas a Tércio Sampaio Ferraz Júnior (*Introdução ao Estudo do Direito*, São Paulo, Atlas, 1988, p. 212) e Hely Lopes Meirelles (*Direito Administrativo Brasileiro*, cit., pp. 111 e 112). Já, Diógenes Gasparini alterou seu entendimento (v. *Poder Regulamentar*, São Paulo, Ed. RT, 1982 – pró regulamento autônomo – e *Direito Administrativo*, São Paulo, Saraiva, 1995, pp. 105-108 – contra).

30. Também a jurisprudência não é absolutamente uniforme nessa matéria. Por exemplo, cf. decisões do egrégio STJ a favor (ROMS 6.234/DF, rel. Min. José Delgado, *DJU* 6.4.1998, p. 21) e contra os regulamentos autônomos (REsp 156.858-PR, rel. Min. Adhemar Maciel, *DJU* 19.4.1999, p. 110).

31. Por ordem cronológica: Sérgio Ferraz, "Regulamento", in *3 Estudos de Direito*, São Paulo, Ed. RT, 1977; e Eros Roberto Grau, "Crítica da 'separação dos poderes': as funções estatais, os regulamentos e a legalidade no Direito brasileiro, as 'leis-medida', in *O Direito Posto e o Direito Pressuposto*, São Paulo, Malheiros Editores, 1996.

tivo, com a finalidade de *especificar* os mandamentos da lei ou de *prover situações ainda por ela não disciplinadas*, emitido por órgão ou agente no exercício de função não-legislativa".[32]

Para o autor, o regulamento é inerente à atividade administrativa estatal, inserido no conjunto de deveres atribuídos à Administração. Faz parte da dinâmica do aparelho administrativo e seu exercício é essencial ao atingimento dos objetivos do ordenamento. Reputa ser ampla a faculdade regulamentar e que a "velha afirmação da integral submissão do regulamento à lei deve ser encarada com reservas".[33]

O autor destaca que "dúvida não resta quanto à maior significação, em nossos dias, do chamado regulamento autônomo ou independente, em face da tremenda complexidade, e a aceleração dinâmica dos fenômenos político-sociais de nossos dias".[34] Tal modalidade de faculdade regulamentar decorre "do dever que tem a Administração de organizar e tornar plausivelmente efetiváveis as atribuições que lhe são próprias".[35]

O regulamento autônomo desenvolve-se em dois ambientes normativos: na "área não expressamente reservada à lei" ou na "chamada 'reserva da Administração', isto é, aquela em que, por disposição de lei maior, é livre, discricionário e exclusivo o desenrolar da ação administrativa. No primeiro caso a superveniência de lei revogará a norma regulamentar. No segundo, a iniciativa legislativa padecerá de insanável ilegitimidade".[36]

Assim, podem os regulamentos autônomos ser classificados em "regrados e discricionários" ou "discricionários e de organização administrativa".[37]

14.2 A doutrina de Eros Roberto Grau poderia ser qualificada de mais abrangente, vez que não se restringe ao "regulamento", mas, depois de discorrer sobre os limites das teorias de Montesquieu e Locke, e com lastro no juspublicista italiano Renato Alessi, defende a distinção entre função *normativa* e função *legislativa*: esta vincula-se a "uma perspectiva *subjetiva*, decorrente da adoção do sistema de divisão dos poderes (...) confiada a determinados órgãos a tanto predispostos para a tarefa suprema de constituir (integrar) o ordenamento jurídico"; enquanto aquela abstrai o vínculo subjetivo e emana puras "*estatuições primárias* – seja em decorrência do exercício de *poder originário* para tanto, seja em decorrência de *poder derivado* – contendo *preceitos abstratos e genéricos*".[38]

Apesar de o Poder Legislativo deter competência exclusiva para emanar *leis*, não a detém, com essa qualidade, para editar *normas*.[39] O autor alerta para que se entenda como "função normativa a de emanar estatuições primárias, seja em decorrência do exercício do poder *originário* para tanto, seja em decorrência de poder *derivado*, contendo preceitos abstratos e genéricos".[40] Frisa que o poder regulamentar tem fundamento na atribuição de poder normativo, não em suposta delegação de função legislativa ou poder discricionário,[41] bem como não encontra óbices no princípio da legalidade, pois a Administração pode emanar "atos normativos de caráter não legislativo (...) no desenvolvimento de *função normativa*", não legislativa.[42]

32. Ob. cit., p. 105 (grifo nosso).

33. Ob. cit., p. 111.

34. Ob. cit., p. 119.

35. Ob. e loc. cits.

36. Idem, ibidem.

37. Ob. cit., pp. 119 e 120.

38. "Crítica ...", cit., pp. 178 e 179.

39. Não se olvide que o Direito pátrio atribui à Presidência da República o dever-poder de editar medidas provisórias, "com força de lei" (CF, art. 62). Por óbvio, não com a desmesurada e absurda intensidade com que tais medidas excepcionais vêm sendo inconstitucionalmente adotadas.

40. Ob. cit., p. 180.

41. Ob. cit., p. 181.

42. Ob. cit., p. 185.

Daí por que sustenta serem válidos, no Brasil, os regulamentos autônomos ou independentes, "emanados a partir de atribuição implícita do exercício de função normativa ao Executivo, definida no texto constitucional ou decorrente de sua estrutura. A sua emanação é *indispensável à efetiva atuação do Executivo em relação a determinadas matérias, definidas de sua competência*".[43]

Essa conclusão tem relevantes desdobramentos em face das questões ora analisadas, especialmente porque Eros Roberto Grau defende aquilo que denomina de "capacidade normativa de conjuntura" da Administração, vinculada à "compreensão de que o processo de desenvolvimento implica uma dinâmica mobilidade social correspondente à adoção de uma nova visão da realidade", pois o Direito "necessita, como todo organismo vivo, estar em constante mutação, impondo-se a superação do descompasso existente entre o ritmo de evolução das realidades sociais e a velocidade de transformação da ordem jurídica".[44]

"Aí, precisamente, o emergir da *capacidade normativa de conjuntura*, via da qual se pretende conferir resposta à exigência de produção imediata de textos normativos, que as flutuações da conjuntura econômica estão, a todo tempo, a impor."[45]

Ou seja, a evolução do fenômeno político-econômico mundial, unida à constante instabilidade dos mercados, impõe que o Estado-Administração disponha de meios jurídicos que o tornem apto a regular imediatamente a conjuntura econômica.

15. Aliás, a teoria dos regulamentos autônomos em face da matéria ora enfrentada foi especificamente adotada por Caio Tácito[46] e Fernando A. Albino de Oliveira.[47] Porém, e mesmo nesta seara, não há dúvidas de que se trata de questão controversa, expressamente refutada por parcela significativa da doutrina – conforme se infere dos trabalhos de Geraldo Ataliba,[48] Marçal Justen Filho[49] e Arnoldo Wald.[50]

16. Ocorre que, com o avanço da mutação e configuração das instituições públicas derivado da "Reforma Administrativa", o poder regulamentar encontra-se em ponto de novíssima e radical definição. As alterações normativas, que dizem respeito à instalação, *ratio legis* e natureza jurídica das "agências administrativas reguladoras", tornam possível interpretação ampliativa da titularidade competencial de tais pessoas autárquicas, transbordando os limites controversos.

A inserção de tais "órgãos reguladores" no ordenamento legal brasileiro autoriza (se não determina) igual inovação hermenêutica, de acordo com a evolução histórica do objetivo visado pela lei.[51] Se antes a legislação buscava descentralizar a Administração Pública e, muitas vezes, manter concentrada a integralidade do título competencial para o exercício da função administrativa, atualmente isso não ocorre. Ao

43. Ob. cit., p. 188.

44. Ob. cit., p. 172.

45. Ob. e loc. cits.

46. "Comissão de Valores Mobiliários. Poder regulamentar", in *Temas de Direito Público*, v. 2, Rio de Janeiro, Renovar, 1997, pp. 1.075-1.093.

47. "CVM-Comissão de Valores Mobiliários e mercado de capitais", *RDP* 89/256-262, que utiliza a expressão "poder normativo de conjuntura".

48. "Delegação normativa (limites às competências do CMN e BACEN)", *RDP* 98/50-69.

49. "Competência normativa do Conselho Monetário Nacional", in *Condições Gerais dos Contratos Bancários e a Ordem Econômica*, Curitiba, Juruá, 1988.

50. "Dos princípios constitucionais e da limitação do poder regulamentar na área bancária", *RDM* 88/5-9.

51. Dúvidas não há quanto à configuração ideológica de tal assertiva. Porém, mesmo a tradicional dogmática do Direito Administrativo deve experimentar variações, pena de o estudo pagar o "preço" que Tércio Sampaio Ferraz Júnior denominou de "risco de distanciamento progressivo da própria realidade social" (ob. cit., p. 50). Impossível é qualificar tal teorização de verdadeira ou falsa.

mesmo tempo em que se modificou o perfil do Estado brasileiro, alterou-se a razão das leis recentemente promulgadas. Agora, tais diplomas visam a, simultaneamente, descentralizar os órgãos de ação administrativa *e* os titulares das respectivas competências. Não se trata de mera *voluntas legislatoris*, mas de verdadeira e pura *voluntas legis*. Os textos legais são claros nesse sentido, ao qualificar de "especial" o regime autárquico de tais entidades e, em muitos casos, com a maior eficácia possível, descrever o que é tal "regime autárquico especial" (especificamente quanto à ANATEL) e atribuir competência normativa às agências.

Assim, e com determinadas ponderações, parece inserido na legislação brasileira o chamado "regulamento autônomo". Aquilo que Eros Roberto Grau denominou de *função normativa* da Administração tem maior gama de previsões expressas.[52]

17. Não se olvide que, em qualquer hipótese, hão de existir limites certos ao exercício de tal poder regulamentar. Fronteiras às disposições legais que os criem e ao conteúdo substancial dos próprios regulamentos.

Isso porque não é possível a existência de verdadeiros, puros e ilimitados "regulamentos autônomos", que "correspondem ao exercício da prerrogativa de legislar", enfeixando "faculdade regulamentar *praeter legem* e mesmo *contra legem*".[53] Acreditamos que tais prerrogativas regulamentares, que somente possuem fundamento e fronteiras constitucionais, não existem na ordem jurídica brasileira. A criação infraconstitucional de novas entidades e a atribuição a elas de poderes mais amplos não podem implicar o desvirtuamento da essência da Carta Magna.

O que há de inaugural em nosso ordenamento são competências regulamentares criadas por lei e por ela limitadas. Competências mais amplas do que aquela de simples execução dos comandos legais, alcançando a origem de novas hipóteses e mandamentos normativos. Tudo isso mediante obediência aos princípios a seguir propostos, como exigências mínimas do Direito Positivo brasileiro.

17.1 Em primeiro lugar, o regulamento autônomo não pode *contrariar* a lei, esta compreendida de forma ampla. Ainda que implique criação autônoma de disposições normativas, não pode opor-se a qualquer lei, pois é impossível o regulamento *contra legem*.

17.2 Em segundo lugar, o regulamento autônomo não pode *criar*, de forma *inédita* e *autônoma*, sem qualquer lastro normativo, obrigações e deveres às pessoas privadas. Não é viável que a autoridade administrativa inaugure a ordem jurídica através da emanação de regras que restrinjam o universo de direitos constitucional e (ou) legalmente assegurados aos administrados.

Contudo, é possível aos regulamentos gerar deveres, direitos e obrigações, desde que expressa e previamente autorizados em lei (ainda que de forma abstrata). Não somente na condição de atos executivos, mas criando prescrições legalmente autorizadas. A lei fixa o *standard* genérico, outorgando com precisão, para autoridade administrativa específica, o título competencial básico, que a autorize a criar.

17.3 Em terceiro lugar, o regulamento não pode *criar* penas e sanções, nem tribu-

52. Aliás, no XII Congresso Brasileiro e II Congresso Sul-americano de Direito Administrativo, o Prof. Eros Roberto Grau manifestou-se a respeito da competência normativa das agências, destacando que: "O caminho está a viabilizar o controle desse exercício normativo e por isso deve-se criticar as posições radicais, no sentido de que a função normativa das agências seria inconstitucional e pronto. O melhor é encontrar meios para viabilizar o controle" (material policopiado, sem revisão do autor, distribuído pelo IBDA-Instituto Brasileiro de Direito Administrativo).

53. Oswaldo Aranha Bandeira de Mello, *Princípios Gerais de Direito Administrativo*, v. I, Rio de Janeiro, Forense, 1979, p. 343.

tos, inclusive contribuições da Seguridade Social (CF, arts. 5º, XXXIX, 149, 150, I, e 195). Aplica-se o princípio da tipicidade penal (*nullum crime, nula poena, sine praevia lege*), tributária e da seguridade, ao Direito Administrativo.

17.4 Em quarto lugar, o regulamento não pode *restringir* a atividade econômica privada, subordinando seu exercício à expedição de prévia autorização por parte de órgãos públicos (CF, art. 170, parágrafo único).

17.5 Em quinto lugar, o regulamento não pode ter *efeito retroativo*, a não ser quando vise a beneficiar pessoas privadas, observados o princípio da igualdade e os limites da lei de outorga.

17.6 Em sexto lugar, o regulamento deve ser *fundamentado*, obedecendo à indispensável motivação pública, de fato e de direito, contemporânea à sua edição.

17.7 Em sétimo lugar, tendo em vista as peculiaridades da organização político-administrativa brasileira, o regulamento deve *respeitar a divisão de competências* entre as pessoas componentes da Federação (CF, art. 21 e ss.). Isso porque há, além das agências vinculadas à Administração Federal, agências estaduais.[54] Ainda que a legislação instituidora de tais entidades valha-se de termos genéricos e ambíguos, é impossível a invasão dos limites competenciais fixados pela Constituição, e os regulamentos autônomos devem estrita obediência a tal divisão.

54. *V.g.*, Agência Estadual de Regulação dos Serviços Públicos Delegados do Rio Grande do Sul-AGERGS (Lei estadual 1.093, de 9.9.1997); Agência Reguladora de Serviços Públicos Concedidos para o Estado do Rio de Janeiro-ASEP/RJ (Lei estadual 2.686, de 13.2.1997); e Agência Reguladora de Serviços Públicos Delegados do Estado do Ceará-ARCE (Lei estadual 12.786, de 30.12.1997).

17.8 Ao final, os regulamentos autônomos serão sempre passíveis de *controle* pelo Poder Judiciário – quer no que diga respeito à possibilidade de sua emanação, quer quanto ao conteúdo de suas previsões.

18. Em suma, determinados órgãos da Administração Pública – especialmente as entidades do Sistema Financeiro Nacional e as agências administrativas reguladoras – podem (se não devem, em determinadas circunstâncias), observados os limites acima descritos, emanar regulamentos "autônomos".

V – Função regulamentar de CMN, BACEN e CVM, em face das agências

19. Cumpre, agora, examinar o contraste entre a outorga de competências regulamentares contida nas leis criadoras de CMN, BACEN e CVM, em face daquelas detidas pelas novas "agências administrativas reguladoras".

Reitere-se e se reforce o entendimento acima descrito, de que a superveniência de novas entidades de Direito Público, com características extravagantes, jamais poderia implicar ampliação e (ou) modificação da competência detida por aquele órgão do Ministério da Fazenda (CMN) e autarquias a ele vinculadas (BACEN e CVM).

20. Conforme mencionado, dentre as agências administrativas recém-criadas, a ANATEL é aquela que detém dispositivos mais precisos. A Lei 9.742/97 esmerou-se em detalhes, desde o porquê da definição de sua denominação como "agência", passando por suas atribuições, até a finalidade normativa que lhe foi incumbida.

Em muitos pontos, aliás, a lei chega a ser repetitiva e enfadonha. Características que se potencializam no Regulamento da ANATEL (Decreto 2.338, de 7.10.1997).[55]

55. Não se perca de vista que tais repetições muitas vezes são necessárias perante a legislação

21. Não há dúvidas de que, também sob esse aspecto, a legislação espelhou-se no modelo clássico norte-americano, adotado desde a década de 70 por países da Europa Continental,[56] em que é de extrema relevância a definição de *standards* normativos precisos, que consubstanciem a outorga de poderes procedida pelo Congresso à autoridade administrativa.[57]

Na lição de Bernard Schwartz: "To preserve the position of Congress as the primary legislator, delegations of power may not be inordinate. Congress may not simply transfer its legislative authority to the Executive. The precise limits of the lawmaking power that Congress intended to confer must be defined in the statute. The delegation of power must be limited – limited either by legislative prescription of ends and means, or even of details, or by limitations upon the area of the power delegated".[58]

A delegação de poderes normativos por parte do Poder Legislativo estadunidense deve obedecer à doutrina do *meaningfull standards* ou *intelligible principle* – o conteúdo de tais atribuições deve ser o mais claro e compreensível, inclusive a fim de possibilitar controle *a priori* e *a posteriori*.

Assim, a competência da agência não só tornar-se-á passível de fiscalização quando da edição da lei que a criar, como também no momento em que forem expedidos o regulamento "autônomo" e os atos concretos que lhe dêem cumprimento. A clareza e a precisão são atributos indeclináveis da legislação atributiva.

22. Desses parâmetros emana uma das principais diversidades entre as normas constitutivas de CMN, BACEN e CVM, em comparação com a Lei 9.742/97.

Enquanto que as leis daquelas entidades pertencentes ao Sistema Financeiro são genéricas e abstratas, especialmente quando outorgam competência regulamentar, a legislação da ANATEL é determinada e certa (nesse ponto, aliás, as leis referentes às demais agências administrativas mais se assemelham à legislação pretérita do que à hodierna).

22.1 Basicamente duas seriam as conseqüências dessa constatação.

Quanto maior a generalidade substancial da legislação de outorga, tanto menor a certeza em relação aos limites dos regulamentos e maior a possibilidade de irregularidades (e conseqüentes restrições emanadas do Poder Judiciário). Ao contrário do que se poderia imaginar, não será o grau máximo da abstração normativa material, mas justamente sua precisão, que conferirá maior agilidade e estabilidade funcional às agências.

Mais do que isso, a definição material da competência regulamentar corresponde à grandeza do prestígio à segurança e estabilidade jurídicas. Serão conhecidas, ao certo, as fronteiras do legítimo exercício do poder regulamentar autônomo.

22.2 Não se imagine que se está a defender precisão minuciosa, ab-rogatória da concessão do poder regulamentar ou com resultado automatista. A lei não necessita descer a minúcias pontuais, definitórias em absoluto dos lindes de atuação regulamentar das agências. Não se trata disso.

brasileira. Ainda mais levando-se em conta a característica inaugural da ANATEL (ao menos, quanto à amplitude e minúcias dos preceitos que a estatuem e regulam).

56. A respeito da evolução histórica em França e Espanha, além dos livros citados na nota 17, acima, cf. especialmente Fernando Garrido Falla, "Orígen y evolución de las entidades instrumentales", in *Administración Instrumental*, Madri, Civitas, 1994, pp. 27-445.

57. Em sentido contrário, lembre-se a doutrina de Eros Roberto Grau, acima mencionada, para quem os regulamentos autônomos não derivam de "delegação de poderes", mas de puro exercício da função normativa.

58. Ob. cit., p. 45.

O que se reputa essencial é o estabelecimento de *standards* genéricos, mas, ainda assim, inteligíveis e certos, que contemplem o leque de possibilidades materiais atribuídas à pessoa administrativa.

22.3 Porém, e na maioria das hipóteses, a averiguação do poder regulamentar, seus conteúdos e limites, dependerá dos casos concretos.

Há enorme dificuldade em se definir, em teoria, como inconstitucional ou ilegal determinada competência regulamentar (ou seu exercício). Uma vez ultrapassado o conflito teórico fundamental (pode ou não haver regulamentos autônomos), a averiguação a respeito dos regulamentos eles mesmos deriva de duas circunstâncias: a gravidade absurda da competência, tal como atribuída, ou seu exercício de forma abusiva. No primeiro caso incidem as regras acima rapidamente expostas.[59] No segundo, o exame do provimento concreto, verificando o exercício da competência outorgada em face das peculiaridades fáticas que exigiram a prolação do ato.

23. Por fim, e acidentalmente, nem se diga que haveria necessidade de suspensão das entidades reguladoras do Sistema Financeiros Nacional, em decorrência do art. 192 da CF, que estabeleceu reserva de lei para muitas das atividades desempenhadas administrativamente por CMN, BACEN e CVM.

Ora, o fato de a Constituição prever matéria a ser disciplinada por lei complementar posterior não implica derrogação da legislação vigente ou impossibilidade absoluta de a Administração Pública seguir atuando na regulação do setor, ademais em setor econômico de extrema relevância, como o Sistema Financeiro Nacional. Permanecem vigentes as normas que outorgaram competência a tais entidades públicas. Raciocínio inverso, sim, resultaria em verdadeiro caos jurídico e fático.[60]

24. Por fim, merece análise o óbice do art. 25 do ADCT, que estabeleceu o prazo de 180 dias para vigência de "todos os dispositivos legais que atribuam ou deleguem a órgão do Poder Executivo competência assinalada pela Constituição ao Congresso Nacional" – depois do qual tais normas estariam revogadas.

Ocorre que o próprio art. 25 estabeleceu a possibilidade de "prorrogação por lei" desse prazo. Depois de sucessão de leis pertinentes à competência do Conselho Monetário Nacional, o art. 73 da Lei 9.069, de 29.6.1995, dispôs que o art. 1º da Lei 8.392/91 passaria a dispor sobre ser prorrogado "até a data da promulgação da lei complementar de que trata o art. 192 da Constituição Federal o prazo a que se refere o art. 1º das Leis n. 8.056, de 28 de junho de 1990, n. 8.201, de 29 de junho de 1991, exceto no que se refere ao disposto nos arts. 4º, inciso I, 6º e 7º, todos da Lei n. 4.595, de 31 de dezembro de 1964".

No que tange a tais entidades não incide a revogação emanada do ADCT.

V – Conclusão

25. Em conclusão, podemos afirmar que CMN, BACEN e CVM não são agências administrativas independentes, mas autoridades reguladoras, que detêm poder

59. V. § 14.

60. Aliás, a discussão inicial, que girou em torno da auto-aplicabilidade ou não do art. 192 e seu § 3º, já foi transposta pelo egrégio STF, ao decidir que: "Só o tratamento global do Sistema Financeiro Nacional, na futura lei complementar, com a observância de todas as normas do *caput*, dos incisos e parágrafos do art. 192, é que permitirá a incidência da referida norma sobre juros reais e desde que estes também sejam conceituados em tal diploma" (ADIn 4-DF, rel. Min. Sydney Sanches, *RTJ* 147/720).

regulamentar autônomo – ainda que substancialmente diverso daqueles detidos pelas atuais agências.

Na atualidade, o estudo da competência regulamentar autônoma assume especial importância em face das rápidas e contínuas alterações impostas ao ordenamento pátrio de Direito Administrativo. Ainda que diga respeito a ponto de especial divergência na doutrina e tribunais, sua análise é imperiosa especialmente para a criação de sistemas de controle da emanação de tais atos, visando, como essencial a um Estado Democrático de Direito, à proteção ao cidadão.

Curitiba, julho de 1999.

Referências bibliográficas

ATALIBA, Geraldo. "Delegação normativa (limites às competências do CMN e BACEN)". *RDP* 98/50-69.

———. "Poder regulamentar do Executivo". *RDP* 57-58/184-208.

BANDEIRA DE MELLO, Celso Antônio. *Curso de Direito Administrativo*. 11ª ed. São Paulo, Malheiros Editores, 1999.

BANDEIRA DE MELLO, Oswaldo Aranha. *Princípios Gerais de Direito Administrativo*. 2ª ed., v. I. Rio de Janeiro, Forense, 1979.

BARROSO, Luís Roberto. "Dez anos da Constituição de 1988 (foi bom para você também?)". *RTDP* 20/29-49.

BETANCOR RODRÍGUEZ, Andrés. *Las Administraciones Independientes*. Madri, Tecnos, 1994.

BLACK, Henry Campbell. *Black's Law Dictionary*. 6ª ed. Estados Unidos da América do Norte, West Publishing Co., 1990.

BRESSER PEREIRA, Luiz Carlos. *Reforma do Estado para a Cidadania*. Brasília, ENAP e Editora 34, 1998.

CARBONELL PORRAS, Eloísa, e MUGA MUÑOZ, José Luís. *Agencias y Procedimiento Administrativo en Estados Unidos de América*. Madri, Marcial Pons, 1996.

CARRAZZA, Roque Antônio. *O Regulamento no Direito Tributário Brasileiro*. São Paulo, Ed. RT, 1981.

CLÈVE, Clèmerson Merlin. *Atividade Legislativa do Poder Executivo no Estado Contemporâneo e na Constituição de 1988*. São Paulo, Ed. RT, 1993.

DAVID, René. *Os Grandes Sistemas do Direito Contemporâneo*. 3ª ed., trad. de Hermínio A. Carvalho. São Paulo, Martins Fontes, 1996.

DI PIETRO, Maria Sylvia Zanella. *Direito Administrativo*. 10ª ed. São Paulo, Atlas, 1999.

DINIZ, Maria Helena. *Compêndio de Introdução à Ciência do Direito*. São Paulo, Saraiva, 1988.

———. *Lacunas no Direito*. 2ª ed. São Paulo, Saraiva, 1989.

FALLA, Fernando Garrido. "Orígen y evolución de las entidades instrumentales". In: *Administración Instrumental*. v. I. Madri, Civitas, 1994.

FERRAZ, Sérgio. *3 Estudos de Direito*. São Paulo, Ed. RT, 1977.

FERRAZ JÚNIOR, Tércio Sampaio. *Introdução ao Estudo do Direito*. São Paulo, Atlas, 1988.

FREITAS, Juarez. *A Interpretação Sistemática do Direito*. São Paulo, Malheiros Editores, 1995.

GASPARINI, Diógenes. *Direito Administrativo*. 4ª ed. São Paulo, Saraiva, 1995.

———. *Poder Regulamentar*. 2ª ed. São Paulo, Ed. RT, 1982.

GRAU, Eros Roberto. "Crítica da 'separação dos poderes': as funções estatais, os regulamentos e a legalidade no Direito brasileiro, as 'leis-medida'. In: *O Direito Posto e o Direito Pressuposto*. São Paulo, Malheiros Editores, 1996.

———. *Manifestação no 3º Painel ("Agências Reguladoras") do XII Congresso Brasileiro de Direito Administrativo e II Congresso Sul-americano de Direito Administrativo*. Material policopiado, sem revisão do autor, distribuído pelo IBDA-Instituto Brasileiro de Direito Administrativo, 1999.

JUSTEN FILHO, Marçal. "Competência normativa do Conselho Monetário Nacional". In: *Condições Gerais dos Contratos Bancários e a Ordem Econômica*. Curitiba, Juruá, 1988.

LEAL, Víctor Nunes. *Problemas de Direito Público*. Rio de Janeiro, Forense, 1960.

LEITE, Luciano Ferreira. *O Regulamento no Direito Brasileiro*. São Paulo, Ed. RT, 1986.

MEIRELLES, Hely Lopes. *Direito Administrativo Brasileiro*. 20ª ed. São Paulo, Malheiros Editores, 1995.

OLIVEIRA, Fernando A. Albino de. "CVM-Comissão de Valores Mobiliários e mercado de capitais". *RDP* 89/256-262.

SAN TIAGO DANTAS, F. C. de. "Poder regulamentar das autarquias". In: *Problemas de Direito Positivo*. Rio de Janeiro, Forense, 1953.

SCHWARTZ, Bernard. *Administrative Law*. 3ª ed. Estados Unidos da América do Norte, Little, Brown and Co., 1991.

TÁCITO, Caio. "Comissão de Valores Mobiliários. Poder regulamentar". In: *Temas de Direito Público*. v. 2. Rio de Janeiro, Renovar, 1997.

TALAMINI, Daniele Coutinho. "Regulamento e ato administrativo". *RTDP* 21/65-88.

WALD, Arnoldo. "Dos princípios constitucionais e da limitação do poder regulamentar na área bancária". *RDM* 88/5-9.

CONFERÊNCIAS E DEBATES

A MEDIDA PROVISÓRIA: ONTEM, HOJE E AMANHÃ[1]

CAIO TÁCITO

Professor Emérito na Universidade do Estado do Rio de Janeiro

I

A ordem democrática, instaurada com o liberalismo político, tem como um de seus elementos fundamentais o princípio da separação de poderes, independentes, porém harmônicos entre si.

Na discriminação de competência dos poderes do Estado avulta o papel eminente do Congresso na elaboração das leis.

O Parlamento – até mesmo pela etimologia do vocábulo – é, por excelência, a voz do Povo.

Contudo, o Poder Executivo, a par de sua missão precípua de gerir os serviços públicos, exerce parcela complementar ou secundária na formação do Direito Positivo.

No processo legislativo cabe-lhe, em casos determinados, a iniciativa das leis, e participa na fase final de criação do ato legislativo pela prática de sanção ou veto do projeto aprovado nas Casas do Congresso e pela final promulgação da lei.

1. Palestra pronunciada no Conselho Técnico da CNC.

Por último, o exercício do poder regulamentar, que lhe é próprio, complementa a eficácia da norma legal.

A elaboração das leis pelo Congresso é, por natureza, um procedimento composto, pelo trânsito dos projetos nas duas Casas parlamentares e pela natural dilatação dos prazos segundo os ritos regimentais.

De outro lado, a intensidade crescente da atividade estatal, a par da complexidade dos temas econômicos e sociais, construiu, especialmente no século atual, modalidades especiais de atividade legislativa direta por parte do Poder Executivo.

Subordinado sempre ao controle judicial de constitucionalidade e à ratificação pelo Legislativo de seu poder de editar normas com força de lei, o Executivo tem recebido, modernamente, a faculdade de suprir, em termos imediatos, a necessidade de atos materialmente legislativos em casos de urgência ou relevância da matéria carente de disciplina no Direito Positivo.

Dois momentos se destacam, com essa finalidade, no sistema constitucional brasileiro e no plano do Direito Comparado.

A Constituição de 1937 previa, como norma permanente, a expedição de decretos-leis mediante autorização parlamentar (art. 12), e nos períodos de recesso ou de dissolução da Câmara de Deputados outorgava competência ao presidente da República para editar decretos-leis, excetuados os assuntos expressamente relacionados (art. 13).

Nos Estados, ao interventor ou governador era facultado expedir decretos-leis, sujeitos à aprovação do DASP, salvo em casos de calamidade ou necessidade de ordem pública, pendentes, em todos os casos, da aprovação do presidente da República (arts. 6º e 32 do Decreto-lei 1.202, de 8.4.1939, com alterações pelo Decreto-lei 5.511, de 21.5.1943, e Decreto-lei 7.598, de 3.5.1945).

Durante o longo período de hiato do Congresso foi intenso o uso do decreto-lei como fonte de criação legislativa, iniciada com o Decreto-lei 1, de 12.11.1937.

A Constituição brasileira de 1967, atualizada pela EC 1, de 1969, previa, entre os tipos de elaboração legislativa, o modelo de decretos-leis, admitindo que, "em casos de urgência ou de interesse público relevante e desde que não resulte aumento de despesa", pudesse o presidente da República "expedir decretos com força de lei, sobre as seguintes matérias: I – segurança nacional; II – finanças públicas".

Publicado o texto, de vigência imediata, cumpria ao Congresso Nacional a aprovação ou rejeição, dentro de 60 dias, não podendo emendá-lo. A ausência de manifestação no prazo importaria aprovação tácita.

É o preceito do art. 58 do texto original da Carta de 1967, reproduzido, sob n. 55, na Emenda Constitucional de 1969, vedado aos Estados o regime de decretos-leis (art. 200, parágrafo único).

O instrumento do decreto-lei foi longamente utilizado, alcançando o total de 2.481 até 3 de outubro de 1988, quando a iminência da promulgação da nova Constituição pôs termo à sua edição.

O decreto-lei teve, em nosso sistema, como modelo de inspiração o exemplo do Direito Constitucional italiano, ali prosperando longamente na fase do regime centralizador de direita e merecendo continuidade nos termos do art. 77 da Constituição de 1948 da Itália.

Modelo análogo é o do Direito alemão, que admite a autoridade do presidente da República para declarar estado de emergência legislativa, conforme o art. 81 da Lei Fundamental de Bonn, de 1949, que tem como antecedente a previsão de competência do chefe do Executivo constante da Constituição de Weimar de 1919.

Outros países admitem formas semelhantes de ação normativa do Poder Executivo.[2]

II

A Constituição de 1988, eliminando a figura do decreto-lei, criou, porém, como paradigma substitutivo, a medida provisória, a que dedicamos estudo especial em anterior palestra perante este Conselho Técnico.[3]

Nos termos do art. 84, XXVI, compete privativamente ao presidente da República "editar medidas provisórias com força de lei" em caso de relevância e urgência, submetendo-as ao imediato exame do Congresso Nacional (art. 62).

Se não forem convertidas em lei no prazo de 30 dias, perderão eficácia desde sua edição, ao contrário dos decretos-leis, cujos efeitos perduravam ainda quando não aprovados pelo Congresso.

A curta vigência da medida provisória não comportava, na prática, a oportuna manifestação parlamentar, o que fez com que se instituísse a prática de sua sucessiva renovação mensal, que chega a termos anuais, não raro com alterações de texto e mesmo de conteúdo.

2. V. Leon Frejda Szklarowsky, *Medidas Provisórias*, pp. 30 e ss.

3. *Carta Mensal*, julho de 1989; *RDA* 175/1.

Os pressupostos das medidas provisórias, singelamente sintetizados em razões de relevância e urgência, permitem larga margem de aceitação de constitucionalidade, à luz da jurisprudência do STF que acolhe o sentido discricionário de avaliação dos requisitos entendidos como um juízo político, de latitude ampla, que não cabe ao Judiciário apreciar,[4] ressalvada a hipótese excepcional de notória arbitrariedade pelo abuso da competência O art. 25 do ADCT, tendo presente a extinção do modelo do decreto-lei, previsto no Estatuto anterior, regulou o destino dos que ainda estivessem em tramitação no Congresso Nacional, pendentes de apreciação.

Se editados até 2 de setembro de 1988, deveriam ser apreciados no prazo de até 180 dias, entendendo-se rejeitados se não fossem objeto de deliberação.

Os emitidos entre 3 de setembro e o ato da promulgação da Constituição (5 de outubro de 1988) foram convertidos em medidas provisórias, de ns. 1 a 9, reeditadas sob ns. 10 a 18. Seis delas foram convertidas em lei, uma foi rejeitada e duas perderam eficácia por decurso de prazo.

A emissão específica de medidas provisórias por ato presidencial inaugurou-se, a rigor, em termos inovadores, a partir de 11 de novembro de 1988, com a edição da Medida Provisória 20, convertida na Lei 7.686, de 23 do mesmo mês.

Nasceu, a seguir, a prática da edição e da reedição constante de medidas provisórias, com numeração sucessiva, até que, com o advento do Decreto 1.937, de 21.7.1996, implantou-se, a partir de então, outro critério.

Na reedição de medidas provisórias – até então com número de 1.492 – passava a ser mantido o número originário acrescido de algarismo, separado por hífen, indicativo da seqüência de renovações.

4. V., entre outros, acórdão na ADIn 1.397, *RDA* 210/294.

Somente seria atribuída numeração nova à medida provisória que viesse a regular matéria inédita.

Na iminência de recesso do Congresso e de modo a evitar a convocação extraordinária, como estipula o art. 62, *in fine*, adotou-se, igualmente, o processo de reedição das medidas provisórias pendentes de apreciação, com nova numeração.

De tal forma se vulgarizou a continuada reedição de medidas provisórias que, nesta data, temos, como exemplo, a de n. 1.763 (que substituiu a de n. 1.697-60), regulando títulos da dívida pública, a qual acaba de alcançar o n. 67 – ou seja, mais de cinco anos de repetida vigência sem apreciação pelo Congresso Nacional.

A excepcionalidade da participação do presidente da República em processo legislativo, sob esta modalidade, concebida a título excepcional, ingressa, por esta forma, em um processo de rotina, exacerbando, imoderadamente, o papel do Poder Executivo na criação do Direito Positivo.

A medida provisória, ontem admitida na Constituição como remédio excepcional de emergência e de limitada vida temporal, atinge hoje, na prática institucional, papel paralelo à legislação emanada ao Congresso, com a agravante de que sua reedição, mês a mês, nem sempre idêntica, torna difícil, mesmo para especialistas, o pleno domínio das normas em vigor em determinada data, e sobre todas as matérias.

Abalado, deste modo, o princípio essencial da segurança jurídica, também se torna de certa forma precário o correlato princípio de que a ninguém é dado ignorar a lei, na medida em que esta fica sujeita a inesperadas variações mensais.

Até a presente data foram editadas medidas provisórias até o n. 1.829, o que, todavia, não exprime a totalidade delas, diante do referido processo de numerosa reiteração de números originários.

Como muitas das medidas provisórias foram convertidas em lei, mereceram rejeição, ou perduram eficácia, restam, presentemente, ainda pendentes de apreciação pelo Congresso, dentro do prazo constitucional, 91 medidas provisórias, sob diversificados assuntos.

O atual Governo tem sido mais sóbrio, em seu segundo mandato, na edição de medidas provisórias originais, sem embargo da freqüência de reedição continuada das quais ainda pendem de apreciação pelo Congresso Nacional.

O quadro seguinte revela a distribuição do uso da prerrogativa pelos sucessivos Governos da República:

	Medidas provisórias originais	Reedições	Total
Presidência Sarney	125	22	147
Presidência Collor	88	73	161
Presidência Itamar	141	364	505
Presidência FHC (1º mandato)	162	2.443	2.605
Presidência FHC (2º mandato)	26	450	476
Total	542	3.352	3.894

A distribuição das medidas provisórias por grupo de assuntos, em todo o período, revela sua concentração em matéria econômica e de administração, inclusive sobre regime de servidores, como demonstra o quadro anexo.

No total de 26 temas, pelos quais se distribuem as 542 medidas provisórias originais, 329 são dedicadas à Economia, 71 à Administração e 50 a Servidores Públicos, ou seja 82,98% do total.

É certo que, comparativamente, de 1988 até a presente data, prevalece o número de reedições – 3.352 –, em contraste com o quantitativo de medidas provisórias originais, no total de 542, das quais apenas 91 estão pendentes de apreciação parlamentar.

Contudo, é significativo que, desse total, somente 377 (ou seja, 69,68%) tenham sido convertidas em lei, pelo beneplácito do Congresso Nacional. As demais, quando não ratificadas, tiveram anulados os seus efeitos, a não ser que o Congresso tenha expressamente deliberado em contrário.

III

O panorama pouco tranquilizador do abuso de medidas provisórias, com duvidoso elastério de seus pressupostos de urgência e relevância, tem inspirado severas críticas da doutrina, com repercussão no Congresso Nacional.

Como reflexo da subversão de um processo de exceção, as duas Casas do Congresso acolheram propostas de emendas constitucionais com o propósito de reformular, em novas bases, o instituto das medidas provisórias.

As Propostas de Emenda 472-A, de 1997, aprovada no Senado Federal, de n. 2, de 1995, da Câmara dos Deputados, e outras a esta anexadas, foram objeto recente de emenda aglutinativa, aprovada na Câmara, a ser, brevemente, encaminhada à deliberação final do Senado Federal.

Abandonando a sobriedade do texto vigente, a Emenda aprovada, a par de eliminar a hipótese de convocação extraordinária do Congresso, em caso de recesso, passa à enumeração longa de casos em que é vedada a edição de medidas provisórias, a saber:

I – relativa a:

a) nacionalidade, cidadania, direitos políticos, partidos políticos e Direito Eleitoral;

b) Direito Penal, Processual Penal e Processual Civil;

c) organização do Poder Judiciário e do Ministério Público, a carreira e a garantia de seus membros;

d) planos plurianuais, diretrizes orçamentárias, orçamento e créditos adicionais, ressalvada a permissão de créditos extraordinários, prevista no art. 157, § 3º;

II – que vise à detenção ou seqüestro de bens, de poupança popular ou qualquer outro ativo financeiro;

III – matéria reservada à lei complementar;

IV – matéria já disciplinada em projeto de lei aprovado pelo Congresso Nacional e pendente de sanção ou veto do presidente da República;

V – matéria que tenha sido objeto de veto presidencial pendente de apreciação pelo Congresso Nacional.

O prazo de eficácia das medidas provisórias é ampliado para 60 dias, prorrogável uma vez por igual período, mantida a competência do Congresso Nacional para dispor, em decreto legislativo, sobre as relações jurídicas delas decorrentes.

O prazo de eficácia da medida provisória, contado a partir de sua publicação, ficará suspenso nos períodos de recesso do Congresso Nacional.

Importante preceito é o que condiciona a deliberação do Congresso sobre o mérito das medidas provisórias ao prévio juízo sobre o atendimento de seus pressupostos constitucionais, ou seja, à avaliação específica dos requisitos de urgência e de relevância, até agora entendidos como de livre manifestação discricionária do Executivo.

Se a medida provisória não for apreciada até 45 dias contados de sua prorrogação, ficarão sobrestadas todas as deliberações legislativas do Congresso Nacional, com exceção das que tenham prazo constitucional determinado, até que se ultime a apreciação, no prazo fixado.

Rejeitada a medida provisória ou em caso de perda de sua eficácia, e não sobrevindo o decreto legislativo regulador das relações jurídicas constituídas durante sua vigência, estas ficarão mantidas nos termos da medida provisória que lhes serviu de fundamento.

Na hipótese em que a medida provisória tenha seu texto original alterado no ato de sua aprovação, o teor de origem subsistirá integralmente em vigor até a sanção ou veto do projeto de conversão.

Em disposição final, prescreve a Proposta de Emenda Constitucional que as medidas provisórias em vigor na data de sua promulgação continuarão regidas pelas regras vigentes na data de sua edição, não se lhes aplicando as novas regras de limitação de conteúdo.

Em tal caso, porém, a apreciação das medidas provisórias pendentes deverá ser concluída no prazo de 180 dias, a contar da promulgação da Emenda Constitucional, sob pena de sobrestamento de todas as deliberações legislativas, exceto as que tenham prazo constitucional determinado, até que se complete o exame congressual.

Troca-se, em suma, a atual sobriedade da norma por uma abundância de regras de complexa execução.

Em síntese, a Emenda aprovada pela Câmara inova o texto atual em três pontos essenciais:

1º) eleva o prazo de vigência para 60 dias e permite uma única reedição, de igual prazo;

2º) se o Congresso Nacional não deliberar sobre a medida provisória dentro de 45 dias, ficam sobrestadas quaisquer outras deliberações, salvo as que tenham prazo constitucional determinado, até que se pronuncie;

3º) cessa a amplitude discricionária dos pressupostos da medida provisória, enumerando-se extensa lista de proibições.

IV

Matéria de especial consideração é a possibilidade de adoção do modelo de medidas provisórias no processo legislativo dos Estados e Municípios.

A Constituição de 1967, como acima assinalado, vedava a admissão de decretos-leis pelas Constituições dos Estados (art. 200), afastando o procedimento condicional que, na vigência da Carta de 1937, tolerava essa possibilidade, conforme o indicado decreto-lei específico.

O silêncio da CF/88 tem merecido da doutrina a interpretação de que as Constituições estaduais, tendo como paradigma o diploma federal, poderiam adotar o processo legislativo pela via de medidas provisórias.

Neste sentido – e certamente com fundamento nesta exegese –, quatro Constituições estaduais, editadas a partir de 1988, expressamente admitem o uso de medidas provisórias. Assim dispõem a Constituição do Acre, a de Tocantins, a do Piauí e a de Santa Catarina.

O STF reconheceu a constitucionalidade de medidas provisórias estaduais no julgamento da ADIn 425, proposta contra medidas provisórias baixadas pelo Governador do Estado de Tocantins e convertidas em lei pela Assembléia Legislativa. Foi concedida liminar suspensiva de medida provisória e da respectiva lei de conversão.[5]

V

Correlatamente à análise, até agora feita, da vivência do sistema das medidas provisórias, é oportuno assinalar que, mediante a recente Lei Complementar 95, de 26.2.1998, foram estabelecidos parâmetros de técnica legislativa, inclusive sobre a consolidação de leis, que, se obedecidos, de muito aperfeiçoariam a clareza e a dinâmica do processo legislativo.

Fica declarado como critério de padrão dos textos que a lei terá sempre um tema único e não será admissível matéria estranha ao seu objeto, determinado de forma específica o âmbito de sua aplicação.

O mesmo assunto não poderá ser disciplinado por mais de uma lei, exceto quando se destine a complementar lei anterior.

A vigência de lei será sempre indicada de forma expressa, de modo a permitir seu amplo conhecimento, em prazo razoável.

Não mais deverá prevalecer a forma tradicional e indeterminada de revogação de "disposições em contrário". A cláusula de revogação deverá indicar expressamente as leis ou disposições legais revogadas.

As leis federais deverão ser periodicamente consolidadas e publicadas em volumes contendo matérias conexas e afins, prevalecendo igual procedimento de consolidação para os demais atos normativos. Ao Poder Executivo caberá, até 180 dias do início do mandato presidencial, promover a atualização das coletâneas em causa.

Tais normas disciplinadoras deverão, igualmente, ser aplicadas à elaboração das demais modalidades de processo legislativo previstas no art. 59 da CF, a saber: emendas à Constituição, leis complementares ou delegadas, decretos legislativos e, de modo especial, medidas provisórias.

O Decreto 2.954, de 29.1.1999, visando ao controle de juridicidade e legitimidade dos atos normativos, assim como à uniformização dos atos e procedimentos administrativos, estabeleceu regras para a redação de atos normativos de competência dos órgãos do poder Executivo.

Será promissor se o Congresso como o Executivo se esmerarem em obediência a

5. *RDA* 183/141.

parâmetros tão coerentes de disciplina normativa.

A freqüência de medidas provisórias que não evidenciam o ânimo de submissão a modelo tão ambicioso de ordem e clareza deixa dúvidas sobre o sucesso do preconizado estilo perfeito de leis.

Falta, possivelmente, à tradicional liberdade latina severo respeito a um comportamento britânico de disciplina.

RELATÓRIO ESTATÍSTICO DE MEDIDAS PROVISÓRIAS POR SITUAÇÃO

Situação	1988	1989	1990	1991	1992	1993	1994	1995	1996	1997	1998	1999	TOTAL
Convertida em lei	11	80	71	7	7	41	72	22	26	24	16	0	377
Devolvida	0	1	0	0	0	0	0	0	0	0	0	0	1
Em tramitação	0	0	0	0	0	0	4	6	11	9	36	25	91
Declarada insubsistente	0	3	5	0	0	0	0	0	0	0	0	0	8
Perdeu eficácia	3	3	4	0	1	4	11	1	1	0	1	1	30
Rejeitada	1	4	4	1	1	0	0	0	0	0	1	0	12
Revogada	0	2	5	0	0	2	3	1	4	2	1	0	20
Veto total ao projeto de lei de conversão	0	0	2	1	0	0	0	0	0	0	0	0	3
Total Geral	15	93	91	9	9	47	90	30	42	35	55	26	542

JURISPRUDÊNCIA

SUPREMO TRIBUNAL FEDERAL

Recurso Extraordinário 221.966-5-DF-2ª T.

Rel.: Min. Marco Aurélio

Recte.: Adélia Augusto

Advs.: Luiz Carlos Bettiol e outros

Recda.: União Federal

Adv.: Advogado-Geral da União

Recdo.: Ministério Público do Trabalho

j. 25.5.99

Concurso público — Títulos — Princípio isonômico — Exercício da advocacia — Tomador dos serviços — Irrelevância — Vulnera o princípio isonômico validar-se, como título, a prestação dos serviços de advocacia a pessoa jurídica de direito público e não fazê-lo no tocante à iniciativa privada.

ACÓRDÃO

Vistos, relatados e discutidos estes autos, acordam os Ministros do Supremo Tribunal Federal, em Segunda Turma, na conformidade da ata do julgamento e das notas taquigráficas, por maioria de votos, em conhecer do recurso e lhe dar provimento, vencido o Presidente, que não conhecia do recurso.

Brasília, 25 de maio de 1999

Néri da Silveira, Presidente. Marco Aurélio, Relator.

RELATÓRIO

O Sr. Ministro Marco Aurélio: O recurso extraordinário em exame foi interposto, com alegada base na alínea "a" do permissivo constitucional, contra aresto proferido pelo Tribunal Regional Federal da 1ª Região, assim sintetizado:

> *Administrativo. Ministério Público. Provimento de cargos. Concurso público de provas e títulos. Constituição Federal, art. 129, § 3º. IV Concurso público para Procurador do Trabalho de 2ª categoria. Regulamento. Aprovação. Média mínima e nota final. Título não especificado no edital. Segurança denegada.*
>
> 1. Exigindo preceito constitucional expresso (art. 129, § 3º) que o provimento de cargos do Ministério Público seja feito através de concurso de provas e *títulos*, considerar-se-á reprovado o candidato que, embora obtida nota igual ou superior a 50 (cinqüenta) nas provas escritas e oral, não alcançar nota final, que será a média aritmética ponderada das notas daquelas e *da prova de títulos*, igual ou superior a 60 (sessenta), conforme prescrição inserta no regulamento do IV Concurso Público para Procurador do Trabalho de 2ª Categoria.
>
> 2. Atividade profissional não eleita como título em edital de concurso, que não foi im-

pugnado no momento oportuno, não pode ser aceita como tal, ainda que a pretexto de isonomia.

3. Apelações do Ministério Público do Trabalho e da União Federal providas.

4. Remessa oficial prejudicada.

5. Recurso da Impetrante denegado.

6. Sentença reformada.

7. Segurança denegada (fl. 132).

Articula-se com a transgressão dos arts. 5º, *caput*, 37, inc. II e 127, § 2º, da Carta política da República, à luz do argumento de que, nos concursos de provas e títulos, o requisito essencial são as provas, sendo os títulos requisito facultativo e acessório, considerado após a aprovação do candidato, não interferindo na média final obtida mas, tão-somente, na nota final. Consoante se sustenta, se os títulos pudessem influir na aprovação do candidato, "ter-se-ia, *ipso facto*, a negação, ainda que parcial, da exigência das provas, comum para todo e qualquer tipo de provimento de cargo de membro do Ministério Público ou mesmo de ingresso em qualquer outra função pública". Prossegue-se esclarecendo-se que, constitucionalmente, os títulos podem ser eliminatórios, quando constituírem elemento indispensável ao exercício do cargo — título de bacharel para o exercício do cargo de procurador ou de doutorado para o de professor universitário — ou meramente classificatórios, como na espécie, "(...) pois não é possível, de acordo com a Carta da República Magna, compensar, em concurso público, para fins de aprovação, as notas da prova de avaliação objetiva do candidato, com as notas dos títulos, de índole puramente subjetiva". Evocam-se ensinamentos doutrinários e precedentes jurisprudenciais no sentido da tese expendida no recurso. Noutro passo, insiste-se na possibilidade de, levando-se em conta o princípio da isonomia, atribuir-se à Recorrente doze pontos pelo exercício de cargo técnico-jurídico em empresa privada por seis anos, pontuação aceita quando se trata de serviço prestado à Administração Pública municipal (fls. 138 a 145).

A União apresentou as contra-razões de fls. 151 a 153, ressaltando a pertinência do verbete de n. 282 da Súmula desta Corte. No mérito, busca a manutenção do decidido.

O Juízo primeiro de admissibilidade teve como óbice ao trânsito do recurso a orientação dos verbetes de ns. 283, 282 e 356 da Súmula desta Corte, bem como a circunstância de estar a decisão recorrida em consonância com precedente deste Supremo Tribunal Federal. O processamento do extraordinário decorreu do provimento dado ao agravo em apenso, ocasião em que deixei registrado:

Em primeiro lugar, consigno haver interesse jurídico, na condição de Agravante, apenas de Adélia Augusto. O vocábulo "outros" foi lançado tendo em conta a remessa de ofício e, portanto, a posição do Ministério Público do Trabalho e da União Federal relativamente à sentença proferida pelo Juízo Federal da 6ª Vara, do Distrito Federal. Confira-se à folha 7. Assim, retifique-se a autuação para constar como Agravante somente Adélia Augusto. No mais, são fatos incontroversos:

a — A Agravante logrou, nas provas escritas, alcançar as seguintes notas: 72,00 (setenta e dois), 52,00 (cinqüenta e dois) e 58,00 (cinqüenta e oito), atendendo, assim, ao requisito que era a nota mínima 50 (cinqüenta) em cada uma das provas;

b — Na oral, obteve a nota 74,00 (setenta e quatro), mais uma vez ultrapassando o mínimo de 50,00 (cinqüenta);

c — Na chamada prova de títulos, teve a nota 23,00 (vinte e três), não sendo exigida a mínima de 50,00 (cinqüenta).

d — A média, consideradas as provas escritas e a oral, alcançou 60,67 (sessenta vírgula sessenta e sete);

e — A média final, presente a pontuação dada aos títulos, ficou em 58,83 (cinqüenta e oito vírgula oitenta e três).

Ao primeiro exame, exsurge verdadeira incoerência. Conforme depreende-se do acórdão atacado, a pontuação dos títulos poderia ficar abaixo daquela concernente às provas, tomadas como eliminatórias (escritas e oral). Todavia, em que pese essa premissa, ou seja, não ter a pontuação dos títulos caráter eliminatório, a Agravante acabou sendo afastada do rol dos aprovados, tendo em conta, justamente, tais títulos. Em última análise, o que, de início, não se fez suficiente a alijar a Agravante do certame, mesmo porque o título básico ela possui (bacharel), acabou fulminando a aprovação.

Contraria a ordem natural das coisas, cuja força é insuplantável, exigir-se o título de bacharel como condição para a feitura do concurso, e, em passo seguinte, ao calcular-se o que se denominou como nota final, considerar, para efeito de saber-se alcançado o piso, a pontuação conferida aos títulos. Não há falar, na espécie, de prova de títulos, porquanto o que se tem em última análise é o simples levantamento da existência dos mesmos, visando, sob a minha óptica, à classificação.

A par desse aspecto, a Corte de origem colocou em plano secundário a circunstância de haver-se levado em conta o exercício de cargo técnico-jurídico em órgãos da administração pública federal, estatal ou municipal, não se adotando idêntico procedimento quando tal atividade haja ocorrido em empresa privada. Em suma, abandonou-se o que realmente qualifica um título — o desempenho profissional da candidata — potencializando-se, a mais não poder, a qualificação do tomador dos serviços. Também aqui o tema está a merecer reflexão.

Ressalto, por derradeiro, não proceder, no caso, o que apontado como óbice ao trânsito do extraordinário na decisão de folhas 28 e 29. Houve, com a apresentação do recurso extraordinário, o ataque aos fundamentos do acórdão impugnado, bem como o prequestionamento, tendo-se presente a exigência constitucional do concurso público.

Recebi os autos em 19.12.97 e determinei-lhes o encaminhamento à Procuradoria-Geral da República em 18 de fevereiro do ano seguinte. O parecer de fs. 171 a 177 é no sentido do não-provimento do recurso. Eis a síntese da peça:

Recurso extraordinário (CF, art. 102, III, "a"). Concurso Público. Prova de títulos. Má pontuação. Média final inferior ao mínimo exigido. Alegação de afronta aos arts. 5º, *caput*, 37, II e 127, § 2º, Constituição Federal vigente. Ofensas inexistentes. Poder discricionário do Administrador Público, respaldado por previsão editalícia. Improvimento do recurso (fl. 171).

É o relatório.

VOTO

O Sr. Ministro Marco Aurélio (Relator): Os pressupostos gerais de recorribilidade estão preenchidos. Resta, assim, examinar o específico, ou seja, a ofensa a dispositivo da Carta da República, no que se aponta como inobservados os arts. 5º, 37, inc. II e 127, § 2º, da Constituição Federal.

A Corte de origem potencializou a regra segundo a qual os cargos existentes no Ministério Público, bem como os alusivos aos serviços auxiliares, são providos mediante concurso público de provas e de provas e títulos. Em primeiro lugar, aluda-se à disjuntiva "ou", tal como inserida no inc. II, do art. 37, também da Constituição Federal. Em síntese, é possível o ingresso no Ministério Público, ante apenas o Texto Constitucional, mediante concurso público de provas, dispensado o de títulos. Por outro lado, o preceito constitucional há de ser interpretado à luz do princípio da razoabilidade. A referência ao concurso público de títulos há de ser tomada não com o caráter eliminatório, mas visando à classificação dos candidatos. Tanto é assim que, conforme o cargo envolvido no concurso, tem-se a exigência mínima deste ou daquele título. Por outro lado, a instância soberana no exame dos elementos probatórios dos autos assentou que, pelas regras do próprio edital, possível seria alcançar-se pontuação nos títulos inferior a cinqüenta, ou seja, ao patamar mínimo para aprovação.

Em suma, deixou revelado que os títulos, em si, não seriam suficientes a caminhar-se para a eliminação do candidato, o que se coaduna com a exigência do título de bacharel como único indispensável à feitura do concurso. Todavia, emprestou ao edital alcance que não tem, vindo a concluir que indispensável seria a média final de sessenta, computados os títulos e considerados estes para efeito de fixação do divisor. Não fora este aspecto, tem-se mais que se acabou por colocar em plano secundário o princípio isonômico, ao estabelecer-se a pontuação de doze pontos para o exercício de cargo técnico jurídico em órgãos da Administração Pública federal, estadual ou municipal, deixando-se de adotar idêntico procedimento para os tomadores de serviços situados no âmbito da iniciativa privada. Ora, no caso, o exercício profissional no cargo técnico jurídico de advogado não varia conforme se trate de pessoa jurídica de direito público ou pessoa jurídica de direito privado como é, por exemplo, o Banco Itaú S/A, para o qual exerceu a Impetrante a advocacia. O fator de discriminação não é socialmente aceitável, não se mostra proporcional e razoável considerados os objetivos da Carta da República e, até mesmo, a experiência buscada quando se empresta pontuação ao exercício da advocacia.

Por tais razões, conheço deste extraordinário e o provejo para conceder a segurança. Faço-o porquanto tenho como conflitante com o texto do § 2º do art. 127 da Carta atual o empréstimo, ao concurso de títulos, de caráter eliminatório e, também, de qualquer forma, tem jus a Impetrante à consideração de doze pontos, ante o exercício do cargo técnico de advogado, muito embora, ao contrário de outros candidatos, a prestação de serviço tenha ocorrido para um banco e não para a União, Estado ou Município.

É o meu voto.

JURISPRUDÊNCIA

SUPREMO TRIBUNAL FEDERAL

Recurso extraordinário 176.564-0-SP-2ª T.

Rel.: Min. Marco Aurélio

Recte.: Estado de São Paulo

Adv.: PGE-SP — Otávio Augusto Moreira D'Elia

Recdo.: Helena Maria Ramos do Nascimento e outros

Adv.: Eliana Rachel Motta Teixeira

j. 14.12.98

Responsabilidade do Estado — Natureza — Policiais Militares — Diligênca. A responsabilidade do Estado é objetiva, pressupondo nexo de causalidade entre o fato ou serviço que lhe seja próprio e a ausência de dolo ou mesmo culpa por parte da vítima. Precedentes: recursos extraordinários ns. 179.147, 135.310, 130.764, 109.615 e 140.270, julgados na Segunda (os dois primeiros e o último) e Primeira (o terceiro e quarto) Turmas, relatados pelos Ministros Carlos Velloso, Maurício Corrêa, Moreira Alves, Celso de Mello e por mim, com acórdãos veiculados nos "Diários da Justiça" de 27 de fevereiro de 1998 (os dois primeiros), 7 de agosto de 1992, 2 de agosto e 18 de outubro de 1996, respectivamente. Responde o Estado por dano decorrente de diligência policial em que servidor policial militar haja atuado com negligência, vindo a ser baleado, por agente que deveria estar sob vigilância, colega de serviço. Hipótese concreta a extrapolar o risco, simples risco, resultante da atividade policial e a ensejar a responsabilidade do Estado no que "conseqüência lógica inevitável da noção de Estado de Direito" — Celso Antônio Bandeira de Mello.

ACÓRDÃO

Vistos, relatados e discutidos estes autos, acordam os Ministros do Supremo Tribunal Federal, em Segunda Turma, na conformidade da ata do julgamento e das notas taquigráficas, por unanimidade de votos, em não conhecer do recurso extraordinário.

Brasília, 14 de dezembro de 1998.

Carlos Velloso, Presidente. Marco Aurélio, Relator.

RELATÓRIO

O Sr. Ministro Marco Aurélio: O Estado de São Paulo insurge-se contra decisão proferida pelo Tribunal de Justiça no sentido do dever da Administração de arcar com indenização derivada de culpa objetiva pela morte de soldado da polícia militar, em serviço. Consignou o Colegiado:

> O policial militar Nascimento foi morto porque atingido por disparos feitos por um meliante que, detido por seu companheiro de farda, não foi revistado e nem convenientemente dominado. O comportamento do policial Capobianco (justificável face às circunstâncias do fato ou caracterizador de

omissão culposa aqui, repita-se, distinção irrelevante) deu causa ao falecimento do marido e pai dos autores, morte essa que gera responsabilidade da ré em indenizar os dependentes daquele servidor público, decorrente de culpa objetiva do Estado, como tranqüilamente admitem exegetas e o bom direito pretoriano, a partir do disposto no art. 37, § 6º, da Constituição Federal, que reproduziu norma já constante da Lei Maior anterior (art. 107 e seu parágrafo único) (fl. 604).

Articula o Estado com o malferimento dos citados arts. 107, da Carta anterior, e 37, § 6º, da atual, argumentando que a responsabilidade da Administração não alcança os danos causados a seus próprios agentes, mas, exclusivamente, a terceiros (fls. 628 à 634).

Os Recorridos apresentaram as contrarazões de fls. 636 à 646, ressaltando o não-cabimento do extraordinário, porque não demonstrada a ofensa aos preceitos evocados e também diante da falta de prequestionamento. Noutro passo, sustentam que a indenização reverteu aos familiares do soldado falecido que realmente arcaram com o dano decorrente da omissão do outro policial e da conseqüente morte.

O recurso restou admitido mediante a peça de fls. 672 a 674.

O especial simultaneamente interposto pelos ora Recorridos foi parcialmente conhecido e provido no âmbito do Superior Tribunal de Justiça, conforme o acórdão de fls. 685 à 690.

Em 25 de maio de 1994, determinei o encaminhamento dos autos à Procuradoria-Geral da República, que exarou o parecer de fls. 703 à 705, assim sintetizado:

> *Constitucional.* Recurso extraordinário agitado por entender o Recorrente haver ofensa ao art. 37, § 6º, da Constituição Federal. Responsabilidade objetiva do Estado. Ausência de prequestionamento. Incidência das Súmulas 282 e 356 do STF. Parecer pelo não-conhecimento do recurso. Se conhecido, pelo seu improvimento (fl. 703).

É o relatório.

VOTO

O Sr. Ministro Marco Aurélio (Relator): Os pressupostos gerais de recorribilidade foram observados. A peça recursal veio subscrita por Procurador do Estado, sendo certa a publicação do acórdão atacado no *Diário* de 1º de agosto de 1991, quinta-feira (fl. 612), ocorrendo a manifestação do inconformismo em 2 de setembro de 1991, segunda-feira (fl. 628), e, portanto, dentro do prazo em dobro a que tem jus o Estado. Por outro lado, improcedem os óbices apontados pela Procuradoria-Geral da República. O tema concernente à responsabilidade do Estado foi objeto de debate e decisão prévios, aludindo-se ao disposto no art. 37, § 6º, da Carta da República. Aliás, mostra-se minuciosa a decisão proferida, conforme o exame que se segue para saber-se do enquadramento do extraordinário no permissivo constitucional que lhe é próprio, ou seja, na alínea "a" do inc. III do art. 102 da Carta Política da República.

É da tradição do nosso Direito Constitucional, considerado o marco estabelecido pela Carta de 1946, art. 194 e parágrafo único, a responsabilidade objetiva do Estado, para uns confundindo-se com a do risco integral. A Constituição de 1967 repetiu o preceito anterior no art. 105 e respectivo parágrafo. A Emenda Constitucional 1 não trouxe qualquer inovação, vindo a norma a ser adotada, por último, pelo Constituinte de 1988:

> § 6º. As pessoas jurídicas de direito público e as de direito privado prestadoras de serviços públicos responderão pelos danos que seus agentes, nessa qualidade, causarem a terceiros, assegurado o direito de regresso contra o responsável nos casos de dolo ou culpa (art. 37 da Carta de 1988).

Com a perspicácia sempre revelada nos trabalhos que produz, Cretella Júnior, em

Comentários à Constituição de 1988, procede ao desmembramento do preceito. Tem-se, em um primeiro passo, o estabelecimento da responsabilidade objetiva do Estado. Na cláusula final, encerra-se a dualidade da disciplina, ao prever-se que somente na hipótese de culpa ou dolo do responsável pelo dano cabe o direito de regresso. *A contrario sensu*, não concorrendo o agente com dolo, ou mesmo culpa, para o ato, a Administração arca com a responsabilidade decorrente do serviço sem que possa promover a ação visando ao exercício do direito de regresso. A doutrina é uníssona ao extrair dos diversos preceitos constitucionais, a partir de 1946, a responsabilidade do Estado, ficando a vítima dispensada de comprovar a culpa do agente. Importante é que se faça presente o que Rui Cirne Lima, em *Princípios de Direito Administrativo*, 4ª ed., 1964, p. 198, apontou como "dano decorrente do fato de seus agentes ou do fato das coisas a seu serviço", sendo que "(...) a idéia de responsabilidade do Estado é uma conseqüência lógica inevitável da noção de Estado de Direito" (Celso Antônio Bandeira de Mello em *Curso de Direito Administrativo*, 8ª ed., Malheiros Editores, 1996, p. 573). Os precedentes desta Corte não discrepam desse enfoque, valendo notar o que decidido no recurso extraordinário 179.147, Segunda Turma, Relator Ministro Carlos Velloso, *Diário da Justiça* de 27.2.98; no recurso extraordinário 135.310, Segunda Turma, Relator Ministro Maurício Correa, *Diário da Justiça* de 27.2.98; no recurso extraordinário 130.764, Primeira Turma, Relator Ministro Moreira Alves, *Diário da Justiça* de 7.8.92; no recurso extraordinário 109.615, Primeira Turma, Relator Ministro Celso de Mello, *Diário da Justiça* de 2.8.96, e no recurso extraordinário 140.270, Segunda Turma, por mim relatado, *Diário da Justiça* de 18.10.96.

Passe-se, então, ao exame dos fatos incontroversos, já que constantes do acórdão impugnado mediante o extraordinário e, portanto, reveladores da verdade formal, isto buscando-se assentar o nexo de causalidade entre a atuação do agente e o dano retratado na morte do marido da Recorrida, pai dos menores por ela representados. Eis a moldura fática:

> (...) o policial militar Antônio Gonzaga de Nascimento e seu colega de farda José Capobianco Sobrinho, quando em serviço de patrulhamento na cidade de Adamantina, receberam denúncia de que dois indivíduos estariam procurando assaltar a agência do "Expresso de Prata". Localizaram, nas imediações da agência, o automóvel utilizado por aqueles suspeitos, estacionado, dentro dele um dos indigitados meliantes, que foi dominado pelos policiais militares. O soldado Nascimento (a vítima) permaneceu ali, custodiando o indivíduo que ocupava o automóvel, tendo seu colega Capobianco se dirigido à agência, na procura do outro suspeito. Encontrou-o, mas tendo ele se afirmado "psicólogo", dizendo mais que seus documentos estariam no automóvel, para lá se dirigiu, acompanhado do policial Capobianco, o qual, aparentemente acreditando na informação que recebera (e porque nada de anormal se passava na agência e, ainda, porque o eventual suspeito trajava-se bem, segundo informou), não o revistou. Mas esse segundo meliante, vendo-se na rua, correu em direção ao carro, sem ser perseguido, de imediato, pelo policial Capobianco e, lá chegando, desde logo, tomou de arma de fogo que trazia consigo, disparando-a contra o policial Nascimento, atingindo-o mortalmente. Fugiram os meliantes, em seguida, utilizando-se de seu carro (fl. 603, trecho do acórdão prolatado).

Ora, surge, de forma clara e precisa, que os policiais foram instados, quando em serviço de patrulhamento, à averiguação decorrente da denúncia de que dois indivíduos estavam tentando assaltar certa agência. Procederam à localização e, encontrando um deles no carro, mantiveram-no sob custódia. Todavia, em relação ao segundo, um dos policiais não usou da cautela própria ao serviço diante do quadro com que se defrontava, especialmente considerada a denúncia. Deixou de revistar o outro indivíduo e, aí, aproveitou-se este da negligência para tentar a fuga e, ao fazê-lo, porque ainda portava arma que o policial Capobianco deveria ter apreendido, feriu mortalmente o marido da Recorrida e pai dos Recorridos. Descabe estabelecer distinções. Em primeiro lugar, o vocábulo "terceiro" contido no § 6º do art. 37 da Constituição Federal, diz com aquele que tenha suportado o dano ou, em caso de morte, os que viviam sob sua dependência. Por outro lado, consoante mencionado no acórdão que se pretende afastado do cenário jurídico, a distinção relativa à origem imediata do dano não possui qualquer valor. Pouco importa que o tiro não tenha partido do policial militar que era o companheiro do falecido no serviço de patrulhamento na cidade de Adamantina. O que cumpre perquirir é se, mediante ato de serviço, omissivo ou comissivo, a Administração Pública, por meio de seu agente, acabou por provocar o dano. E a resposta é positiva. Houvesse aquele policial que se dirigiu à agência em busca do segundo meliante, ao encontrá-lo, procedido como normalmente deveria, revistando-o e desarmando-o e, até mesmo, algemando-o, não se estaria diante deste processo. Conforme ressaltado pela Corte de origem, "houve falha no serviço que efetivamente desempenhava e não omissão, da Administração Pública, na prestação desse serviço (...)". Volto aos precedentes da Corte para revelar não só o sentido da alusão terceiro, como também da responsabilidade do Estado, pouco importando que o tiro não tenha partido do outro policial. Ao julgar o recurso extraordinário 140.270, por mim relatado, a Turma assentou:

> *Responsabilidade Civil. Estado. Morte de policial militar. Ato omissivo versus ato comissivo.* Se de um lado, em se tratando de ato omissivo do Estado, deve o prejudicado demonstrar a culpa ou o dolo, de outro, versando a controvérsia sobre ato comissivo — liberação, via laudo médico, do servidor militar, para feitura de curso e prestação de serviços — incide a responsabilidade objetiva.

Tal como neste caso, teve-se o envolvimento de dois servidores públicos: um causando o dano e o outro suportando-o, e aí, não se partiu para ter no vocábulo "terceiro" a necessária referência a particular, ou seja, pessoa que não mantenha vínculo com a Administração Pública. Já no recurso extraordinário 179.147, relatado pelo Ministro Carlos Velloso, apreciou-se situação concreta em que presidiário foi morto não por um policial, mas por outro presidiário, surgindo a culpa da Administração Pública, consideradas, como disse Sua Excelência, as vertentes negligência, imperícia ou imprudência:

> I — A responsabilidade civil das pessoas jurídicas de direito público e das pessoas jurídicas de direito privado prestadoras de serviço público, responsabilidade objetiva, com base no risco administrativo, ocorre diante dos seguintes requisitos:
>
> a — o dano;
>
> b — da ação administrativa;
>
> c — e desde que haja nexo causal entre o dano e a ação administrativa.
>
> II — Essa responsabilidade objetiva, com base no risco administrativo, admite pesquisa em torno da culpa da vítima, para o fim de abrandar ou mesmo excluir a responsabilidade da pessoa jurídica de direito público ou da pessoa jurídica de direito privado prestadora de serviço.
>
> III — Tratando-se de ato omissivo do poder público, a responsabilidade civil por tal ato é subjetiva, pelo que exige dolo ou culpa, numa de suas três vertentes, negligência, imperícia ou imprudência, não sendo, entretanto, necessário individualizá-la, dado que pode ser atribuída ao serviço público, de forma genérica, a *faute de service* dos franceses.
>
> IV — Ação julgada procedente, condenado o Estado a indenizar a mãe do presidiário que foi morto por outro presidiário, por dano moral. Ocorrência da *faute de service*.
>
> V — RE não conhecido.

Já no precedente da lavra do Ministro Maurício Corrêa — recurso extraordinário

135.310 — cuida-se da responsabilidade da Administração Pública tendo em vista a seleção do servidor. Ora, encaixa-se como luva à hipótese dos autos. O policial militar mostrou-se inadaptado ao serviço, deixando de observar regra mínima de segurança, que é a de revistar o suspeito, evitando, assim, a surpresa de uma reação como a que ocorreu na espécie dos autos. Eis a ementa elaborada por Sua Excelência:

Recurso extraordinário. Policial civil. Responsabilidade objetiva da Administração Pública por ato ilícito praticado pelo agente público no exercício das suas funções. Indenização devida.

I — A Constituição Federal responsabiliza as pessoas jurídicas de direito público pelos danos que seus agentes, nessa qualidade, causarem a terceiros, não sendo exigível que o servidor tenha agido no exercício das suas funções.

II — Dano causado por policial. Responsabilidade objetiva do Estado em face da presunção de segurança que o agente proporciona ao cidadão, a qual não é elidida pela alegação de que esta agiu com abuso no exercício das suas funções. Ao contrário, a responsabilidade da Administração Pública é agravada em razão do risco assumido pela má seleção do servidor. Recurso extraordinário não conhecido.

Por último, observa-se que os precedentes emanados dos julgamentos da Primeira Turma nos recursos extraordinários ns. 130.764 e 109.615 versam sobre o nexo de causalidade, a aplicação do art. 1.060 do Código Civil além da responsabilidade contratual, observando-se a extracontratual, inclusive a objetiva, sendo que, nos casos examinados, teve-se, no primeiro, o envolvimento de assalto, dele participando um preso evadido e, no segundo, danos causados à integridade física de um aluno em estabelecimento da rede oficial de ensino.

Em síntese, conta-se com o concurso, no caso concreto, dos pressupostos indispensáveis à conclusão da responsabilidade do Estado. O agente, cuja imprudência — e mesmo negligência e imperícia — ocasionou o dano, estava em serviço e tinha como obrigação precípua acautelar-se na diligência empreendida, porquanto alertado de que se tratava do envolvimento de pessoas suspeitas de assalto. A Administração Pública, pelo fato de o tiro haver partido de um particular, não se exime da obrigação de indenizar. O que cumpre ter presente é a causa remota, pouco importando que a imediata diga respeito a quem não atuava em nome da Administração Pública. Enfoque diverso, excluindo da responsabilidade do Estado os danos causados aos próprios agentes públicos, acabaria por esvaziar o preceito do § 6º do art. 37 da Constituição Federal, estabelecendo distinção nele não contemplada, que, assim, tenho como aplicado com toda propriedade pela Corte de origem. Não conheço do recurso interposto.

JURISPRUDÊNCIA

SUPREMO TRIBUNAL FEDERAL

Recurso extraordinário 172.201-1-SP-Pleno

Redator para o acórdão: Min. Moreira Alves

Recte.: Companhia do Metropolitano de São Paulo-METRÔ

Advs.: José Antônio Avenia Neri e outro

Recdo.: Elcio Fiordelisio

Advs.: Antonio Darci Pannocchia e outros

j. 12.6.97
DJU 16.4.99

Ação de desapropriação. Imissão na posse.

— A imissão na posse, quando há desapropriação, é sempre provisória.

— Assim, o § 1º e suas alíneas do art. 15 do Decreto-lei 3.365/41 é compatível com o princípio da justa e prévia indenização em dinheiro previsto no art. 5º, XXIV, da atual Constituição.

Recurso extraordinário conhecido e provido.

ACÓRDÃO

Vistos, relatados e discutidos estes autos, acordam os Ministros do Supremo Tribunal Federal, em Sessão Plenária, na conformidade da ata do julgamento e das notas taquigráficas, por maioria de votos, em conhecer do recurso e lhe dar provimento, vencidos os Ministros Carlos Velloso (Relator) e Sepúlveda Pertence.

Brasília, 12 de junho de 1997.

Carlos Velloso, Presidente. Moreira Alves, Relator.

RELATÓRIO

O Sr. Ministro Carlos Velloso: Trata-se de ação de desapropriação movida pela Companhia do Metropolitano de São Paulo-METRÔ contra Elcio Fiordelisio. Contra a decisão que condicionou a imissão provisória na posse ao pagamento prévio e integral da indenização, a expropriante interpôs agravo de instrumento.

A Décima Sétima Câmara Civil do Tribunal de Justiça de São Paulo, por unanimidade, negou provimento ao recurso. Entendeu o voto condutor do aresto que a imissão na posse acarreta ao expropriado a perda da disposição do patrimônio, eis que já não poderá, como antes, usar e gozar da coisa. Assim sendo, apenas o *caput* do art. 15 do Decreto-lei 3.365/41 foi recepcionado pela Nova Carta, sendo incompatíveis com o princípio constitucional da prévia e justa indenização os demais §§ do citado art. 15.

Daí os recursos especial e extraordinário, interpostos pela Municipalidade, o último fundado no art. 102, III, alíneas *a* e *b*, da Constituição Federal, alegando que o acórdão recorrido violou os seguintes dispositivos constitucionais: arts. 2º e 5º, incs. II e XXIII.

Admitidos ambos os recursos, subiram os autos.

A Segunda Turma do Eg. Superior Tribunal de Justiça, por unanimidade, negou provimento ao recurso especial.

É o relatório.

VOTO

Constitucional. Desapropriação. Imissão na posse. Indenização prévia e justa. DL 3.365/41, art. 15, § 1º. Constituição, art. 5º, XXIV, art. 182, § 3º art. 184.

I — Imissão na posse: necessidade de ser observado o art. 15, *caput*, do DL 3.365/41, fazendo-se a avaliação ali referida.

II — O § 1º do art. 15 do DL 3.365/41 somente tem aplicação às imissões de posse efetivamente provisórias. Interpretação conforme à Constituição.

III — RE não conhecido.

O Sr. Ministro Carlos Velloso (Relator): No julgamento do *RE 185.793-SP*, por mim relatado, proferi o seguinte voto:

A decisão do Juiz Ari Alves Arantes mandou realizar perícia avaliatória do imóvel e, diante do pedido de imissão prévia na posse, feito pelo expropriante, despachou:

> 4. A expropriante somente terá deferido o pedido de Imissão Prévia na Posse assim que for arbitrada a correspondente indenização provisória e efetivar o depósito comprovado nos autos, tendo em conta a exigência constitucional da prévia e justa indenização (fl. 46).

Contra essa decisão foi interposto recurso de agravo, ao qual o Tribunal de Justiça do Estado de São Paulo negou provimento, dado que os arts. 5º, XXIV e 182, § 3º da Constituição, dispõem que as desapropriações serão feitas com prévia e justa indenização. Ora, a imissão na posse "implica para o Expropriado na perda efetiva do bem, ficando privado de todos os atributos inerentes ao domínio". Impõe-se, portanto, o depósito da indenização, previamente, para que possa ser deferido o pedido de imissão na posse.

Acrescentou, após considerações de ordem doutrinária:

> (...) Na esteira de tais ensinamentos, tem este Tribunal decidido que "é de se entender que apenas o *caput* do art. 15 do Dec.-lei 3.365/41 está em vigor, estando seus parágrafos derrogados por incompatibilidade com a norma constitucional que determina prévia e justa indenização" (AI 165.691-2-13ª Câm., rel. Des. Paulo Shintate), pois "o art. 5º, XXIV, da Carta Magna, assegura a desapropriação 'mediante justa e prévia indenização em dinheiro'. Ora, a imissão na posse, ainda que provisória, acarreta ao expropriado a perda da disposição do patrimônio, eis que já não poderá, como antes, usar e gozar da coisa. Isto significa, em outras palavras, que, na prática, o expropriado perde a propriedade no mesmo momento em que a Administração Pública é imitida na posse do bem. Logo, nada mais razoável que, em igual oportunidade, receba importância que represente, de imediato, reparação adequada ao desfalque patrimonial que acabou de sofrer" (AI 168.121-2-13ª Câm., rel. Des. Corrêa Vianna).
>
> Igualmente a 12ª Câmara, em Acórdão relatado pelo E. Des. Scarance Fernandes, fixou que "é curial que o expropriado perde a propriedade no mesmo momento em que se vê dela privado, sem a sua posse, sendo despicienda, à luz da moralidade da Administração, que a nova ordem constitucional apregoa, a discussão em torno do domínio e do momento em que se dá a transferência efetiva da propriedade. Na interpretação das leis e principalmente da Constituição não se pode pretender extrair conseqüências outras que não a primeira e elementar que o texto, simples e escorreito, sempre pretendeu dar. Prévio é o que antecede, vem antes e justo é o que corresponde ao efetivo valor da propriedade. Parece razoável entender-se que a letra da Carta Magna pretendeu singelamente, sem grandes elucubrações jurídicas, que o expropriado receba o valor de sua propriedade ao ver-se dela privado para que possa adquirir outra em idêntica situação", concluindo que "a legislação que permite a concessão da imissão provisória em conflito com a nova ordem constitucional deve ser considerada derrogada por ela, tais como os §§ do art. 15 do Decreto-lei 3.365/41, estando em vigor seu *caput*" (AI 166.354-2) (fls. 54-55).

O art. 15, *caput*, do DL 3.365, de 1941, autoriza a imissão provisória do expropriante na posse do bem expropriado, desde que deposite quantia arbitrada na forma do art. 685 do CPC. Alude-se ao art. 685 do CPC de 1939, dado que o DL 3.365/41 foi editado sob o pálio daquele diploma processual. A matéria é regida, hoje, pelos arts. 802 e 803 do CPC vigente. Já o § 1º e alíneas *a*, *b*, *c* e *d* estabelecem regras diversas para estabelecimento do *quantum* a ser depositado.

Assim o art. 15, § 1º, alíneas *a*, *b*, *c* e *d*:

> Art.15. Se o expropriante alegar urgência e depositar quantia arbitrada de conformidade com o art. 685 do Código de Processo Civil, o Juiz mandará imiti-lo provisoriamente na posse dos bens.
>
> § 1º. A imissão provisória poderá ser feita, independentemente da citação do réu, mediante depósito.
>
> a) do preço oferecido, se este for superior a vinte (20) vezes o valor locativo, caso o imóvel esteja sujeito ao imposto predial;
>
> b) da quantia correspondente a vinte (20) vezes o valor locativo, estando o imóvel sujeito ao imposto predial e sendo menor o preço oferecido;
>
> c) do valor cadastral do imóvel para fins de lançamento do imposto territorial, urbano ou rural, caso o referido valor tenha sido atualizado no ano fiscal imediatamente anterior;
>
> d) não tendo havido atualização a que se refere o inciso *c*, o Juiz fixará, independentemente de avaliação, a importância do depósito, tendo em vista a época em que houver sido originariamente o valor cadastral e a valorização ou desvalorização posterior do imóvel (fls. 4-5).

O DL 1.075, de 22.1.70, que regula a imissão de posse *initio litis* em imóveis residenciais urbanos, contém normas a respeito da fixação do *quantum* para depósito.

Registre-se, abrindo o debate, que a Constituição Federal é expressa no estabelecer, no art. 5º inc. XXIV, que a desapropriação se fará "mediante justa e prévia indenização em dinheiro, ressalvados os casos previstos nesta Constituição". No art. 182, § 3º, preceito é repetido: "As desapropriações de imóveis urbanos serão feitas com prévia e justa indenização em dinheiro". O art. 184, cuidando da desapropriação por interesse social, para fins de reforma agrária, dispõe no mesmo sentido.

Diante dos termos dos dispositivos constitucionais citados, o § 1º e suas alíneas, do art. 15, do DL 3.365, de 1941, deve ser submetido à interpretação conforme à Constituição.

Numa interpretação conforme à Constituição, do citado art. 15 e § 1º, do DL 3.365/41, deve-se entender a expressão "imissão provisória na posse" em sentido estrito, vale dizer, a imissão há de ser, na verdade, provisória e não com caráter definitivo, que é o que acontece, de regra, com as imissões na posse que são concedidas no início das ações de desapropriação. Neste sentido tenho como perfeitas as considerações expendidas pelo eminente Ministro Humberto Gomes de Barros, do Superior Tribunal de Justiça, no julgamento do REsp 36.524-SP:

> (...) Provisório é o atributo daquilo que existe temporariamente, com o destino de se deixar suceder por algo definitivo.
>
> Imissão provisória existe, quando — p. ex. — o Estado toma posse de determinado terreno, para utilizá-lo como canteiro de uma obra vizinha e devolvê-lo, após.
>
> Na hipótese destes autos, o fenômeno é diferente: a imissão pretendida reveste-se de caráter definitivo.
>
> Não se trata de simples imissão de posse. Cuida-se de esvaziar a propriedade, retirando-lhe todo o substrato.
>
> O argumento de que a imissão provisória atinge a posse, não a propriedade, é improcedente.
>
> A Constituição protege a propriedade como um bem de vida, uma fonte de utilidade; não um simples título registrado.
>
> O preceito constitucional, quando condiciona o pagamento a prévia e justa indenização, tem como escopo tornar possível ao expropriado a reconstituição de seu patrimônio.
>
> Ora, quem é expulso de sua casa, tem sua propriedade esvaziada naquilo que ela tem de interessante: o *jus utendi et fruendi*.
>
> A se cumprir o preceito constitucional, antes da expulsão, o expropriado deveria receber dinheiro suficiente para adquirir utilidade equivalente àquela que o Estado lhe está tomando.
>
> A propriedade tem destinação social. Ela deve sucumbir ao primado do interesse público e da necessidade social.
>
> No entanto, esta submissão observa regras inscritas na Constituição. Elas têm como

sede, um princípio: o da prévia e justa indenização. (...) (fls. 99-100).

E acrescenta S. Exa. que, para que possa a entidade expropriante valer-se dos dispositivos inscritos no § 1º do art. 15, deverá demonstrar que o seu ingresso no bem expropriando não é definitivo, mas provisório. Porque, se for com caráter definitivo, então deverá indenizar previamente. No particular, estou em que, se a imissão não é provisória, apesar de ostentar esse nome, valerá a disposição inscrita no art. 15, *caput*, do DL 3.365, de 1941, dado que citado dispositivo legal propicia a realização, ainda que de forma aligeirada, de perícia avaliatória. A não se entender assim, estaríamos ignorando a determinação constitucional que manda pagar indenização "justa e prévia". Ora, bem registrou o acórdão recorrido, "prévio é o que antecede, vem antes e justo é o que corresponde ao efetivo valor da propriedade".

No voto que proferi quando do julgamento da ADIn 1.187-DF (medida cautelar), acentuei que a Constituição manda que o Poder Público pague indenização justa e prévia. Ora, indenização prévia — a menos que se mude o significado da palavra — é aquela que é paga antes de o Poder Público tornar-se proprietário de fato, com a imissão na posse, ou de direito, com o traslado do título de propriedade do imóvel do particular. Ora, ninguém ignora que, imitido o poder público na posse do imóvel, perde o seu proprietário a propriedade de fato, não pode dispor do que é seu. É hora, Srs. Ministros, de se acabar com o "faz de conta", é hora de se dar efetivo cumprimento à Constituição.

Dissertando a respeito do tema, lecionou Hely Lopes Meirelles que "indenização prévia significa que o expropriante deverá pagar ou depositar o preço antes de entrar na posse do imóvel. Este mandamento constitucional vem sendo frustrado, pelo retardamento da Justiça no julgamento definitivo das desapropriações, mantendo o expropriado despojado do bem e do seu valor, por anos e anos, até transitar em julgado a condenação. Os depósitos provisórios geralmente são ínfimos em relação ao preço efetivo do bem, o que atenta contra o princípio da indenização prévia. Essa burla à Constituição só poderá ser obviada pelo maior rigor dos juízes e tribunais na exigência do depósito prévio que mais se aproxime do valor real do bem expropriado" (Hely Lopes Meirelles, *Direito Administrativo Brasileiro*, 17ª ed., Malheiros Editores, 1990, p. 524).

No mesmo sentido a lição de José Manuel de Arruda Alvim ("Desapropriação e valor no Direito e na Jurisprudência", *RDA* 102/42).

José Carlos de Moraes Salles leciona que "a análise fria do art. 15 da Lei de Desapropriações leva-nos à conclusão incontestável de que a mencionada norma, possibilitando o desapossamento sem o pagamento de indenização prévia e justa, permite ao expropriante ladear o mandamento constitucional, o que, no dizer autorizado de Hely Lopes Meirelles, constitui clara burla à Constituição" (*A Desapropriação à Luz da Doutrina e da Jurisprudência*, 2ª ed., Ed. RT, 1992, pp. 304-305).

No caso, a imissão de posse pretendida pelo expropriante somente é provisória no nome. Na verdade, é ela definitiva. Diante disso, o acórdão teve como derrogado o § 1º e suas alíneas do art. 15 do DL 3.365/41.

Retorno ao meu raciocínio. O que se deve fazer é emprestar interpretação conforme ao citado § 1º do art. 15 da Lei de Desapropriações, assim: citados §§ dizem respeito à imissão provisória apenas, vale dizer, aquela posse em que o poder público se serve do bem por pequeno espaço de tempo, devolvendo-o, após, ao seu proprietário. Se a imissão for definitiva, sem possibilidade de devolução do bem ao seu proprietário, então tem-se uma imissão de posse *initio litis*, definitiva, na sua natureza. Neste caso, não tem aplicação o § 1º do art. 15 do DL 3.365/41, e sim o *caput* do art. 15, que propicia avaliação.

No caso, repete-se, tem-se pedido de imissão definitiva na posse. O acórdão, portanto, deve ser confirmado, na sua conclusão. É que, na sua conclusão, longe de ofender a Constituição, deu-lhe exato cumprimento.

Do exposto, não conheço do recurso.

Reportando-me ao voto acima transcrito, não conheço do recurso.

VOTO

O Sr. Ministro Moreira Alves: Sr. Presidente, conheço do recurso e lhe dou provimento, tendo em vista a circunstância de que o art. 15 do Decreto-lei 3.365/41 sempre foi interpretado em função de textos constitucionais que são, na sua essência, absolutamente iguais ao texto constitucional presente. Com efeito, a imissão na posse, quando há desapropriação, é sempre provisória, até porque é possível ao Estado, a seu talante, desistir da desapropriação. Por outro lado, trata-se de imissão na posse, o que significa dizer que se perde apenas a posse e não a propriedade, tanto assim que proprietário continua a ser o desapropriando, que pode, inclusive, alienar o seu direito de propriedade, cabendo então ao adquirente o recebimento da indenização que afinal vier a ser estabelecida na ação de desapropriação, para esse efeito.

Com a devida vênia do eminente Relator, não vejo como se possa sustentar que essa imissão na posse seja definitiva, e para se atender ao texto constitucional se fará uma avaliação provisória, com o pagamento também provisório, porque esse pagamento poderá afinal ser reduzido ou aumentado. Se a imissão na posse fosse definitiva, a avaliação e o pagamento também teriam de ser definitivos para o cumprimento do texto constitucional, quando são, na verdade, evidentemente provisórios.

Mais, Sr. Presidente. A adotar-se essa interpretação, não teríamos os juros compensatórios. Aliás, sempre sustentei nesta Corte que, em matéria de desapropriação, o que não caberia, em rigor, seriam os juros moratórios, porque não há mora. A imissão provisória na posse, com a perda da posse pelo proprietário, dá margem à compensação por essa perda, que é ressarcida mediante juros compensatórios. Em rigor, não há juros moratórios, porque não há mora, desde o momento em que a transmissão da propriedade só se dá com o efetivo pagamento. Conseqüentemente, não há que se falar em mora do pagamento, porque enquanto o pagamento não se fizer não há a transmissão da propriedade, e conseqüentemente não há que se falar em mora desse pagamento, já que, havendo a imissão de posse, o que está correndo para ressarcir essa perda da posse são os juros compensatórios. O próprio Supremo Tribunal Federal, em decisão em que fiquei vencido, teve de fazer uma construção, dizendo que se caberiam juros moratórios depois do trânsito em julgado, o que não me parece exato. Pois, ainda depois desse trânsito em julgado e até o efetivo pagamento da indenização, não há a transmissão da propriedade e, portanto, não há mora, mas ainda compensação de perda da posse.

Resumindo, Sr. Presidente, e com a devida vênia do eminente Relator, conheço do recurso e lhe dou provimento.

Extrato de ata

Recurso extraordinário 172.201-1-SP

Rel.: Min. Carlos Velloso

Recte.: Companhia do Metropolitano de São Paulo-METRÔ

Advs.: José Antonio Avenia Neri e outro

Recdo.: Elcio Fiordelisio

Advs.: Antonio Darci Pannocchia e outros

Decisão: Adiado o julgamento pelo pedido de vista do Ministro Maurício Corrêa, depois do voto do Ministro Carlos Velloso (Relator), não conhecendo do recurso e dando-lhe interpretação conforme à Constituição Federal ao art. 15 e seus §§ do Decreto-lei 3.365/41, e do voto do Ministro Moreira Alves, conhecendo do recurso e lhe dando provimento. Ausentes, justificadamente, os Ministros Néri da Silveira e Francisco Rezek. Plenário, 1.8.96.

Presidência do Sr. Ministro Sepúlveda Pertence. Presentes à sessão os Srs. Ministros Moreira Alves, Sydney Sanches, Octávio Gallotti, Celso de Mello, Carlos Velloso, Marco Aurélio, Ilmar Galvão e Maurício Corrêa.

Procurador-Geral da República, Dr. Geraldo Brindeiro. Luiz Tomimatsu, Secretário.

VOTO-VISTA

O Sr. Ministro Maurício Corrêa: O eminente Ministro Carlos Velloso, Relator deste recurso extraordinário, ao apreciar a controvérsia acerca da imissão provisória na posse, condicionada pelo Tribunal *a quo* ao pagamento prévio e integral da indenização, entendeu que a imissão de posse pretendida pelo Município de São Paulo somente é provisória no nome. E dessa forma conclui a equação que deu ao caso, arrematando que o "que se deve fazer é emprestar interpretação conforme ao citado § 1º do art. 15 da Lei de Desapropriações, assim: citados §§ dizem respeito à imissão provisória apenas, vale dizer, aquela posse em que o poder público se serve do bem por pequeno espaço de tempo, devolvendo-o, após, ao seu proprietário. Se a imissão for definitiva, sem possibilidade de devolução do bem ao seu proprietário, então tem-se uma imissão de posse *initio litis*, definitiva, na sua natureza. Neste caso, não tem aplicação o § 1º do art. 15 do DL 3.365/41, e sim o *caput* do art. 15, que propicia avaliação".

2. Sensibilizado com a lúcida fundamentação desenvolvida, mas preocupado com os efeitos dessa decisão, no que ela pode significar para as hipóteses de pedido de imissão de posse de caráter inadiável e urgente, e as conseqüências que dela possam advir para a rotina administrativa do agente do Poder Público, precisei de tempo para uma melhor reflexão.

Compreendida a *quaestio iuris* sob este prisma, isto é, o do provisório que é definitivo, parece-me harmonizar-se com o que sinto, a perspectiva do voto do Relator, ao salientar que não há *provisoriedade* em certas situações de imissão de posse, que na verdade de precariedade temporal nada têm, pois são atos definitivos que retiram do proprietário o direito de usar o que é seu, ensejando flagrante violação ao direito de propriedade. Seria essa, portanto, situação corriqueira similar à desapropriação de certa casa existente em uma rua por onde passara o metrô, cujo proprietário, desfalcado do que é seu, não teria contra ele imissão de posse provisória, mas sim definitiva, pois risível é admitir-se que novamente as obras desse metrô ou o próprio cedessem lugar a qualquer tipo de reversão da imissão. Esse é um estágio de evidente *irreversibilidade* em que se configura manifesto desequilíbrio entre a ação estatal e a integridade do direito do cidadão.

3. Compulsando-se a Emenda Constitucional 1/69, em seu art. 153, § 22, em que "é assegurado o direito de propriedade, salvo o caso de desapropriação por necessidade ou utilidade pública ou por interesse social, mediante prévia e justa indenização em dinheiro, ressalvando o disposto no art. 161, facultando-se ao expropriado aceitar o pagamento em títulos da dívida pública, com cláusula de exata correção monetária" e comparando-o com o texto do inc. XXIV, do art. 5º da Constituição Federal vigente, segundo o qual "a lei estabelecerá o procedimento para desapropriação por necessidade ou utilidade pública, ou por interesse social, mediante justa e prévia indenização em dinheiro, ressalvados os casos previstos nesta Constituição", verifica-se não ter havido diferença conceitual na redação dos dois mecanismos constitucionais que cuidaram da desapropriação. No núcleo conceptual das duas normas, o que houve é que a EC 1/69 falou em *prévia e justa indenização* enquanto a Carta de 88 apenas inverte a formulação, passando-a para *justa e prévia indenização*, o que trocado em miúdos não altera o fundo da questão, sendo iguais, no mérito, ambas as conceituações.

Na rápida pesquisa que realizei a propósito do tema *desapropriação*, deparei-me com dois excelentes pronunciamentos, a propósito do vocábulo *justo* a que normas constitucionais pretéritas se referiram, um do Min. Luís Gallotti e outro do Min. Aliomar Baleeiro, ambos contendo o mesmo *princípio*, ou seja, o de que a recomposição do preço deve significar exatamente aquilo que traduzindo monetariamente permita ao expropriado ressarcir-se do valor real do bem que lhe foi retirado (RE 69.169, *RTJ* 61/725-740-742).

4. Esse tem sido o resultado consensual, ao que verifiquei, da jurisprudência da Corte em termos de indenização em desapropriações, em torno do vocábulo *justo*, constante do ordenamento constitucional passado e mantido no atual. Nessa parte, quanto ao que anotou o eminente Relator, estou de pleno acordo.

Todavia, em relação à imissão, não vejo como se possa conciliar as duas vertentes que se colocam nessa temática, ou seja, de um lado, as hipóteses de imissão de posse com características de *definitividade*, adstritas aos interesses, conveniências e necessidades do Poder Público, e de outro, a realização do *justo e prévio* pagamento do valor real do bem expropriado. E é neste campo que estou tendo dificuldades em acompanhar o nobre Relator. Por quê? Explicito-me. Na Sessão de 7.5.96 — apenas para citar um caso concreto —, sendo eu Relator do RE 185.647, de São Paulo, concluí, com o aval da 2ª Turma, pela obrigatoriedade de a Companhia do Metropolitano de São Paulo-Metrô, ter que pagar determinada indenização devida com base no cálculo do perito que aplicou, a meu ver corretamente, indexador com o qual o Metrô não concordava. Esta demanda seguramente perdura desde o início da construção dessa obra em São Paulo. Não sei como se poderia equacionar, na hipótese de se manter o entendimento do acórdão do Tribunal *a quo*, no caso que ora examinamos, em que se confirmou o despacho do Juiz, para que a imissão se desse desde que pago o preço que entende ser justo, se é ele tal que a Municipalidade de São Paulo não concorda. Haveria de se esperar, como no julgamento que fiz menção, por anos e décadas? Creio que não. E se assim fosse, seria uma forma de engessar, manietar, embaraçar, procrastinar e dificultar a ação do Poder Público para que se realize na sua função de promotor de atividades relativas ao bem-comum, que se dão, como se sabe, com alguma freqüência, até em nome da segurança e da ordem. Em tais circunstâncias, a fim de evitar-se o risco de um todo, que surge de uma hora para a outra, não pode deixar a Administração Pública de contar com um instrumento processual eficaz e rápido, para que agindo como exigem as circunstâncias, algumas vezes imponderáveis, possa ela defender os interesses coletivos que se sobrepõem aos de natureza meramente individual. Essa é a teleologia da imissão de posse aplicada não só em casos de risco grave mas em todos os demais procedimentos em que se torna indispensável a ação governamental, para que com rapidez, possa fazer valer a gestão administrativa na busca do interesse geral que transcende ao individual.

5. Não me posiciono perfilhando ortodoxamente a corrente que entende certa imutabilidade da jurisprudência adotada pelo Supremo Tribunal Federal, por isso mesmo tenho como correta a possibilidade de sua própria revisão, fato esse que me faz acompanhar o pensamento do Min. Velloso nesse sentido, o que me parece, entretanto, não ser o caso destes autos.

Os precedentes da Corte que se fixaram na direção até aqui prevalecente examinaram as mesmas teses que são colocadas pelos que *no momento* se batem contra os assentos já consolidados. O primeiro argumento se baseia na inconstitucionalidade do art. 15 do Decreto-lei 3.365/41, sob o fundamento de que vulnera o princípio do significado constitucional de *prévio e justo preço* e o outro o de que na generalidade dos casos fica afastada a *provisoriedade* para dar lugar a *definitividade*.

Não há, pois, com relação à antiga e predominante jurisprudência STF.

6. De fato o que nos precedentes se sedimentou é que o ordenamento civil pátrio pertinente à definição de posse e propriedade, adotara a teoria de Ihering — como de sabença geral —, para o que "considera-se possuidor todo aquele que tem de fato o exercício, pleno, ou não, de algum dos poderes inerentes ao domínio, ou propriedade" (CC, art. 485). Dentro dessa concepção, a posse se caracteriza como exteriorização da propriedade. Ou seja, no dizer de Beviláqua, "a posse é mero estado de fato, que a lei protege em atenção à propriedade, de que ela é a manifestação exterior" (in Código Civil, obs. 3 ao art. 485). E o que é a imissão provisória na posse, senão "ato ou efeito de fazer entrar, de colocar ou estabelecer (na posse da coisa ou do direito)"? (in *Dicionário de Tecnologia Jurídica*, de Pedro Nunes, 3ª ed., v. II/03, 1956). Logo, *a imissão provisória na posse é imissão temporária, transitória, que não é definitiva, embora, no futuro, possa vir a ser permanente.*

Aliás, ao legislador ordinário coube distinguir a posse definitiva da provisória, como se infere dos arts. 29 e 15 do Decreto-lei 3.365/41.

7. Observe-se, ainda, que é a própria lei que prevê, em caso de urgência, a imissão provisória na posse, antes da citação do expropriado, o que não está vedado pela Constituição, pois trata-se de posse direta do Poder Público, que nada tem a ver com direito de propriedade com a garantia que foi conferida pela Carta Federal, em seu art. 5º, XXII.

Compreendido que o *thema decidendum* já fora objeto de julgamentos anteriores, embora sob o pálio da ordem constitucional pretérita, cuja estrutura conceitual, no entretanto, como se viu, se converteu na mesma da atual Constituição, registro, dentre outros, o que resultou do julgamento proferido pela 2ª Turma no recurso extraordinário 89.033, relator o Min. Djaci Falcão (*RTJ* 88/345/349) coonestando a validade constitucional dos dispositivos relacionados com a desapropriação; também no julgamento do recurso extraordinário 91.611, relator o Min. Cunha Peixoto, na 1ª Turma, que igualmente não presenciou inconstitucionalidade no art. 15 e §§ do Decreto-lei 3.365/41 (*RTJ* 101/717-719) e, por fim, mais recentemente, o que se recolheu no recurso extraordinário 116.409, relator o Min. Octávio Gallotti, em que se reiterou a linha jurisprudencial que vinha sendo seguida pelo Tribunal (*RTJ* 126/854-857).

8. Consigna o aresto do RE 89.033-PE, acima lembrado, em que se discutia a imissão de posse *initio litis*, que "o que o art. 153, § 22, da Constituição Federal assegura é o direito de propriedade, não a posse direta. A garantia de prévia e justa indenização se refere àquele direito. No processo desapropriatório, o domínio só se transfere após pagamento integral da indenização fixada".

Não vejo que haja inconstitucionalidade no art. 15 e §§ do Decreto-lei 3.365/41, que até aqui vem regulamentando os atos desapropriatórios. Admito mesmo que a disciplina por ele estabelecida não seja a melhor, aquela que mais adequadamente, ante certas circunstâncias de injustiça, não equilibra satisfatoriamente o núcleo do binômio expropriante/expropriado, mas esta é uma questão *de lege ferenda*, que se resolve na esfera de outro Poder. Enfatize-se que o Decreto-lei que se tem e que vem se mantendo desde 1941, *portanto há mais de 55 anos*, a meu ver, como até aqui tem se posicionado a Corte, não contém a eiva de inconstitucionalidade como tem reconhecido boa parte de julgados de algumas Turmas de nossos Tribunais Estaduais.

9. Por isso mesmo reitero não vislumbrar qualquer inconstitucionalidade no art. 15 e §§, do DL 3.365, de 1941, como assentado pelo acórdão recorrido, ou mesmo que haja necessidade que se lhe dê interpretação conforme, como, *data venia*, sugere e conclui o voto do e. Relator.

Dessa forma, não há que se exigir o depósito integral em caso de imissão de posse provisória, sob a alegação de ser prévio o pagamento do justo preço. Como demonstrado, este Tribunal tem considerado que esse preceito somente é aplicável no caso de indenização final que precede à transferência definitiva do domínio; não ao depósito que enseja a simples imissão na posse, tanto mais que "ao dispor sobre o depósito prévio, não teve a lei em vista a exata cobertura do desfalque patrimonial imposto ao particular, como o teve a Constituição ao cogitar do pagamento, mas tão-somente obrigar a Administração a uma contraprestação que, embora provisória, retire à medida excepcional o caráter de gratuidade" (RMS 1.368, relator Ministro Orosimbo Nonato, *RDA* 31/265), pois, "sem meios de permitir o imediato apossamento dos bens resultariam, em muitos casos, graves transtornos às necessidades e planos da Administração e ao interesse público correlato com elas e deles dependente" (*Da Desapropriação no Direito Brasileiro*, de Seabra Fagundes, pp. 214 e 221).

10. O que não se pode conceber, na minha visão, é que a Administração Pública fique privada do remédio legal que lhe permita, nos casos e nas hipóteses de ter que expedir ato expropriatório, de fundada necessidade e utilidade, e que reclamam urgência, ausente o indispensável instrumento procedimental que o materializa. O contraditório, na fase cautelar, sobre o que seria preço justo inviabilizaria a ação governamental e tornaria írrito o instituto da imissão de posse, e sem significado a sua própria natureza e razão de ser.

11. Tais são as circunstâncias, que pedindo vênia ao eminente relator, conheço do recurso e lhe dou provimento, de modo a afastar a exigência do pagamento prévio e integral da indenização, condição imposta pelo Tribunal *a quo* para deferir a imissão provisória na posse requerida pela Municipalidade.

Extrato de ata

Recurso extraordinário 172.201-1-SP

Rel.: Min. Carlos Velloso

Recte.: Companhia do Metropolitano de São Paulo-METRÔ

Advs.: José Antonio Avenia Neri e outro

Recdo.: Elcio Fiordelisio

Advs.: Antonio Darci Pannocchia e outros

Decisão: Adiado o julgamento pelo pedido de vista do Ministro Maurício Corrêa, depois do voto do Ministro Carlos Velloso (relator), não conhecendo do recurso e dando interpretação conforme à Constituição Federal ao art. 15 e seus §§ do Decreto-lei 3.365/41, e do voto do Ministro Moreira Alves, conhecendo do recurso e lhe dando provimento. Ausentes, justificadamente, os Ministros Néri da Silveira e Francisco Rezek. Plenário, 1.8.96.

Decisão: Adiado o julgamento pelo pedido de vista do Ministro Sepúlveda Pertence, Presidente, depois do voto do Ministro Carlos Velloso, Relator, não conhecendo do recurso e dando interpretação conforme à Constituição Federal ao art. 15 e seus §§ do Decreto-lei 3.365/41, e dos votos dos Ministros Moreira Alves, Maurício Corrêa, Francisco Rezek, Ilmar Galvão, Celso de Mello, Octávio Gallotti, Sydney Sanches e Néri da Silveira, conhecendo do recurso e dando-lhe provimento. Ausente, justificadamente, o Ministro Marco Aurélio. Plenário, 9.12.96.

Presidência do Sr. Ministro Sepúlveda Pertence. Presentes à sessão os Srs. Ministros Moreira Alves, Néri da Silveira, Sydney Sanches, Octávio Gallotti, Celso de Mello, Carlos Velloso, Ilmar Galvão, Francisco Rezek e Maurício Corrêa.

Procurador-Geral da República, Dr. Geraldo Brindeiro. Luiz Tomimatsu, Secretário.

VOTO-VISTA

O Sr. Ministro Sepúlveda Pertence: Relatou no início do seu voto, o em. Ministro Carlos Velloso:

A decisão do Juiz Ari Alves Arantes mandou realizar perícia avaliatória do imóvel e, diante do pedido de imissão prévia na posse, feito pelo expropriante, despachou:

4. A expropriante somente terá deferido o pedido de Imissão Prévia na Posse assim que for arbitrada a correspondente indenização provisória e efetivar o depósito comprovado nos autos, tendo em conta a exigência constitucional da prévia e justa indenização" (fl. 46).

Contra essa decisão foi interposto recurso de agravo, ao qual o Tribunal de Justiça do Estado de São Paulo negou provimento, dado que os arts. 5º, XXIV, e 182, § 3º, da Constituição, dispõem que as desapropriações serão feitas com prévia e justa indenização. Ora, a imissão na posse "implica para o Expropriado na perda efetiva do bem, ficando privado de todos os atributos inerentes ao domínio". Impõe-se, portanto, o depósito da indenização, previamente, para que possa ser deferido o pedido de imissão na posse.

Para o acórdão recorrido, na linha de precedente do próprio Tribunal *a quo* (AI 168.121, rel. Des. Corrêa Vianna), "a imissão na posse, ainda que provisória, acarreta ao expropriado a perda da disposição do patrimônio, eis que já não poderá, como antes, usar e gozar da coisa. Isto significa, em outras palavras, que, na prática, o expropriado perde a propriedade no mesmo momento em que a Administração Pública é imitida na posse do bem". Donde, a revogação, por incompatibilidade com a nova ordem constitucional, dos §§ do art. 15 da Lei de Desapropriação.

Não chegou a tanto o em. Relator. O seu voto propõe sejam aqueles dispositivos legais interpretados conforme a Constituição, *verbis*:

O que se deve fazer é emprestar interpretação conforme ao citado § 1º do art. 15 da Lei de Desapropriações, assim: citados §§ dizem respeito à imissão provisória apenas, vale dizer, aquela posse em que o poder público se serve do bem por pequeno espaço de tempo, devolvendo-o, após, ao seu proprietário. Se a imissão for definitiva, sem possibilidade de devolução do bem ao seu proprietário, então tem-se uma imissão de posse *initio litis*, definitiva, na sua natureza. Neste caso, não tem aplicação o § 1º do art. 15 do DL 3.365/41, e sim o *caput* do art. 15, que propicia avaliação.

O voto do Ministro Velloso acolhe, no ponto, consideração do já proferido, no recurso especial (REsp 36.524), pelo em. Ministro Humberto Gomes de Barros, do qual se colhe:

Provisório é o atributo daquilo que existe temporariamente, com o destino de se deixar suceder por algo definitivo.

Imissão provisória existe, quando — por exemplo — o Estado toma posse de determinado terreno, para utilizá-lo como canteiro de uma obra vizinha e devolvê-lo, após.

Na hipótese destes autos, o fenômeno é diferente: a imissão pretendida reveste-se de caráter definitivo.

Não se trata de simples imissão de posse. Cuida-se de esvaziar a propriedade, retirando-lhe todo o substrato.

Na linha do voto oral, antecipado, do em. Ministro Moreira Alves, o voto-vista do em. Ministro Maurício Corrêa — depois de mostrar a inexistência de diferença substancial, quanto à exigência de indenização prévia, entre o art. 153, § 22, da Carta decaída, e o art. 5º, XXIV, da Constituição — filia-se afinal à ortodoxia da jurisprudência da Corte, que, sob ambos os regimes, tem reputado válidos os questionados §§ do art. 15 da Lei das Desapropriações (cf. RE 89.033, Djaci, *RTJ* 88/345; RE 91.611, Peixoto, *RTJ* 101/717; RE 116.409, Octávio Gallotti, *RTJ* 126/854, cits.): por isso conhece do recurso e lhe dá provimento.

Seguiram o Ministro Maurício Corrêa os ems. Ministros Francisco Rezek, Ilmar Galvão, Celso de Mello, Octávio Gallotti, Sydney Sanches e Néri da Silveira.

Não obstante a maioria já formada, senti necessidade de ficar com vista dos autos.

Meu voto é o seguinte.

Não vejo, *data venia*, como acolher a distinção proposta no voto do Relator.

A imissão provisória *de qua* consiste — na segura definição de Celso Antônio (*Curso de Direito Administrativo*, 8ª ed., 1996, p. 517) — na "transferência do bem objeto da expropriação já no início da lide".

Daí que, tendo por objeto o próprio bem expropriado, toma como parâmetro do depósito, a que lhe subordina a deferimento, o valor provável do domínio dele, obtido mediante arbitramento (art. 15, *caput*) ou fixação judicial (art. 15, § 1º, *d*) ou ainda de presunção extraída do valor locativo ou do cadastro fiscal, se atualizado, nas demais hipóteses (art. 15, § 1º, *a*, *b*, *c*).

Daí, observa Celso Antônio (ob. e loc. cits.), a imissão "diz-se provisória porque não é a posse que acompanha a propriedade".

Coisa diversa seria a "imissão provisória", na dicção do Ministro Humberto Gomes de Barros, que se teria, no seu exemplo "quando (...) o Estado toma posse de determinado terreno, para utilizá-lo como canteiro de uma obra vizinha e devolvê-lo após".

Sucede que, na linguagem da lei, o que se tem aí não é a imissão provisória — que, repita-se, tem por objeto o bem expropriado mesmo, — mas sim instituto diverso, a ocupação temporária, da qual se ocupa o seu art. 36:

> Art. 36. É permitida a ocupação temporária que será indenizada afinal, por ação própria, de terrenos não edificados, vizinhos às obras e necessários à sua realização.

Na ocupação temporária, a transferência da posse é provisória, não por seu título, mas por sua finalidade. Donde, a cessação, tão logo finde o uso, necessariamente provisório, a que se destinou: "*num caso (ocupação)* — ensinou o douto e saudoso Seabra Fagundes (*Da Desapropriação no Direito Brasileiro*, 1946, n. 222, p. 214) — se pressupõe a volta do uso ao proprietário e no outro (posse provisória) se pressupõe a efetivação do estado transitório pela perda definitiva do uso e propriedade por parte do dono".

Por isso, Pontes de Miranda (*Tratado de Direito Privado*, 1956, XIV/154) caracterizou a ocupação como "desapropriação temporária do uso".

De tudo, não creio que o problema se possa resolver mediante a interpretação conforme proposta pelo em. Relator: a interpretação conforme há de recair sobre uma das inteligências plausíveis do texto legal questionado e, na espécie, a identificação sugerida entre *imissão provisória* na posse e *ocupação temporária* é desmentida, com todas as vênias, pela inequívoca distinção, na própria lei em que se inserem os dispositivos, dos dois institutos diversos a que correspondem as duas locuções diferentes.

Só resta, pois, encarar de frente a questão e optar entre a compatibilidade — reiteradamente asseverada pela maioria do Tribunal — ou a incompatibilidade — proclamada por crescente corrente jurisprudencial — entre a garantia constitucional da *justa e prévia indenização* e o § 1º e suas alíneas do art. 15 da Lei das Desapropriações.

A posição do Tribunal — como é sabido e neste caso já reafirmada pela adesão da maioria ao voto do Ministro Maurício Corrêa — parte da distinção, prenhe de ortodoxia civilista, entre a perda da posse, antecipada quando haja a imissão provisória, e a transferência da propriedade, só concretizada com o pagamento afinal da indenização definitivamente fixada.

Essa a postura vetusta da Corte — documentada com precisão pelo em. Ministro Octávio Gallotti, que a endossou, ao fim do regime constitucional pretérito, no RE 116.409, 21.6.88, *RTJ* 126/854 e explicitamente julgada igualmente compatível com a atual Constituição, na Primeira Turma, a partir do RE 195.586, 12.3.96, *RTJ* 159/1.054, também da lavra do Ministro Octávio Gallotti.

De minha parte, de logo, deixo claro que — na linha do que se assentou nesse último precedente — também não vejo distinção relevante, no particular, entre o art. 5º, XXIV, da Constituição, e os preceitos correspondentes dos textos constitucionais anteriores, pelo menos dos que, a partir de 1934 e com a única exceção da Carta de 1937, associaram à invariável exigência da indenização *prévia*, que vem do Império, a que fosse ela *justa*: a inversão da ordem dos adjetivos não alterou o produto normativo vigente.

O que se alterou ao meu ver foi a crescente tomada de consciência da força normativa da Constituição e da conseqüente necessidade de dar-lhe eficácia real, que reclamam no ponto, *data maxima venia*, dar prevalência à realidade do campo normativo da garantia constitucional em causa sobre a transposição, sem temperamentos, para a hermenêutica constitucional, da diferenciação civilística entre a privação da posse do expropriado e a aquisição posterior do domínio pelo expropriante.

A indenização prévia e justa da desapropriação constitui garantia de propriedade: "la indemnización justa es una garantía de la propiedad privada; la indenización previa" — lê-se em Federico de Maílol Guarro (*La indemnización y el justiprecio en la expropiación forzosa*, Barcelona, 1966) — "es una garantia formal establecida en favor de propietario y destinada a evitar la necesidad de tener que exigir el pago de la cosa de que ha sido desposeído, lo que, por otra parte, daria a la indemnización una naturaleza obligatoria y de derecho subjetivo que (...) no le corresponde".

E, sendo assim, não me consigo libertar da convicção de que a exigência constitucional da indenização prévia não pode ser interpretada com abstração de que, no mundo da realidade, o próprio núcleo essencial do direito de propriedade — que com ela se visa a garantir — é atingido com a perda da posse.

A plena eficácia da garantia constitucional da indenização prévia e justa deveria, assim, ter como referência temporal a imissão na posse, que embora dita provisória, é destinada a tornar-se definitiva: se, no entanto, em casos de urgência, há uma impossibilidade material dessa coincidência, dado o tempo necessário ao acertamento definitivo da indenização justa, é preciso adotar mecanismo que viabilize indenização prévia que dela, quanto possível, logo se aproxime.

A essa inspiração responde o *caput* do art. 15 da Lei de Desapropriações.

A ele, porém, o DL 4.152/42 acresceu parágrafo único a permitir, independentemente da citação do réu, "mediante o depósito do máximo da indenização", então fixado, a teor do parágrafo único do art. 27, se a propriedade estivesse sujeita ao imposto predial em "20 vezes o valor locativo, deduzida previamente importância do imposto, e tendo por base esse mesmo imposto, lançado no ano anterior ao decreto de desapropriação".

Sucede que — ainda sob a Carta de 1937, que significativamente não explicitava a exigência de ser *justa* a indenização expropriatória — a jurisprudência, incluída a do STF, jamais aceitou a validade desse limite imposto *a priori* por lei (ver referências in *RTJ* 108/806; cf. Seabra Fagundes, ob. cit., n. 441, p. 374).

A Lei 2.786/56 revogou expressamente esse § do art. 27; mas, para efeito da imissão provisória, adotou, com os §§ apostos ao art. 15, critério similar ao que resultava da remissão, no seu antigo parágrafo único, àquele limite máximo da indenização definitiva.

É certo que o quadro a partir daí delineado para a imissão provisória na desapropriação por utilidade pública teve similar depois, no regime anterior de desapropriação por interesse social para reforma agrária, após depurado DL 554/69 pelo Supremo Tribunal.

Como é sabido, aquele edito — à semelhança do que sucedia, entre 1942 e 1956, na lei geral de desapropriações — fixava, no valor declarado pelo proprietário para fim de lançamento do imposto territorial rural, não apenas para o depósito exigido à imissão na posse (nele seguida da imediata transcrição — arts. 3º, II, 6º e 7º), mas também, a teor do art. 11, o limite máximo da revisão final da indenização

O Tribunal fulminou por inconstitucionalidade o art. 11, à vista da regra constitucional da indenização justa (cf. RE 99.849, 17.8.83, Moreira, *RTJ* 108/793) e, em conseqüência, para declarar-lhe a constitucionalidade, impôs ao art. 3º, II e III, interpretação conforme a Constituição para reduzir-lhe o alcance à imissão e transcrição liminares, sem prejuízo, na hipótese de contestação do expropriado, da revisão final do valor da indenização (RE 99.849, cit.; RE 100.045, 17.8.83, Moreira, *RTJ* 108/1.270 e especialmente RE 100.820, 14.3.90, Rezek, *RTJ* 148/808).

Ao transplante dessa solução para o âmbito da desapropriação por necessidade ou utilidade pública, dois óbices se levantam: primeiro, que a desapropriação para reforma agrária é a chamada desapropriação sanção, que pressupõe propriedade desviada da função social a cujo cumprimento a que é submetida a plenitude de suas garantias constitucionais; segundo que, na aceitação do valor cadastral da gleba para determinar o do depósito inicial na desapropriação, teve-se em decisiva conta o ser ele oriundo de declaração do proprietário ou da indevida omissão dela, o que permitiu cobri-lo com a presunção *juris tantum* de correspondência à vontade do expropriado (cf. precedentes referidos); nenhuma das duas considerações tem símile na desapropriação por utilidade pública.

Nessa última, ganha peso — a meu ver, decisivo —. o questionamento da validade constitucional do sistema do § 1º e suas alíneas do art. 15 LD, à vista da iniqüidade manifesta dos resultados de sua prática, conducentes quase invariavelmente ao desapossamento mediante depósitos pouco mais que simbólicos, que converteram em dramática irrisão a garantia constitucional da indenização prévia.

Tanto que, para minorar-lhe a perversidade em setor mais dramático, o DL 1.075/70, impôs à imissão na posse do prédio urbano residencial, quando habitado pelo expropriado, o depósito da metade do valor provisório do imóvel, obtido por arbitramento sumário.

Mas, além de expor-se a contestações quanto à sua constitucionalidade, pelo tratamento mais favorável que concede a um tipo de propriedade sobre os demais, o DL 1.075 — pela extrema modéstia da exigência que estipula — vale pela demonstração mais eloqüente da perversidade extrema do regime comum do § 1º do art. 15 da Lei Geral de Desapropriações

Daí, minha adesão à corrente jurisprudencial seguida pelo acórdão recorrido e pela doutrina que a prestigia (*v.g.*, Hely L. Meirelles, *Direito Administrativo Brasileiro*, 15ª ed., 1990, p. 515; Arruda Alvim, "Desapropriação e valor no Direito e na Jurisprudência", *RDA* 102/47), que tem síntese precisa no texto de Carlos Ari Sundfeld (*Desapropriação*, Ed. RT, 1990, p. 50) que, de minha parte, subscrevo:

"A imissão provisória do Poder Público na posse de um bem em processo de desapropriação significa em concreto uma *desapropriação antecipada*, tendo em vista que o bem não será devolvido. Decerto que a urgência no atendimento do interesse público — desde que de fato existente — pode justificar a transferência da posse sem que se saiba o montante da indenização justa, que só será conhecida com a decisão judicial definitiva. Nada justifica, porém, que, como compensação pela perda da posse — e, portanto, de todo significado útil da propriedade — a lei ofereça uma indenização provisória comprovadamente injusta, porque limitada à metade do valor já apurado como provável. Em outras palavras, conquanto a urgência possa autorizar uma espécie de 'desapropriação provisória', justificando a perda do conteúdo útil da propriedade antes da conclusão do devido processo legal exigido pelo inc. LIV do art. 5º da Constituição da República, não pode implicar em negação da indenização justa. Ademais, a indenização só é justa quando, além de corresponder ao valor do bem perdido, é prestada no devido momento. Por isto, a perda da posse — configurando, repita-se, uma 'desapropriação provisória' — deve ser precedida de uma indenização justa; provisória, porque ainda será revista pela sentença, mas justa à luz dos critérios de que se pode dispor no momento".

Donde a conclusão, que igualmente endosso (ob. e loc. cits.): "o requerimento do expropriante para sua imissão antecipada na posse do bem expropriando poderá ser deferido pelo juiz quando, além de devidamente motivado, o pedido vier acompanhado de comprovante do depósito integral do valor justo, nos termos de avaliação provisória, ficando facultado ao expropriado levantá-la, salvo na hipótese de fundada dúvida sobre o domínio (art. 34, parágrafo único, do Dec.-lei 3.365/41)".

De tudo, *data venia*, sigo na conclusão o voto do em. Relator e não conheço do recurso, mas, ao contrário do de S. Exa., para isso, adoto substancialmente os fundamentos do acórdão recorrido e, ao invés de impor-lhe interpretação conforme, considero revogado o § 1º do art. 15 da Lei das Desapropriações: é o meu voto.

Extrato de ata

Recurso extraordinário 172.201-1-SP

Rel. para o acórdão: Min. Moreira Alves

Recte.: Companhia do Metropolitano de São Paulo-METRÔ

Advs.: José Antonio Avenia Neri e outro

Recdo.: Elcio Fiordelisio

Advs.: Antonio Darci Pannocchia e outros

Decisão: Adiado o julgamento pelo pedido de vista do Ministro Maurício Corrêa, depois do voto do Ministro Carlos Velloso (Relator), não conhecendo do recurso e dando interpretação conforme à Constituição Federal ao art. 15 e seus §§ do Decreto-lei 3.365/41, e do voto do Ministro Moreira Alves, conhecendo do recurso e lhe dando provimento. Ausentes, justificadamente, os Ministros Néri da Silveira e Francisco Rezek. Plenário, 1.8.96.

Decisão: Adiado o julgamento pelo pedido de vista do Ministro Sepúlveda Pertence, Presidente, depois do voto do Ministro Carlos Velloso, Relator, não conhecendo do recurso e dando interpretação conforme à Constituição Federal ao art. 15 e seus §§ do Decreto-lei 3.365/41, e dos votos dos Ministros Moreira Alves, Maurício Corrêa, Francisco Rezek, Ilmar Galvão, Celso de Mello, Octávio Gallotti, Sydney Sanches e Néri da Silveira, conhecendo do recurso e dando-lhe provimento. Ausente, justificadamente, o Ministro Marco Aurélio. Plenário, 9.12.96.

Decisão: Prosseguindo no julgamento, o Tribunal, por maioria de votos, conheceu do recurso e deu-lhe provimento, vencidos os Ministros Carlos Velloso (Relator) e Sepúlveda Pertence, que não conheciam do recurso. Ausentes, justificadamente, os Ministros Marco Aurélio, Moreira Alves e Celso de Mello, Presidente. Relator para o acórdão o Ministro Moreira Alves. Plenário, 12.6.97.

Presidência do Sr. Ministro Carlos Velloso. Presentes à sessão os Srs. Ministros Néri da Silveira, Sydney Sanches, Octávio Gallotti, Sepúlveda Pertence, Ilmar Galvão, Maurício Corrêa e Nelson Jobim.

Procurador-Geral da República, Dr. Geraldo Brindeiro. Luiz Tomimatsu, Secretário.

JURISPRUDÊNCIA

SUPREMO TRIBUNAL FEDERAL

Recurso extraordinário 199.088-1-CE-2ª T.

Rel.: Min. Carlos Velloso

Recte.: José Osmar de Oliveira

Advs.: Pedro Maia e outro

Recdo.: Ordem dos Advogados do Brasil — Secção do Ceará

Advs.: Antonio Cleto Gomes e outros

j. 1.10.96

DJU 16.4.99

Constitucional. Advogado: Exercício da profissão. Incompatibilidade. CF, art. 5º, XIII; art. 22, XVI; art. 37. Lei 4.215/63, arts. 83 e 84. Lei 8.906/94, art. 28.

I — Bacharel em Direito que exerce o cargo de assessor de desembargador: incompatibilidade para o exercício da advocacia. Lei 4.215, de 1963, arts. 83 e 84. Lei 8.906/94, art. 28, IV. Inocorrência de ofensa ao art. 5º, XIII, que deve ser interpretado em consonância com o art. 22, XVI, da Constituição Federal, e com o princípio da moralidade administrativa imposto à Administração Pública (CF, art. 37, "caput").

II — RE não conhecido.

ACÓRDÃO

Vistos, relatados e discutidos estes autos, acordam os Ministros do Supremo Tribunal Federal, em Segunda Turma, na conformidade da ata do julgamento e das notas taquigráficas, por decisão unânime, não conhecer do recurso extraordinário. Ausente, justificadamente, o Sr. Ministro Marco Aurélio. Falou pela recorrida o Dr. Cândido Bittencourt de Albuquerque.

Brasília, 1 de outubro de 1996.

Néri da Silveira, Presidente. Carlos Velloso, Relator.

RELATÓRIO

O Sr. Ministro Carlos Velloso (Relator): Trata-se de mandado de segurança, impetrado por José Osmar de Oliveira contra ato do Presidente da Ordem dos Advogados do Brasil, Secção do Ceará, que cancelou a inscrição do impetrante dos quadros da OAB, por estar investido nas funções de Assessor de Desembargador do Eg. Tribunal de Justiça do Ceará.

A sentença de fls. 107/115 concedeu a segurança, com fundamento no art. 5º, XIII, da Constituição Federal, que assegura a todos o livre exercício de qualquer trabalho, ofício ou profissão, atendidas as qualificações profissionais que a lei estabelecer.

Interpostos embargos de declaração pelo impetrado, foram eles rejeitados sob a alegação de inexistência de omissão.

A Primeira Turma do Tribunal Regional Federal da 5ª Região, por unanimidade, deu provimento à apelação e à remessa oficial, em acórdão assim ementado:

Constitucional. Assessor de Desembargador de Tribunal de Justiça. Exercício da Advocacia. Incompatibilidade.

— É plenamente válida a decisão administrativa emanada da Seccional Cearense da OAB-Ordem dos Advogados do Brasil, no sentido do licenciamento *ex officio* do Quadro de Advogados, de Assessor de Desembargador de Tribunal de Justiça daquele Estado, tendo em vista a incompatibilidade prevista no art. 28 da Lei 8.906/94.

— Apelação provida. Sentença denegada. Liminar cassada.

Inconformado, o impetrante interpõe recurso extraordinário, fundado no art. 102, III, *a*, da Constituição Federal, alegando que a decisão recorrida violou o art. 5º, XIII, da mesma Carta. Sustenta, em síntese:

a) o cerne da querela está em saber até que ponto é lícito ao legislador infraconstitucional, a pretexto de disciplinar determinada atividade de polícia, conferir ao titular de tal exercício o poder de negar eficácia a expresso dispositivo constitucional que assegura o livre exercício de qualquer trabalho, ofício ou profissão, atendidas as qualificações profissionais estabelecidas em lei;

b) qualificação profissional quer dizer aptidão técnica ou científica; constatada a qualificação, habilitado está o interessado ao exercício da profissão; ir além da qualificação profissional para, na prática, vedar o trabalho ou ofício, é ferir a Constituição;

c) o impetrante é servidor público *lato sensu*, na medida em que ocupa cargo comissionado na estrutura do Poder Judiciário alencarino. Assim, *ad argumentandum tantum*, estaria ele impedido de exercer a advocacia apenas contra a entidade que o remunera, isto pelo dever de lealdade (...), e não pela facilidade da captação de clientela ou algo que o valha, nunca incompatível.

Contra-razões às fls. 194/207.

Admitido o recurso, subiram os autos. É o relatório.

VOTO

O Sr. Ministro Carlos Velloso (Relator): Sustenta-se, no recurso, que o acórdão recorrido tratou mal o preceito constitucional inscrito no inc. XIII do art. 5º da Constituição Federal, ao estabelecer que "é livre o exercício de qualquer trabalho, ofício ou profissão, atendidas as qualificações profissionais que a lei estabelecer".

É que o recorrente é assessor de desembargador. Por isso, a Ordem dos Advogados do Brasil, com base nos arts. 83 e 84 da Lei 4.215, de 1963, licenciou-o, de ofício, dos quadros dos advogados.

Sustenta o recorrente, então, que tais dispositivos não foram recebidos pela CF/88, que, no citado inc. XIII do art. 5º, assegura a liberdade de qualquer trabalho, ofício ou profissão, "atendidas as qualificações profissionais que a lei estabelecer". Ora, argumenta, a Constituição fala em "qualificações profissionais" e esta cláusula não comporta impedimentos e incompatibilidades.

A questão constitucional está devidamente prequestionada. Sob tal aspecto, pois, o recurso é de ser conhecido.

Examinemos o recurso.

O acórdão não acolheu a pretensão do ora recorrido. Destaco do voto do eminente Juiz Castro Meira, Relator:

> A competência legislativa para dispor sobre profissões não está restrita à qualificação profissional. É mais ampla. Alcança também as condições para o exercício de determinada profissão. Desse modo, a Lei 4.215/63 fora recepcionada pelo atual Estatuto Supremo, como a atual Lei 8.906/94 não padece de qualquer inconstitucionalidade ao assim dispor:
>
> > Art. 28. A advocacia é incompatível, mesmo em causa própria, com as seguintes atividades: (...) IV — ocupantes de cargos ou funções vinculados direta ou indiretamente a qualquer órgão do Poder Judiciário e os que exercem serviços notariais e de registro;
>
> Foi, assim, mantida a vedação, já existente no antigo Estatuto (art. 84, VIII), para o exercício da advocacia por servidores do Poder Judiciário. Sobre as razões que levaram o legislador a estabelecer tal restrição, assim escreve Paulo Luiz Neto Lôbo:

Destarte, mantiveram-se as hipóteses clássicas ou tradicionais relacionadas a cargos e funções que, por sua natureza, são incompatíveis com o exercício da advocacia, não só por insuperável conflito de interesses mas por fortes motivações éticas, nestes casos quando a função importa exercício de poder decisório relevante, afetando o princípio da igualdade de oportunidades profissionais (ob. e loc. cits.).

Argumenta o apelado que o acolhimento da tese da apelante implicaria reconhecer a incompatibilidade do exercício da advocacia pelos dirigentes da OAB, pela possibilidade de captação de clientela, falta de liberdade para o exercício da profissão e prestígio junto ao Poder Judiciário. Ainda que sejam procedentes tais fundamentos, é de reconhecer-se que seria paradoxal exigir-se do profissional que, para galgar as posições de proa nos seus órgãos diretivos, se visse obrigado a dela afastar-se (...) Observe-se, entretanto, que a eventual incompatibilidade em nada beneficiaria o apelado, já que nesse processo não está em causa o exercício da advocacia por dirigentes da OAB, mas por servidor do Poder Judiciário.

Em suma, entendendo plenamente válida a decisão administrativa impugnada, dou provimento à apelação e à remessa oficial, para reformar a sentença e denegar a segurança, cassando a liminar (fls. 172-173) (...)

Correto o entendimento.

O exercício de qualquer profissão está sujeito a condições, condições que a lei estabelecerá. Isto deflui da própria natureza das profissões, cujo exercício requer fiscalização. No que toca às profissões liberais, instituem-se os conselhos, os quais, com base na lei federal, exercerão a fiscalização do seu exercício. A Constituição, ao estabelecer a competência legislativa da União, competência privativa, dispõe, expressamente, a respeito (CF, art. 22, XVI). Na cláusula final do inc. XVI do citado art. 22, está a autorização expressa ao legislador federal no sentido de que estabelecerá ele "condições para o exercício de profissões".

Destarte, o inc. XIII do art. 5º deve ser interpretado em harmonia com o mencionado inc. XVI do art. 22, certo que a expressão "qualificações profissionais que a lei estabelecer", inscrita no inc. XIII do art. 5º exige, por isso mesmo, interpretação abrangente, a comportar, nas "qualificações", as "condições para o exercício".

É claro que as condições para o exercício de profissão deverão ser razoáveis. No caso, parece-me perfeitamente razoável ficar incompatível com a advocacia quem exerce cargo de assessor de juiz ou de desembargador. A incompatibilidade, em tal caso, assenta-se, sobretudo, na ética, na moralidade administrativa, que é princípio constitucional imposto à Administração Pública, direta e indireta. (CF art. 37). Ora, o exercício da advocacia tem coloração pública, ainda mais se tivermos presente a sua indispensabilidade à administração da Justiça, conforme está expresso na Constituição, art. 133.

Do exposto, não conheço do recurso.

VOTO

O Sr. Ministro Néri da Silveira (Presidente): O eminente Ministro Francisco Rezek recordou precedente do Tribunal, onde se debateu questão que guarda, com esta, pontos de contato.

Fui Relator da Representação em que se discutiu a constitucionalidade do art. 86 do Estatuto anterior da Ordem dos Advogados do Brasil, que estabelecia dever o reinício do exercício da profissão da advocacia, por parte do magistrado, ocorrer somente depois de dois anos da sua aposentadoria. Sustentei, como Relator, a constitucionalidade do dispositivo, pelas razões que o eminente Ministro Francisco Rezek, que me deu a honra da adesão na oportunidade, referiu, relembrando o julgamento.

Penso que aqui, de fato, a situação é ainda mais explícita, quanto à conveniência do dispositivo, e mais do que isso, no que se refere à inconveniência de se emprestar ao dispositivo constitucional a pretendida exegese defendida no recurso. De fato, penso que as limitações ao exercício profissional da advocacia têm o cuidado de afastar do exercício da profissão aqueles que estejam ligados, imediatamente, à função de julgar. Digo imediatamente, não só pelo exercício do ofício judicante, mas também pela assessoria, pela proximidade com o exercício desse mister.

Houve época, é certo, que se admitia, na vigência do Estatuto anterior, que servidores de ramos especializados do Poder Judiciário desempenhassem funções de advocacia em outros setores do Poder Judiciário. Assim se admitiu, durante algum tempo, que bacharéis em Direito, servidores da Justiça do Trabalho, pudessem advogar na Justiça Comum, não, porém, na Justiça do Trabalho. Mas *essa mesma interpretação veio, depois, a ser afastada*, estabelecendo-se a vedação do exercício da advocacia para qualquer servidor vinculado ao Poder Judiciário.

Dessa maneira, é antiga a vedação, que se estabelece, sob forma de incompatibilidade, para exercício profissional, e se acentua, notadamente, quando se cuida de assessores, exercendo cargos de confiança de Magistrados.

Penso que nada cabia acrescentar ao que já foi exposto pelos votos anteriores; apenas o fiz para relembrar debate que já se travou nesta Corte em torno de matéria que guarda similitude com a ora em exame.

Acompanho inteiramente os votos que foram proferidos nesta assentada, no sentido de não conhecer do recurso extraordinário, por não ver na decisão qualquer ofensa ao inc. XIII do art. 5º da Constituição.

VOTO

O Sr. Ministro Francisco Rezek: O caso me deixa perplexo. O ilustre advogado falava da tribuna, e eu me perguntava se estava ouvindo, realmente, aquilo que estava ouvindo. Imaginava que, há mais ou menos doze anos, já havíamos alcançado certo nível de discussão de certos valores éticos, mais elevado que este que agora se nos põe à mesa.

Todos recordam: o plenário deste Tribunal se dividiu quando discutíamos a constitucionalidade de um artigo do Estatuto da Ordem que estabelecia a quarentena para os juízes. O juiz, ao deixar a toga por aposentadoria, pode, sim, advogar, mas respeitado um prazo de dois anos. Era uma norma requintada, condizente com aquilo que nas mais depuradas democracias da atualidade se tem alvitrado a este respeito, não só no domínio da judicatura como noutros — hoje, particularmente no domínio das finanças públicas, na área dos bancos centrais, na área dos ministérios de finanças — estabelecendo-se regras de quarentena para que o recém-egresso da função pública de alta responsabilidade, detentor daquilo que os norte-americanos chamam de *inside information*, não se ponha, de imediato, numa situação de competição com aqueles que não possuem esse trunfo que ele possui. Foi um julgamento difícil. O Tribunal se dividiu, e estivemos entre os vencidos, que achavam que a norma era perfeitamente legítima. Prevaleceu, entretanto, outro ponto de vista. A Constituição, na época, dizia: "respeitadas as condições de capacidade que a lei estabelecer". E a maioria entendeu que aquilo não era exatamente uma condição de capacidade. Ninguém poderia dizer ao juiz recem-aposentado que ele não tem capacidade para advogar. A razão essencial da quarentena é de outra índole, e, à luz do texto constitucional da época, preferiu a maioria proscrever a norma ordinária.

Não sei se a maioria diria tal coisa hoje, diante de um texto constitucional que já não fala em condições de capacidade técnica, mas fala em "qualificações profissionais", expressão mais genérica e capaz de compreender algo mais — no que concerne aos limites do exercício de determinado ofício — do que a mera questão de saber se determinada pessoa tem qualificação estritamente técnica para exercê-lo.

É sabido, é elementar, está ao alcance de qualquer ser humano chegado à idade da razão o fato de que a ordem jurídica pode, em nome de razões não estritamente técnicas, estabelecer vedações a determinado exercício profissional. E um exemplo, talvez o mais transparente no aspecto traumático, é aquele da suspensão do ofício por entidade corporativa, em nome de afronta ética grave ou de qualquer outra espécie de desvio sério de conduta — quando não se pode dizer que o profissional esteja desqualificado tecnicamente para o exercício, mas quando outros motivos, em nome de valores que a ordem jurídica respeita, o desqualificam temporariamente.

Pasma-me saber que instâncias do Poder Judiciário nacional, de par com tudo aquilo que há tanto tempo nos incomoda nesta casa a respeito (por exemplo, como se recrutam servidores para cargos de confiança), ademais de tudo aquilo que nos incomoda por sabermos que se ignora, olimpicamente, em inúmeros tribunais de justiça e cortes federais também, uma regra que, entretanto, o Supremo Tribunal Federal adotou para si mesmo há décadas quanto ao recrutamento de servidores para cargos em comissão; pasma-me saber que ademais dessa realidade muito penosa com que temos convivido, ainda existem coisas como a convicção de que o assessor, o auxiliar imediato de confiança do magistrado no preparo dos feitos, na pesquisa que orienta o julgamento, o detentor da *inside information*, esteja habilitado, ao ver de uma casa de justiça, a competir livremente com os que, fora do tribunal, exercem a advocacia.

Nos estritos termos do voto do Ministro relator, agora acompanhado pelo Ministro Maurício Corrêa, meu voto é no sentido de não conhecer do recurso extraordinário.

VOTO

O Sr. Ministro Maurício Corrêa: Sr. Presidente, não tenho absolutamente nada a acrescentar ao voto do eminente Ministro Relator, porque trata-se, a meu ver, de um pedido absurdo: assessor de desembargador pretender exercer advocacia na sua plenitude. Aqui não se pode cogitar sequer de impedimento, porque é caso típico de incompatibilidade em face da natureza do cargo público de confiança que exerce o recorrente.

Essa matéria já está superada, pelo menos na órbita de precedentes do Conselho Federal da Ordem dos Advogados do Brasil, que decide, em última instância administrativa, sobre os recursos ordinários das Secionais da entidade em todo o País. Ademais, com relação ao inc. XIII do art. 5º da CF, não se lhe pode emprestar a exegese que pretende o recorrente. Realmente as profissões são livres, mas os conselhos profissionais, por delegação de lei, detêm a prerrogativa para estabelecer os casos de impedimentos e incompatibilidades para o exercício profissional.

Acompanho o eminente Relator, não conhecendo do recurso extraordinário.

Extrato de ata

Recurso extraordinário 199.088-1-CE

Rel.: Min. Carlos Velloso

Recte.: José Osmar de Oliveira

Advs.: Pedro Maia e outro

Recdo.: Ordem dos Advogados do Brasil — Secção do Ceará

Advs.: Antonio Cleto Gomes e outros

Decisão: Por unanimidade, a Turma não conheceu do recurso extraordinário. Ausente, justificadamente, o Sr. Ministro Marco Aurélio. Falou pela recorrida o Dr. Cândido Bittencourt de Albuquerque. 2ª Turma, 1.10.96.

Presidência do Sr. Ministro Néri da Silveira.

Presentes à Sessão os Srs. Ministros Carlos Velloso, Francisco

Rezek e Maurício Corrêa. Ausente, justificadamente, o Sr. Ministro Marco Aurélio.

Subprocurador-Geral da República, Dr. Cláudio Lemos Fonteles. Wagner Amorim Madoz, Secretário.

SUPREMO TRIBUNAL FEDERAL

Recurso extraordinário 204.827-5-SP-Pleno

Rel.: Min. Ilmar Galvão

Recdo.: Redutores Transmotécnica Ltda.

Advs.: Luiz Antonio D'Arace Vergueiro e outros

Recte.: Município de São Paulo

Adv: Iracema Simões de Campos Gilli

Recdo.: os mesmos

j. 12.12.96

DJ 25.4.97

Município de São Paulo. Tributário. Lei 10.921/90, que deu nova redação aos arts. 7º, 87 e incs. I e II, e 94 da Lei 6.989/66, do Município de São Paulo. Imposto sobre a propriedade predial e territorial urbana. Taxas de Limpeza Pública e de Conservação de Vias e Logradouros Públicos.

Inconstitucionalidade dos dispositivos sob enfoque.

O primeiro, por instituir alíquotas progressivas alusivas ao IPTU, em razão do valor do imóvel, com ofensa ao art. 182, § 4º, II, da Constituição Federal, que limita a faculdade contida no art. 156, § 1º, à observância do disposto em lei federal e à utilização do fator tempo para a graduação do tributo.

Os demais, por haverem violado a norma do art. 145, § 2º, ao tomarem para base de cálculo das taxas de limpeza e conservação de ruas elemento que o STF tem por fator componente da base de cálculo do IPTU, qual seja, a área de imóvel e a extensão deste no seu limite com o logradouro público.

Taxas que, de qualquer modo, no entendimento deste Relator, tem por fato gerador prestação de serviço inespecífico, não mensurável, indivisível e insuscetível de ser referido a determinado contribuinte, não tendo de ser custeado senão por meio do produto da arrecadação dos impostos gerais.

Não-conhecimento do recurso da Municipalidade. Conhecimento e provimento do recurso da contribuinte.

ACÓRDÃO

Vistos, relatados e discutidos estes autos, acordam os Ministros do Supremo Tribunal Federal, por seu Tribunal Pleno, na conformidade da ata do julgamento e das notas taquigráficas, por maioria de votos, em não conhecer do recurso extraordinário interposto pelo Município de São Paulo, declarando, *incidentur tantum*, a inconstitucionalidade do art. 7º e seus incs. I e II, da Lei Municipal 6.989/66, com a redação dada pela Lei 10.921/90, do Município de São Paulo. O Tribunal, também por maioria, conheceu e deu provimento ao recurso extraordinário interposto pela empresa contribuinte, para declarar incidentalmente a inconstitucionalidade do art. 87, *caput* e incs. I e II, e do art. 94, ambos da Lei Municipal 6.989/66, com a redação dada pela Lei 10.921/90, do Município de São Paulo, vencido o Ministro Carlos Velloso, que conhecia e dava provimento ao recurso extraordinário interposto pelo Município de São Paulo, e não conhecia do recurso extraordinário interposto pela empresa contribuinte. Votou o Presidente.

Brasília, 12 de dezembro de 1996.

Celso de Mello, Presidente. Ilmar Galvão, Relator.

RELATÓRIO

O Sr. Ministro Ilmar Galvão (Relator): Trata-se de recursos extraordinários que foram interpostos pela contribuinte e pela Municipalidade de São Paulo, o primeiro pelas letras *a* e *c*, e o segundo, pela letra *a*, do inc. III, do art. 102 da CE, *contra acórdão do Primeiro Tribunal de Alçada Civil que a um só tempo reconheceu* a *legitimidade da exigência da taxa municipal de limpeza e conservação de vias públicas e* a *inconstitucionalidade da cobrança do IPTU com base em alíquotas progressivas*.

Para a contribuinte, o acórdão, na primeira parte, ofendeu o art. 145, II, § 2º, da Constituição Federal; para a Municipalidade, na segunda, contrariou ele os arts. 5º; 145 § 1º; 156 § 1º; 18 e 30 inc. III, também da Carta da República.

Na origem, o primeiro recurso foi admitido, enquanto o segundo foi inadmitido, subindo entretanto ao STF por efeito de provimento de agravo.

É o relatório.

VOTO

O Sr. Ministro Ilmar Galvão (Relator): Controvertem os recursos em torno da constitucionalidade dos seguintes dispositivos da Lei 6.989/66, com a redação que lhes deu a Lei 10.921/90, do Município de São Paulo (fls. 30/31):

Art. 7º. O imposto calcula-se sobre o valor venal do imóvel à razão de:

I — Tratando-se de imóvel utilizado exclusivamente como residência: (segue-se a enumeração das alíquotas graduadas em função do valor do imóvel).

II — Nos demais casos: (idem, idem).

(...)

Art. 87. A taxa calcula-se:

I — Tratando-se de prédio, em função de sua localização, área construída e utilização, na seguinte conformidade:

a) no caso de imóvel utilizado exclusivamente como residência: (segue-se os percentuais em razão do valor por metro quadrado construído).

II — Tratando-se de terreno, em função de sua localização e área, na seguinte conformidade: (idem, idem).

(...)

Art. 94. A taxa calcula-se por metro linear ou fração em toda a extensão, no seu limite com a via ou logradouro público, à razão anual de: (seguem-se os percentuais).

O recurso da Municipalidade não tem condição de conhecimento.

Com efeito, a objeção de natureza constitucional por ele lançada contra o acórdão, no que concerne à progressividade do IPTU, acaba de ser examinada pelo Plenário do STF, no julgamento do RE 153.771-MG, Relator para o acórdão Ministro Moreira Alves, quando foi declarada a inconstitucionalidade do subitem 2.2.3 do setor II da Tabela III da Lei 5.641/89, do Município de Belo Horizonte, que instituiu alíquotas graduais para o tributo.

Demonstrou, então, o eminente Relator, com apoio em numerosos doutrinadores estrangeiros e nacionais, em voto que mereceu a aprovação da quase totalidade de seus pares, que a progressividade de natureza fiscal, prevista no § 1º do art. 145 da Constituição, porque fundada na capacidade econômica do contribuinte, aquilatada mediante identificação do patrimônio, dos rendimentos e das atividades econômicas do contribuinte, não tem sentido quando se está diante de imposto com caráter real, como o

IPTU, que no sistema tributário nacional é "inequivocamente um imposto real, porquanto tem ele como fato gerador a propriedade, o domínio útil ou a posse de imóvel localizado na zona urbana do Município, sem levar em consideração a pessoa do proprietário, do titular do domínio útil ou do possuidor".

Caráter real que, para o eminente Ministro Relator, o § 1º do art. 156 da CF exacerbou, ao instituir a progressividade do IPTU destinada a assegurar o cumprimento da função social da propriedade, porque

> só admitiu essa progressividade extrafiscal com atenção à coisa (a função social do direito de propriedade sobre o imóvel), não permitindo sequer a possibilidade de, com relação a esse imposto, se impor uma progressividade vinculada a situações pessoais do contribuinte, o que demonstra inequivocamente — e isso decorre até da circunstância de ter sido esse dispositivo colocado no capítulo concernente ao sistema tributário nacional — a exacerbação do caráter real desse imposto, o qual passou a alcançá-lo ainda quando utilizado para finalidade extrafiscal.

Expôs, ainda, o eminente Relator que a própria Carta conceituou o que se deveria entender por função social da propriedade urbana (art. 182, § 2º), ao modo que fez com a propriedade rural (art. 186). Assim, no primeiro dispositivo,

> partindo da premissa de que a função social da propriedade é ínsita ao exercício dela, dispôs que "a propriedade urbana cumpre sua função social quando atende às exigências fundamentais de ordenação da cidade expressas no plano diretor", e, em seguida, no § 4º, complementou esse conceito e estabeleceu os meios de coerção indireta, e não propriamente sanções, para que a função social da propriedade urbana fosse alcançada, facultando ao poder público municipal mediante lei específica para área incluída no plano diretor, exigir, nos termos da lei federal, do proprietário do solo urbano não edificado, subutilizado ou não utilizado, que promova seu adequado aproveitamento, sob pena, sucessivamente, de: I — parcelamento ou edificação compulsórios; II — imposto sobre a propriedade predial e territorial urbana progressivo no tempo; III — desapropriação com pagamento mediante títulos da dívida pública de emissão previamente aprovada pelo Senado Federal, com prazo de resgate de até dez anos, em parcelas anuais, iguais e sucessivas, assegurados o valor real da indenização e os juros legais.

Concluiu S. Exa. por afirmar que:

> a interpretação sistemática da Constituição conduz inequivocamente à conclusão de que o IPTU com finalidade extrafiscal a que alude esse inciso II do § 4º do art. 182 é a explicitação especificada, inclusive com limitação temporal, do IPTU com finalidade extrafiscal aludido no art. 156, I, § 1º, até porque não tem sentido que se admitam, no mesmo texto constitucional, com a finalidade extrafiscal de atender à mesma função social da propriedade, um IPTU sem limitações que não as decorrentes da vontade de cada município e outro IPTU com as limitações expressamente estabelecidas pela Carta Magna, podendo um excluir o outro, ou ser instituídos cumulativamente.

E que,

> Portanto, é inconstitucional qualquer progressividade, em se tratando de IPTU, que não atenda exclusivamente ao disposto no art. 156, § 1º, aplicado com as limitações expressamente constantes dos §§ 2º e 4º do art. 182, ambos da Constituição Federal.

A decisão ora recorrida não discrepou desse entendimento, ao assim apreciar a Lei Municipal 10.921/90, que instituiu alíquotas progressivas para o IPTU, na Capital do Estado de São Paulo (fls. 294/299):

> Por esse motivo, o Eg. plenário deste Tribunal, na Argüição de inconstitucionalidade

de Lei em Apelação 346.725, da comarca de Santo André, em acórdão relatado pelo eminente Juiz, hoje Desembargador Régis de Oliveira, decidiu: "Nada mais justo e social que a progressividade do imposto. É idéia que não repugna ao conjunto do ordenamento jurídico brasileiro. O só fato de a Constituição de 1967, com a redação dada pela Emenda Constitucional 1/69 não ter repetido o dispositivo constante da Constituição de 1946 (art. 202) não significa que o princípio não se encontra presente no espírito e dentro dos princípios constitucionais tributários".

Na atual Constituição, promulgada no dia 5 de outubro de 1988, a progressividade da alíquota do IPTU sofre profunda alteração, uma vez que nos termos do § 1º, do art. 156, o IPTU "poderá ser progressivo, nos termos da lei municipal, de forma a assegurar o cumprimento da função social da propriedade".

A progressividade das alíquotas do Imposto de Renda e do Imposto Territorial Rural, nos termos do art. 153, §§ 2º e 4º, é ampla, mas com relação ao IPTU existe limitação constitucional, e somente poderá existir de forma a assegurar o cumprimento da função social da propriedade (§ 1º do art. 156).

A capacidade contributiva ou a circunstância do imóvel ser de maior ou menor valor, por expressa disposição constitucional, não pode ser considerada na fixação da progressividade da alíquota do IPTU. O objetivo do legislador constituinte, com a progressividade no tempo, foi o de desestimular o proprietário do imóvel a mantê-lo de modo não condizente com sua função social.

Para Ives Gandra Martins, "O IPTU apenas poderá ser progressivo, como penalidade, em relação aos imóveis que não cumprirem sua função social. A expressão 'assegura', utilizada pelo constituinte, não oferta margem de dúvida. A propriedade que cumpre sua função social está, automaticamente, fora da incidência de um imposto municipal progressivo" (*Comentários à Constituição do Brasil*, v. 6/548, Saraiva, 1990).

No capítulo "Da Política Urbana", a Constituição, no art. 182, dispõe: "A política de desenvolvimento urbano, executada pelo Poder Público municipal, conforme diretrizes gerais fixadas em lei, tem por objetivo ordenar o pleno desenvolvimento das funções sociais da cidade e garantir o bem-estar de seus habitantes".

De acordo com o § 2º, "A propriedade urbana cumpre sua função social quando atende às exigências fundamentais de ordenação da cidade expressas no plano diretor".

Na lição de Bernardo Ribeiro de Moraes, "a Constituição não proíbe que o legislador municipal adote alíquotas progressivas graduadas para o IPTU, dispondo que este imposto 'poderá' ser progressivo. Todavia, para que isto ocorra, a Constituição estabelece uma condição, qual seja, a de utilizar tais alíquotas para 'assegurar o cumprimento da função social da propriedade', isto é, quando objetive atender 'as exigências fundamentais de ordenação da cidade expressas no plano diretor', instrumento 'de política de desenvolvimento urbano' (Constituição, art. 182).

"Sem o atendimento dessa condição estabelecida na Constituição (assegurar o cumprimento da função social da propriedade) o legislador municipal pode instituir o IPTU com alíquotas progressivas graduadas.

"Outra condição da Constituição, para a adoção da alíquota progressiva no IPTU, é na hipótese do Poder Público desejar exigir, do proprietário do solo urbano não edificado, que o mesmo promova o seu adequado aproveitamento. Segundo estabelece a Carta Magna: 'art. 182, § 4º. É facultado ao Poder Público Municipal, mediante lei específica para área incluída no plano diretor, exigir, nos termos da lei federal, do proprietário do solo urbano não edificado, subutilizado ou não utilizado, que promova seu adequado aproveitamento, sob pena, sucessiva de: I — parcelamento ou edificação compulsória; II — imposto sobre a propriedade predial e territorial urbano progressivo no tempo; III — desapropriação'.

"A alíquota progressiva no IPTU é admitida, aqui, como instrumento para exigir, mediante lei específica para área incluída no plano diretor, do proprietário do solo urbano não edificado, subutilizado ou não utilizado, que o mesmo promova o adequado aproveitamento do imóvel urbano.

"São, assim, duas as condições constitucionais previstas para admitir-se a utilização de alíquotas progressivas no IPTU, ambas exigindo a existência de um plano diretor da cidade: a primeira, para assegurar o cumprimento da função social da propriedade (art. 156, § 1º); a segunda, como instrumento fiscal para exigir do proprietário de solo urbano um adequado aproveitamento do imóvel — art. 182, § 4º" (*Repertório IOB de Jurisprudência* 4/90, pp. 58-59).

No mesmo sentido são os ensinamentos de Marco Aurelio Greco ("Progressividade do IPTU e função social da propriedade", *Revista do Advogado* 37/51-60, set. 90); Aires Barreto ("Sistema Tributário na Constituição de 1988", *RDT* 47/245-247).

Sem rigorosa observância dos requisitos constitucionais a progressividade de alíquotas não é admissível.

A Lei Municipal 10.921/90 instituiu a progressividade de alíquotas de acordo com o valor venal do imóvel e a sua destinação, sem considerar se ele cumpre ou não as exigências fundamentais do Plano Diretor do Município.

Para Bernardo Ribeiro de Moraes, "o IPTU paulistano não leva em conta a existência de um plano diretor da cidade, muito menos os elementos relacionados a uma política de desenvolvimento urbano (*v.g.*, a área onde o imóvel se localiza, as condições do imóvel, os equipamentos urbanos etc.), sendo certo que esse não atendimento à condição prevista no § 1º do art. 156 da Constituição acarreta a inconstitucionalidade do IPTU, tanto do imposto predial como do imposto territorial urbano" (*Repertório IOB de Jurisprudência* 4/90, p. 57).

O acórdão transcrito não merece censura, pois, senão no ponto em que afirma, *verbis* (fl. 299):

A inconstitucionalidade de lei deve ser proclamada todas as vezes que haja manifesta ou implícita divergência entre ela e o preceito maior. No caso dos autos, entretanto, há apenas falta de complementação de requisitos para a adoção do princípio acolhido pela Lei Magna e, portanto, configura-se mera hipótese de inaplicabilidade.

Com efeito, simples leitura da nova redação introduzida pela referida Lei 10.921/90 ao texto do art. 7º da Lei 6.989/66 (fls. 30), mostra que, ao revés, é ele inteiramente incompatível com a Constituição, ao estabelecer alíquotas progressivas em função do valor venal do imóvel, quando, a Carta da República, no art. 182, § 4º, II, prevê tão-somente imposto progressivo no tempo.

Trata-se de circunstância que torna o referido texto insuscetível de complementação por meio da lei federal prevista no § 4º do referido dispositivo.

Assim, conquanto não se conheça do recurso da Municipalidade, é de declarar-se a inconstitucionalidade do texto legal sob enfoque.

Quanto ao recurso da contribuinte, o extraordinário é de ser conhecido e provido.

Com efeito, impugna ele o acórdão, no ponto em que reconheceu a exigibilidade das taxas de conservação e limpeza de rua, por entender não demonstrada a incorreção da respectiva base de cálculo, posto não significar a sua identidade com a base de cálculo do IPTU o simples fato de referir a lei metro linear.

Acontece não ser essa a orientação que deflui da jurisprudência do STF, onde se acha consolidado ser contrária à norma do art. 145, § 2º, da CF, a taxa municipal que toma para base de cálculo a área de imóvel, fator que é tido por um dos indicadores do valor venal deste, elemento que serve de base de cálculo do IPTU. Confiram-se, a propósito, os RREE 97.807, Ministro Néri da Silveira; 100.729, Ministro Francisco Rezek; 101.477, Ministro Sydney Sanches; 110.327, Ministro Célio Borja e 116.119, Ministro Celso de Mello.

A hipótese contemplada pela jurisprudência do STF, diante dos arts. 87, I e II, e 94, da Lei paulistana 6.989/66, na redação que lhes deu a Lei 10.921/90 (fl. 30), ora sob apreciação, acha-se plenamente configurada, posto tratar-se de taxas que, no primeiro caso (limpeza), tem por base de cálculo, entre outros fatores, a área do imóvel, e, no segundo (conservação) a extensão do imóvel, no seu limite com a via ou logradouro público.

Registre-se que o acórdão, nesse ponto, sequer pode merecer o beneplácito deste Relator, cuja opinião coincide com a externada pelo eminente Presidente do Eg. Tribunal de origem no despacho de fls. 352/3, onde entendeu ser "ilegítimo o lançamento das taxas, por compreender cálculo de atividade estatal de caráter *uti universi*, destinada ao benefício da população em geral", não podendo "tais prestações (de serviço) ser destacadas em unidades autônomas, não permitindo individuar sua área de intervenção, como também, não se apresentam suscetíveis de utilização separada, por parte de cada um de seus usuários", não sendo, por isso, taxas os tributos questionados, "pois se destinam ao benefício em geral públicos indivisíveis, além de terem natureza inespecífica" (fls. 352/3).

Confira-se, a propósito, o voto deste Relator, nos RREE 190.126 e 185.050.

O recurso, portanto, nesse ponto, é de ser conhecido e provido, com declaração de inconstitucionalidade, por igual, dos textos postos sob enfoque.

Em conclusão, meu voto declara a inconstitucionalidade dos arts. 7º e incs. I e II, 87 e incs. I e II, e 94, da Lei 6.989/66, na redação que lhes deu a Lei 10.921/90, do Município de São Paulo; e, em conseqüência, não conhece do recurso da Municipalidade, conhecendo e provendo o recurso da contribuinte.

VOTO (VENCIDO)

O Sr. Ministro Carlos Velloso: Sr. Presidente, da mesma forma que, no julgamento do RE 153.771-MG, votei no sentido da constitucionalidade das alíquotas progressivas do IPTU de Belo Horizonte — o recurso, aliás, que é invocado, aqui, pelo Sr. Ministro Relator — peço vênia para também aqui votar no sentido da constitucionalidade do IPTU do Município de São Paulo.

Não estou convencido do desacerto do entendimento que manifestei no citado RE 153.771-MG. Destaco do voto que então proferi:

> (...) Abrindo o debate, registre-se que o princípio da isonomia implica, no campo tributário, que se busque alcançar a justiça tributária. Esta, a seu turno, realiza-se através do princípio da capacidade contributiva, aplicável, no constitucionalismo tributário brasileiro, aos impostos, conforme se verifica da leitura do § 1º do art. 145 da Constituição Federal:
>
> > Art. 145 (...) § 1º. Sempre que possível, os impostos terão caráter pessoal e serão graduados segundo a capacidade econômica do contribuinte, facultado à administração tributária, especialmente para conferir efetividade a esses objetivos, identificar, respeitados os direitos individuais e nos termos da lei, o patrimônio, os rendimentos e as atividades econômicas do contribuinte.
>
> Dissertando a respeito do tema, o saudoso Geraldo Ataliba, depois de afirmar, citando Paulo Barros Carvalho, que o princípio da capacidade contributiva está contido "nas dobras do princípio da isonomia" e que constitui ele "a aplicação, no setor da tributação, da igualdade de tratamento que o Estado deve aos cidadãos (Roque A. Carrazza), conforme o art. 150, II, da CF", acrescenta que esse princípio, o da capacidade contributiva, "traduz-se na exigência de que a tributação seja modulada de modo a adaptar-se à riqueza dos contribuintes. Implica que cada lei tributária tenha por efeito atingir manifestações, ou aspectos dessa riqueza, sem destruir sua base criadora. O sistema tributário (entendido como 'conjunto de impostos', na perspectiva pré-jurídica) e cada imposto há de adequar-se à 'capacidade econômica' dos contribuintes, certo que 'capacidade econômica' há de entender-se como real possibilidade de diminuir-se patrimonialmente o contribuinte, sem destruir-se e sem perder a possibilidade de persistir gerando a riqueza como lastro à tributação, dado que a violação dessa — pelos excessos tributários — configura confisco, constitucionalmente vedado" (Geraldo Ataliba, "IPTU — Progressividade", Cadernos de Direito Municipal, em *RDP* 93/233).

A igualdade tributária se concretiza com a realização da justiça tributária. Dá-se essa concretização, leciona Elizabeth Nazar Carrazza, no que concerne aos impostos, "pelo princípio da capacidade contributiva"; no que toca às "taxas, pelo princípio da retributividade; e nas contribuições, pelo princípio da proporcionalidade da atuação do Estado relativa ao contribuinte (atividade provocada pelo particular ou que a ele cause um especial benefício)" (Elizabeth Nazar Carrazza, *IPTU e Progressividade — Igualdade e Capacidade Contributiva*, Juruá, 1992, p. 109).

A igualdade tributária, aliás, inscreve-se, expressamente, na Constituição e constitui um princípio constitucional tributário geral, porque aplicável a todos os tributos: CF, art. 150, II. Decorre ele, sem dúvida, do princípio isonômico inerente ao regime democrático e à república: art. 50, *caput*, e inc. I. Essa igualdade tributária, vale a pena repetir, traduz-se, "em matéria de impostos, no chamado princípio da capacidade contributiva". Quanto às taxas, o princípio da igualdade realiza-se "pelo específico princípio da retribuição ou remuneração. Cada um consome uma certa quantidade de serviço público e remunera o custo daquela quantidade que consumiu", certo que nas taxas não há cogitar do princípio da capacidade contributiva. No que toca às contribuições, o princípio aplicável "é o da proporcionalidade entre o efeito da ação estatal (o seu reflexo no patrimônio dos particulares) e o seu custo" (Geraldo Ataliba, "Sistema Tributário na Constituição de 1988", *RDT* 51/140).

A capacidade contributiva, que realiza a igualdade tributária, no que concerne aos impostos, está contida, conforme falamos, no § 1º do art. 145 da Constituição Federal. Duas questões, inscritas no referido § 1º do art. 145, costumam gerar polêmica: a) as expressões "sempre que possível" e b) "caráter pessoal".

III

O prof. José Maurício Conti, da USP, em livro que acaba de vir a lume, disserta a respeito do tema. Registra que a interpretação aligeirada, no sentido de que a expressão "sempre que possível" quer dizer que o princípio da capacidade contributiva não seria aplicável a todos os impostos, deve ser afastada. Invoca, então, Américo Lacombe, a lecionar que "a primeira observação é que a expressão sempre que possível só pode referir-se ao caráter pessoal dos impostos. Não é de ser conectada com a expressão seguinte, vale dizer, graduação segundo a capacidade econômica do contribuinte. Isto porque a graduação dos impostos segundo a capacidade econômica é um corolário lógico do princípio da igualdade, e, assim sendo, a sua referência expressa é totalmente despicienda. A conclusão, portanto, é que os impostos deverão ser graduados conforme a capacidade econômica do contribuinte" (Américo Lacombe, "Igualdade e capacidade contributiva", em V Congresso Brasileiro de Direito Tributário, São Paulo, *Separata da RDT*, 1991, p. 157; José Maurício Conti, *Princípios Tributários da Capacidade Contributiva e da Progressividade*, São Paulo, 1996, p. 46).

Conti registra a opinião de Alberto Xavier no sentido de que a ressalva "sempre que possível" condiciona-se "à imperatividade do caráter pessoal dos impostos e a sua graduação segundo a capacidade contributiva", certo que a "ressalva constitucional deve ser interpretada no sentido de que apenas não estão submetidos aos referidos comandos os impostos cuja natureza e estrutura com eles sejam incompatíveis. O IOF e o ICM são exemplos de impostos que não seria possível submeter ao princípio do caráter pessoal. Já, porém, no que concerne ao princípio da graduação segundo a capacidade econômica não encontramos nenhum caso — dentre a lista de tributos previstos na Constituição — cuja natureza e estrutura com ele não se acomode, valendo pois a referida ressalva para eventuais impostos criados ao abrigo da competência residual da União, regulada no art. 154" (Alberto Xavier, "Inconstitucionalidade dos tributos fixos por ofensa ao princípio da capacidade contributiva", V Congresso Brasileiro de Direito Tributário, São Paulo, *Separata da RDP*, 1991, p. 119).

Ives Gandra da Silva Martins também leciona que a expressão "sempre que possível" relaciona-se com a "espécie imposto", sendo que nos indiretos a graduação não tem como ser pessoal e que o discurso constitucional não seria admissível se permitisse que a capacidade contributiva fosse desrespeitada, certo que, "quando esta o é, está-se perante o confisco" (Ives Gandra da Silva

Martins, "Capacidade econômica e capacidade contributiva", *Caderno de Pesquisas Tributárias* 14/42-50, 1989).

Hugo de Brito Machado não destoa desse entendimento: "Realmente, a expressão 'sempre que possível' diz respeito apenas à atribuição de caráter pessoal aos impostos. Não à graduação destes segundo a capacidade econômica dos contribuintes" ("O princípio da capacidade contributiva", *Caderno de Pesquisas Tributárias* 14/124-126, 1989). José Eduardo Soares de Melo pensa da mesma forma (*Capacidade Contributiva*, ob. cit., p. 149).

A interpretação, pois, do que está inscrito no § 1º do art. 145 da Constituição Federal deve ser esta: sempre que possível, os impostos terão caráter pessoal, dado que há impostos que não possuem tal característica. Mas a pessoalidade dos impostos deverá, a todo modo, ser perseguida. Todos os impostos, entretanto, estão sujeitos ao princípio da capacidade contributiva, mesmo os que não tenham caráter pessoal.

IV

Isto posto, examinemos a questão posta no recurso.

A Lei 5.641, de 1989, do Município de Belo Horizonte, é que estabelece a progressividade do IPTU da capital mineira.

Deixam claro as informações prestadas pela Municipalidade, que a progressividade instituída pela Lei Municipal 5.641, de 1989, é de cunho fiscal, fundada no art. 145, § 1º, da Constituição Federal, pelo que dá cumprimento aos princípios da capacidade contributiva e da isonomia fiscal (CF, art. 150, II). Não se tem, portanto, a progressividade extrafiscal do art. 182, § 4º, II, da Constituição Federal.

Acrescentam citadas informações que a Lei 5.641/89 fixou (art. 83 e Tabela III anexa à mesma lei) alíquotas que variam de 0,5 a 1% (meio a um por cento) para imóveis edificados:

de padrão popular... 0,5%
de padrão baixo..... 0,6%
de padrão normal.... 0,7%
de padrão alto...... 0,8%
de padrão luxo...... 1,0%

Da mesma forma, a lei estabeleceu alíquota menor (3%) para imóveis não edificados situados em logradouros com três ou mais melhoramentos, de valor até 173 UFPBH (Unidade Fiscal Padrão da Prefeitura de Belo Horizonte) e alíquota maior (4,2%) para terrenos na mesma condição com valor acima de 6.228 UFPBH, além de fixar as alíquotas intermediárias (fl. 41).

O acórdão recorrido, conforme vimos, distinguiu a progressividade do art. 182, § 4º, II, da Constituição, *progressividade no tempo*, que tem em vista a política de desenvolvimento urbano, da progressividade fiscal, art. 145, § 1º, CF.

V

A Procuradoria-Geral da República, no parecer lavrado pela ilustre Subprocuradora-Geral Anadyr de Mendonça Rodrigues, começa por separar a progressividade do art. 182, § 4º, II, da Constituição, progressividade no tempo, da progressividade inscrita no art. 156, § 1º, da mesma Carta. A primeira seria a *progressividade-sanção*, enquanto a segunda, do art. 156, § 1º, tem por finalidade assegurar o cumprimento da função social da propriedade. Acrescenta o parecer:

(...)

16. Afigura-se correto, então, extrair as conclusões conseqüentes de que:

a) a instituição do Imposto sobre a Propriedade Predial e Territorial Urbana, sob a forma *não-progressiva*, não fica subordinada a que assegure o cumprimento da função social da propriedade, mas pode ter essa serventia; porém,

b) o Imposto sobre a Propriedade Predial e Territorial Urbana sob *qualquer* forma *progressiva* há, necessariamente, de ser instituído "de forma a assegurar o cumprimento da *função social da propriedade*".

17. De natureza nitidamente distinta parecem ser, portanto, de um lado, o IPTU *progressivo no tempo*, de que cuida o inc. II do § 4º do art. 182 da Carta Magna, e, de outro, o IPTU *sob qualquer forma progressiva*, acerca do qual versa o § 1º do art. 156.

18. No sistema da Carta de 1988, pois, fez-se admissível a instituição, simultânea:

a) do Imposto sobre a Propriedade Predial e Territorial Urbana *não-progressivo* (art. 156, I, da Constituição Federal), forrado de se submeter à exigência de assegurar o cumprimento da função social da propriedade;

b) do Imposto sobre a Propriedade Predial e Territorial Urbana *de qualquer forma*

> *progressivo, nos termos de lei municipal*, necessariamente criado de forma a *assegurar o cumprimento da função social da propriedade* (§ 1º do art. 156 da Constituição Federal); e
>
> c) do Imposto sobre a Propriedade Predial e Territorial Urbana *progressivo no tempo*, conforme vier a dispor lei federal, a ser criado mediante lei específica — municipal — para área incluída no plano diretor, como segunda sanção, na ordem sucessiva daquelas imponíveis para estimular o adequado aproveitamento do solo urbano (inc. II do § 4º do art. 182 da Constituição Federal).
>
> 19. Se assim for, haver-se-á de prestigiar o decidido pelo E. Tribunal *a quo*, na medida em que rejeitou a argüição de inconstitucionalidade da Lei Municipal 5.641, de 1989, em face da inexistência de Plano Diretor do Município e de ainda não ter sido editada a lei federal prevista no § 4º do art. 182 da Constituição Federal.
>
> (...)(fls. 184/186).

Todavia, a forma como foi feita, pela Lei 5.641, de 1989, do Município de Belo Horizonte, "a graduação dos impostos segundo a capacidade econômica do contribuinte não constitui Função Social da Propriedade, ainda que, para atingi-la, seja a propriedade levada em conta". Invoca, então, o § 2º do art. 182 da Constituição Federal: nesse parágrafo estaria o conceito de função social da propriedade territorial urbana. Então, o princípio inscrito no § 1º do art. 145 da Constituição — o princípio da capacidade contributiva — no tocante ao IPTU, não afasta a exigência do § 1º do art. 156, "de que a progressividade" desse imposto "constitua instrumento da serventia extrafiscal indicada pelo texto constitucional ('... de forma a assegurar o cumprimento da função social da propriedade')".

Em síntese, a progressividade do IPTU, progressividade fiscal, inscrita no § 1º do art. 145, implica observância do disposto no § 1º do art. 156, assim ela se faz tendo em vista a função social da propriedade urbana e o conceito dessa função social é o que está no § 2º do art. 182. Por isso, o parecer conclui pelo conhecimento e provimento do recurso.

VI

Lamento divergir da ilustre parecerista.

Há quem sustente que somente seria possível a progressividade do IPTU nas condições inscritas no art. 182, § 4º, da Constituição. Assim, por exemplo, a lição de Marco Aurelio Greco (*A Constituição Brasileira de 1988*, Forense, Rio, 1988; "IPTU — Progressividade — Função social da propriedade", *RDT* 52/110). Também sustentam a mesma tese, os ilustres tributaristas Ives Gandra da Silva Martins, Ione Dolácio de Oliveira (*Repertório IOB de Jurisprudência* 23/89, pp. 377-379) e Bernardo Ribeiro de Moraes (*Repertório IOB de Jurisprudência* 4/90, pp. 56-62).

Assim, entretanto, não deve ser entendido.

O que está na Constituição, ao que me parece, é que é possível distinguir a progressividade fiscal — CF, art. 145, § 1º, art. 156, § 1º — da *progressividade-sanção* inscrita no art. 182, § 4º, II.

A progressividade-sanção, inscrita no art. 182, § 4º, II, da Constituição, constitui instrumento de realização da Política de Desenvolvimento Urbano (CF, art. 182), que tem no plano diretor aprovado pela Câmara Municipal, que é obrigatório para cidades com mais de vinte mil habitantes, o seu instrumento básico (art. 182, § 1º). O conceito, portanto, de função social, nesse contexto — a propriedade urbana cumpre sua função social quando atende às exigências fundamentais de ordenação da cidade expressas no plano diretor (§ 2º do art. 182) — está relacionado com a política de desenvolvimento urbano e o seu não atendimento facultará ao poder público municipal a adoção das medidas postas nos incisos I a III do § 4º do art. 182, especificamente para o solo urbano não edificado, subutilizado ou não utilizado, e uma delas é a progressividade no tempo (art. 182, § 4º, II).

Tem-se, no caso do art. 182, § 4º, II, a progressividade extrafiscal, distinta da progressividade fiscal (art. 145, § 1º, art. 156, § 1º). Noutras palavras, a progressividade no tempo, extrafiscal, inscrita no art. 182, § 4º, II, da Constituição, não impede a realização da progressividade fiscal (art. 145, § 1º, art. 156, § 1º). Ouçamos a lição de Geraldo Ataliba: "(...) o art. 182 (especialmente seu § 4º, II), prevê uma disciplina extrafiscal. Consiste a extrafiscalidade no uso de instrumentos tributários para obtenção de finalidades não arrecadatórias, mas estimulantes, indutoras ou coibidoras de comportamentos, tendo em vista entre outros fins, a realização de outros valores constitucionalmente consagrados (no caso valores urbanísticos)". Todavia, esta tese, acrescenta Ataliba, "não implica, absolutamente, censura à progressividade projetada, como o foi, com finalidades puramente fiscais, tendo em vista melhor e mais perfeita adequação à capacidade contributiva dos proprietários, no clima de solidariedade social que a Constituição de 1988 instaurou" (Geraldo Ataliba, "IPTU — Progressividade", *RDT* 93/233, 235).

No mesmo sentido é a lição de Alcides Jorge Costa: "A meu ver, a progressividade prevista no art. 156, § 1º, pode ser aplicada independentemente do disposto no art. 182, § 4º. Bem sei que o art. 156, § 1º, diz que a progressividade destina-se a assegurar o cumprimento da função social da propriedade e que o art. 182, § 2º, dispõe que a propriedade urbana cumpre sua função social quando atende às exigências fundamentais de ordenação da cidade expressas no plano diretor. Assim, se não há plano diretor, não haveria também como exigir o cumprimento de uma função social não definida". Entretanto, acrescenta Alcides Jorge Costa: "O argumento não é procedente. Em primeiro lugar, o § 4º do art. 182 refere-se apenas ao 'solo urbano não edificado, subutilizado ou não utilizado'. Não há menção alguma a imóveis urbanos construídos. Desta maneira, se cabível o argumento exposto no item 2.4, deveria concluir-se que a função social dos imóveis urbanos construídos é irrelevante para a Constituição. Em segundo lugar, deve perguntar-se se a única função social de imóvel é a que se afere através do cumprimento ou não cumprimento do plano diretor". A resposta é dada, em seguida, pelo ilustre prof. da USP: "Esta pergunta merece algumas considerações e, certamente, uma resposta negativa. Há, sem dúvida, uma função social assinalada por um plano diretor, como há outras funções que independem de qualquer plano dessa natureza. Uma destas funções localiza-se no campo tributário. Um imóvel é signo de riqueza e, portanto, matéria tributável. Esta afirmação é óbvia e é feita aqui apenas para dar seqüência lógica à exposição. Se é matéria tributável, pode a propriedade, no caso, ter outra função social que não a ligada ao urbanismo ou ao reordenamento de áreas urbanas". E conclui: "É o que acontece no caso em exame. A progressividade mencionada no art. 156, § 1º, não tem a função da que aparece no art. 182, § 4º, da CF" (Alcides Jorge Costa, "IPTU — Progressividade", *RDT* 93/239, 240).

A profa. Sandra Lopez Barbon, no seu livro, registra que os dois dispositivos constitucionais — art. 156, § 1º e 184, § 4º, II — encontram-se em locais distintos: o primeiro, no capítulo do Sistema Tributário Nacional e o segundo, no capítulo que trata da política urbana e não de tributos. Isto já seria indicador de que as progressividades devem receber tratamentos diferentes (Sandra Lopez Barbon, *Do IPTU*, Belo Horizonte, Del Rey, 1995, pp. 110-111).

José Afonso da Silva também faz a distinção, lecionando que "a progressividade prevista no art. 156 é genérica e pode ser estabelecida com base em critérios diferentes do estabelecido no art. 182, § 4º, que é vinculado à situação específica ali indicada, em que a aplicação da progressividade constitui sanção pelo não atendimento de regular e específica exigência do Poder Público Municipal" (José Afonso da Silva, *Curso de Direito Constitucional Positivo*, 12ª ed., Malheiros Editores, 1996, p. 663).

José Souto Maior Borges, na mesma linha, afirma: "pretender que, em qualquer hipótese, o IPTU somente pode ser progressivo se incluso no plano diretor mais lei específica mais lei federal é brigar até com a interpretação literal. É contrariar a formulação expressa do art. 182, § 4º, II que só cogita de IPTU progressivo no tempo. Trivial que a progressividade no tempo é apenas uma das manifestações desse fenômeno muito mais amplo, a progressividade no espaço; segundo o valor do imóvel, a superfície, a sua destinação, o gabarito ou número de pavimentos, critérios mistos (v., por todos, Mizabel Derzi, ob. cit., pp. 296 e ss.)" (José Souto Maior Borges, "IPTU — Progressividade", *RDT* 59/73, 87).

Mizabel Derzi e Sacha Calmon, invocados pelo ilustre tributarista, em livro que escreveram sobre o tema — *Do Imposto sobre a Propriedade Predial e Territorial Urbana*, Saraiva, 1982 — dissertam amplamente sobre a questão da progressividade fiscal e extrafiscal, distinguindo-as, para concluir no sentido de que não pode "o Poder Judiciário estabelecer normas que tolham o Poder

Legislativo Municipal, proibindo-o de regular o tributo dessa ou daquela forma, prendendo-o a amarras e freios inconstitucionais" (Mizabel Derzi e Sacha Calmon, ob. cit., p. 309).

Em livro mais recente, Sacha Calmon leciona que "pode-se dizer, sem medo, que o IPTU admite a progressividade estribado em duas matrizes: (a) A matriz da política urbana, cujo fundamento constitucional tem sede na disposição que acabamos de transcrever, em prol da ordenação urbanística das municipalidades (progressividade extrafiscal no tempo) e (b) A matriz da capacidade do contribuinte que exsurge do art. 145, § 1º, da CF. Esta última progressividade não cresce ano a ano no funil do tempo, como a anterior. Nesta, o imposto em si é estruturado com alíquotas progressivas e, pois, menores e maiores no espelho do tempo (alíquotas existentes num mesmo instante). No primeiro caso, a meta optada é remover obstáculos ao plano diretor. Na segunda, procura-se, em função da pessoa do proprietário (imóveis mais valorizados, número de imóveis possuídos, tamanho da propriedade imóvel etc.) fazer atuar o princípio da capacidade contributiva. Agora, se o suposto rico tiver imóveis mas não capacidade econômica, a sua alíquota pode ser contestada em juízo" (Sacha Calmon Navarro Coelho, *Comentários à Constituição de 1988 — Sistema Tributário*, Forense, 1990, pp. 256-257).

O juiz e prof. Hugo de Brito Machado também distingue, no tocante ao IPTU, a progressividade fiscal, art. 156, § 1º, da progressividade extrafiscal, no tempo, art. 182, § 4º, II: "Em primeiro lugar, é invocável a regra de hermenêutica segundo a qual a lei não contém disposições inúteis. A prevalecer a tese pela qual não é possível qualquer outra forma de progressividade, além daquela prevista no art. 182, § 4º, item II, da Constituição, a disposição do art. 156, § 1º, restará absolutamente inútil. Poderá ser excluída do texto constitucional sem lhe fazer qualquer falta". Na linha de que o art. 156, § 1º, e o art. 182, § 4º, II, cuidam de coisas diversas, pelo que é possível a instituição do IPTU progressivo sem as condicionantes do art. 182, acrescenta: "Em seu art. 156, § 1º, a Constituição estabelece que o IPTU 'poderá ser progressivo, nos termos de lei municipal, de forma a assegurar o cumprimento da função social da propriedade'. Esta norma, como se vê, explicitou a possibilidade de estabelecerem os municípios alíquotas progressivas para o IPTU, em razão de qualquer critério que o legislador municipal venha a eleger. Essa progressividade deve ser instituída de forma a assegurar o cumprimento da função social da propriedade. Do ponto de vista da Política Urbana, a propriedade cumpre sua função social quando atende as exigências fundamentais de orientação da cidade expressas no plano diretor (art. 182, § 2º). Isto, entretanto, não significa a inexistência de outras formas pelas quais tenha de cumprir a propriedade sua função social, até porque a propriedade há de ser encarada como *riqueza*, e não apenas como um elemento a ser tratado pelas normas de Política Urbana. Nem seria razoável, aliás, admitir que a função social da propriedade restasse inteiramente vinculada a diretrizes de política urbana" (Hugo de Brito Machado, "Progressividade do IPTU", *Repertório IOB de Jurisprudência* 16/90, pp. 258-260).

VII

A profa. Elizabeth Nazar Carrazza, em preciosa obra, registra que "admitindo-se a tese defendida por aqueles que pretendem só ser possível a progressividade extrafiscal (ou sancionatória) do art. 182, § 4º, chegar-se-ia à insustentável conclusão de que apenas os imóveis não edificados, subutilizados ou não utilizados poderiam ensejar, para seus proprietários, tributação progressiva" (Elizabeth Nazar Carrazza, *IPTU e Progressividade — Igualdade e Capacidade Contributiva*, Curitiba, Juruá, 1992, p. 105). A autora, aliás, formula interessante tese no sentido da existência de três tipos de progressividade no tocante ao IPTU: a) a progressividade fiscal, com base na capacidade contributiva, CF, art. 145, § 1º: progressividade em razão, p. ex., do luxo do imóvel e do local onde ele se localiza; b) progressividade extrafiscal, CF, art. 156, § 1º, c/c art. 182, § 2º: está condicionada à existência de lei municipal que estabelece o plano diretor (art. 182, § 2º); c) progressividade extrafiscal: progressividade no tempo, com caráter de sanção: CF, art. 182, § 4º (ob. cit., conclusões ns. 24, 25, 25.1, 26 e 27, pp. 111-112).

Segundo esta autora, a progressividade ora sob exame apoia-se, toda ela, no art. 145, § 1º, da Constituição Federal, pelo que é legítima.

A opinião de Roque Carrazza parece ser idêntica à de Elizabeth Nazar Carrazza. Leciona o eminente mestre: "Em suma, para que, no IPTU, se atendam às exigências do princípio da capacidade contributiva, não é necessário que seja editado um plano diretor. Se editado — sem embargo do cumprimento ao disposto no § 1º, do art. 145 da CF — pode utilizar-se um sistema de alíquotas diferençadas, para estimular ou desestimular comportamentos dos proprietários de imóveis urbanos" (Roque Antônio Carrazza, *Curso de Direito Constitucional Tributário*, 4ª ed., Malheiros Editores, 1993, p. 64). Em nota de rodapé, Roque Carrazza é explícito: "equivocavam-se os que apregoavam que, à falta de plano diretor, as alíquotas do IPTU tinham de ser as mesmas, tanto para os proprietários de imóveis luxuosos, quanto para os proprietários de imóveis modestos. A faculdade contida no predito art. 156, § 1º, da CF, não interfere no princípio da capacidade contributiva, que irradia efeitos sobre o IPTU e independe da edição de qualquer plano diretor para atuar" (ob. cit., p. 65, nota 49).

VIII

De todo o exposto, ressai a conclusão no sentido de que, forte na Constituição, art. 145, § 1º, as alíquotas do IPTU deverão ser progressivas, forma, aliás, de se emprestar a esse imposto caráter de pessoalidade, dado que a progressividade, segundo M. Duverger, lembra Hugo de Brito Machado, "constitui um dos meios mais eficazes de personalização do imposto" (M. Duverger, *Hacienda Pública*, trad. de José Luiz Ruiz Travessi, Barcelona, 1968, p. 321). Essa progressividade assentar-se-á, especificamente, no disposto no art. 156, § 1º, da Constituição, certo que a "função social" ali inscrita não é a mesma "função social" do § 2º do art. 182 da Constituição: a primeira, do art. 156, § 1º, independe do plano diretor, porque localizada no campo tributário e não está jungida ao reordenamento de áreas urbanas. Ela se assenta, a função social do art. 156, § 1º, numa política redistributivista, ou a progressividade assentada no art. 156, § 1º, visa a realizar uma política redistributivista, na linha da lição de Wilherm Gerloff ("Los impuestos — Doctrina geral de los impuestos", *Tratado de Finanzas*, v. 1/255-256, Buenos Aires, El Ateneo, trad. espanhola, 1961), invocada por Alcides Jorge Costa: "a tributação progressiva pode justificar-se pelo argumento compensatório: se um sistema tributário tem impostos progressivos, a progressividade de outros serve de compensação e restabelece o equilíbrio, com a eliminação da regressividade, considerado o sistema em seu todo. A progressividade pode justificar-se como concretização de uma política redistributivista, porque se reconhece estar a renda distribuída de modo inconveniente à vista das aspirações éticas da sociedade. Por fim, a progressividade pode ser utilizada como recurso de chamada finança de ordenamento ou, se preferir, como recurso do poder de polícia (*police power*)" (Alcides Jorge Costa, ob. cit., p. 240). A progressividade, em tal caso, progressividade no espaço, apóia-se — vale invocar as lições de Souto Maior Borges, Mizabel Derzi e Sacha Calmon, retrorregistradas — no "valor do imóvel, a superfície, a sua destinação, o gabarito ou número de pavimentos, critérios mistos".

IX

No caso, conforme está no acórdão recorrido, "o imposto variou de alíquota, levando-se em consideração o valor venal, a zona de situação, e o fato de existir ou não edificação".

Não praticou, portanto, o Município de Belo Horizonte, ao instituir a progressividade fiscal inscrita na Lei Municipal 5.641, de 1989, inconstitucionalidade. Ao contrário, a lei mencionada está na linha do que dispõem os artigos 145, § 1º, e 156, § 1º, da Constituição Federal.

No que toca às taxas, considero-as exigíveis. Reporto-me, no ponto, aos votos que proferi nos RREE ns. 121.617-SP e 113.682-SP, motivo por que não conheço do recurso do contribuinte.

Em suma, conheço e dou provimento ao recurso do Município de São Paulo e não conheço do recurso do contribuinte. Assim o faço, com a vênia sempre devida ao Sr. Ministro Relator e aos demais Srs. Ministros que o seguiram.

VOTO

O Sr. Ministro Celso de Mello: A Carta Política de 1988, ao proceder à discriminação constitucional das competências tributárias, outorgou, *uma vez mais*, ao Município, no âmbito de suas atribuições impositivas, o *poder* de instituir o imposto sobre a propriedade predial e territorial urbana (IPTU), reiterando, desse modo, consoante *registra* Hugo de Brito Machado (*Curso de Direito Tributário*, 11ª ed., Malheiros Editores, 1996, p. 287), uma tradição expressamente consagrada pelo constitucionalismo republicano brasileiro *desde a Constituição de 1934*.

A Constituição Federal de 1988, ao delinear o esquema normativo pertinente ao IPTU, contemplou a *possibilidade* de essa espécie tributária *ser progressiva*, de modo a assegurar — inclusive no plano da ordenação do solo urbano — o cumprimento da função social da propriedade (CF, art. 156, § 1º, e art. 182, § 4º, II).

Reconheço, quando do julgamento da *Rcl 383-SP*, que me *inclinei* a admitir, *em tema de IPTU*, a possibilidade jurídico-constitucional de o Município valer-se da *progressividade* das alíquotas tributárias, tanto com objetivos *fiscais* quanto com finalidades *extrafiscais*.

Novas reflexões sobre essa matéria, no entanto, levaram-me a *rever* esse entendimento, pois, hoje, tenho como *unicamente* possível em nosso sistema constitucional, em tema de IPTU, a progressividade de caráter *extrafiscal*, suscetível de instituição pelo Município, desde que observados, *conjuntamente*, os parâmetros fixados pelo art. 156, § 1º e pelo art. 182, §§ 2º e 4º, ambos da Constituição da República.

O discurso normativo consubstanciado nesses preceitos constitucionais evidencia e torna claro que a progressividade do IPTU, no sistema instaurado pela Constituição da República, assume uma nítida qualificação extrafiscal.

É que essa espécie tributária — uma vez instituída pelo Município, a quem *pertence* a respectiva competência impositiva — poderá ser progressiva, desde que, *respeitadas as diretrizes fixadas em lei nacional* (a ser *ainda* editada pela União Federal), *evidencie-se presente* o objetivo político e extrafiscal de assegurar, *pela aplicação de alíquotas progressivas*, o integral cumprimento da função social da propriedade.

O *Plenário* do Supremo Tribunal Federal, com um só e isolado voto vencido, ao legitimar essa interpretação, *repudiou*, por inconstitucional, a legislação tributária do Município de Belo Horizonte/MG (*RE 153.771-MG*, Rel. p/ acórdão Min. Moreira Alves), no ponto em que esse Município. tendo presente o valor venal do imóvel, instituiu alíquotas progressivas para o imposto predial e territorial urbano (IPTU).

Esta Suprema Corte, ao declarar a *inconstitucionalidade* de dispositivos da legislação tributária do *Município de Belo Horizonte/MG*, enfatizou que a *única* progressividade *admitida* pela Carta Federal *em tema de IPTU*, é aquela de caráter extrafiscal, vocacionada a garantir o cumprimento da função social da propriedade urbana, desde que *estritamente* observados os requisitos fixados pelo art. 156, § 1º e, *também*, pelo art. 182, § 4º, II, ambos da Constituição da República.

O *precedente* firmado pelo Plenário do Supremo Tribunal Federal sobre a matéria em exame — apoiado em *qualificado* magistério doutrinário (Ives Gandra Martins, *Comentários à Constituição do Brasil*, v. 6º, t. I/548-552, Saraiva, 1990; Aires Fernandino Barreto, "A progressividade do IPTU na Constituição de 1988", *Repertório IOB de Jurisprudência* 21/90, 1ª quinzena nov. 90, pp. 359 e ss.; Celso Ribeiro Bastos, *Curso de Direito Financeiro e de Direito Tributário*, Saraiva, pp. 269-270, 1991, *v.g.*) *desautoriza*, em tema de progressividade do IPTU, a pretensão fiscal manifestada pelo Município de São Paulo na causa em análise e *justifica* o reconhecimento da *absoluta incompatibilidade material* da legislação tributária desse Município, no ponto em que instituiu, *com fundamento no valor venal dos imóveis*, alíquotas progressivas para o imposto predial e territorial urbano.

Cumpre ter presente, por isso mesmo, o magistério expendido por Luiz Emygdio Franco da Rosa Júnior (*Manual de Direito Financeiro e Direito Tributário*, 10ª ed., Renovar, 1995):

> A Constituição consagra a função social da propriedade em seu art. 5º, XXIII. *Daí o art. 156, § 1º* permitir que o IPTU possa ser progressivo, nos termos de lei municipal para assegurar a mencionada função social da propriedade. *Nesse caso, o IPTU terá finalidade extrafiscal,* por ser empregado como instrumento de intervenção do Estado no domínio social, hipótese em que a lei fixará alíquotas mais gravosas para os imóveis que não cumpram a função social da propriedade e mais suaves para os que observem essa mesma função.
>
> *Por outro lado*, o art. 182, § 4º, II, da CF faculta ao Poder Executivo Municipal, mediante lei específica para área incluída no plano diretor, exigir, *nos termos da lei federal*, do proprietário do solo urbano não edificado, subutilizado ou não utilizado, que promova seu adequado aproveitamento, *sob pena de cobrança de IPTU progressivo no tempo. Tal progressividade dá igualmente ao referido imposto finalidade extrafiscal* e não deve ser entendida como pena. Permite, portanto, que terreno não-edificado possa ser tributado mais pesadamente, levando o seu proprietário a nele edificar ou transferi-lo para quem promova o seu adequado aproveitamento nos termos da política urbana. Registre-se, no entanto, que a lei não pode estabelecer a progressividade do IPTU em função do número de imóveis do contribuinte (Súmula 589 do STF)" (grifei).

Resulta claro, pois, da previsão constante das normas inscritas no art. 156, § 1º, e no art. 182, §§ 2º e 4º, II, da Carta Política, que esse imposto de competência municipal desempenha importante função como instrumento de *ação extrafiscal* do Poder Público local, na medida em que o caráter progressivo das alíquotas tributárias do IPTU tem por *específica* finalidade *conformar* a propriedade urbana à função social que lhe é inerente.

Esse entendimento é perfilhado por Celso Ribeiro Bastos (*Curso de Direito Financeiro e de Direito Tributário*, Saraiva, 1991, pp. 269-270) que, *em preciso magistério*, adverte que a progressividade do IPTU — sempre de natureza extrafiscal — *somente* poderá ser utilizada pelo Município com a finalidade *única* de assegurar o cumprimento da função social da propriedade, *enfatizando*, quanto ao que dispõem o art. 156, § 1º e o art. 182, §§ 2º e 4º, II, da Constituição, que "*Esses dispositivos indicam a finalidade extrafiscal do IPTU*, que poderá ser utilizado como instrumento para *compelir* o proprietário de imóvel urbano a promover o seu adequado aproveitamento, de acordo com o plano diretor da cidade" (grifei).

Cumpre ter presente, ainda, o magistério daqueles que sustentam — a partir do que prescrevem o art. 156, § 1º e o art. 182, §§ 2º e 4º, II, da própria Constituição Federal — que essa progressividade de índole extrafiscal *pode* revestir-se da natureza de verdadeira *sanção constitucional*, posto que destinada a *coibir* situações anormais e lesivas ao interesse público, *especialmente* quando derivadas do *exercício irregular* do direito de propriedade, em manifesta desarmonia com as exigências fundamentais de ordenação urbana expressas no plano diretor do Município (art. 182, § 2º).

Essa progressividade — *verdadeira progressividade-sanção* (Ives Gandra Martins, *Comentários à Constituição do Brasil*, v. 6º, t. I/548, Saraiva, 1990) — acha-se, portanto, consoante proclama a Carta Política, *vinculada* a uma específica função social da propriedade, especialmente quando analisada em face das exigências públicas de ordenação adequada do solo urbano. *Isso significa que a propriedade que cumpre a sua função social não pode e não deve sofrer a incidência do IPTU progressivo.*

Esse é o sentido em que, *acertadamente*, se orienta o magistério de Ives Gandra

Martins (*Comentários à Constituição do Brasil*, v. 6º, t. I/548-552, Saraiva, 1990) e de Aires Fernandino Barreto ("A progressividade do IPTU na Constituição de 1988", *Repertório IOB de Jurisprudência* 21/90, 1ª quinzena nov. 90, pp. 359 e ss.), que sustentam que a progressividade do IPTU *só* tem incidência *constitucionalmente autorizada* nas hipóteses em que, *descumprida* a função social da propriedade urbana, *também* ocorram os demais pressupostos estipulados no art. 182, § 4º, da Carta Política, *especialmente* a edição de *lei federal* (ainda inexistente) destinada a caracterizar, em seus aspectos básicos, os requisitos definidores do conceito de função social da propriedade.

Daí a observação categórica de Ives Gandra Martins (ob. e loc. cits.), que, após enfatizar que "O IPTU apenas poderá ser progressivo, como *penalidade*, em relação aos imóveis que *não cumprirem* a sua função social" (grifei), assinala:

> No momento, entretanto, em que o contribuinte paga o IPTU ou o ITR, ele retira de seu patrimônio estático meios para atender a imposição, diminuindo-o, sem qualquer operação de acréscimo, por força do poder de tributar outorgado pela lei maior à União ou aos Municípios.
>
> Esta característica despatrimonializante do IPTU e do ITR e dos impostos semelhantes de outros países é que os dota de pequena carga impositiva para que o efeito confisco não seja uma conseqüência de uma inadequada política tributária. (...)
>
> Assim é que, sobre dedicar duas seções inteiras às garantias individuais, às limitações ao poder de tributar e às normas gerais limitadoras do Poder do Estado, buscou ofertar tipos definidos aos impostos de competência exclusiva e vedou acréscimos da carga impositiva aos entes federados, exceção feita à União, mas, nesta hipótese, reduziu a forma e dificultou, pela eleição do veículo legislativo (lei complementar), sua atuação mais abrangente.
>
> Ora, é exatamente no concernente ao *IPTU* que tal espírito redutor da competência ampla ficou mais evidente.
>
> Enquanto a *teoria da progressividade* foi amplamente hospedada para efeitos do imposto sobre a renda, a *progressividade* passou a ser permitida, *no concernente ao IPTU*, apenas para as hipóteses em que o imóvel não *preencha* a sua função social e nos casos específicos de imóvel subutilizado e não edificado. E estes, inclusive, em *termos de lei federal*, vale dizer, após ter a União estabelecido quais os parâmetros que deveriam ser utilizados para que um imóvel fosse considerado não preenchedor das funções sociais.
>
> O analista menos avisado poderia ter a impressão de que o constituinte estaria reduzindo a autonomia do Município, ao subordinar a definição da "função social da propriedade" à União, em nível de lei ordinária federal.
>
> O exame mais aprofundado da questão demonstra, todavia, que assim não ocorre. O conceito jurídico de função social da propriedade — e não ideológico — é matéria que pertine à União, pois próprio da ordem econômica. Encontra-se enunciado, o princípio, no art. 170, inc. III da Constituição Federal e explicitado no art. 186 para efeitos de reforma agrária.
>
> Como a determinação do que seja "função social da propriedade" diz respeito à concepção que deve orientar a legislação tributária de todo o país, não seria lógico, nem racional, que se pretendesse ter 5.000 conceitos diversos de função social, *se cada Município decidisse ofertar-lhe sua própria escultura legal*.
>
> *Esta é a razão pela qual o art. 182 fez menção à lei federal* — ainda inexistente — para definir as circunstâncias que hão de indicar o não preenchimento da "função social da propriedade", *a partir do que será possível determinar*, por lei municipal, a progressividade punitiva, após tornarem-se evidentemente inúteis as primeiras sanções consistentes no parcelamento ou na edificação compulsórios.
>
> Compreende-se, pois, o motivo pelo qual o art. 156, § 1º se referiu à progressividade vinculada à função social, assim como a causa porque o § 4º do artigo 182 conformou o caráter punitivo da aplicação do princípio, na dependência de uma concepção nacional do que seria função social da propriedade (grifei).

Essa mesma percepção do tema é revelada por Aires Fernandino Barreto que, em magistério irrepreensível ("Os Municípios na nova Constituição brasileira", *A Constituição Brasileira de 1988 — Interpretações*, Forense Universitária, 1988, pp. 86-87), registra as seguintes considerações:

De harmônica e entrelaçada exegese, resulta, de um lado, que (a) esse imposto poderá ser progressivo, mas só (b) de forma a assegurar o cumprimento da função social da propriedade, que, por sua vez, vem explicitada no art. 182 da nova Constituição. Segundo esse dispositivo, a *propriedade cumpre sua função social* quando atende às exigências fundamentais de ordenação da cidade expressas no plano diretor (§ 2º).

De conseguinte, *sempre que a propriedade imobiliária cumpre sua função social, não cabe qualquer progressividade*. Progressão do IPTU, na nova Constituição, só é possível nas hipóteses descritas no § 4º do art. 182, *in verbis*: "É facultado ao Poder Público municipal, mediante lei específica para área incluída no Plano Diretor, exigir, nos termos da lei federal, do proprietário do solo urbano não edificado, subutilizado ou não utilizado, que promova seu adequado aproveitamento, sob pena, sucessivamente, de: I — parcelamento ou edificações compulsórios; II — Imposto sobre a Propriedade Predial e Territorial Urbana progressivo no tempo".

Ora, *se o imposto progressivo no tempo está autorizado apenas naquelas situações em que o imóvel é utilizado em desconformidade com a função social da propriedade*, prevista no Plano Diretor, *isto significa circunscrever a uma só aquelas alternativas de utilização do IPTU, com fins extrafiscais*.

Isso só já seria suficiente para demonstrar, cabal e cumpridamente, que, doravante, o IPTU só poderá ser progressivo (a) no tempo e (b) desde (e tão-só) que a propriedade não cumpra a função social prevista no Plano Diretor (...).

Reitero: no caso IPTU, o imposto *poderá* ser progressivo apenas no tempo e, ainda assim, com caráter de penalidade, para aquele que não der ao imóvel função condizente com o Plano Diretor" (grifei).

Enquanto princípio constitucional tributário consagrado pela Constituição da República, a *progressividade* do IPTU evidencia-se como postulado intangível no plano do Estado Federal e revela-se imune, conseqüentemente, a qualquer ação normativa modificadora por parte das instâncias políticas locais.

Na realidade, cumpre *insistir* na asserção de que, *tratando-se do IPTU*, a *única* progressividade admitida pelo texto constitucional é aquela de índole *extrafiscal*, que só pode ser instituída pelo Município — *observados* os parâmetros fixados em lei federal *reclamada* pela própria Constituição da República (art. 182, § 4º) —, com a finalidade exclusiva de fazer cumprir a função social da propriedade.

Como já *precedentemente* enfatizado — e *não obstante* respeitáveis posições em contrário (Elizabete Nazar Carrazza, *IPTU e Progressividade*, Juruá, 1992; José Maurício Conti, *Princípios Tributários da Capacidade Contributiva e da Progressividade*, Dialética, 1996, pp. 92-98; Geraldo Ataliba, "IPTU — Progressividade", *RDP* 93/233-238; Alcides Jorge Costa, "IPTU — Progressividade", *RDP* 93/239-242; Sandra A. Lopez Earbon, *Do IPTU*, Del Rey, 1995, pp. 109-131; Sacha Calmon Navarro Coelho, *Comentários à Constituição de 1988 — Sistema Tributário*, 4ª ed., Forense, pp. 255-258, 1992; Roque Antônio Carrazza, *Curso de Direito Constitucional Tributário*, 5ª ed., Malheiros Editores, pp. 62-65, 1993) —, a *progressividade* do IPTU, sendo identificada como instrumento essencial de concretização da função social da propriedade, assume caráter *exclusivamente* extrafiscal, devendo atender, para efeito de sua *legítima* utilização, ao que dispõe o art. 156, § 1º, da Constituição, *observadas*, cumulativamente, as restrições impostas pelo art. 182, §§ 2º e 4º, também da Carta Federal.

Em uma palavra: a *única* progressividade *constitucionalmente admitida* em tema de IPTU reveste-se de índole extrafiscal, achando-se instrumentalmente vinculada à concretização da função social da propriedade, consoante registra autorizado magistério doutrinário (Ricardo Lobo Torres, *Curso de Direito Financeiro e Tributário*, 2ª ed., Renovar, 1995, p. 328; Marco Aurelio Greco, "Os tributos municipais", *A Constituição Brasileira de 1988 — Interpretações*, Forense Universitária, 1988, pp. 332-337; Bernardo Ribeiro de Moraes, "O IPTU e as limitações do legislador municipal", *Repertório IOB de Jurisprudência* 4/56-62, 1990; Celso Ribeiro Bastos, *Curso de Direito Financeiro e de Direito Tributário*, Saraiva, 1991, pp. 269-270; Ives Gandra da Silva Martins, *Comentários à Constituição do Brasil*, t. I/548-552, v. 6º, Saraiva, 1990; Aires Fernandino Barreto, "Imposto Predial e Territorial Urbano — IPTU", *Curso de Direito Tributário*, v. 2/299-303, 4ª ed., Cejup, 1995, *v.g.*).

Disso resulta que a *progressividade* do IPTU reflete um *modelo jurídico heterônomo*, fundado na vontade exclusiva do constituinte federal, caracterizado por uma nota de compulsoriedade na observância das diretrizes e dos lineamentos traçados pela própria Constituição da República. Isso significa, portanto, que as unidades federadas *estão adstritas*, nesse aspecto, à superior positividade jurídica estabelecida pela Carta da República, cujo modelo projeta-se como valor subordinante da vontade normativa dos Municípios, que, em conseqüência, *não poderão*, nesse tema, dispor diferentemente.

Vê-se, pois, consoante emerge do próprio texto constitucional, que a progressividade do IPTU, *para legitimar-se*, deve perseguir finalidade marcadamente extrafiscal, qual seja o cumprimento da função social da propriedade.

Existe, pois, a *condicionar* a atuação normativa do legislador municipal, *em tema de progressividade do IPTU*, um parâmetro constitucional, que, *previsto* no art. 156, § 1º, e *reiterado* no art. 182, §§ 2º e 4º, II, da Carta Política, *delimita* e *restringe* o poder dos Municípios.

Vê-se, portanto, a partir das considerações expostas, que a adoção do critério da progressividade do IPTU — embora inquestionavelmente justa e socialmente legítima — *está sujeita*, por efeito de explícita determinação constitucional, a determinadas *limitações* de ordem jurídica, *notadamente* aquelas cujo fundamento reside no art. 182, § 4º, da Carta Política.

A *ausência* da lei federal a que se refere expressamente o art. 182, § 4º, da Constituição — *lei federal que ainda não foi editada* — atua, *em tema de progressividade do IPTU*, como fator inibitório da instituição, *por qualquer Município*, do imposto predial e territorial urbano, com alíquotas progressivas.

Tenho salientado, em diversas decisões que proferi no Supremo Tribunal Federal, que os *desvios inconstitucionais* do Estado, no exercício do seu poder de tributar, *geram*, na *ilegitimidade* desse comportamento do aparelho governamental, efeitos perversos, que, projetando-se nas relações jurídico-fiscais mantidas com os contribuintes, *deformam* os princípios que estruturam a ordem jurídica, *subvertem* as finalidades do sistema normativo e *comprometem* a integridade e a supremacia da própria Constituição da República.

A prática das competências impositivas por parte das entidades políticas investidas da prerrogativa de tributar não pode caracterizar-se como instrumento que, *arbitrariamente manipulado pelas pessoas estatais*, venha a conduzir à destruição ou ao comprometimento da própria ordem constitucional.

A *necessidade* de preservação da incolumidade do sistema consagrado pela Constituição Federal não se revela compatível com pretensões fiscais contestáveis do Poder Público, que, divorciando-se dos parâmetros estabelecidos pela Lei Magna, busca impor ao contribuinte um *estado de submissão tributária* inconvivente com os princípios que informam e condicionam, no âmbito do Estado Democrático de Direito, a ação das instâncias governamentais.

Bem por isso, tenho enfatizado a importância de que o exercício do poder tributário, pelo Estado, deve submeter-se, por inteiro, aos modelos jurídicos positivados no texto constitucional, que institui, *em favor dos contribuintes*, decisivas limitações à competência estatal para impor e exigir, coativamente, as diversas espécies tributárias existentes.

O fundamento do poder de tributar reside, em essência, no dever jurídico de *estrita fidelidade* dos entes tributantes ao que imperativamente dispõe a Constituição da República.

O respeito incondicional aos princípios constitucionais evidencia-se como *dever inderrogável* do Poder Público. A ofensa do Estado a esses valores — que desempenham, enquanto categorias fundamentais que são, um papel *subordinante* na própria configuração dos direitos individuais ou coletivos — introduz um perigoso fator de *desequilíbrio sistêmico* e rompe, por completo, a harmonia que *deve* presidir as relações, sempre tão estruturalmente desiguais, entre os indivíduos e o Poder.

Assim sendo, com estas considerações, e *acompanhando* o voto do eminente Min. Ilmar Galvão, peço vênia para *conhecer* e *dar provimento* ao presente recurso extraordinário.

É o meu voto.

Extrato de ata

Recurso extraordinário 204.827-5-SP

Rel.: Min. Ilmar Galvão

Recte.: Redutores Transmotécnica Ltda.

Advs.: Luiz Antonio D'Arace Vergueiro e outros

Recte.: Município de São Paulo

Adv.: Iracema Simões de Campos Gilli

Recdo.: os mesmos

Decisão: O Tribunal, por maioria de votos, não conheceu do recurso extraordinário interposto pelo Município de São Paulo, declarando, *incidentur tantum*, a inconstitucionalidade do art. 7º e seus inc. I e II, da Lei Municipal 6.989/66, com a redação dada pela Lei 10.921/90, do Município de São Paulo. O Tribunal, também por maioria, conheceu e deu provimento ao recurso extraordinário interposto pela empresa contribuinte, para declarar incidentalmente a inconstitucionalidade do art. 87, *caput* e incs. I e II, e do art. 94, ambos da Lei Municipal 6.989/66, com a redação dada pela Lei 10.921/90, do Município de São Paulo, vencido o Ministro Carlos Velloso, que conhecia e dava provimento ao recurso extraordinário interposto pelo Município de São Paulo, e não conhecia do recurso extraordinário interposto pela empresa contribuinte. Votou o Presidente. Ausentes, justificadamente, o Ministro Marco Aurélio, e, neste julgamento, o Ministro Sepúlveda Pertence, Presidente. Presidiu o julgamento o Ministro Celso de Mello, Vice-Presidente (RISTF, art. 37, I). Plenário, 12.12.96.

Presidência do Sr. Ministro Sepúlveda Pertence. Presentes à sessão os Srs. Ministros Moreira Alves, Néri da Silveira, Sydney Sanches, Octávio Gallotti, Celso de Mello, Carlos Velloso, Ilmar Galvão, Francisco Rezek e Maurício Corrêa.

Procurador-Geral da República, Dr. Geraldo Brindeiro. Luiz Tomimatsu, Secretário.

Impressão e acabamento:
GRÁFICA PAYM
Tel. (011) 4392-3344

REVISTA
TRIMESTRAL DE
DIREITO PÚBLICO

DOUTRINA: REFORMA ADMINISTRATIVA – ESTABILIDADE – DIREITO ADQUIRIDO – *Lucia Valle Figueiredo* • "RELATIVIDADE" DA COMPETÊNCIA DISCRICIONÁRIA – *Celso Antônio Bandeira de Mello* • COBRANÇA DE TAXA REMUNERATÓRIA DO SERVIÇO DE COLETA DE LIXO – *Adílson Abreu Dallari* • UMA VISÃO CRÍTICA DAS ORGANIZAÇÕES SOCIAIS – *Sérgio de Andrea Ferreira* • A IRRELEVÂNCIA DA VONTADE DO AGENTE NA TEORIA DO ATO ADMINISTRATIVO – *Silvio Luís Ferreira da Rocha* • INCONSTITUCIONALIDADE DA PROGRESSIVIDADE NA CONTRIBUIÇÃO PREVIDENCIÁRIA DOS AGENTES PÚBLICOS – *Paulo Modesto* • ***PARECERES:*** SOCIEDADE DE ECONOMIA MISTA TRANSFORMADA EM SOCIEDADE ANÔNIMA ORDINÁRIA – INCONSTITUCIONALIDADE – *Fábio Konder Komparato* • CRITÉRIO OBJETIVO PARA EFEITO DE JULGAMENTO DAS PROPOSTAS – *Eros Roberto Grau* • NATUREZA JURÍDICA E FUNÇÕES DAS AGÊNCIAS REGULADORAS DE SERVIÇOS PÚBLICOS. LIMITES DA FISCALIZAÇÃO A SER DESEMPENHADA PELO TRIBUNAL DE CONTAS DO ESTADO – *Luís Roberto Barroso* • CONTRATO DE CONCESSÃO FORMULADO PELA AGÊNCIA NACIONAL DO PETRÓLEO – COMENTÁRIOS E SUGESTÕES – *Toshio Mukai* • QUALIFICAÇÃO DE PESSOAS JURÍDICAS DE DIREITO PRIVADO, SEM FINS LUCRATIVOS, COMO ORGANIZAÇÕES DA SOCIEDADE CIVIL DE CARÁTER PÚBLICO – *Valmir Pontes Filho* • AUTARQUIAS COM PRETENSÃO DE COBRANÇA DE PREÇO EM RAZÃO DA UTILIZAÇÃO DE FAIXA DE DOMÍNIO DAS RODOVIAS – *Marcelo Figueiredo* • DESCONSIDERAÇÃO DA PESSOA JURÍDICA EM MATÉRIA LICITATÓRIA – *Anna Rita Tavares* • ***ESTUDOS E COMENTÁRIOS:*** REMUNERAÇÃO DOS SERVIDORES – *Dinorá Adelaide Musetti Grotti* • A QUADRATURA DOS DIREITOS FUNDAMENTAIS NOS DIFERENTES CÍRCULOS JUDICIAIS DE EFICÁCIA: BRASIL-ALEMANHA – *Georghio Alessandro Tomelin* • DO VÍCIO FORMAL DA EMENDA 20/98 – *Marcos Joaquim Gonçalves Alves* • A CONTRATAÇÃO DE PARTICULARES PARA SUPORTE DE ATIVIDADE REGULATÓRIA ESTATAL – *Floriano de Azevedo Marques Neto* • HIPÓTESE DE INCIDÊNCIA CONSTITUCIONAL DO MANDADO DE SEGURANÇA – *Antônio Souza Prudente* • CONSELHO MONETÁRIO NACIONAL, BANCO CENTRAL DO BRASIL E COMISSÃO DE VALORES MOBILIÁRIOS – CONSIDERAÇÕES ACERCA DE SUA NATUREZA JURÍDICA EM FACE DAS CHAMADS "AGÊNCIAS ADMINISTRATIVAS" – *Egon Bockmann Moreira* • ***CONFERÊNCIAS E DEBATES:*** A MEDIDA PROVISÓRIA: ONTEM, HOJE E AMANHÃ – *Caio Tácito* • ***JURISPRUDÊNCIA***

MALHEIROS
EDITORES

REVISTA TRIMESTRAL DE

DIREITO PÚBLICO

16/1996

M